BETABALL

勇士王朝

★★★★★★★

硅谷和科技缔造的
伟大球队

How Silicon Valley and Science Built One of the Greatest Basketball Teams in History

文化发展出版社
Cultural Development Press

Erik Malinowski　　[美] 埃里克·马林诺夫斯基　著　　虎扑翻译团　译

图书在版编目（CIP）数据

勇士王朝：硅谷和科技缔造的伟大球队 /（美）埃里克·马林诺夫斯基著；虎扑翻译团译. -- 北京：文化发展出版社有限公司，2019.6
ISBN 978-7-5142-2652-2

Ⅰ.①勇… Ⅱ.①埃…②虎… Ⅲ.①篮球运动—俱乐部—概况—美国 Ⅳ.① G841.671.2

中国版本图书馆 CIP 数据核字（2019）第 105919 号
北京市版权局著作权合同登记号 图字：01-2019-4368

BETABALL: How Silicon Valley and Science Built One of the Greatest Basketball Team in History by Erik Malinowski Copyright ©2017 by Erik Malinowski
Simplified Chinese translation copyright ©2019 by Cultural Development Co.,Ltd.
Published by arrangement with Atria Books,a Division of Simon & Schuster,Inc.
Through Bardon-Chinese Media Agency
ALL RIGHTS RESERVED

勇士王朝：硅谷和科技缔造的伟大球队

著　　者：（美）埃里克·马林诺夫斯基
译　　者：虎扑翻译团
出版 人：武　赫
责任编辑：尚　蕾
责任印制：杨　骏
责任校对：岳智勇
装帧设计：郭　阳　赵　菲

出版发行：文化发展出版社（北京市翠微路 2 号　邮编：100036）
网　　址：www.wenhuafazhan.com
经　　销：各地新华书店
印　　刷：嘉业印刷（天津）有限公司
开　　本：710mm×1000mm　1/16
字　　数：323 千字
印　　张：20
印　　次：2019 年 8 月第 1 版　2019 年 8 月第 1 次印刷
定　　价：58.00 元
Ｉ Ｓ Ｂ Ｎ：978-7-5142-2652-2

◆ 如发现任何质量问题请与我社发行部联系。发行部电话：010-88275710

目 录
CONTENTS

序言 / 1

第一章 新鲜血液
从克里斯·科恩时代到乔·拉科布时代 / 1

第二章 以父之名
2009—10赛季 / 25

第三章 数据篮球
2010—11赛季 / 51

第四章 痛苦蔓延
2011—12赛季 / 69

第五章 马克的男人们
2012—13赛季 / 103

第六章 学习飞翔
2013—14赛季 / 135

第七章 数据的力量
2014—15赛季 / 159

第八章 弑君者
2015—16赛季季后赛 / 199

第九章　全面提升
　　　　　2015—16赛季 / 223

第十章　回归
　　　　　2015—16赛季西部季后赛 / 241

第十一章　"因为这是上帝的安排"
　　　　　2016—17赛季 NBA 总决赛 / 261

第十二章　独立日
　　　　　2016年夏 / 282

　　　　后记 / 301
　　　　致谢 / 307

序　言

在篮球从史蒂芬·库里指尖滑出的那一瞬，我很确信，它一定会飞入那个遥远的篮筐。[1]

金州勇士队整个赛季的重量都压在了这一回合。这是2016年6月19日，总决赛的抢七大战，全场比赛结束前33秒，一个近乎疯狂的三分球从极远的距离进入了它的抛物线轨迹。在过去的236天里，勇士队打出了历史上最具统治力的篮球表演。他们以24胜0负开局，随后战绩不断变成36胜2负，48胜4负，62胜6负……勇士以一波四连胜挺进季后赛，也让最终的胜场数停留在了73这个伟大的数字。在NBA67年的历史上，没有任何一支球队曾完成过73胜的壮举。

用一个总冠军为所有的纪录收尾——这是他们去年刚刚做到的事——看起来只是时间的问题。

很明显，在这个从未有过连败的赛季里，库里就是这支勇士的催化剂。作为2014—15赛季的常规赛MVP，库里在这个卫冕赛季变得更为疯狂。他先是在揭幕战对阵新奥尔良鹈鹕时拿到40分7助攻6篮板的豪华数据，又在第三场常规赛狂砍了53分。自那以后，他一直占据着联盟得分榜的头名，直到赛季告一段落。库里在进攻端有着用之不竭的能量，甚至数月间都没从防守球员那里吃到半点苦头。他不仅打破了自己之前创造的单赛季286记三分的纪录，并将后来人仰望的角度一再升高，直至投进了他常规赛的第402记三分球。同时，库里连续第二年领跑了联盟的抢断榜和罚球命中率榜，他的场均助攻数也高居联盟第八。在本赛季的大部分时间里，他的PER值——一种评估球员整体效率的高阶

---

[1] 前言中对总决赛第七场的描述来自我当时在甲骨文中心的实感。

数据——都高于威尔特·张伯伦在50年前创下的最高纪录。但可惜的是，他最终"仅"以历史第八的PER值结束了2015—16赛季的常规赛。[①]

随着库里的数据不断突破着人们的认知，他也被爆棚的人气捧成了一名璀璨夺目的巨星。每次主场比赛，勇士队都会提前两个小时来到场地做热身练习。尽管距离比赛还有很久，但场边早已围满了上千名热情的球迷，他们常常为观赏库里的最佳位置争得满脸通红，一个个把脖子伸得老长，只想认真观赏库里的20分钟"热身秀"：他在篮筐下的双手运球练习；他能接连命中的中场三分；还有最后从通向勇士更衣室的球员通道上投出的例行超远三分。[②]这种45英尺（13.7米）外的抛射可并非总能命中——毕竟库里还是肉体凡胎——但当哪天运气之神帮了个小忙，我敢保证，你从来没在比赛开始前90分钟看到过如此山呼海啸的人群。

奥克兰的球迷对库里的赛前仪式万般痴迷，而客场球迷的热情也毫不逊色。带着在出征前几乎预定好的胜利，以及库里每晚必定送出的高光表演，勇士队在各地都风光无限，活像一支上世纪30年代在全国巡回表演的全明星棒球队。季后赛时，ESPN为库里热身时的中场投篮秀专门开设了一个机位，这个视角的视频链接只向ESPN移动应用的订阅者们开放。爆棚的人气，卓越的实力，加上满载的荣誉，一切仿佛都在指向着一个特定的结局。无论是从个人还是团队的角度，这支勇士都在短短的几个月里创造了太多不可思议的历史。这个赛季似乎将在接近顶峰的位置分出两条岔道——一条通向历史上无人踏足过的高度，一条通向释放着无尽恐惧的万丈深渊。

现在，一切都要取决于库里的这记三分了。皮球的弧度看上去尤其自然，除了几个纯粹来看热闹的外行，甲骨文中心里挤进的两万名球迷几乎全都相信，给它足够的时间，它一定会按照计划的路线进入篮筐。请原谅他们的天

---

① PER值达到25就意味着一位球员这个赛季的表现足以入选最佳阵容。PER值超过30的话，这位球员就几乎打出了一个历史级别的赛季。库里的PER值是31.46，拿拉塞尔·威斯布鲁克的数据作比较，他在2016—17赛季完成了得分超过30的场均三双表演，那时他的PER值为30.6。NBA步入现代以来，除库里以外，另一位打入历史单赛季PER值前十榜单的球员是勒布朗·詹姆斯。（数据来自于Basketball-Reference.com）

② 罗恩·克洛伊奇克，《史蒂芬·库里从球员通道处出手的超远三分已经成为了勇士球迷的最爱》，《旧金山纪事报》，2017.2.21。

真，因为类似的情况他们已经见得太多太多。自从库里在2009年夏天来到湾区，他做出的所有表演都在证明，他将成为这种球员——一个能用一场铭刻肺腑的比赛，能用令人咋舌的一节决定总冠军归属的球员。哪怕那只是单单一记在25英尺（7.6米）外投出的精准跳投。

和许许多多引人入胜的故事一样，金州以一球之差与不朽的历史地位擦肩而过的轶事只是漫长旅程里又一个惨淡的开端。但这支勇士最值得关注的，还是他们崛起的速度。仅仅五年以前，他们仍是NBA底层世界的钉子户，联盟中鲜有球队身处过如此漫长的黑暗时代。在2012—13赛季开始之前，金州在过去的19年里仅打入过一次季后赛。比较来看，NBA历史上只有一支球队经历过更久的苦难，那是1976—77赛季到1990—91赛季的洛杉矶快船，他们连续15年无缘季后赛——那是整整15个连争冠资格都没有的赛季。西部一共有15支球队，其中的8支会在4月份进入季后赛的一对一较量。[①]从概率学的角度来说，无论一支球队有多么无能，只要给足时间，命运之神应当是站在它这边的。

但勇士没有得到半点眷顾。他们的老板可能是体育界里最被痛恨的人之一。从1995到2010年，湾区的球迷们没有一天不想让他们的老板滚出这里。虽然偶尔你能听到哪个财团可能会买下勇士的传言，但它们从未成真。很多勇士球迷根本无法想象球队能在短时间内改头换面。这支球队经营不善，又囤积着一众天赋平平的球员，设想他们能马上去争夺一些像模像样的荣誉？实在是天方夜谭。

2010年夏天，转机终于出现了。一个新财团以创纪录的价格买下勇士，这支球队的文化旋即出现了改变。他们详细评估每名球员在团队中的定位，但耐心等待了六个月之后，他们才开始进行人员的调整。所有对自己在球队中角色不满意的"员工"很快被送到了其他球队。新老板还着手对办公空间加以改造，旨在优化工作流程，完善内部交流，创造出一个互信互助的工作环境。更为重要的是，他们开始重视用科技手段来应对悬而未决的各类问题，球探部门也利用独有的分析技术来发掘球员身上已有的潜在优势。

这听上去很像一家科技公司，不是吗？因为金州的新老板乔·拉科布恰好

[①] 西部在2014—15赛季才扩张到15支球队，所以他们长时间打不进季后赛是一件比大家想象得更糟糕的事。

是硅谷地区最有经验，也最成功的风险投资人之一。他的合伙人——另一位老板彼得·古伯——是好莱坞佳作频出的著名制片人。再加上一批拥有科技头脑的湾区投资人，这群老板们用近5亿美金的代价换来了改造这支球队的机会。他们想要把这支行将就木的平庸球队带向成功的彼岸。

然而，前几年过得并不顺利。两个赛季之后，他们依然没能叩响季后赛的大门。球迷们焦躁不安，他们对这支球队的耐心已然消耗殆尽，但老板们依然坚定地走在原定的道路上。当然，他们犯过一些错误，也收获了残酷的教训，但利用精明的数据分析，透过那种在一切时机成熟时出现的突然转折，他们仍能偶尔瞥见光明的未来。拉科布和古伯都通过不断地创新，在体育之外的领域里取得了巨大的成功。而且他们也都相信，这条创新的准则可以用于打造一支冠军水准的球队。两位老板鼓励员工们大胆说出心里的想法，任何级别的员工都有权利和义务为球队的发展建言献策。他们还常常投资想法大胆的新技术，从不扼制任何创新的想法。在科技领域内，公司发展的这一阶段通常被称为"测试阶段"（Beta）——他们尚未完全成熟，仍在不断变化，在专注于壮大自身的同时，对一切改变都持开放的态度。

这样的战略效果如何？就连最离奇的美梦也预料不到这硕果累累的现实。勇士队拿下了40年来的首个总冠军，并在随后的赛季打出了NBA历史上最强悍的常规赛表演。库里变成了世界瞩目的篮球巨星，勇士也收获了远超其他球队的纯利润。他们的胜利来得如此轻易，仿佛一切早早就被预定。[①]

现在，随着抢七大战的时钟在头顶嘀嗒作响，勇士队蹒跚地站上了万丈悬崖。一个数十英尺外的三分球，将决定金州是给这部光芒四射的故事书续上完美的结尾，还是掀起一阵鲜有球队经历过的质疑浪潮。在这1/10秒的时间里，整个甲骨文中心的空气仿佛被抽空了一般。篮球继续向篮筐飞去，我们都在等待命运之神的最终审判。这段用六年时间打造历史最成功球队的奥德赛史诗可能就在下一秒迎来它的高潮。

但在理解接下来发生的事情之前，我们必须要向前追溯，看看这支面对重重困难的金州勇士，是怎样走到这不可思议的关键一幕的。

---

①　《福布斯》在2017年2月将勇士队估值为26亿美元，他们估算这支球队的运营收入从2015年的4490万美元跃升到了2016年的5800万，并在同年增长到了7420万美元。

第一章

新鲜血液

从克里斯·科恩时代到乔·拉科布时代

2010年，乔·拉科布团队用令人意想不到的高价收购了勇士，他也成为球队的新任老板。那年的勇士正深陷泥潭，就算把他们称作职业体育界中最糟糕的球队之一也不为过。但一时的困境并不能掩盖这支古老球队背后悠久的历史：事实上，勇士队的成立甚至要早于NBA联盟的诞生。

1946年，二战的硝烟正在散去，美国体育迷们逐渐将目光再次投向他们素来钟爱的职业棒球与橄榄球赛事。与此同时，刚刚诞生的全美篮球联盟BAA以其迅猛的发展势头、高质量的比赛内容，很快成为了这些体育迷们又一项全新的观赛选择。BAA联盟参赛球队全都来自于东北沿海地区主要城市，唯一能与其竞争的只有更早成立的国家篮球联盟NBL。NBL联盟成立于20世纪30年代末，由通用电气、固特异轮胎等几家商业巨头联合赞助举办。这项联赛的组织较为松散，参赛球队大多来自于美国中西部地区。从1946年到1949年，BAA联盟与NBL联盟作为对手各自独立运营，竞争吸纳全美最顶尖的天赋新秀们为自己效力。而由于参赛球队得天独厚的地理优势，在这项竞争中，成功吸引顶级大学球员们加入的往往是BAA联盟。

金州勇士队前身费城勇士队（与1926到1929年间参加美国篮球联盟ABL的球队同名）拥有强大的实力。[①]球队在BAA联赛元年1946—47赛季便取得了常规赛分区第二的成绩。领跑当年BAA联盟积分榜的是由未来凯尔特人名宿、"红衣主教"奥尔巴赫执教的华盛顿国会队。国会队在常规赛拿下了49胜11负的恐怖战绩，领先勇士队整整14个胜场。尽管如此，费城勇士队还是成功地杀入了

---

① 费城勇士队最早在1925年属于美国篮球联盟（ABL）。

第一章　新鲜血液
从克里斯·科恩时代到乔·拉科布时代

总决赛，以4比1的大比分击败芝加哥牡鹿队，成为了第一届BAA总冠军。勇士队夺冠核心是来自肯塔基莫瑞州立大学的25岁新秀乔·福尔克斯。福尔克斯运动生涯全部8个赛季都效力于勇士，最后还成功入选了篮球名人堂。

福尔克斯是BAA联赛元年当之无愧的明星球员，他的场均得分超过23分——这是一个颇具含金量的数字：首先，当时的比赛节奏缓慢，通常一支球队一场比赛的总得分仅为70分左右。换言之，福尔克斯每场比赛都能稳定砍下约整支球队1/3的得分，这样的得分手在整个篮球史上都极为罕见；其次，福尔克斯的23分要比得分榜第二位、来自华盛顿国会队的鲍勃·菲里克多出6分，更准确地说，是38%[①]；最难能可贵的是，虽然砍下了比联盟任何球员都更多的进球与罚球，福尔克斯却与比尔·拉塞尔、威尔特·张伯伦那类有着怪物一般出色身体天赋的明星球员不同。身高约6英尺5英寸（1.96米）的福尔克斯体重甚至不足200磅（90公斤），别提与现代运动员相比，放在当时也可以被描述为骨瘦如柴。

实际上，福尔克斯更是BAA联盟历史上第一位超级巨星，《星期六晚邮报》曾将他形容作"篮球界的贝比·鲁斯[②]"[③]。在大多数人尚未有此意识前，福尔克斯已经明白了跳投技术对于篮球运动员，尤其是小个球员们的重要性，将其熟练运用并推广普及。

在职业篮球刚刚出现的那段时间，球员们的惯用得分手段无非是内线的上篮和外线的立定投篮，只有某些大学球员会使用单手跳投的动作。这一情况因为肯尼·塞勒斯的出现得到了改变：单手跳投原本就是项充满潜力的技术动作，运动员们只需在跳到最高点时拨动手腕将球投出即可。通过亲身示范，身高5英尺10英寸（1.78米）、来自怀俄明大学的塞勒斯展示了单手跳投带来的无限可能[④]，在篮球世界掀起了一场技术革新。塞勒斯在1946—47赛季加入BAA联

---

① 福尔克斯场均拿到23.1分，鲍勃·菲尔里克以16.8分排在联盟场均得分第二。
② 棒球名人堂成员，被称作"棒球之神"。在1920、30年代多次代表纽约扬基队获得世界大赛冠军，曾连续三次打破棒球大联盟全全打纪录。——译者注
③ 拉斯·戴维斯，《最火热的一投》，《星期六夜邮报》，1948年1月3日。福尔克斯令对手十分恼火，有一名球员甚至在接受采访时说："唯一能阻止他的方式就是打断他的腿。"
④ 威廉·麦克唐纳，《肯尼·塞勒斯，一位对篮球的进步有着重大贡献的人，以95岁高龄离开了人世》，《纽约时报》，2016.2.1。

3

盟。那个赛季，作为新秀代表克利夫兰反叛者队出战的塞勒斯最终在联赛助攻榜上位居次席，场均还能得到10分。相比塞勒斯，身高更具优势的福尔克斯显然能更进一步地挖掘出跳投技术的能量。时任勇士队教练的爱德华·戈特利布后来评价福尔克斯拥有他所见过的"最出色的投篮技术"。[①] 1949年2月，福尔克斯在一场比赛中拿下63分，创造了当时的NBA单场得分纪录。这个纪录足足保持了10年之久，直到1959年才被埃尔金·贝勒用64分的1分之差打破。看起来勇士培养划时代级投手的光荣传统早在诞生之初就深藏于球队基因之中。

和勇士队一样，不少现在的球队也拥有着足以回溯到篮球上古时期的悠长历史。但仅有少数球队像费城勇士一样在那个时代就具备了十足的统治力。1949年8月，也就是BAA联盟诞生的第三个年头，BAA与NBL两方代表在帝国大厦高层举行的一场会议中达成了共识：两大联赛正式合并[②]，NBA联盟就此诞生。[③]

随着新联赛的发展壮大，勇士队同样确立了自身在NBA中的强队地位：在NBA联盟诞生的前13个赛季中，勇士队9次打入季后赛，并且摘下了1955—56赛季的总冠军头衔。在此期间，未来名人堂球员诸如张伯伦、内特·瑟蒙德、里克·巴里等人的出现始终帮助着球队保持竞争力；同时，球队两次迁移，先是在1962—63赛季将主场搬至旧金山，随后又在1971—72赛季来到了奥克兰。而为传达共通与包容的氛围和内涵，旧金山勇士队在来到奥克兰后将队名变更为了金州勇士队，同时搬进了与奥克兰运动家主场一墙之隔、建立于1966年的奥克兰·阿拉米达县体育馆。（奥克兰运动家在之后的几年连续三夺大联盟世界大赛冠军，开创了一个属于他们的棒球王朝。）

来到奥克兰后，新生的金州勇士队一如既往地保持着强势，在明星球员里克·巴里的带领和39岁的前旧金山勇士队替补控卫（曾在1963—64和1966—67[④]

---

① 菲尔·贾斯纳，《乔·福尔克斯：NBA的超级巨星》，《费城每日新闻》，1976.3.22。
② 《职业篮球的大融合》，《普莱恩菲尔德向导新闻》，1949.8.4。
③ NBA正式将BAA的记录和历史比赛归入自己的历史当中，这催生了很多矛盾之处。例如，勇士训练馆中的一面旗帜上写着"1946—47NBA总冠军"，但NBA实际上是在两年后才出现的。
④ 他们同威尔特·张伯伦打了6场经典的比赛。张伯伦作为勇士旧将，赢下了8个赛季以来的首个总冠军。他在系列赛中场均18分29个篮板，内特·瑟蒙德（14分27篮板）的场均数据与他相近。

两个赛季代表勇士出战总决赛，均苦吞失利）、现球队教练阿尔文·阿特尔斯的执教下，球队捧起了1974—75赛季的NBA总冠军奖杯。[①]

球队夺冠、管理层稳定、球星表现出色、球迷基础良好，种种因素的累加让勇士队的未来在80年代即将带来之时显得一片光明。

然而，里克·巴里在1978年夏天出走休斯敦火箭队，让勇士队美好的前景蒙上了一层阴影。紧接着球队形势突然急转直下："魔术师"约翰逊、迈克尔·乔丹、拉里·伯德[②]等联盟新一代球星的崭露头角，让失去了主心骨的勇士队显得缺乏竞争力。每年的4月，在12支西部球队中，都有将8支球队获得参加季后赛的资格。而在直到1985—86赛季的连续9个赛季内，勇士队都被排除在了季后赛球队行列之外。克里斯·穆林的加盟让勇士队的颓势暂时得到了缓解：这名来自圣约翰大学的出色新秀为勇士队注入了久违的青春活力和进取态度。在克里斯·穆林、控球后卫蒂姆·哈达威、得分后卫米奇·里奇蒙德和拉特里尔·斯普雷维尔等人的带领下，勇士在随后8年间5次闯入季后赛。1991—92赛季，球队拿下了55胜27负的战绩——这也是过去16年间勇士队的第一个50胜赛季。虽然仍无法在一时之间就重现昔日的辉煌成就，但至少希望重新出现在了勇士面前。

在经历了并不长久的稳定后，1994—95赛季，勇士队的战绩又陡然一落千丈——相比上一年50胜32负的战绩，勇士整整少赢了24场比赛。奥兰多魔术队的奥尼尔、圣安东尼奥马刺队的大卫·罗宾逊、休斯敦火箭队的奥拉朱旺等长人的强势表现让NBA摇身一变，成为了顶级中锋们的秀场。无法跟上这一潮流让勇士队再次掉队：纵观整个西部，只有向来表现糟糕的洛杉矶快船队和明尼苏达森林狼队在那个赛季交出了比勇士队更为难堪的战绩。

随着球队跌入谷底，新任球队大老板也在这时到任。可谁也没有想到，这位新球队管理者不仅没有将勇士队拖出泥潭，甚至还带来了一段更为黑暗的时光，在所有勇士球迷心中烙下了难以启齿的伤痛。

[①] 颇为奇怪的是，勇士队所有的总决赛比赛都不是在奥克兰体育馆里打的。由于日程安排上的问题，勇士队不得不在他们的旧主场——旧金山牛宫球馆——打总决赛。

[②] 勇士本可以在1978年第五顺位选中拉里·伯德，但他们最终选择了普维斯·肖特。肖特打了12个赛季，成为了球队历史总得分榜的第八位。

1994年夏天的勇士正沉浸在复兴的欢愉之中，虽然尚未完全重现70年代中期的辉煌，但这并不值得抱怨。球队刚刚收获了连续第二个50胜赛季，在过去8年里第5次闯入季后赛。队伍整容名单合理，既有经验丰富的得分型老将，也有足以发展为球队基石的年轻新星。在穆林、斯普雷威尔、新晋状元秀克里斯·韦伯的带领下，球队比赛赏心悦目。他们已经连续五年位列联盟得分榜前五，并两次领跑这一榜单。主教练唐·尼尔森和他崇尚快速转换的跑轰进攻①更是将比赛观赏性提升到了极致，少有球队可以在这方面和勇士相比。

　　管理层方面，掌舵勇士的分别是球队主席吉姆·菲茨杰拉德和总裁丹·芬南。两人同样在联盟中广受尊重，并且十分低调。但相比他们的前任富兰克林·缪利，菲茨杰拉德和芬南身上却也少了一些讨人喜爱的特点——凭借着标志性的猎鹿帽，发家于电视和广播行业的缪利原本就是湾区的明星人物。②在1986年售出球队前，正是缪利推动了1962年将勇士从费城迁移至旧金山的计划。即便在售出球队后，缪利也会经常在主场比赛时来到球馆前排观赛。接手勇士后，尽管球队不断展示出良好的竞争力，菲茨杰拉德和芬南仍在经济方面感受到了一些压力，两人也因此萌生了出售一小部分球队股权以换取现金的想法。

　　有线电视巨头克里斯·科恩因此而来。父母早早离异的科恩在加州蒙特雷地区的萨利纳斯市度过了童年时代。③他在1968年从洛斯盖图斯高中毕业，1973年从亚利桑那州立大学毕业并获得了娱乐商业管理专业学位。大学毕业几个月后，科恩的父亲约翰去世。根据《旧金山纪事报》几年后的调查显示，约翰留下了价值近千万美元的财产和通讯行业基础设备。利用这笔可观的初始资金和自身的努力经营，科恩将他创立于1977年的音速通讯有限公司从一家小型地方性广播系统

---

①　唐·尼尔森，《小球战术》，《球星论坛》，2016.7.9。
②　缪利一直是NBA引进三分线这一举措的坚定反对者。据美联社报道（《勇士老板带来选秀新规则》，《圣塔克鲁斯哨兵报》，1979年6月26日），缪利说："无论它将来会带来什么利好，我们付出了太多的代价。我们远离了篮球的真谛。"一个月之后，缪利仍然没有消气，"我只是不想让我的名字出现在缪利今夏大胆改变篮球规则的22人名单里。"这段采访来自于合众社，他们将缪利的话称为"他的又一段胡言乱语"。（《缪利怒气未消》，《银桦信使报》，1979.7.31）
③　马克·费纳鲁·瓦达，《勇士队的拥有者》，《旧金山纪事报》，2002.2.10。

公司发展成了全美数一数二的有线电视供应商。购买一支NBA球队的部分股权对于这名富豪来说简直是小事一桩。1991年春天，科恩以2100万美元[1]的价格从菲茨杰拉德手中收入勇士25%的股权，先一步成为了球队的小老板。

此外科恩更强调，他早与菲茨杰拉德和芬南达成协议（此协议从未以书面形式记录）：将在接下来两年内收购勇士剩余75%的股份。所以当科恩对勇士的全额收购遇阻时，他将另外两人告上了法庭，试图强行终止合作关系，独占球队控制权。

有关这一案件的新闻在1994年7月曝光后就马上引起了轰动。科恩不仅控诉菲茨杰拉德和芬南恶意违约，甚至还爆料两人在利用职务之便为自己谋求高额奖金的同时正挖空心思地尝试绕开NBA工资帽逃避奢侈税。勇士队官方宣称这是一桩"毫无意义"的案件——它的审理被安排在当年哥伦布日[2]假期后一天，10月11日于旧金山高等法院进行。

让人意想不到的转折发生在庭审前的周六：10月8日，菲茨杰拉德和芬南突然宣布已经将勇士剩余75%的股权出售给了科恩。媒体随后跟进报道，这次收购的金额达到了1.1亿美元。换言之，科恩共用1.3亿美元的投资，最终成为了勇士唯一的大老板。球队内外一片哗然。震惊之余，球迷、NBA其余球队老板、勇士队员工，所有人都开始整齐划一地打探起这位勇士新老板的相关信息[3]——过去三年中，除了持有球队1/4股权外，科恩更像是一位和勇士队毫无关联的隐形人，就连媒体手册上都没有出现过他的名字。[4]

科恩想要搬迁球队的消息也随着他的上任不胫而走。为了平息球迷们的担忧，科恩首先发布了书面声明："我向广大勇士球迷保证[5]，我将会把球队留在湾区。同时我也非常期待与唐·尼尔森教练、球队球员和工作人员们一起共

---

[1] 费纳鲁·瓦达（2002）。

[2] 哥伦布日是为纪念哥伦布1492年首次登上美洲大陆而举行的节日，时间是10月12日或10月的第二个周一。——译者注

[3] 里克·布歇，《勇士的小股东买下球队》，《圣何塞水星报》，1994.10.9。

[4] 菲利普·马迪尔和安德鲁·罗斯，《勇士安静的合作伙伴为何开始回击》，《旧金山纪事报》，1994.7.23。

[5] 布歇（1994）。

事。我将会竭尽全力延续球队一直以来的光荣传统，使它在各方面都足以称之为一支一流球队。"声明发布两天后，科恩站在阿拉米达县体育馆前的阶梯上发表了作为勇士唯一老板的首次公开讲话。讲话内容同样围绕着球迷们最为担心的球队搬迁问题："我不打算用生意人的角度来处理球队管理问题，我认为球队的现状很好，完全没必要多此一举进行搬迁。"

平静的日子仅仅持续了5个星期，科恩时代的第一次灾难就如期而至。状元秀克里斯·韦伯和主教练唐·尼尔森发生冲突。这名在新秀赛季场均拿下17分、9个篮板、2个盖帽的球队首发中锋声称尼尔森在训练中对自己进行了毫无必要的辱骂。这次冲突让已经和勇士签下15年长约的韦伯执行了合约中的特殊跳出条款，成为受限制的自由球员。1994—95赛季伊始，由于勇士无法提供矮个球员作为合适筹码，韦伯的交易遭到搁置，他本人也陷入了无球可打的境地。在会面之后，韦伯成功地说服科恩眼前的矛盾已经无法化解。随即，科恩将韦伯送到华盛顿子弹队，换来了得分后卫汤姆·古格里奥塔和三个未来首轮选秀权。随着交易完成，勇士队正式失去了在未来15个赛季场均能拿到20+10数据，5次入选全明星的克里斯·韦伯。科恩在事后公开表示：这场闹剧的根本原因在于球队主教练尼尔森个人与韦伯间的矛盾。[1]面对这样的谴责，唐·尼尔森私下向他的教练团队透露，自己被科恩解雇也只是个时间问题。[2]

失去韦伯的一个月后，科恩继续失去人心。在一次报纸采访中，他隐约露出了准备将球队迁到南方40英里（约65公里）外的圣何塞的想法（勇士队位于奥克兰的主场只能容纳约15000名观众，规模远小于联盟其他球队）。[3]球场上，勇士的状况也无法让人满意。在赛季初取得7胜1负的出色战绩后，球队输掉了接下来15场比赛中的14场。1995年1月4日，NBA理事会正式批准了科恩对勇士的全额收购——球队就此深陷泥潭。

在2月中旬全明星周末来临前，勇士仅仅拿到了14胜31负的战绩。菲尼克斯全明星正赛上，科恩对湾区记者们提出的是否会马上解雇唐·尼尔森的问题闭

---

[1] 马克·海思勒，《金州将韦伯送往华盛顿》，《洛杉矶时报》，1994.11.18。
[2] 汤姆·福莱恩德，《尼尔森因韦伯事件离开勇士》，《纽约时报》，1995.2.14。
[3] 美联社，《勇士考虑搬往圣何塞》，《圣塔克鲁斯哨兵报》，1994.12.10。

口不谈。①为了躲避记者们的追问，这名富豪甚至做出了像电影《谍影重重》主角杰森·伯恩在火车站逃避追捕一般的举动，牵着妻子的手挤过人潮跑到安全地带。全明星赛后的第二天，勇士队官方宣布唐·尼尔森卸任教练一职。科恩紧跟着发声："不知道究竟出了什么问题，但是这支球队已经不受尼尔森的掌控了。"②

　　勇士队的混乱没有因为旧教练的离开而结束：唐·尼尔森的继任者里克·阿德尔曼仅仅执教了球队不到一个赛季就同样遭到解雇。紧随其后到任的是以严厉著称的教头P.J.卡勒西莫（他曾三次带领波特兰开拓者队杀入季后赛，部分开拓者球员叫他"警察莫"③）。1997—98赛季的前14场比赛，勇士队只拿到了一场胜利。对此状况不满的斯普雷威尔在训练中爆发，攻击教练卡勒西莫，他的锁喉给对方留下了明显的伤痕。这次性质严重的斗殴事件让科恩直接终止了和斯普雷威尔的合约。NBA官方更是对其下达了联盟历史上最长的为期一年的禁赛。斯普雷威尔在事后对记者们辩解说："我只是没办法再忍受那样的情况了。"④

　　队内斗殴事件的余波还未平息，勇士队很快又遇上了新麻烦——科恩对唐·尼尔森进行起诉⑤，试图讨回超过150万美金的工资，结果败诉；1996—97赛季，勇士因旧球馆翻新而将主场短暂搬到圣何塞。却又因为奥克兰·阿拉米达县体育馆翻新产生的1.4亿美元债务问题同市议会还有球馆所有方（同时拥有球馆和土地的产权）产生了矛盾；最要命的是，科恩还出言威胁球队季票持有者，如果不在球队搬往圣何塞的那个赛季续订季票，那就将不再保留他们的专属座位。（这一行为让勇士队失去了近千名季票球迷。科恩在后来声称希望可以

---

　　①　《很明显，他不想谈论此事》，《洛杉矶时报》，1995年2月14日。（布鲁斯·詹金斯在《旧金山纪事报》上阐述说，尼尔森的离开不会带来任何影响："他们可以雇佣一具尸体来执教这支球队，球队的战绩也不会变得更差。"）

　　②　福莱恩德（1995）。

　　③　德克·菲瑟，《24秒计时器》，《犹他新闻》，1997.10.12。

　　④　大卫·斯蒂尔，《勇士因斯普雷威尔袭击教练而将其裁掉》，《旧金山纪事报》，1997.12.4。

　　⑤　美联社，1999.1.7。

收回此举。)①

勇士接着还被挖出在和奥克兰·阿拉米达县体育馆签订的价值约为2000万美元合约中，仍有未付的租金和其他高级座位收入；球队南迁圣何塞产生各种问题之后，科恩还"大义灭亲"地起诉了他的童年玩伴兼婚礼伴郎，前球队首席法律顾问罗宾·巴格特。《旧金山纪事报》在2002年的调查报告中指出：早在担任音速通讯有限公司的执行总裁期间，科恩就已经是个爱把法律诉讼当作武器的惯犯。奥克兰·阿拉米达县体育馆主席斯考特·哈格蒂在采访中感叹："为什么买下勇士的就不能是个好人？"②

撇开数之不尽的场外因素，勇士在科恩时代沉沦的原因归根结底还是场上实力的不足。造成这个现象的一大因素是多数勇士选中的高位新秀始终打不出符合预期的球队基石级表现：

· 1995年，勇士使用状元签选中了乔·史密斯，在三个赛季后将其交易。

· 1996年，勇士错失了未来名人堂球员科比·布莱恩特和史蒂夫·纳什，使用韦伯交易中得到的选秀权选中了托德·福勒，在两个赛季后将其交易。

· 1997年，勇士使用8号签选中了阿多纳尔·福伊尔。未来名人堂球员特雷西·麦克格雷迪则在第9顺位被多伦多猛龙选中。

· 1998年，勇士使用5号签（最终选中未来名人堂球员文斯·卡特）外加部分现金向上交易从多伦多猛龙手中换来4号签，选中了安托万·贾米森。未来名人堂员德克·诺维茨基和保罗·皮尔斯分别在那年第9、10顺位被选走。

连续多年手握高位选秀权，勇士原本看似能选中至少一名足够担当球队招牌的优秀球员，就算是选中未来名人堂球员也绝非痴人说梦。但正如上面提到的这些例子，事实完全和理想背道而驰。

大量的失败和不幸累积，在2000年2月13日的奥克兰全明星正赛上迎来了爆发。这个本能轻松成就勇士科恩时代最光辉一幕的日子最终成为了黑暗的一天：

---

① 马特·斯坦梅茨，《勇士老板开诚布公》，《康特拉科斯塔时报》，2001.12.5。

② 费纳鲁·瓦达（2002）。上一段中的大部分信息和本句——包括对科恩处理与城市间关系的描写，以及后文对斯考特·哈格蒂的引用——都是来自于这篇翔实的报道。

第一章 新鲜血液
从克里斯·科恩时代到乔·拉科布时代

全明星赛第四节中途，[①]科恩和迈克尔·乔丹一同来到球场中央。[②]在联盟官方举办的仪式上，科恩将依照安排把火炬传递到下一届全明星主办城市球队主席、华盛顿奇才队的乔丹手中。《旧金山观察者报》的雷·拉托记录下了随后发生的场景："在现场球迷们送给乔丹的欢呼声停歇后，现场主持人才刚提到科恩的名字，铺天盖地的嘘声就山呼海啸般涌入了球场。[③]虽然科恩表面上仍保持着礼貌性的微笑，但他毫无疑问因此受伤了。"科恩能清楚地看见正对着自己坐在场边的妻子惊恐地低下了头。[④]最令科恩无法接受的是，此刻他的儿子达克斯正站在他身旁——这个年仅5岁的孩子[⑤]，也同样接受着满场恶意和嘘声洗礼——这一幕彻底刺痛了科恩的心。那天后，科恩与勇士球迷们的关系不可避免地彻底破裂了。

科恩就此退出了公众视线，即使来到主场看球，也会选择躲在球场二楼的个人包间而不是坐在场边。2001年末，科恩在接受《对岸时报》的超长专访时透露了不少信息，其中就包括对案件诉讼的看法："你们觉得我喜欢告别人？那绝对是种无稽之谈，我总极力避免把事情闹上法庭。"撇开科恩，历任勇士总经理一次次糟糕的选秀决策，让他们对球队的沉沦也同样难辞其咎。体育记者拉尔夫·威利披露，戴夫·特瓦尔兹克仅仅因为"看不上眼"这种理由就没有选择天才高中生科比·布莱恩特。[⑥]在科恩退居二线后，谁都不会想到，一名科恩曾经的副手就此站到台前，开始在未来长时间带领球队前进，甚至在科恩卖掉球队后仍在队内担当要职。

1995年，科恩聘请了年仅27岁的罗伯特·罗韦尔作为球队管理助理。[⑦]罗

[①] 迈克·怀斯，《西部双子星大放异彩》，《纽约时报》，2000.2.14。
[②] 大卫·斯蒂尔，《勇士几乎全身而退》，《旧金山纪事报》，2000.2.14。
[③] 雷·拉托，《勇士队科恩跌倒谷底》，《旧金山检查报》，2000.2.14。
[④] 斯坦梅茨（2001）。
[⑤] 达克斯和他的弟弟查德都在杜克打了四年的长曲棍球，他们的妹妹克里斯蒂娜同样也从杜克毕业。
[⑥] 拉尔夫·威利，《为什么西部向南移动了》，ESPN.com，第二页，2002.5.2。
[⑦] 大多数传记细节都来自于勇士队2003—04赛季的媒体手册，其中包含了关于罗韦尔的大量介绍。

韦尔曾在加州州立理工大学圣路易斯欧比斯普分校担任副体育总监——科恩的主要产业音速通讯有限公司就发家于加州。科恩的名字至今仍被展示在加州州立理工大学的表演艺术中心内。虽然不擅长处理人际关系，但罗韦尔有着敏锐的商业头脑作为他赖以在篮球运营领域发家的资本。[①]1998年，在完成了监督球馆翻新等一系列财政工作后，罗韦尔被提拔为勇士商业运营副总裁；3年后，33岁的罗韦尔又升任球队主运营官；2003年，交出帮助球队提升17个胜场的出色成绩单后，罗韦尔最终成为了勇士队总裁，并担任这一职务直到离开奥克兰。如火箭一样的晋升速度，让罗韦尔掌握了勇士队商业与篮球运营两方面的主导权。在科恩退居二线的情况下，罗韦尔成为了勇士队的实际掌舵人。

带领处境糟糕的勇士走向光明绝非易事。在1997年到2002年间，勇士每个赛季的胜场数量都在17到21场之间徘徊。队史战绩最差的7个赛季里有5个来自那段时光。2000—01赛季的情况最是糟糕：全明星周末后，勇士先打出了一波8连败，赢下一场比赛后紧接着又迎来了11连败。连败终止后，球队又用13连败的方式结束了赛季。半程2胜32负的成绩也成为了现代篮球史上最不堪入目的一段表现。

退无可退的罗韦尔短暂地成功提升了球队的表现：接下来的三个赛季，勇士都至少拿到了34个胜场。再之后的2006—07赛季更成为了勇士队史上足以被铭记的一年，"我们相信"（We Believe）的赛季主题口号广为流传——唐·尼尔森回归球队，重新担任主教练。以巴郎·戴维斯、马特·马恩斯、杰森·理查德森、蒙塔·埃利斯等人为核心，凭借着常规赛最后10场比赛中拿到的9场胜利，勇士在过去13个赛季内第一次打入季后赛。作为西部第8号种子，球队完成了NBA历史中最为波澜壮阔的"黑八奇迹"，以下克上6场淘汰了手握67场常规赛胜利进入季后赛的达拉斯小牛（小牛当值主教练为前勇士后卫埃弗里·约翰逊）。

犹他爵士队在随后的二轮比赛用五场淘汰勇士，被勇士淘汰的小牛则赢得了后一个赛季的NBA总冠军。打出一段暂时的高光表现后，勇士队再次沉沦。2007年夏天，球队与明尼苏达森林狼队传出重磅绯闻，有望引入全明星凯文·加内特。[②]这一交易因为科恩的拒绝流产。2007—08赛季，球队拿到了48胜

[①] 约翰·朗巴多，《盘点40位40岁以下的商业奇才》，《体育商业日报》，2001.12.5。
[②] 蒂姆·川上，《凯文·加内特可能前往勇士》，湾区新闻集团，2007.6.28。

的成绩。但过于激烈的西部联盟竞争让勇士以两个胜场之差和季后赛失之交臂。

2008年7月，仍呈现着上升趋势的勇士和队内地位越发重要蒙塔·埃利斯签下了一份高达6600万美元，为期6年的续约合约。仅仅几周后，突如其来的噩耗就打破了这原本美好的规划：埃利斯向球队报告，自己在密西西比老家进行休赛期训练时不小心弄伤了左脚踝。经过医生诊断，埃利斯的左踝韧带撕裂，将要缺席三个月时间。

埃利斯随后改口称是在野球场上弄伤了脚踝。ESPN则提出质疑，声称埃利斯的伤病（三角肌韧带撕裂和高位踝关节扭伤）很少会由篮球运动引起，同时这位23岁球员腿上还出现了多道和篮球毫无关联的划伤及瘀青。[①]埃利斯最终在10月坦白，他违反了新合约中明令禁止的条款，在骑乘摩托车时摔倒才导致了这次伤病。无法废除埃利斯合约的勇士队最终无奈地给予了这名球员停薪禁赛30场的处罚。

埃利斯事件同时暴露了罗韦尔和时任球队副篮球运营总裁的克里斯·穆林还有教练尼尔森之间的巨大嫌隙。通过对埃利斯禁赛处罚的官方声明，罗韦尔公开驳斥了穆林意图放松球队管理的理念："克里斯·穆林曾向我和科恩先生保证这就是一件小事。可在我们看来，这绝对是一桩性质严重的大事。对于我们的球迷、季票持有者、商业合作伙伴还有整个球队来说都是如此。"[②]埃利斯在2009年1月伤愈复出回到球队，出战了25场比赛。但勇士队的2008—09赛季早已彻底无法拯救，那一年，球队比上个赛季多输了19场比赛。

罗韦尔无法正确判断球员能力，在运营方面做出灾难性的糟糕决策是勇士队那些年表现起伏的重要原因之一。2001年，科恩以高达6年8370万的价格和安托万·贾米森续约。这是当时湾区运动史上金额最高的合约，甚至超过了克里斯利·穆林、贝瑞·邦兹、祖·蒙坦拿、杰里·莱斯等名宿的个人生涯薪水总和。[③]不过2003年，刚刚升任勇士总裁的罗韦尔第一时间就把贾米森和另外三名球员打包送到了达拉斯小牛，换来以31岁的老将尼克·范埃克塞尔为首的五名球员。

---

① 马克·斯坦,《擦伤令人质疑埃利斯伤病原因》, ESPN.com, 2008.9.3。
② 美联社, 2008.10.11。
③ 托尼·库珀,《贾米森为钱留守》,《旧金山纪事报》, 2001.8.29。

2008年的夏天，罗韦尔还给予科里·马盖蒂一纸5年5000万的溢价合同。

最叫人匪夷所思的决定出现在2008—09赛季最初10场比赛后：罗韦尔向当时合约还剩两年的斯蒂芬·杰克逊提供了一份3年2800万的续约合同。对于这桩在业内普遍被看作渎职的操作，罗韦尔却在声明中表示："球队和球员双方都认为这是一个双赢的决定。"[①]仅仅一年后，杰克逊就主动寻求交易，被送到了夏洛特山猫。"我迫切地希望离开勇士，"[②]杰克逊宣称，"和球队续约后一切都变糟了，所有人都在责怪我。我和管理层的意见也不完全一样。我莫名其妙地在季前赛里遭到了罚款，许多事情的发展都不尽如人意。"

罗韦尔的操作让勇士的阵容名单充满了溢价合同，而在队内优秀球员表现挣扎打算出走时，罗韦尔换回的筹码又总聊胜于无，完全无法相称：

- 2004年7月，勇士用6年3700万的价格签下德里克·费舍尔（科比/奥尼尔时期湖人三连冠的功勋控卫）。新赛季开幕战，唐·尼尔森让斯皮迪·克拉克斯顿首发出场，使费舍尔沦为替补。在勇士效力的两个赛季，费舍尔分别首发了32场和35场比赛，最后在第三年被送往犹他爵士。
- 2005年2月，勇士用克拉克斯顿和戴尔·戴维斯从新奥尔良黄蜂换来了之后"黑八奇迹"的灵魂人物巴郎·戴维斯。2008年，勇士仅仅为戴维斯开出了3年3900万的续约合同。拒绝续约的戴维斯在2009年同洛杉矶快船签下了总额6500万的合约。
- 2001年，勇士在首轮选中明星球员杰森·理查德森。6个赛季后，理查德森被送到夏洛特山猫换回当年选秀的8号签。勇士使用这一选秀权选中的布兰登·赖特仅为球队效力不到三个赛季就被送走。
- 2001年，勇士在次轮选中吉尔伯特·阿里纳斯。经过两个赛季的锻炼，阿里纳斯成为了一名兼顾传球、得分、防守的全能后场。2002—03赛季结束后，罗韦尔向季票球迷承诺不会白白放走阿里纳斯。[③]但5个月后，利用当时

---

① 出自NBA.com，2008.11.17。
② 美联社，2009.11.16。
③ 布拉德·韦恩斯坦，《球队为留下阿里纳斯不惜缴纳高额税款》，《旧金山纪事报》，2003.2.23。

NBA薪资规则漏洞，奇才用6500万的价格直接挖走了阿里纳斯。①

原本预期的球队基石出走，队内第二优秀的球员因此获得一份溢价合同，这就是勇士那些年循环往复的命运。

2009—10赛季，稚嫩的新秀们外加和体系格格不入的溢价球员组成了勇士队的阵容，球队表现乏善可陈。他们是联盟场均得分排名第二的球队，却同样是场均失分第二多的球队。队伍战绩排名全联盟倒数第四，只拿到了26场胜利。在这样糟糕的环境下，就算球队当时已经拥有了一名足以在未来成就非凡的超级新秀，他仍难以发挥自身的光芒。

在科恩买下勇士队的15个年头里，球队的发展轨迹完全和当初他本人许下的"要将勇士打造成了联盟一流强队"的诺言背道而驰——15年来，勇士仅仅一次打入季后赛，成为了过去20年内整个美国职业篮球界成绩和运营状况最糟糕的队伍。

2009年的独立日假期，勇士球迷们在本地新闻中看到了一条他们梦寐以求的消息：科恩正认真地考虑出手勇士队。②这并不是什么惊人的决定——早在2003年，勇士队的日常掌控权就已经交到了罗韦尔手中。在2004年，科恩把勇士队20%的股份打包卖给了四名无法独自决策、来自科技行业的知名高管。③这次交易让在1998年用2亿价格售出音速通讯有限公司的科恩拥有了更丰富的现金流。不过随着美国国税局2005年介入调查，科恩被指控在1998年的交易中使用了三种不同的非法避税手段，需要为此支付大量的罚款。④出售勇士队成了帮助科恩缓解资金危机的理想手段。在经历了球迷和媒体15个年头的严苛批评指责后，科恩借此离开也显得合情合理。2010年春天，勇士队的潜在买家们正式

---

① 这次事件催生了后来的"阿里纳斯条款"：进入NBA两年以内的受限制自由球员，新合同第一年薪金不得超过当年的中产阶级条款。——译者注

② 蒂姆·川上，《勇士的图景：科恩准备好兜售球队了吗？》，湾区新闻集团，2009.7.3。

③ 美联社，2004.7.13。

④ 马克·费纳鲁·瓦达，《勇士老板被控逃税》，《旧金山纪事报》，2007.5.17。

开始竞价。

看起来最有机会成为勇士新任老板的人选是软件巨头甲骨文集团的创始人兼首席金融执行官拉里·埃利森。[1]勇士队主场已经由甲骨文集团冠名，埃利森的身价又高达280亿美元，在全美富豪榜上排名第三。[2]这名软件巨头钟爱体育事业，他刚刚在2月赞助了一支全美杯赛优胜的帆船队伍。早在2006年，就有媒体报道埃利森试图用4.25亿的价格收购西雅图超音速然后将球队搬到圣何塞。[3]（超音速在两年后以3.5亿的价格被卖出，同时搬迁到了俄克拉荷马城。）

如果说经商是埃利森的谋生手段，那么体育运动就是他真正的心之所向。再结合其雄厚的财力，在收购勇士的竞价中击败埃利森的难度，可以说并不亚于勇士队在2006—07赛季季后赛完成"黑八奇迹"后继续一路过关斩将，直接拿下联盟总冠军。

2010年7月15日，勇士官方宣布科恩已经用4.5亿的价格售出了球队。这个数额创造了单支NBA球队售出价格的历史之最，达到了科恩当年买入勇士时投资金额的三倍。

令人意外的是，勇士队的新任老板并不是拉里·埃利森。

科恩将球队卖给了一群团体投资者，这一集团以硅谷风投专家乔·拉科布和知名好莱坞制片人彼得·古伯为首。[4]外加一部分小型投资者，比如视频网站Youtube联合创始人查得·赫利、在线零售网站Zappos创始人尼克·斯威姆、TIBCO软件公司创始人维韦卡·拉纳代夫、慈善家埃丽卡·格拉泽。另有一些湾区本地的优秀风险投资人也参与了收购，好比Juvo投资集团的哈里·曹、橡

---

[1] 蒂姆·川上，《勇士出售情况：埃利森和超级财团无法完成协议》，湾区新闻集团，2010.6.5。

[2] 埃利森的总财富仅次于比尔·盖茨和巴菲特（2010.3.10）。

[3] 贝里·特拉梅尔，《俄城财团同意买下超音速》，《俄克拉荷马人报》，2006,7,18。

[4] 古伯制作的代表电影有《雨人》（获得奥斯卡最佳影片奖）、《紫色》、《午夜快车》、《迷雾森林十八年》、《车镇女巫》、《闪电舞》等。但他对电影的最大贡献大概是说服杰克·尼克尔森接受蒂姆·波顿版《蝙蝠侠》的"小丑"角色。古伯在他2011年出版的书中回忆说，他和波顿乘坐工作室的飞机飞到尼克尔森在阿斯彭的家中和对方敲定了合约。奥斯卡影帝尼克尔森让他们第二天就准备好去骑马，波顿说他不会骑马。古伯马上对波顿喊道："你现在会了！"

第一章　新鲜血液
从克里斯·科恩时代到乔·拉科布时代

木资本管理公司的费雷德·哈曼、橡树投资管理集团的布鲁斯·卡什、梅森码头投资集团的丹·杰曼、红点创投公司的约翰·沃尔利奇卡、金斯福德投资管理集团戴夫·谢里。

埃利森随即发表声明，直言不讳地表示他开出了比拉科布·古伯集团更高的价码："作为出价最高的竞争者，我不能理解科恩为什么把球队卖给了别人。以我的常识分析，我觉得这点并不寻常。"帮助科恩处理球队售卖事宜的萨尔·加拉蒂奥托向奥克兰纸媒解释了其中缘由。加拉蒂奥托声称即使埃利森的报价略高于其他买家，但是这个报价来得太晚，如果他们接受将有违契约精神："我和科恩都认为应该对先报价的买家表示尊重。只凭着钱多钱少做出选择会让我们的良心有愧。"[1]

其实，埃利森错失勇士的真正原因是他开出的价码并不具备压倒性的竞争力，甚至没有超过5亿美元。[2]一位和科恩关系密切的线人透露，如果埃利森扔出一个可观的数额，这次竞争的结局或许将会被改变："要是埃利森的价码高得吓人，科恩肯定会把他的报价也列入考虑范围。"

除此之外，出价超过4亿美元的竞价者还有湾区企业家、24小时健身俱乐部创始人马克·马斯特罗维和旧金山私人股权投资公司TPG资本创始人大卫·庞德文。在拉科布·古伯集团提高了一次初始报价后，加拉蒂奥托通知他们赢下了竞价。

收购勇士的书面文件正式完成时，在希腊和未婚妻妮科尔·柯伦度假的拉科布正准备登上直升机，飞往圣地德尔菲参拜全知全能的古希腊圣贤们。[3]

而毫无疑问，拉科布的下一站就会是勇士主场甲骨文中心球馆。

出生于1956年1月的拉科布在马萨诸塞州的新贝德福德度过了孩提时代。[4]

---

[1] 马库斯·汤普森二世，《勇士4.5亿美元的惊喜》，湾区新闻集团，2010.7.16。

[2] 由联盟内某消息源确认。

[3] 马库斯·汤普森二世，《勇士老板乔·拉科布的漫长旅程》，湾区新闻集团，2015.10.28。

[4] 蒂姆·维斯伯格，《新贝德福德本地人乔·拉科布想要作为NBA老板闯出新的天地》，《新贝德福德标准时报》，2013.4.14。本段中大多数的细节（和部分引用）都出自这段对拉科布的访谈。

这座城市的居民大多是工人阶级，相比于北方的本州首府波士顿，新贝德福德在地理位置上距离罗得岛州的普罗维斯登更近。一个世纪以来，新贝德福德都是美国东部沿海地区重要的捕鲸业港口之一。经历过二战战火的洗礼，在这里长大并不是一件易事。拉科布的母亲马琳每天都要在杂货店长时间工作，父亲锡德则在本地纸厂的车间上班。这座城市的地图上星星点点地遍布着无数家大大小小的纺织厂，但失业问题仍依然十分严重。拉科布一家住在距离医院不远的街角，根据他本人的回忆描述："那时候的生活环境还挺糟糕的。"

凯尔特人队的鼎盛王朝征服了大多数60年代在新英格兰地区长大的孩子，拉科布也不例外。根据拉科布本人的说法，当他在9岁那年第一次踏上本地篮球馆的硬木地板时，他感觉自己像是被传送到了北边58英里（93千米）外的北岸花园球馆，正与比尔·拉塞尔、约翰·哈夫利切克、萨姆·琼斯等凯尔特人明星并肩而立。拉科布一直对这个故事津津乐道，同时他还强调自己正是在那一刻下定决心要在未来成为一支NBA球队老板。[①]

不是在NBA打球，而是拥有一支NBA球队。

相比同龄人，小拉科布许下了一个疯狂的愿望。14岁时，拉科布父亲的工作调动让一家人搬到了3000英里（4828千米）外、位于西海岸的加州安纳海姆市。在那里，拉科布踏出了实现他看似不切实际的理想的第一步。"那是我生命中最重要的一次突破，"拉科布回忆说，"加州是一切新鲜事物的发源地。上帝的安排带领我来到了这里，他不打算让我在新贝德福德度过平庸的一生。"[②]

安纳海姆对拉科布来说是一个完全不同的世界，他快速沉浸在大量的新鲜事物中。因为新家距离安纳海姆体育馆只有一英里（1.6千米），拉科布还找到了一份新工作，那就是在洛杉矶天使队的比赛中售卖零食。拉科布先后贩卖可乐和冰激凌三明治。[③] 不过他后来发现，真正的生财之道是贩卖花生：首先，

[①] 来自拉科布和古伯为勇士队的YouTube频道做的采访（每周勇士：和两位老板的幕后访谈，2010.11.20）。

[②] 马库斯·汤普森二世，《勇士老板乔·拉科布有计划和耐心》，湾区新闻集团，2011.3.10。拉科布在近50年前离开新贝德福德以后大概只回过这里两次。

[③] 马西娅·史密斯，《从花生小贩到NBA老板》，《橘郡纪事报》，2010.11.22。

花生并不需要精心的保存，经得起摔打；其次，装花生的袋子可以对折甚至三折，能节省出大量空间。①这样一来，拉科布每次进出安纳海姆体育馆都能携带和售出更多的商品，大大提高了效率。靠着每次售卖花生时得到的14%的提成，拉科布赚到了自己的第一桶金。

学业上，就读于安纳海姆卡泰拉高中的拉科布成绩出色，并且还曾是校篮球二队和网球二队的成员。1974年高中毕业后，对科学深感兴趣的拉科布在加州大学欧文分校选择了生物学作为专业。在长达7年的学生生涯里，拉科布一直保持着勤工俭学自己挣取学费的习惯，持续在晚间天使队比赛时贩卖花生。在作为天使队粉丝欣赏着诺兰·莱恩生涯巅峰表演的同时，拉科布也成为了一名忠实的湖人球迷，见证了盖尔·古德里奇、张伯伦、杰里·韦斯特在大西部论坛球馆的统治级表演。

为了省下更多钱，拉科布在大学一、二年级时仍旧住在家中。他是全家第一个大学毕业生，也希望更充分地利用知识带来的帮助。就读加州大学欧文分校期间，拉科布参加了爱德华·索普教授的数学课——这名数学家通过概率和模型计算等手段揭秘了赌博的本质，并因而名声大噪。②他在1962年写就的《战胜庄家》一书，更成为了史上最畅销的赌博类书籍。作为教师，索普会要求并监督学生们在拉斯维加斯的赌场进行实战，让他们将所学付诸实践。在向拉科布授课的那几年中，索普正深入研究更具争议性的扑克游戏21点里A牌问题的计算。这一切都对未来拉科布如何看待风险和收益、权衡处理两者关系产生了重要的影响。他说过："在未知的领域中探索学习，能让人感到前所未有的刺激。"③

1978年，即将从加州大学欧文分校毕业的拉科布对多所医学院发出了入学申请，立志成为一名医生（拉科布与人合作的论文甚至在专业的医学期刊《精神药理学》、《生理学与行为学》上发表过）。④但这一志向遇到了两个问题：第

---

① 来自拉科布在旧金山做的一次访谈问答（同骑士老板丹·吉尔伯特一起），2015.6.5。

② 布鲁斯·斯科恩菲尔德，《风险投资人接手勇士，球队发生了哪些变化？》，《纽约时报杂志》，2016.4.3。

③ 保罗·欧内尔，《倾家荡产的教授》，《生命杂志》，1964.3.27。

④ 《在鼠群中因亚硝酸钠引起的摄入不足》，《精神药理学》，1979.2.28；《由刺激内嗅皮层引起的记忆调节过程》，《生理学和行为学》，1977.7。

19

一，拉科布的申请屡屡碰壁。根据拉科布本人的说法，他总共在两年的时间里申请了47所顶级大学的医学院，只有华盛顿大学圣路易斯分校将他放入了等待名单，可最终仍没有将他录取。[1]第二，随着时间的推移，拉科布自己也逐渐打消了成为医生的念头。女友拉劳列·克劳斯（拉科布未来的妻子）甚至直言不讳地表示拉科布会成为一个糟糕的医生。多年后拉科布认同了这一说法："克劳斯当时说得一点都没错。"[2]其实在拉科布本科时期的各式兼职中，他早就有过在停尸房工作的经历，那并不是一段愉快的记忆。"我的确很痴迷医学，"拉科布在2012年回忆，"但我并不喜欢照看病人和随之而来的各种事情。"[3]尽管多年来第一次对自己的前途产生了疑问，但拉科布仍在1979年从加州大学洛杉矶分校拿到了公共卫生硕士学位，加入了全美最大的健康维护组织之一FHP国际工作。

紧接着拉科布迎来了他自己认为的人生转折点：出于有备无患的想法，为了能在成功时提前拥有一定的管理经验，拉科布决定选择一所商学院进修。这次的情况和早先选择医学时大相径庭，不少学校都接受了拉科布的申请。拉科布就此来到湾区，在斯坦福大学修习工商管理专业。1983年从MBA课程毕业时，拉科布已经成为了新兴生物科技公司塞特斯的市场总监。

1981年3月，总部位于奥克兰市郊爱莫利维尔（著名的皮克斯动画工作室未来也将总部安置在了这一地区）的塞特斯公司在上市第一天就筹集了1.2亿的首次公开募股金额，打破了几个月前同是湾区企业的苹果电脑公司创下的1.012亿的纪录，成为当时的美股历史之最，一举登上《纽约时报》，震惊了整个科技界。[4]

虽然著名科学家詹姆斯·沃森和佛朗西斯·克里克早在1953年就发现了DNA的基本结构，但美国的生物科技产业直到80年代中期才开始兴起。随着海量的资金涌入，塞特斯也在生物科技领域取得了不少开创性的突破。1983年，塞特斯科学家凯利·穆利斯发明了一种只需部分DNA片段就能成功复制并让基因物

---

[1] 罗威尔·科恩，《乔·拉科布对勇士的远大畅想》，《圣塔罗萨民主报》，2011.1.22。
[2] 出自拉科布在2016年9月22日与领英雇员进行的一次问答采访。
[3] 出自2012年11月29日拉科布在《阿兰·奥尔森美国梦》节目上的一次采访。
[4] 托马斯·拉克，《塞特斯公司股票发行创纪录——市场反馈良好》，《纽约时报》，1981.3.7。

质无限扩增的技术。这一成果后来被命名为聚合酶链式反应（PCR）技术，帮助穆利斯拿下了诺贝尔化学奖。[1]拉科布回顾说："塞特斯公司时期是一段美妙的时光，我在正确的时间投身了正确的行业。更巧合的是，我还拥有着与之相称的教育背景。"[2]

塞特斯期间的出色工作让硅谷著名风险投资公司"克莱纳·帕金斯·考尔菲尔德及拜尔斯"（KPCB）在1987年5月将拉科布聘为公司总监兼合伙人（拉科布也在未来建立了自己的风险投资公司）。硅谷风投巨人、公司老板克莱纳·帕金斯给予拉科布充分的自由。除了拥有专业背景的生物科技和生命科学领域，体育产业项目也会不时地出现在拉科布的投资列表上。很快，拉科布被公认为一名出色的风险投资人。除了固有的正常风险外，拉科布所做的投资多数都十分稳妥。拉科布同时是体育新闻网站Sportsline.com（现已被CBS收购运营）和电子商务网站AutoTrader.com的最早投资者之一。在超过20年的时光里，拉科布将克莱纳的资金投向了跨越生命科学、新能源、医疗设备等多个领域的无数公司。

在硅谷，没有人能保证百分百的投资成功率。多数人祈求的只是投资失败后别紧跟着再爆出什么严重丑闻。2009年，一家名叫Terralliance的石油及天然气挖掘公司就让先前一直顺风顺水的拉科布栽了跟头。这家公司声称能借助卫星成像技术观察地表下尚未被发现采集的化石燃料，并接受了来自数家风投事务所和个人投资者的千万美元投资。2006年时，Terralliance更将美国前国务卿科林·鲍威尔列为了公司顾问。2007年，拉科布成为Terralliance董事会成员。在接受《时代周刊》的采访被问及投资一家专门挖掘开发化石燃料的企业是否有违公司老板克莱纳的环保理念时，拉科布牵强附会地回答称："我始终坚持着公司一贯的投资原则。"[3]

随后，Terralliance爆出了两大严重问题：第一点，他们的烧钱速度惊人。

---

[1] 凯利·穆利斯，《诺贝尔演讲》，1993.12.8（出自Nobelprize.org）。
[2] 奥尔森（2012）。
[3] 马特·里奇特，《绿色能源的支持者也在押宝化石燃料》，《纽约时报》，2007.3.16。

一位记者形容Terralliance就是一名"喝得烂醉的水手"[①];第二点也是更重要的一点,这家公司的卫星成像技术根本无法实现早先接受投资时所描述的功能。一直到2009年,Terralliance的状况不断恶化。[②]公司首席执行官因领导过失遭到解雇,后来甚至被起诉,原因是想通过窃取知识产权的方式建立竞争企业。2010年初和2011年,Terralliance连续两次将公司更名。[③]现在看来,Terralliance公司的陨落仍是2008年金融危机中最为糟糕的几大事件之一。甚至在拉科布买下勇士的消息公开时,《华尔街日报》也不忘在新闻标题中重提这件陈年旧事:"但愿金州勇士队不要变成拉科布的第二家Terralliance。"[④]

拉科布早年在大型体育项目上的投资也并不顺利。1997年11月,拉科布带领一群投资者向刚刚兴起的美国女子篮球联赛ABL注入了300万美元的资金。这一联赛的目标是与WNBA抗衡。联赛元年过后,拉科布成了联盟中圣何塞镭射队的老板,还持有着联盟20%的股权。拉科布声称他的投资灵感来源于1996年亚特兰大奥运会——那届比赛上,梦三队打出的统治级表现让男篮比赛显得沉闷。相比之下,反而女篮比赛变得更具观赏性。在接受《洛杉矶时报》的采访时拉科布说:"在KPCB风投公司,我们的竞争对手是比尔·盖茨。而在ABL,我们的竞争对手则是大卫·斯特恩。"[⑤]

可惜的是,位于帕罗奥图的ABL联盟办公室在1998年的圣诞前夕向政府申请了破产法第11章中的破产保护[⑥],并因为资金匮乏立即停止运营。[⑦]原本安排在1999年1月举办的圣何塞ABL全明星也随之化为泡影。[⑧]

[①] 丹·普利马克,《由克莱纳支撑的Terralliance集团濒临崩溃》,peHUB.com,2009.4.2。
[②] 亚当·拉辛斯基,《一次对石油的失败豪赌》,《财富》,2010.3.26。
[③] Terralliance在于2011年1月改名成NEOS GeoSolutions之前,曾取名为TTI探索公司。
[④] 佐兰·巴希奇,《我们来祈祷乔·拉科布的金州勇士不会成为下一个Terralliance》,《华尔街日报》,2010.7.15。
[⑤] 厄尔·戈斯基,《投资者仍对ABL抱有信心》,《洛杉矶时报》,1997.11.4。
[⑥] 美联社,1998.12.23。
[⑦] 根据破产法第11章的重组计划,申请破产保护的公司可继续运营,其股票和债券也能在市场继续交易,但公司必须继续向证券交易委员会提交报告。——译者注
[⑧] 美联社,1999.1.1。

第一章 新鲜血液
从克里斯·科恩时代到乔·拉科布时代

拥有了失败的经验，拉科布在之后的体育投资上谨慎起来。2006年，他买下了最初家乡的球队波士顿凯尔特人的小部分股权。[①]球队老板之一格劳斯贝克发表声明迎接拉科布："欢迎我的朋友乔·拉科布加入凯尔特人的管理团队。他是个对体育充满激情的家伙，并且在商业领域取得过十足的成就，我坚信他能成为一名出色的合伙人。"在成为凯尔特人小老板后的大部分时间里，早就扎根于西海岸的拉科布并不会亲自前往波士顿督战。但球队在2007—08赛季成功组起保罗·皮尔斯、凯文·加内特、雷·阿伦的三巨头仍让拉科布感到十分满意。2008年总决赛，坐在斯台普斯中心前排观看凯尔特人和湖人的决战对拉科布而言是种矛盾的体验——双方都是拉科布挚爱的球队，前者带领他进入了篮球的世界，而后者则伴随了他的成长。[②]最终凯尔特人6场取胜，成为了2007—08赛季NBA总冠军。拉科布也在那几年间习得了不少作为NBA球队老板的经验。

随着2007—08赛季的尘埃落定，拉科布的生活又一次迎来了重大转折——首先，他结束了长达23年的风投生涯；其次，拉科布和妻子拉劳列·克劳斯完成离婚。两人的四个孩子柯克、肯特、凯利、凯西此时都已经长大成人能够独立；最重要的是，即使没有在决策层面做出太多影响，拉科布已经作为NBA球队小老板拿到了一枚总冠军戒指。看来是时候开始人生的崭新篇章了。拥有在湾区30年的生活经历，作为勇士队季票的长期持有者，此时拉科布正等待着一个机会。一个能让他接手勇士，实现自己的伟大理想，甚至将勇士带向总冠军殿堂的机会。

2010年，拉科布最终等来了这个机会——带领着团队，倾注了高达近5亿美元的投入，成为勇士队的老板轻松成为了拉科布职业生涯里最具风险的豪赌。摆在他面前的选择只有成功，没有失败。

勇士售出的官方消息发布后，科恩发表了作为球队老板的最后一份公告："在即将卸任勇士老板之际，我希望借此机会来表达我本人最诚挚的感谢。不

[①] 凯尔特人在2006年1月18日发表的声明（消息来自NBA.com）。
[②] 玛西亚·史密斯，《橘郡男孩以凯尔特人小股东身份重回故乡》，《橘郡纪事报》，2008.6.12。

少球员、教练、球队管理人员、球队老板都喜欢把'最棒的球迷'这个词语挂在嘴边，用来形容自家的球迷。但在我眼中，你们，也就是勇士队的球迷们，才真正有资格独享这一殊荣。感谢你们对于球队的支持和所带来的一切。"[1]此后，科恩再没有对勇士发声。

拉科布也适时发布了一份充满乐观和希望的上任声明："很荣幸我能成为勇士这支老牌球队的新任管理者。对我个人而言，这一切无异于梦想成真。我和彼得·古伯将最大限度地发挥我们所长，为球队带来变革和新生。我们将致力于让勇士重现辉煌，将球队打造成一支总冠军劲旅，让整个湾区都足以为之自豪。"

同一天，勇士随队记者们还震惊地接到了拉科布的电话。[2]在电话中，拉科布亲自向记者们保证，他和古伯买下勇士绝对不是为了追逐虚荣的一时兴起。"我们在购买球队前做足了功课。我认为我们的购买意向比别的买家都要强烈，同时我们也更懂得篮球运营，"拉科布这样告诉一名记者说，"我们在勇士队的身上看到了良好的机会和出色的潜质。球队目前欠缺的就是拿出实打实的战绩。我们一定会改变现在无法赢球的状况，让球队走上正轨。"

解决了管理问题，勇士走出深渊眼下还缺少着一项关键因素，那就是一名绝对的核心球员：这名球员需要在队内担当球队的领袖，将整支队伍团结一心。同时又在公开场合作为球队的门面，为勇士带来关注。能否完成NBA历史上最伟大的转折之一，完全取决于找到这样一名球员并把他带到奥克兰。

而拉科布与古伯并不知道，这位绝对核心早就已经来到了勇士队中。

---

[1] 《加拉蒂奥托体育伙伴集团保障收购协议顺利完成》，NBA.com，2010.7.15。
[2] 马库斯·汤普森二世，《乔·拉科布："我们一心求胜"》，湾区新闻集团，2010.7.15。

第二章

以父之名
2009—10赛季

在2009年10月28日上演NBA首秀时，沃德尔·斯蒂芬·库里二世尚不是我们面前这个改变了传统篮球理念和打法的划时代现象级球员。如今的库里拥有令人惊叹的全面篮球技术和从不畏惧的强大心理素质，能带来足以让所有篮球爱好者们屏息与沉醉的美妙演出。他领先于整个时代，创造了多项NBA纪录又亲自将它们打破。稳定超凡的精准投射能力总能让库里打出令球迷们津津乐道的高光表现。只要在近些年收看一定数量的NBA比赛，相信每个人都不难挑出自己眼中的"库里时刻"。

但最初被勇士队选中时，多数人认为库里只是一个骨瘦如柴的大学球星，觉得他永远不可能适应职业比赛强度——的确，库里在大学时期能突善投，传球能力出色也有着一手不错的防守。但要说复制他父亲在NBA中的成功经历？对不起，那就是痴人说梦了！

斯蒂芬·库里的父亲戴尔·库里在效力弗吉尼亚理工期间入选过全美大学最佳阵容，征战NBA的16个年头里，他总共效力过5支不同球队。在1986年进入NBA后，大学时就有着一手出色投篮的戴尔·库里很快用三分手的定位在联盟站稳了脚跟。在菲尼克斯太阳队的丹·马尔利用192个三分球创造NBA单季三分球纪录的1993—94赛季，戴尔·库里同样投入了152个三分，排在全联盟第三位。戴尔·库里还有这一颗大心脏：1996年，正是他在比赛最后的两次罚球终结了芝加哥公牛队的NBA主场44连胜纪录。[①]2001—02赛季结束后，老库

---

① 特里·阿莫尔，《中断》，《芝加哥论坛报》，1996.4.9。

第二章 以父之名
2009—10赛季

里带着夏洛特黄蜂队队史得分王①和NBA历史第十三分手（1245球）的荣誉正式退役。

　　成长于这样一个篮球世家，库里进入NBA的命运似乎早已注定。1988年3月14日，斯蒂芬·库里在俄亥俄州阿克伦市的一家医院呱呱坠地。三年多前，勒布朗·詹姆斯也同样诞生于此。②出生地点相同，库里的成长经历却和詹姆斯的截然不同：出生在单亲家庭的詹姆斯在儿时亲历了种种动荡和危险——他曾对《体育画报》这样描述说："我在小时候见证了毒品、枪支和凶杀。一切都糟透了。"③库里的童年则衣食无忧：戴尔·库里在23岁那年迎来了长子斯蒂芬的降生，此时的他正在克里夫兰骑士队内担当得分后卫。斯蒂芬三个月大时，NBA官方扩军。随着联盟新军夏洛特黄蜂队在扩张选秀里首先选中了戴尔·库里，库里一家搬到了克利夫兰以南500英里（804千米）的北卡罗来纳州并生活至今。

　　戴尔·库里共在黄蜂队效力了10个赛季，斯蒂芬在童年时期就经常有机会现场观看神射手父亲的比赛。虽然称不上明星球员，戴尔·库里也绝非等闲。职业生涯1083场比赛仅有99场首发的老库里是个不折不扣的超级第六人：他的三分命中率曾连续8个赛季超过40%，甚至以47.8%领跑过联盟；罚球命中率一样极高，至今仍在NBA历史排行榜上名列前70④；抢断成功率也超过联盟平均。总而言之，身高6英尺4英寸（1.93米）的戴尔·库里在大部分时间里都是个高效并可靠的球员。在球员平均效力时长不满5年的NBA联盟里，老库里16个赛季的生涯长度也是一项不小的成就。光凭这点，他的生涯总工资就达到了2000万美元。⑤

　　离开黄蜂队成为自由球员后，戴尔·库里先是为密尔沃基雄鹿队效力了一

---

　　① 在2017—18赛季之前，库里除了是球队的得分王以外，还是勇士队史出场最多（701）、进球数最多（3951）和三分命中最多（929）的球员。

　　② 马克·普蒂，《勒布朗和库里在阿克伦的追根溯源》，湾区新闻集团，2015.6.8。

　　③ 格兰特·瓦尔，《领先同侪》，《体育画报》，2002.2.18。

　　④ 戴尔·库里的生涯罚球命中率为84.35%，由于这一榜单上仍有大量现役球员，老库里的排名随时可能上升或下滑。——译者注

　　⑤ 数据来自库里在Basketball·Reference.com上的球员信息页。

个赛季，随后又在多伦多猛龙队度过了三个年头（斯蒂芬·库里经常能在猛龙队赛前热身时看到父亲和明星球员文斯·卡特单挑①）。斯蒂芬·库里同样见证了这段漂泊的时光。拥有着特殊的成长经历，库里在将阿伦·艾弗森、史蒂夫·纳什、雷吉·米勒等超级后卫当成了偶像的同时②，也潜移默化地学来了一手让人目瞪口呆的精湛投篮本事。勇士球迷们总说库里的跳投动作看起来似曾相识，他在后来对此解释道："我只是下意识地重复着（我父亲）的动作。"③

库里真正面对的问题是身体天赋，无论用什么标准衡量，他都显得太瘦小了。8年级时，库里的穿鞋身高仅为5英尺5英寸（约1.7米）。④直到在夏洛特基督教高中高二学年作为核心带领球队拿下分区冠军时，他也只有5英尺8英寸（约1.8米），体重仅为150磅左右（约68千克）。⑤戴尔·库里也十分清楚，斯蒂芬未经打磨的跳投本领或许能让他在低等级的比赛中大杀四方。但仅凭这点，别说是在NBA立足，就连加入一所顶尖NCAA（国家大学体育协会）一级联盟大学球队也想都别想。戴尔认为斯蒂芬目前投篮动作的问题是：它的起始位置在腰间，出手过程则是一路举球抬升，毫无变化可言。这让一名普通的防守者就能轻易地封杀库里。身体天赋或许无法强求，但戴尔·库里决定首先对斯蒂芬的跳投技术进行雕琢，好让斯蒂芬成名一名优秀的投手。在这一问题上，戴尔·库里是个拥有绝对话语权的专家。

2004年夏天，已经退役两年的戴尔·库里有充分的精力对斯蒂芬进行跳投教学。在夏洛特离家不远的一片半场上，戴尔每天都会抽出两个小时传授斯蒂芬NBA球星们最为常用的经典跳投动作，让儿子学会在跳到最高点时拨动手腕将球投出。生于名门，斯蒂芬自然地遗传了戴尔出色的运球水平、球场视野和

---

① 源自卡特在2016年4月9日接受的ESPN的电视采访。

② 杰西卡·卡梅拉托，《库里回忆名人堂成员艾弗森如何影响了他的职业生涯》，CSN费城，2016.4.3；罗比·卡兰德，《史蒂芬·库里畅谈他的篮球偶像、勇士的"非凡"赛季以及轮休》，《Dime杂志》，2017.3.22。

③ 托德·沙内西，《外表会骗人》，《斯帕坦堡先驱报》，2007.1.13。

④ 艾利克斯·巴灵高尔，《回忆史蒂芬·库里在多伦多中学的八年级赛季》，《多伦多星报》，2015.2.26。

⑤ 大卫·弗莱明，《史蒂芬·库里：圆满》，《ESPN杂志》，2015.4.23。本段和接下来一段（包括"眼泪之夏"那段引言）中所有关于库里生活的描述都来自该文章。

第二章 以父之名
2009—10赛季

传球能力。但如果没有在那个夏天掌握正确的跳投技术，这一切都将会变得毫无威胁。对父子两人来说，那都是一段充满折磨和苦痛的日子，他们后来将那个夏天叫作"眼泪之夏"。

好在痛苦换来的是厚积薄发。再次站上球场时，库里信心十足地展示出了一手顺畅而华丽的跳投。在库里身上，球队教练看到了与其稚嫩脸庞不符的专注和成熟。夏洛特基督教高中的战绩因此进一步提升，高三赛季，库里带队拿到了31胜3负的成绩单。三年高中生涯，他总共投入170个三分并完成232次抢断，这两项数据都创造了校史纪录。"毫无疑问库里拥有着不错的天赋，"高中教练肖恩·布朗回忆库里时说，"但这并没有成为他偷懒的借口，他似乎信奉着这样的哲学'感谢上帝给予了我良好的天分和条件，我将会倾我所有发挥它们的价值，尽我所能地做到最好。'"[1]在高三的年鉴手册上，库里还引用了迈克尔·乔丹的名言："我坚信如果全心全意为之付出，那么丰硕的成果一定会如期而起。我从不会在工作中三心二意，因为那样只会让我收获寥寥。"[2]这份专注和投入同样被库里带到了戏剧课堂上。他时常通过戏剧表演获取放松，缓解在篮球场上紧绷的神经。库里的戏剧老师查德·费尔说："如果一定要评价库里的话，那我想说他是个让人愉快的孩子。不论在哪儿他都能获得快乐。"

度过了成功的高中生涯，库里的下一个目标是竭尽所能地加入一支顶级NCAA一级联盟球队，在大展拳脚展示技艺的同时通过实战将自己打造成一个合格的NBA预备役球员。凭借着老库里在NBA的闪光履历和在夏洛特的杰出声望，这一点看起来毫无难度。但现实情况却并非如此，刚满6英尺（约1.82米）的身高和孱弱的上肢力量被视作库里的软肋，多所NCAA名校直接将他拒之门外。老库里的母校弗吉尼亚理工更提出了过分的要求：只有库里答应在整个大一学年作壁上观不参加比赛，才能批准他的篮球奖学金（这一举动触怒了库里

---

[1] 出自勇士YouTube频道上的一段采访，视频标题为"史蒂芬·库里的高中生涯"，上传于2015年12月3日。本段中肖恩·布朗和查德·费尔的引言、学校年鉴上的话、高中的抢断和三分纪录等等都出自该视频。

[2] 出自他的学校年鉴。在被要求用三个词描述他给学校的后来者们留下的印象时，他说"咻（篮球入筐声），球手，还有就是对所有人都很热情。"

一家,此后他们再也没有出席观看过弗吉尼亚理工霍奇队的比赛①)。库里的篮球之路就此暂时迷失了方向。肖恩·布朗后来回忆这段经历时说:"有时候,库里根本就没得到机会,在第一时间就被否定了。"而库里母亲索尼娅更是义愤填膺,她直言:"我还以为那些NCAA一级联盟的球队有多好的眼光能发掘潜力球员呢?看看他们,还不是眼睁睁地错过了我的儿子。"②

戴维森学院在此时抛出了橄榄枝——这是一所学生数量不足2000人的小型文理学院。学校并没有深厚的篮球底蕴,校队队史也乏善可陈,唯一的亮点是1968和1969年连续两个赛季由传奇教头莱蒂·德里塞尔带领打到NCAA锦标赛精英八强。但对于选择不多的库里来说,戴维森学院至少是一支NCAA一级联盟球队,同时离家只有20分钟的车程。

戴维森野猫队的教练鲍勃·麦基洛普1989年开始执掌球队教鞭。约十年前,麦基洛普就从库里身上看到了优秀运动员的潜质:麦基洛普的儿子布伦丹10岁时在一项夏季棒球联赛中拿到了冠军,同龄的库里恰好也是那支冠军队伍的一员。③库里那时在棒球场上奔跑追逐飞球的身影给麦基洛普早早留下了深刻印象。当库里刚刚结束高一赛季,正全身心沉醉于篮球时,麦基洛普就开始了对库里的招募。在大多数学校眼里,库里是个有明显身高劣势的球员,他一旦对上大个防守者就会毫无办法。麦基洛普却并不这么认为。他曾在接受ESPN的采访中说:"我在库里身上看到了成就卓越的潜质。"④

库里的择校问题最终变成了一道四选一的选择题:戴维森学院、弗吉尼亚理工大学、弗吉尼亚联邦大学、温斯洛普大学。2005年9月16日,麦基洛普和助手最后一次进行加盟游说,库里在家中的客厅给予两人口头承诺,他答应为戴维森学院效力。这一承诺让野猫队的教练们立马不管不顾地绕着房间手舞足蹈起来。⑤麦基洛普很清楚,库里这样一名杰出球员的加入将会把实力平平的戴

---

① 格兰特·瓦尔,《库里的下一步》,《体育画报》,2008.9.22。
② 帕特·福德,《史蒂芬·库里:从名校落选生到MVP候选人》,雅虎体育,2015.4.23。
③ 本·科恩,《接触青少年体育的"库里之道"》,《华尔街日报》,2016.5.17。
④ 出自麦基洛普接受ESPN记者杰瑞米·沙普的一段采访,该采访于2014年4月24日在电视播出。
⑤ 帕特·福德,《被ACC拒绝的库里加盟戴维森学院》,ESPN.com,2007.3.3。

维森野猫队带上一个全新高度——在NCAA篮球联赛中，天赋出众的球员正拥有着这样巨大的能量。

一年后，库里正式入学戴维森学院，开始准备大一赛季的征战。戴维森野猫队在前一个赛季交出了20胜11负的成绩，杀入NCAA锦标赛。在锦标赛首轮，球队输给了俄亥俄州立大学。新赛季开始后，7名大四球员的毕业让野猫队阵容变得极其缺乏深度，库里因此一开季就当上了球队的首发得分后卫。新赛季揭幕战，戴维森学院将在客场挑战东密歇根大学。

库里上半场比赛的表现堪称灾难，他总共出现了9次失误，球队足足落后了16分之多。麦基洛普甚至一度怀疑，自己是否在库里身上看走了眼。尽管如此，野猫队教练还是在下半场开始时让库里继续首发。作为回报，库里先是带队打出了一波18比4的小高潮，追平了比分。而后当东密歇根大学重振旗鼓再次取得10分领先时，库里又挺身而出，他用势不可挡的表现和比赛结束前2分35秒的一颗关键三分帮助野猫队拿下了领先。这一领先最终被保留到了比赛终场哨声响起。

这场比赛，拿到了15分的库里出现了13次失误，但好在野猫队以81比77的比分成为了赢家。第二天晚上，在10分落败于密歇根大学的比赛中，拿到32分的库里又差点再次在下半场导演了一场超级逆转。

随着赛季的进行，库里的个人表现和戴维森野猫队的战绩都越来越好。除了在赛季初输给密苏里大学和杜克大学等顶级名校，野猫队之后在身处的南部分区打出了统治级表现。对阵查尔斯顿大学的南部分区决赛，库里打满40分钟，拿下了全场最高的29分外加8个篮板3次助攻（仅有2次失误）。整个赛季，野猫队的综合战绩为29胜4负，其中分区内战17胜1负。凭借这份优秀的成绩单，戴维森大学被选为了当年NCAA锦标赛第13号种子。虽然仍旧在锦标赛首轮以70比82的比分输给了4号种子马里兰大学。不过在库里的带领下，野猫队整场比赛都紧咬着比分，从没让比赛进入垃圾时间，库里本人也拿下全场最高的30分。

大一学年，库里场均得分21.5分，排名全NCAA第九。这项数据在大一球员得分榜上位列第二，排在第一的是得州大学的纤细长人凯文·杜兰特。整个赛季，库里投进了122个三分，创造了NCAA大一球员单赛季三分纪录。除了得分，库里还用全方位的表现带动了球队，他场均能有4.6个篮板外加2.8次助攻进账就是最好的证明。对好胜心强烈的库里来说，在锦标赛首轮输给马里兰大学并不是个满意的赛季结局。但那场比赛的出色表现，也让库里一战成名，在全美篮球界名声大噪。马里兰大学教练加里·威廉姆斯在赛后评价库里说："斯蒂芬·库里实在太出色了。比赛后我告诉他：'你的实力配得上在任何地方打球。'"①

在外界期待水涨船高的大二赛季，库里和野猫队交出了一份超越想象的惊艳答卷。这个赛季，野猫队在20场分区内战上未尝一败，轻松卫冕南部分区冠军。3月的NCAA锦标赛到来前，野猫队打出了一波22连胜，全年战绩29胜6负。赛季大部分时间，继续出任得分后卫的库里都排在NCAA得分榜前十。尽管这样，大多数人仍不看好戴维森学院的NCAA锦标赛前景。他们认为：野猫队所在的南部分区强队寥寥，好看的战绩不足以体现他们的水平。就算被列为10号种子，这所名不见经传的学校也注定不会走得太远。戴维森学院锦标赛首轮的对手是7号种子冈萨加大学。冈萨加大学向来在NCAA锦标里有着强势的表现，它还是篮球名人堂成员约翰·斯托克顿的母校。

冷门很快出现了：在锦标赛首轮，凭借着库里下半场独揽30分的恐怖表演，野猫队以82比76的比分战胜了冈萨加。这是戴维森学院过去十年内第一场NCAA锦标赛胜利，也让库里变成了当年疯狂3月最璀璨的新星。两晚之后，库里在对阵2号种子乔治城大学的比赛里拿到全场最高的30分，帮助野猫队以74比70的比分杀入16强。又过了五天，面对3号种子威斯康星大学，野猫队以73比56轻取比赛，库里再次砍下了30分（比赛中场时两队还战成平手，野猫队在下半场打出了压倒性的表现）。ESPN主持人斯考特·范·佩尔特在《体育中心》节目中将库里形容为"在NCAA锦标赛不断书写着传奇的明星"。②这8天内的三场比赛改变了库里的人生轨迹——这名早先一直遭到低估、不受重视的新秀摇身一变为足以进入NBA选秀乐透区的明日之星，并很有可能创造一段和他父亲NBA生涯一样优秀的职业经历。

野猫队的八强赛对手是分区头号种子堪萨斯大学。堪萨斯杰鹰队是当年公

---

① 约翰·瓦罗，美联社，2007.3.15。
② 沙普，2014。

认的全美最强大学球队，足足拥有4名未来NBA先发主力。[1]不管哪方获胜，这场八强赛的赢家都将创造历史：如果杰鹰队赢球，那么将出现NCAA锦标赛历史上第一次四强位置分别被四个分区头号种子球队占据的情况[2]；而如果库里能带领野猫队闯入四强，那么球队将创造戴维森学院NCAA锦标赛历史上的最佳战绩。

半场战罢，堪萨斯大学仅仅手握2分的微弱优势，这让比赛的下半场变得异常胶着。在比赛接近尾声而杰鹰队领先5分的情况下，库里借助掩护命中了一枚24英尺（7.3米）外的远距离三分，将差距缩小到57比59。

最后5秒，野猫队只需要一个压哨的关键三分就能拿下胜利。但由于库里在高位遭到双人包夹，他被迫把球传给了队友杰森·理查兹。随后，理查兹偏向篮筐左侧的三分出手为戴维森学院的这次疯狂3月之旅正式画上了句号。这是一场充满遗憾的比赛，库里虽然再一次拿到全场最高分25分，但他却没有机会在比赛最后亲手投出至关重要的一球。"我们渴望着胜利，并且和胜利的距离也仅仅只有一个三分球的差距。或许这就是篮球的魅力吧。"麦基洛普在赛后总结发言称。八天后，战胜野猫队的堪萨斯大学捧起了当年NCAA总冠军奖杯。

在这个疯狂的赛季里，库里的个人数据迎来了井喷式的爆发。他以场均25.9分排名全美第四，这一点也帮助了他的搭档控球后卫杰森·理查兹：理查兹成为了那年NCAA联盟助攻王，被选入全美第二阵容。库里162个三分的数据同样创造了NCAA联盟单赛季纪录。最重要的是，库里通过这些向全美篮球界展示了他拥有足以在NBA联盟中生存的美妙技术储备。

与表面的辉煌比较，多数人并不知道，这个历史性的赛季早先曾面临过严重危机。[3]

---

[1] 他们分别是达内尔·杰克逊、马里奥·查尔莫斯、布兰登·拉什和达雷尔·亚瑟（板凳上还有未来的NBA球员科尔·阿尔德里奇、萨沙·考恩和谢隆·科林斯）。

[2] NCAA锦标赛分为四个分区同时进行，分别是东区、南区、西区、中西区，堪萨斯大学和戴维森学院同处中西区。——译者注

[3] 斯科特·弗勒尔，《史蒂芬·库里不够强硬？一场几乎终结戴维森晋级希望的伤病》，《夏洛特观察者报》，2016.5.20。接下来两段中大多数有关库里的轶事都来自这篇文章。

虽然首发出战了大二赛季的全部36场比赛，库里却在赛季伊始遭遇了可能引发赛季报销的伤病。在赛季揭幕战64分狂胜埃默里大学后，野猫队教练组发现库里的左腕软骨撕裂。由于伤在非惯用投篮手，库里面临两种治疗方案以供选择：第一项是忍受伤病部位时不时传来的疼痛，等待其自动恢复；第二项则是接受手术治疗。而由于赛季才刚刚开始，手术后的库里有权利按照NCAA规定成为红衫球员，不再参加这整个赛季的比赛，以保留多一年的出赛资格。经过了教练麦基洛普、球队医疗团队、库里父子二人、野猫队大四球员们的多方讨论，库里决定不接受手术。他将在左手腕缠上一直包裹到拇指的绷带带伤出战，直到软骨自愈为止。

带伤出战的第一场比赛，戴维森野猫队客场挑战北卡罗来纳大学，ESPN将对比赛进行全美直播。北卡焦油踵队是库里高中时期最渴望加盟效力的队伍之一，拥有着同为NBA乐透新秀的泰勒·汉斯布鲁。库里这场比赛的前四次投篮无一命中，只用右手运球花费了他大量的精力。虽然砍下了全场最高的24分，但库里全场三分线外出手12次只有2次命中，野猫队也以68比72的比分输掉了比赛。撇开赛果，库里能带伤完赛仍值得被看作一个积极的信号。赛季中期，库里的手腕超出预期地提前康复，他随即停止缠绕绷带比赛。

库里在大三赛季继续为戴维森学院效力并不是什么出人预料的重磅新闻，唯一的疑问是他在下一年的选择。因为库里在大四学年参选NBA的概率极高，麦基洛普教练在大三赛季把摆脱了伤病困扰的库里移到了控球后卫位置。在一号位上，库里能更好地展示传球和防守技巧，同时提前适应他最有可能在NBA中担任的位置——库里身高6英尺3英寸（约1米90），体重180磅（约82千克）的体型对于一个标准NBA得分后卫来说太过瘦小了。

即使作为控球后卫被分配了更多梳理球队进攻的职责，库里的个人得分依旧势不可挡。在场均助攻数量接近翻倍来到5.6次的同时，库里在那年成为了NCAA联盟得分王（场均28.6分）。效率小幅下降并没有影响库里展示自己能符合NBA期待的角色定位：一个身高略矮但得分爆发力十足的控球后卫，传球和控球能力都高于平均水准。那个赛季，戴维森学院的战绩是26胜6负。南部分区半决赛的失利让野猫队错失了又一次进入NCAA锦标赛的资格，也成为了库里在大学篮球舞台上的最后演出。作家汤米·克格拉斯在《SLATE杂志》中这样描述库里："与其说是运动员，库里更像是一个生于民间的英雄。他同时拥有着飞刀人的胆量、神枪手的精准、台球高手的华丽。"[1]

在库里效力的三个赛季当中，戴维森学院总共取得了85胜20负的战绩，其中58场分区内战仅有3场失利。大三赛季结束后，库里入选了全美大学最佳阵容。个人荣誉方面，库里在NCAA历史总得分榜上排名第二十五位[2]；414个三分则让他位列NCAA历史三分榜第四位，仅差排名第一的J.J.雷迪克43球。在代表野猫队出战的104场比赛里，库里有102场得分上双。大三赛季结束前的一个月，库里一家达成一致：继续留在大学打球将不会给库里本人带来更多帮助。库里随即宣布了参选NBA的决定。

"我觉得已经在身心两方面都做好了进入NBA的准备，"库里回答记者们说，"我从小的愿望就是成为一名NBA球员。"多家夏洛特本地电视台对库里参选的发布会进行了直播。[3]自此，他们的城市英雄正式踏上了NBA之路。

"库里的突破第一步最多只能称得上是平均水平。[4]此外他身材瘦弱，杀入篮下面对多人防守时也缺乏爆发力。因此他绝不可能在NBA里获得像大学时那么多的罚球机会。"这是库里大学生涯结束前不久，NBA权威选秀网站DraftExpress.com在2009年2月28日发布的选秀报告中对库里的评价。5月发布的第二份选秀报告，DraftExpress.com的言论虽然有所缓和，但还是把库里的参选描述为"一个有趣的案例"。[5]NBADraft.net取而代之成为了尖刻评语的发布者："库里的爆发力和运动能力都远远低于NBA标准，另外他也不是一个值得NBA球队依仗的天然控球后卫。"[6]ESPN记者道格·格列布虽然勉强承认了库里能帮助队友提升表现，却也喋喋不休地列举了一长串个人眼中库里的缺点："库里在大

---

[1] 汤米·克拉格斯，《精准投射的一年》，《Slate杂志》，2009.3.12。

[2] 如果库里选择再打一年，他很有希望打破由皮特·马拉维奇在40年前创造的大学总得分纪录。他在大三赛季拿到了974分，距离"手枪"马拉维奇的纪录只差1032分。

[3] 美联社，2009.4.23。

[4] 乔纳森·基冯尼，凯尔·尼尔森和约瑟夫·特鲁莱恩，《NCAA周报》，2009.2.28，DraftExpress.com，2009.2.28。

[5] 马特·卡马斯基，《具体数据：盘点今年大学控卫》，DraftExpress.com，2009.5.8。

[6] 史蒂文·彼得洛维奇，《优势与劣势》，NBADraft.net，2008.12.15。

学时能经常轻松过掉防守人吗？不，他不行！他的身材能保证他在NBA里展示同样的射术吗？不，他不行！他在NBA里有着明确的定位吗？不，他没有！他有足够的运球技术吗？不，他没有！"[1]

但这些评价并没有影响勇士队经理拉里·莱利对库里的看法。莱利十分看重库里能在一、二号位自由转换的能力，这点完美地符合了勇士教练唐·尼尔森强调转换、崇尚快速进攻的体系。在莱利眼中，库里就是勇士队一直以来梦寐以求的那块球队基石。

勇士不能再搞砸选秀了。2009年，前一个赛季仅有29胜53负成绩的勇士手握7号签，球队经理是刚刚上任的拉里·莱利。莱利拥有十多年在NBA和大学中担任球探和教练的经历，这次选秀抉择将是他上任后的第一个重大人事决定。好消息是，勇士队内人员捉襟见肘，需要的补强是全方位的。

直到选秀开始前的几周，莱利心中仍没有明确人选：能得到一名控球后卫固然是件好事，但莱利也想着补强球队前场，引入一位能在篮下展现统治力的强力中锋。[2]勇士队有着全联盟第五年轻的阵容[3]，在多数球员普遍在大学生涯早期就宣布参选的大背景下，莱利也考虑过是否要选择一名大四球员。这么做能给球队带来即战力，不用等待选中的天赋球员缓慢兑现潜力。

因为选秀，莱利面临了巨大的压力，他直言："选秀权是球队宝贵的财富，你不仅要让它在下一个赛季提升球队战力，还要考虑它和球队未来五年中长期计划的兼容性。"[4]在奥克兰举办的一次多球队联合试训中，莱利向记者们调侃抱怨了手中的选秀签位太低，他说："大家都知道7是个幸运数字[5]，但要是评价第7顺位，我就不知道这个理论是不是还适用了。"

---

[1] 道格·格列布，《库里的技术可能在转变中丢失》，ESPN.com，2009.5.11。

[2] 出自莱利在勇士队YouTube频道上的一段采访，上传于2009年6月22日。

[3] 根据Basketball-Reference.com（以下简称BBR）的数据，在2008—09赛季只有公牛队（24.9岁）、雷霆队（24.5岁）、开拓者（24岁）和灰熊队（23.3）的平均年龄比勇士（25岁）更低。

[4] 本段中的引言出自莱利与NBA.com的一段采访（包括音频），那段采访作为选秀前的节目内容在NBA TV上播出（《NBA选秀之2009届：序章》），笔者2016年7月在互联网上获取该资源。

[5] 西方文化中7代表幸运，13代表不幸。——译者注

第二章 以父之名
2009—10赛季

事实随后将证明，这次第7顺位的选择不仅是莱利职业生涯最重要的决定，也一样是他职业生涯最出色的决定。但首先，莱利要先逃过他生命中的一次重大灾难。

莱利和他的同胞兄弟迈克出生于印第安纳州怀特沃特的一个农家，他们在种植玉米、小麦、大豆和饲养牛羊中长大。[①]高中毕业后，没有选择继承家业的两兄弟同时入读了离家有着1100英里（1770千米）车程的内布拉斯加州查德伦州立学院。和两人在二战后就读于怀俄明大学的父亲一样，莱利和迈克都有着出色的运动天赋，分别入选了篮球和棒球校队。大学毕业后，莱利再次穿越州境，来到了密苏里州东南部的一所研究所工作。同时，他还在印第安纳州担任了几年的高中篮球教练。在收到大学时期恩师的工作邀请后，莱利接受了25%的降薪，从佐治亚州摩斯大学回到了内布拉斯加州，担任查德伦州立学院主教练。在此之前，他一直辗转于不同大学担当球队助理教练。结束母校的执教后，莱利又在东新墨西哥大学作为主教练工作了十个年头。在那里，莱利执教了NBA雄鹿队主教练德尔·哈里斯的两个儿子。1998年，莱利被德尔·哈里斯雇为了雄鹿队的录像分析师。随后他又很快成为了哈里斯身边的头号助理教练。1994年，NBA新军温哥华灰熊队总经理斯图·杰克逊挖角雄鹿，将莱利聘为灰熊队的管理层之一。此后，莱利一直作为NBA中最杰出的球探奔走于全国挖掘潜力新星。

1997年1月9日，莱利经历了人生中最意外的波折。那天他本应该从辛辛那提前往底特律，代表灰熊队进行球探工作。但底特律地区出现了时速30英里（48千米）的大风和冰雪，这恶劣的天气延误了莱利的航班。[②]正当百无聊赖的莱利在登机口和别的乘客闲聊时，他的脑中想起了这样一个声音："回家吧。"[③]虽然在第一时间否定了这个念头，但信奉上帝的莱利始终无法对先前的

[①] 康·马绍尔，《莱利双胞胎：从印第安纳农场到查德伦州立学院再到NBA》，《查德伦纪实报》，2013.10.22. 本段中的个人背景细节大多出自该篇文章。

[②] 唐纳德·诺斯，《通勤飞机在底特律附近失事，29人遇难》，《洛杉矶时报》，1997.1.10.

[③] 佩里·法瑞尔，《灰熊总裁错过3272号飞机》，《底特律自由报》，1997.1.16.

那个声音置若罔闻。最后他找到地勤人员，改签了回家的机票。

西雅图塔科马国际机场是莱利回程的中转站。就在莱利走下第一程航班打开手机的瞬间，手机铃声响了起来。电话那头传来的，是莱利的老板斯图·杰克逊急切的声音。

"你现在在哪里？！"在与杰克逊进行一番交流后，莱利才知道他原本将要乘坐的康姆航空3272次航班由于冰雪天气在飞行过程中发生了空难，机上29人全部遇难。

度过了漫长一天的莱利最终乘坐一架区域航班平安地回到了温哥华的家中。当天晚上，劫后余生的莱利紧紧拥抱了他的妻子和女儿，并向上帝起誓他要充分利用生命，在余生不让所爱之人失望。"那件事情让我的信念变得更加坚定，"莱利在多年后回忆时说，"我决定要尽我所能，对我身边的人们更好。"[①]

2000年，唐·尼尔森把莱利带到了达拉斯小牛队。作为助理教练和球探，莱利在小牛队度过了6年的时间。2006年8月，尼尔森宣布重回勇士两天后，莱利紧随其后来到了奥克兰。在勇士队工作三年后（其中包括"我们相信"的2006—07赛季），莱利接替出走的克里斯·穆林成为了球队管理层的一员。

作为勇士队总经理，64岁的拉里·莱利将主导勇士队的选秀事宜。

莱利有6个星期的准备时间。

即便准备时间仓促，莱利仍决心要做出正确的选择。莱利坦白说："最坏的结果就是我们做出未经思考的决定。我们绝不会选中一个没有亲自试训过的球员。"[②]话虽如此，当勇士队已经在球队训练馆完成了两批新秀的多人试训时，库里既不在这些新秀的名单之中，也没有一对一为勇士进行试训。想要考察库里的水平，勇士管理层唯一的机会就是和其他球队一起参加选秀前不到一个月在芝加哥进行的为期三天NBA官方联合试训。联合试训中的库里发挥稳定，就如同在戴维森学院的那三年一样，他展示了出色的水准。"库里的比赛看起来非常流畅，他打球相当聪明，同时在他做的每一件事情上都显得天赋十足。"[③]一

[①] 拉斯蒂·西蒙斯，《个人简介：勇士新任总经理拉里·莱利》，《旧金山纪事报》，2009.6.1。
[②] 出自《NBA选秀之2009届：序章》视频。
[③] 乔纳森·基冯尼，《NBA各队来到芝加哥参观联合试训》，NBA.com，2009.5.28。

位记者在联合试训结束后这样评价库里。

莱利也曾在私下对库里进行过考察。①那是库里大三赛季，戴维森野猫队在圣诞节前五天前往印第安纳波利斯挑战普渡大学的比赛。普渡大学锅炉工队一样是支篮球劲旅，他们的实力排在全美第十三位。那场比赛里，库里手感冰冷，他投丢了全场26次投篮中的21次，12次三分出手也仅有2次命中，野猫队因此以18分的差距输掉了比赛。可虽然打出了大学生涯最糟糕的几场表现之一，库里在比赛中展现的自信和举止仍给莱利留下了深刻印象。

直到选秀日当天，莱利才对库里会落到第7顺位一事逐渐拥有了点信心：通过与华盛顿奇才队的交易，明尼苏达森林狼队拿到了勇士队之前的第5、第6顺位选秀权。（奇才队总经理厄尔尼·格伦菲尔德对这笔选秀前的交易解释说："我们认为这届选秀前五中并没有能融于我们球队体系的球员，这届新秀并不具备足够的潜力。"②）几乎可以确定的是，森林狼队会用手中的一枚选秀权摘下来自西班牙的控卫"金童"卢比奥。这样一来，他们大概率不会再选中和卢比奥位置相同的库里，而是把目光转向像来自亚利桑那大学的大前锋乔丹·希尔这样的球员。勇士面对的情况和森林狼类似，球队将在库里和乔丹·希尔两人中做出二选一的决定。莱利坚持了选择库里的意见，但他的同事们却更希望得到乔丹·希尔。勇士队自家官网上甚至还罗列了网络上各版本的模拟选秀榜单。③在这些模拟榜单上，勇士选中的无一不是能让球迷们拍手叫好的潜力新秀：除了乔丹·希尔，还有来自洛杉矶大学洛杉矶分校的朱·霍乐迪、效力过意大利联赛的布兰登·詹宁斯、孟菲斯大学的泰瑞克·埃文斯、雪城大学的乔尼·弗林还有亚利桑那州立大学的詹姆斯·哈登。综合这些结果，库里在第7顺位来到勇士的概率还是微乎其微。

当勇士队高层们正聚集在奥克兰的会议室中紧锣密鼓地进行最后的商议，库里走出了下榻的酒店，前往NBA选秀大会的举办地麦迪逊广场花园球馆。对于生活即将在接下来的几个小时里因为一支NBA球队的选择而彻底改变，自己

---

① 哈维·艾拉顿，《尼克斯错过觊觎已久的神射手》，《纽约时报》，2014.12.14。
② 迈克尔·李，《对格伦菲尔德和奇才来说，交易势在必行》，《华盛顿邮报》，2009.6.25。
③ 来自互联网资源，网址：www.nba.com/warriors/news/2009_mock_draft。

却对此完全没有掌控能力一事，库里感到了别样的紧张。①和库里一样，选秀前的高压也让莱利连续失眠了好几个夜晚。2009年NBA选秀大会究竟会带来怎样的结果，答案很快就会揭晓。

当NBA联盟主席大卫·斯特恩走上演讲台宣布明尼苏达森林狼队在2009年NBA选秀大会中以第6顺位选中来自雪城大学的乔尼·弗林而非斯蒂芬·库里时，麦迪逊广场花园球馆现场的尼克斯球迷们发出了猛烈的嘘声。球队手握第8顺位选秀权的尼克斯球迷们正期待着球队选中库里，为大苹果城带来复兴。但森林狼队的选择意味着他们的美梦落空，他们将眼睁睁地看着勇士队提前一位把库里带走。尼克斯只能退而求其次地选择了来自亚利桑那大学的大前锋乔丹·希尔——这名球员仅仅在新秀赛季为尼克斯效力了24场比赛就被交易送走。时至今日，尼克斯球迷们仍对这一事件耿耿于怀，他们认为勇士队已经拥有了小个控卫蒙塔·埃利斯，完全没有非要在那年选秀里摘走库里的理由。

同一时间，远在奥克兰的勇士队会议室内却是另外一景象。乔尼·弗林被选中后，会议室内先是陷入了短暂的沉默，随后立马取而代之的是一阵狂喜。②球队副总经理、2006—07赛季球队教练组成员特拉维斯·施伦克放声大笑。在他的右侧，拉里·莱利和罗伯特·罗韦尔激动地撞拳。在唐·尼尔森由衷鼓掌的同时，更有抑制不住情绪的勇士队工作人员高喊："太棒了兄弟们！"莱利也在这一刻彻底得到了放松，数周的担忧和高压线前的紧张工作最终得到了回报。"让我们做出选择吧。"莱利悄声对自己说。

5分钟后，当大卫·斯特恩宣布库里在第7顺位被勇士队选走时，尼克斯球迷们的嘘声再次响彻了麦迪逊广场花园球馆。2008年12月，正是在此刻举行选秀大会的这座球馆，库里用带领戴维森学院逆转取胜西弗吉尼亚大学的精彩表现征服了尼克斯球迷们的心。从那时起，他们就全身心地翘首企盼着主队能在6个月后选中库里，就此走上复兴之路。但在经历了漫长的等待后，半路杀出的

---

① 出自《NBA选秀之2009届：序章》视频。
② 出自《NBA选秀之2009届：探秘备选间》视频，该视频在NBA TV上播出，笔者通过互联网在2016年7月得到该资源。本段和下一段中的选秀细节都来自于该视频。

莱利和勇士却截走了他们的珍宝——库里很快就将登上飞往奥克兰的班机,正式开启职业生涯。

其实库里加盟勇士的过程其实并不顺利,他的经纪人杰夫·奥斯汀一直在暗中阻碍自己的客户成为奥克兰球队的一员。正是奥斯汀拒绝了勇士单独试训库里的请求,意图借此带打消莱利和勇士管理层选择库里的念头。[1]奥斯汀对库里的职业生涯另有规划,甚至在选秀前通知莱利说:"我希望你们不要选择库里,勇士队并不是适合库里的地方。"此外,根据莱利本人的描述,戴尔·库里对他的态度也十分冷淡。库里的经纪人和父亲都希望库里能加盟尼克斯,在麦迪逊广场花园球馆起航并成为百老汇的新星。而事实上,库里本人也有着这样的想法,他认为尼克斯教练麦克·德安东尼的高得分体系十分适合自己。[2]奥斯汀为此还曾联系过尼克斯队,他希望尼克斯能向上交易选秀权,以确保手中的顺位高于勇士。

莱利方面,虽然勇士队总经理明确拒绝了奥斯汀的请求,执意地选择了库里。但他同时也在暗中与菲尼克斯太阳队讨论着一桩交易。这笔交易的框架是,如果勇士能用7号选秀权选中库里,那么太阳队将送出时年26岁、入选过4次全明星、正值职业生涯巅峰的内线球员阿玛雷·斯塔德迈尔(保证球员没有受到膝伤困扰)与其交换。在太阳队眼中,库里是两届联盟最有价值球员得主史蒂夫·纳什的理想接班人。

在这笔交易最终因为多方面原因流产前,太阳队总经理史蒂夫·科尔曾做出了极大的努力,他本人甚至一度以为太阳队已经成功拿下了库里。"我的确和莱利进行了大量的讨论,"科尔在几年后回忆说,"我们一度都以为交易谈成了。但在NBA里,在向联盟办公室发出申请并正式获得批准前,谁都没把握会发生些什么。"[3]

---

[1] 马克·斯皮尔斯,《史蒂芬·库里的经纪人和父亲不让勇士选中库里》,雅虎体育,2015.5.4。

[2] 蒂姆·川上,《史蒂芬·库里和改变勇士的那一夜》,湾区新闻集团,2014.2.13。

[3] 蒂姆·川上,《前太阳总经理史蒂夫·科尔评价2009年几近完成的小斯/库里交易:"我们走了很远"》,湾区新闻集团,2014.2.11。

为此，乔尼·弗林在第六位被选中时，太阳队的跟队记者们都能听到来自两层楼外的球队选秀办公室内传来的欢呼声。① 《亚利桑那共和报》也在选秀后一天的体育板块里写下了充满希望的头条：球队迎来崭新面貌。②

当奥斯汀随同库里一家抵达旧金山准备进行库里到队的发布会时，他接到了一名太阳管理层人员的电话，对方试图阻止库里一行人参加勇士队的发布会，并声称太阳队与勇士队的交易马上就会官宣。③ 不过勇士方面并没有显示出任何即将交易的迹象，而库里也逐渐接受了将在未来几年为勇士队效力的事实。在随后进行的新闻发布会上，库里先表达了对于为勇士效力的期待，接着高度赞扬了球队主教练唐·尼尔森。同时他还宣布，为了向父亲戴尔·库里致敬，他将会和戴维森学院时期一样，在勇士队内继续穿30号球衣。

多方角逐之后，莱利成为了最终的赢家。库里并没有披上太阳队或是尼克斯队的战袍，而是将在奥克兰开始长达4年的新秀合同期。不论库里本人是否有此意愿，他都被寄予了厚望，成为带领勇士翻开队史崭新一页的关键人物。但在此之前，他首先需要面对的是球队更衣室内部的矛盾。

2009—10赛季，蒙塔·埃利斯毫无疑问是勇士队的王牌球员。作为球队队史第一位高中生新秀，2005年时的埃利斯身上和库里有着不少类似之处。两人一样身材消瘦，且都是能同时出任一、二号位的全能后场。虽然命中率并不尽如人意，但埃利斯也始终敢于在场上任何位置大胆出手。在担当首发亲历了打出黑八奇迹的2006—07赛季后，如今的埃利斯已经成长为一名合格的核心：他能在场上轻松砍下30、40分，同时送出作为一个合格控卫所必需的那些助攻。操着一口沙哑而缓慢的密西西比口音的埃利斯曾表示，他对于勇士队有着举足轻重的影响。

随着库里的到来，埃利斯能否与库里在同一支球队共存成为了最大的疑问。大多数人看来，这两名球员的场上位置几乎重叠：他们球风相似，同样是

---

① 丹·比克利，《永远联结》，《亚利桑那共和报》，2016.3.2。
② 《新面貌：太阳选中克拉克，试图换来库里》，《亚利桑那共和报》，2009.6.26。
③ 斯皮尔斯，2015年。

得分第一，传球第二；体形相差无几，都为6英尺3英寸（1.9米）、180磅（81.6千克）；在防守端，除了有一定的抢断能力外，两人的贡献也都不够突出。勇士队显然也不可能把库里当作埃利斯的接班人培养。在2009—10赛季开始时，埃利斯不过才24岁。

对于这个问题，埃利斯很快就向球队官方、广大球迷还有媒体表达了他的态度。9月底的球队媒体日上，当所有人都在讨论着库里的到来时，埃利斯直言不讳地告诉记者，他无法想象自己和库里同时登场大量时间，并声称那么做无法让球队赢球。"在当今的联盟里，不少球队都拥有了两名高个后卫，同时派出两个小个后场的方法肯定是行不通的，"埃利斯强调说，"绝对不能这么做。"[1]这番言论让勇士尚未开始的赛季蒙上了一层阴霾。

诚然，埃利斯的言论不无道理：随着联盟得分后卫身材的越发高大化，大量球队都在积极提升己方后卫线的平均海拔。但从埃利斯的表述中，更多人提炼出的信息是这位勇士队王牌不愿意和新秀库里共事，两人无法组成赢球组合。在球员本人的主观抗拒前，即使勇士队教头唐·尼尔森曾有着带领三后卫阵容大获成功的履历和不少解决阵容矛盾的开创性策略，一切都显得苍白无力。

为了缓和媒体日言论带来的不良影响，埃利斯在随后一天的训练中接受了勇士队官网的采访。像大多数运动员经常做的那样，埃利斯辩解他的发言遭到了过度解读。他强调每个人都希望让球队变得更好，如果真的出现了要和库里竞争位置的情况，那他也无可奈何。"这就是职业篮球的一部分，"[2]埃利斯用一副好脸色和官方论调式的发言平息了风波，但毫无疑问他因为库里的到来而感受着威胁，并不由自主地捍卫起自身在球队内部的地位。[3]

除了球队王牌埃利斯对库里的冷淡态度，勇士队的更衣室里还承载着斯蒂芬·杰克逊的不满。这名刚在不到一年前签下续约合同的球员正在主动寻求交

---

[1] 蒂姆·川上，《蒙塔·埃利斯谈和库里搭档……"我们这样无法获胜"》，《圣何塞水星报》，2009.9.28。

[2] 出自埃利斯在勇士YouTube频道上的一段采访（题为"直击勇士训练营中的蒙塔·埃利斯，2009.9.29"，上传于2009年9月29日）。

[3] 杰拉德·纳西索，《史蒂芬·库里谈他与埃利斯之间的不和传闻》，《Dime杂志》，2009.11.16。

易。①"我今年已经31岁了，职业生涯顶多也就还有个那么4、5年。我希望能加入一支可以不断进入季后赛的球队，并且再拿下一枚总冠军戒指。"这是杰克逊在新赛季训练营开始前一个月接受采访时的发言。这番言论让他收到了来自NBA官方25000美元的罚单。紧接着在勇士队季前赛对阵湖人队的比赛中，杰克逊上演了灾难级的表现：他在短短10分钟里就因为吃到5次犯规和1次技术犯规而回到更衣室，并就此不再重回场边。这一系列举动让唐·尼尔森对杰克逊做出了禁赛两场季前赛的处罚。②

在尼尔森此前长达31年的教练生涯中，他还从未对球员做出过禁赛处分。作为回应，斯蒂芬·杰克逊做出了他在离队前一系列糟糕举动中仅有的几项正确决定之一。他辞去了勇士队队长的职务，并大方地对记者坦白说："虽然我拿着金额不菲的工资，但我就是没办法成为与之相符的更衣室领袖。我也从没想过要当什么模范球员。"③对于球队新人库里养尊处优的成长环境，在单亲家庭长大的杰克逊同样有些看法。他在赛季初接受《纽约时报》的采访中透露："我不想隐瞒自己对库里的羡慕。我从小就只有母亲一个人带大，而库里却父母双全衣食无忧。我在很小的时候就必须为了生计进行工作，从来没有获得进入大学的机会，一切都太艰辛了。"④

随着新赛季的临近，勇士队内也迎来了短暂的平和。赛季首战的两天前，球队的训练场上甚至出现了有些滑稽的一幕——新秀斯蒂芬·库里带领着一众球员向埃利斯演唱生日快乐歌。⑤而寿星本人，蒙塔·埃利斯则手拿着气球，愣愣地站在球场中央的一块巨型生日蛋糕旁。新赛季揭幕战，勇士队将坐镇主场迎战休斯敦火箭队。这场比赛，库里和埃利斯分别担任了球队首发一、二号位的角色，在这对由热门新秀和球队王牌组成的后场双枪的带领下，勇士队正式开启了新赛季的征程。

---

① 马库斯·汤普森二世，《勇士球员杰克逊请求交易》，《圣何塞水星报》，2009.8.29。
② 美联社，2009.10.10。
③ 拉斯蒂·西蒙斯，《杰克逊放弃队长职务》，SFGATE.com，2009.10.13。
④ 凯伦·克劳斯，《他几乎加盟尼克斯》，《纽约时报》，2009.11.11。
⑤ 出自一段YouTube视频（题为"史蒂芬·库里给埃利斯唱生日歌，2009.10.26"，上传于2009年10月26日）。

第二章 以父之名
2009—10赛季

开场后不久,库里通过一次挡拆配合帮助斯蒂芬·杰克逊上篮得分,也拿下了个人职业生涯的第一次助攻。

这着实是一个不错的开始。

事实上,库里在赛前对自己的首秀感到十分焦虑。当天下午,为了放松紧绷的神经,他睡了三个小时。[①]在此期间,库里的母亲一直陪伴在他的身旁。在库里开车出发驶向甲骨文球馆前,母亲还为他烹制了赛前惯例的意大利面。奥克兰的交通状况比库里想象中的更为拥堵,当他抵达球馆后方的球员入口时,NBA.com的官方摄像团队已经等候他多时。赛前90分钟,完成了热身准备的库里感到了格外的亢奋,那是即将梦想成真的激动感觉。库里无法不回想起和父亲苦练的那一个个夏天,无法不回想起从高中到大学一路上面对的质疑,无法不回想起为了当下而付出的汗水和苦楚。一直以来,他都盼望着能像父亲一样站上NBA的舞台,书写一段属于他的传奇。

这一刻最终没有再让库里等待太久。

比赛开始后的2分30秒,库里在三分线弧顶通过一次交叉变向从右侧过掉了防守的特雷沃·阿里扎,随后他借着安德里斯·比德林斯的高位掩护在罚球线附近高高跳起,稳稳地命中了一记中距离投篮。和在戴维森学院时期一样,库里用一种自信而写意的方式拿下了NBA生涯的头一个两分。NBA的快节奏比赛经常让新秀们感到无所适从,不少乐透级别的球员也无法幸免。但对于库里来说,这一切都显得稀疏平常。

虽然勇士队在上半场结束时拿到了10分的领先,但火箭队在第三节中打出了35比19的逆转小高潮,让勇士在下半场始终处于被动。比赛最后时刻,勇士队曾有逆转取胜的机会:终场前6.6秒,勇士队落后三分,斯蒂芬·杰克逊将界外球送到了安东尼·莫罗手中。仓皇出手的莫罗投丢三分,篮板球刚好落在篮下卡位的库里手中。在比赛时间所剩无几的情况下,库里正确的决策应该是将球分给处于底角空位的蒙塔·埃利斯投射三分。可这位迷茫的新秀却鬼使神差地直接补篮,拿下了并不够填补分差的两分。

[①] 史蒂芬·库里,《我的新秀赛季:史蒂芬·库里的NBA首秀》,GQ.com,2009.11.5。文中记录的库里当天在赛前赛后的所做所感大多来自这篇文章。

随着比赛终场哨音响起，蒙塔·埃利斯和斯蒂芬·杰克逊悻悻地走下了球场。勇士队以107比108的比分输掉了赛季首战。这场比赛里，库里得到了14分、7个助攻、4次抢断，投丢了全场唯一一次三分出手。

当晚，沮丧却没有丢失斗志的库里回到了位于奥克兰的公寓中。在吃完了由母亲和女友阿耶莎·亚历山大（阿耶莎是一位居住在洛杉矶的女演员，她和库里是青梅竹马的旧相识，两人结缘于高中时期的一次教会活动）制作的赛后加餐后，躺在沙发上观看比赛集锦的库里陷入了沉沉的梦乡。剩余的赛季里，库里还将和勇士队一起经历漫长的81场比赛。而在这支充满天赋却动荡不安的球队内部即将发生的一切，也将很快对每个人的耐心发起挑战。

在输掉了赛季前5场比赛中的4场后，斯蒂芬·杰克逊率先爆发——随着勇士队在萨克拉门托以107比120的比分惨败国王队，杰克逊的经纪人马克·斯蒂芬斯在赛后接受ESPN的采访时痛斥了勇士教头唐·尼尔森，并强烈要求勇士队交易他的客户。[1]两天后，唐·尼尔森坐在印第安纳波利斯的一家酒吧中喝着威士忌在电话里向旧金山广播电台KNBR回应了斯蒂芬斯的表态，他解释勇士队已经倾尽了全力兜售斯蒂芬·杰克逊，但"想要处理杰克逊的烂合同简直比登天还难"。[2]

与此同时，勇士内部的混乱丝毫不见好转。在客场以94比108输给步行者队的比赛中，斯蒂芬·杰克逊仅仅得到了18分钟的上场时间。唐·尼尔森对外宣称杰克逊的上场时间缩短是因为球员受到了背伤影响。但杰克逊却在赛后透露自己的健康状况毫无问题，并且一心只想离开奥克兰。"每个人都知道球队内部发生了什么。我只会乖乖地继续上场比赛。我知道很多人想看到我在被换下场时和教练爆发激烈的冲突。但那么做又有什么意义呢？现在的状况已经够糟糕了。"[3]《旧金山纪事报》在新闻中转述了杰克逊的话，"这支球队早就已经烂透了，每个球员都深受其害。"

---

[1] 克里斯·布鲁萨德，《杰克逊经纪人追逐尼尔森》，ESPN.com，2009.11.9。
[2] 亨利·阿伯特，《唐·尼尔森：交易那家伙无比困难》，ESPN.com，2009.11.13。
[3] 拉斯蒂·西蒙斯，《第七战：勇士做客印城》，SFGATE.com，2009.11.11。

第二章　以父之名
2009—10赛季

　　首发了赛季的前6场比赛，库里在对阵步行者的比赛中被摆上了替补席。在出场的21分钟时间里，库里仅仅得到了6分。他再次没有命中三分，在开季以来的总共7场比赛中，库里一共只投入了5个三分球。多数媒体认为库里是为了宣泄被贬到替补的不满，而对对阵步行者的比赛敷衍了事。当晚，库里本人在推特上表态："我向所有的勇士队球迷保证……我们会解决球队目前的困境……就算拼尽全力，我们也会将球队带出困境。"勇士队的下一场比赛是在麦迪逊广场花园球馆挑战纽约尼克斯队。尼克斯队曾是库里在大学时期最希望加入效力的球队之一，由25人组成的亲友团来到了现场为库里加油助威。① 但在这场比赛的大部分时间里，库里都只能作壁上观。只有在球队确保拿下胜利后，库里才在垃圾时间获得了短短的不到3分钟的上场时间。这短暂的出场机会甚至来不及让库里完成一次投篮尝试。但那场比赛也并非毫无收获，通过封阻尼克斯大前锋大卫·李的上篮，库里得到了职业生涯的第一次盖帽。在这次盖帽后的暂停中，这位全明星球员还因为库里在盖帽时的言语和他爆发了冲突。②

　　第二天晚上，勇士队再次以125比129的比分在客场输给了密尔沃基雄鹿队，新秀后卫布兰登·詹宁斯在当晚砍下了惊为天人的55分。库里的表现也有所好转，仍旧作为替补出场的他通过9次出手拿到了14分。在第二天一早的训练上，唐·尼尔森宣布了球队将斯蒂芬·杰克逊送到夏洛特山猫队的消息。虽然换来的筹码天赋平平（拉加·贝尔和弗拉迪米尔·拉德马诺维奇），但通过这笔交易，勇士队内减少了一部分不安定因素。蒙塔·埃利斯并没有因好友杰克逊的离开而惊讶，库里也乐于因此获得更多机会。在经纪人的鼓励下，库里正尝试通过回看戴维森学院时期比赛录像的方式，增强在场上的自信。③

　　几天后，当勇士队的大巴抵达克利夫兰时，库里早已做好了打算。他决定上门寻求旧相识勒布朗·詹姆斯的帮助，寻找重振士气的良方。

　　同样出生在阿克伦市的库里与詹姆斯相识于前者的大二学年。在那年骑士

---

　　① 史蒂芬·库里，《我的新秀赛季：库里在纽约的生活》，GQ.com，2009.11.19。
　　② 来自YouTube上的一段视频，上传于2009年11月15日，题为"史蒂芬·库里封盖大卫·李，大卫·李大喊不公"。
　　③ 史蒂芬·库里，《我的新秀赛季：库里的感恩节计划》，GQ.com，2009.11.26。

队客场挑战底特律活塞队的前夜，詹姆斯亲自观看了库里带领戴维森学院进行的NCAA锦标赛16强比赛；而在随后的一周，库里又在骑士队客场挑战夏洛特山猫队时前往现场。[①]在结束了戴维森学院奇迹般的NCAA锦标赛8强征战后，库里受邀参加了由耐克举办、在阿克伦大学进行的勒布朗·詹姆斯技巧训练营。在那里，库里和詹姆斯正式建立起了两人之间的友谊。同时，詹姆斯也训练营中见证了库里内心深藏的英雄情结——在训练营的第一场比赛上，正是库里的一记三分命中，绝杀了由詹姆斯和新奥尔良黄蜂队控卫克里斯·保罗带领的队伍。[②]

出于这一缘故，库里决定在职业生涯第一次做客位于克利夫兰的速贷中心球馆前，首先拜访詹姆斯寻求减压良方。在詹姆斯家中，库里和詹姆斯两人谈起了当晚将会被电视直播的比赛，畅聊了两人各自最爱的电视剧集，甚至还在詹姆斯的私人保龄球场上切磋了一番保龄球技艺。这次会面让一直强忍着赛季进程带来的沮丧感的库里窥探到了联盟最顶级球星的场外生活。库里了解到：篮球之外的生活也一样十分重要。

在对阵骑士队的比赛里，尼尔森再次把库里推上首发。库里用14分、7次助攻的表现回报了球队主帅的信任。虽然勇士队最终还是以6分之差输掉了比赛，但库里自此找回了信心。在接下来的8场比赛里，库里每场比赛都至少命中了一记三分。在全明星周末前的最后一场比赛上，借着埃利斯因为膝伤缺席的契机，库里交出了职业生涯第一次三双（36分、10篮板、13助攻）。凭借着43%的三分球命中率，库里在全明星周末受邀参加了父亲戴尔·库里曾两次出席的三分大赛。他在三分大赛的首轮拿到了全场最高得分，不过却不幸在决赛中败给了波士顿凯尔特人队的保罗·皮尔斯。

赛季下半程，库里场均拿到了超过22分、接近8次助攻、2次抢断，并在所有出场的比赛里担任了勇士队先发。在3月勇士队输给亚特兰大老鹰队的比赛结

---

① 史蒂芬·库里，《我的新秀赛季：库里与詹姆斯的不解之缘》，GQ.com，2009.11.24。本段和下段中有关库里和詹姆斯的到访的描述，以及二人的历史，大多来自于这篇文章。

② 莱安·琼斯，《勒布朗训练营报告》，《Slam杂志》，2008.7.9。

束后，科里·马盖蒂对拿到了31分11次助攻的库里大加赞扬，"库里看起来有着十足的潜力，"马盖蒂直言，"即使现在球队内部混乱不堪，你仍旧可以留意到库里的杰出表现。他的身上有着成就伟大的潜质，我认为我们即将见证一名新的全明星球员诞生。"①

2009—10赛季，唐·尼尔森原本只需率队拿到24个胜场，就能一跃成为NBA历史上胜场最多的教头，但这个看似轻松的目标对于实在缺乏竞争力的勇士队来说同样颇有难度。赛季中期，大量的伤病甚至让勇士队启用了NBA中的"困难特例"②，以满足一支球队进行比赛需要的最少人数。③对于勇士队内糟糕至极的状况，向来很少发表评论的罗韦尔似乎置若罔闻，在11月中旬输给雄鹿队的比赛后，罗韦尔对ESPN记者说："我觉得球队现在只是遇到了一些小状况，最亟待解决的问题是我们缺少一名健康的中锋球员。"④

勇士队最终在那年拿到了26胜56负的成绩，比上一个赛季少了3个胜场。纵观全年，除了库里的个人表现外，勇士全队乏善可陈。库里在赛季中三次被评选为西部月最佳新秀；他领跑着新秀助攻榜和抢断榜，在得分榜上则排名第二；在年度最佳新秀的竞争中，库里仅落后于泰瑞克·埃文斯屈居第二；在场均抢断次数、三分命中率和罚球命中率三项数据上，库里都成功跻身联盟前十。整个赛季，仅仅因为曾在13个月前的大三赛季出现过的左踝扭伤，库里在3月中旬缺席了两场比赛。⑤

勇士队的赛季收官战上，包括库里在内的四名球员打满了全场48分钟。更荒诞的景象出现在比赛最后，由于勇士队内实在无人可用，早就犯满离场的德文·乔治被迫上场了一段时间。库里在这场比赛拿到了42分、9个篮板、8次助

---

① 拉斯蒂·西蒙斯，《史蒂芬·库里让缺兵少将的勇士队保有希望》，《旧金山纪事报》，2010.3.6。
② NBA球员的大名单正常由15名球员构成，但当一支球队内同时出现至少4名球员将会因伤缺席超过2周以上的时间时，球队就可以通过困难特例签下第16名球员。——译者注
③ 拉斯蒂·西蒙斯，《勇士使用伤病特例》，SFGATE.com，2009.11.20。
④ 里克·布歇，《罗韦尔谈尼尔森和杰克逊的未来》，ESPN.com，2009.11.16。
⑤ 《库里扭伤左脚踝》，《夏洛特观察者报》（同样刊登于《芝加哥论坛报》），2009.2.15。

攻，成为了1961年名人堂球员奥斯卡·罗伯特森之后首位拿到这一数据的新秀球员。"这场诡异的比赛就像是整个赛季的缩影，"库里在赛后总结说，"我想以这样的一场比赛为整个赛季，还有期间发生的所有事件画上句点，无疑会让所有人都感到难以忘怀。"①

库里在新秀赛季的表现足以和16年前的克里斯·韦伯相媲美，他用实际行动展示了自己比洛杉矶快船队选中的状元秀布雷克·格里芬更为优秀，回报了拉里·莱利的执着期待，证明了勇士队总经理在第7顺位摘下了当届选秀中最杰出的球员。

然而，库里的崛起依旧并没有成为2009—10赛季勇士队内最振奋人心的消息——3月22日，勇士队在主场以131比133的比分输给了菲尼克斯太阳队。比赛中，勇士队旧将、黑八功臣杰森·理查德森砍下了34分，而曾一度成为交易库里筹码的阿玛雷·斯塔德迈尔则拿到了37分。在这场比赛开始前的几个小时，勇士队官方发布了一条重磅声明。

这条声明的内容仅有短短不到30字，但它的分量却不因为任何坏消息而受到半点影响：勇士管理层正委托加拉蒂奥托体育联合集团运作球队售卖事宜。

---

① 拉斯蒂·西蒙斯，《体面的胜利》，《旧金山纪事报》，2010.4.15。

第三章

数据篮球
2010—11赛季

虽然科恩直到2010年11月20日才接受了用4.5亿美元售出球队的方案，但拉科布和古伯在那之前四个月就介入了勇士队的运营，试图为球队打上属于他们的个人标签。实际上，在正式接管球队前，勇士队新老板就已经下达了他的第一项人事任命。

2010年7月8日，整个体育界的目光都因为勒布朗·詹姆斯而聚集在了位于康涅狄格州的格林尼治男孩女孩俱乐部。在那里，这名篮球巨星通过ESPN电视直播，在1300万电视观众的共同见证下向主持人吉姆·格雷宣布了NBA历史中最让人震惊且影响深远的决定——他将把天赋带到南海岸，转会效力迈阿密热火队。当天晚些时候，在整个俄亥俄地区和多数体育迷们还深陷在詹姆斯转会带来的错愕中时，另一笔不那么具有戏剧性的交易也悄然完成了。

金州勇士队和纽约尼克斯队，这两支命运因2009届NBA选秀大会结果而变得截然不同的球队完成了一笔签换交易：勇士队送出安东尼·兰多夫、罗尼·图里亚夫、凯兰纳·阿祖布克外加两个未来选秀权，从尼克斯队换来了篮板、得分样样精通的大卫·李——作为一台两双机器，这位全明星大前锋将填补勇士最亟待解决的前场空缺。虽然这笔交易由莱利推动实现，但最终拍板并签字的却是乔·拉科布。交易完成时，距离拉科布成为勇士队新老板的消息官方公开还有一周时间。[①]在拉科布看来，重建勇士（前提是围绕着一名核心球员）的关键是提升阵容的防守和篮板能力，因此大卫·李成了他眼中最合适的

---

① 拉斯蒂·西蒙斯，《拉科布和古伯为球队带来黎明》，SFGATE.com，2010.11.15。

人选。讽刺的是，尼克斯队出售大卫·李的理由是他们向一年前因膝伤隐患将勇士队吓退的阿玛雷·斯塔德迈尔提供了一份价值1亿美元的合同。阴差阳错间，勇士队反而用低廉合理的价格，以一纸5年8000万美元的长约签下了更加健康可靠的大卫·李。

更重要的是，交易大卫·李的筹码中并不包含库里。

大卫·李的到队显示了拉科布整顿球队阵容的决心，和科恩时期大相径庭，拉科布有着清晰的建队思路。除此之外，拉科布还认为勇士队的教练席上也需要一张新面孔。在赛季训练营开始前的几天，拉科布以600万美元的价格买断了唐·尼尔森最后一年的执教合同，让这位NBA历史中获得胜场次数最多的教头提前进入了退休生活。[①]担任了7年助理教练的基斯·斯玛特就此被提拔为勇士队主帅。斯玛特职业生涯最经典的一幕是在1987年的NCAA锦标赛决赛中代表印第安纳大学投入绝杀球。斯玛特有很多优点，包括熟悉球队、年轻并且深受球员们喜爱等等。[②]退一步说，就算把他当成过渡用的临时主帅也是个不错的选择（他的年薪也远远低于唐·尼尔森的600万美元）。在尼尔森来到夏威夷享受退休时光，靠着游廊抽着雪茄欣赏鲸鱼游过，还时不时能和老友兼邻居威利·尼尔森来上几局扑克时，斯玛特正式握起了混乱的勇士队的教鞭。[③]

大量球迷和球队工作人员都希望拉科布加快清洗球队内部的速度，但拉科布本人却并不急于如此。身为一名前风投专家，拉科布十分重视数据和信息的作用，他明白风险从来不会被完全消除，但大量的信息累积运算却可以将风险最小化。拉科布决定先了解勇士队内员工分工、商业运营效率和各个有潜力发展的方向。为此，他给出了6个月的时间，每一位勇士队的员工都有机会在接下来的赛季中向球队新老板展示自身的价值[④]。罗韦尔依旧担任着球队总裁的职

---

① 马克·斯坦，《消息源：基斯·斯玛特即将执教勇士》，ESPN.com，2010.9.24。

② 彼得·古伯也特别熟悉他。作为锡拉丘兹大学的毕业生，古伯永远不会忘记多年前斯玛特在他母校头顶投出的那记使他们丢掉冠军的制胜绝杀。"我不会忘记，但我早已原谅他。"古伯说。

③ 斯科特·奥斯特勒，《对唐·尼尔森来说，他在毛伊岛的日子过得很不错》，《旧金山纪事报》，2011.4.18。

④ 阿尔·萨拉谢维奇，《乔·拉科布用硅谷观念重塑勇士》，SFGATE.com，2015.6.7。

务，但被剥夺了重大事项的决定权[1]；拉里·莱利也一样出现在了总经理的位置上。此外，拉科布的长子、斯坦福大学2010级毕业生，曾亲眼见证奥克兰运动家队总经理比利·比恩创造"魔球军团"的柯克·拉科布成为了勇士队的新任篮球运营总监。[2]

另一个拉科布不急于仓促做出重大人事变动的原因是，勇士队曾多次因此误入歧途。诚然，勇士队需要全新的管理层，但拉科布把克里斯·穆林的任命当作了反面教材：这位前勇士队球星在2004年被聘为了球队副主席，他在到任后的那年夏天通过交易和自由球员签约开出大量垃圾合同，随后导致了一连串的问题。[3]

除了革新，拉科布知道勇士内部也有需要维持原样之处。如果说库里是勇士队长期计划能否成功的核心因素，那么想要在短期内保持良好状态，如何让蒙塔·埃利斯感到高兴并建立良好的球队化学反应则是重中之重。拉科布不希望勇士队重蹈覆辙，再现2009—10赛季初的尴尬状况。作为1998年以来勇士队季票的长期持有者，拉科布亲眼见证了更衣室矛盾在上个赛季还未开始时就轻易毁掉了球队。因此在买入勇士队的消息公开后，拉科布不仅立场鲜明地赞扬了蒙塔·埃利斯的天赋，更着重强调了球员的成熟和领导能力。"埃利斯实在太出色了，"拉科布对记者说，"他正专注着为球队奉献，这一点着实让人钦佩。"[4]为了更深入地了解埃利斯和他的家人，拉科布还在9月邀请埃利斯带着妻子瓦尼卡和儿子蒙塔二世一同观看了费城49人的橄榄球比赛。

新秀赛季大获成功，数次重现了戴维斯学院时期的高光表现后，库里正无比期待着新赛季的开始。与其他勇士队成员不同，通过代表美国队参加2010年夏天在土耳其举办的FIBA篮球世界杯，库里已经将上个赛季积攒的不满情

---

[1] 马库斯·汤普森二世，《勇士新老板乔·拉科布和彼得·古伯让大家保持耐心》，《圣何塞水星报》，2010.11.15。

[2] 出自柯克·拉科布与GoldenStateofMind.com的采访（《采访柯克·拉科布第二部分：勇士、SportsVU数据系统和"通信问题"》），刊登于2012年9月28日。

[3] 蒂姆·川上，《乔·拉科布谈勇士的新时代："改变已然发生"》，湾区新闻集团，2010.11.15。

[4] 同上。

绪一扫而空。在8月下旬到9月中旬的两周时间里，库里和联盟老将昌西·比卢普斯、安德烈·伊格达拉，还有年轻新星凯文·杜兰特、德里克·罗斯、凯文·乐福、拉塞尔·威斯布鲁克等人搭档，帮助美国队轻松地赢下了比赛金牌。他在篮球世界杯上的数据并不亮眼：全部8场比赛，库里平均能在10分钟左右的上场时间内拿到5分，总共也才投入了7记三分。但在小组赛首轮33分横扫伊朗的比赛里，库里送出了全场最多的5次助攻。这次参与国际大赛的经历大大增强了库里的信心，同时还为勇士队未来的转会操作打下了牢固的基础——在这届世界杯上，库里和伊格达拉及杜兰特建立了深厚的友谊。[①]在时间允许的情况下，三人经常会在周末相约一起前往教堂进行礼拜。[②]

随着新赛季训练营的开始，库里在篮球世界杯决赛结束后的几周从伊斯坦布尔再次回到了与梦之队相比实力平平的勇士队中。虽然还是没有冲击季后赛的希望，但新赛季的勇士队无疑比上一年更加出色：球队处理了斯蒂芬·杰克逊和科里·马盖蒂的溢价合同，让转会操作空间变得更加灵活。前全明星球员大卫·李的到来增强了队伍的内线实力。蒙塔·埃利斯即将进入尝试与库里建立良好化学反应的第二个年头。教练席上坐着的是充满活力的新面孔基斯·斯玛特。通过自由球员签约，拉里·莱利还用3年1100万的价格迎来了多雷尔·赖特。勇士队总经理希望这名新援能在为球队提供出色的篮板和防守保障之外，同样提升自身的得分效率。

虽然勇士队易主的交易尚未得到官方批准，但从各种角度上看，拉科布俨然已经成为了队伍的主人。进入新赛季，勇士队首先打出了4胜1负的强势开局。在随后的5连客场之旅中，他们的表现略显疲软，只赢下了其中两场。赛季前10场比赛，蒙塔·埃利斯状态火热，他场均能够得到26.5分、5次助攻外加接近3次抢断。新援赖特更展现了十足的勇士球员风范——他15分的场均得分中有60%以上来自三分线外。

大卫·李的开季表现一样出色，他收获了场均超过14分11个篮板的两双

[①] 库里之前在2007年参加过在塞尔维亚举办的U19世锦赛，他的队友们包括强尼·弗林、帕特里克·贝弗利、迈克尔·比斯利和德安德烈·乔丹。

[②] 出自伊戈达拉在2013年7月11日加盟勇士的新闻发布会。

数据。然而在以5分赢下老东家纽约尼克斯队的比赛中，大卫·李遭遇了可怕的伤病：在同威尔森·钱德勒的对抗中，李不慎将肘关节挥向钱德勒，此举导致钱德勒的牙齿碎片嵌入李的左肘关节。次日，大卫·李的受伤部位被诊断出感染。为了防止感染恶化，大卫·李不得不服用大量抗生素，甚至还进行了两次手术。[1]医生一度警告这名伤员，如果感染症状蔓延到了三头肌的特定区域，那么唯一的治疗方案将是截肢并直接导致职业生涯报销。不少人一度认为这是伴随了勇士20多年的厄运再次袭来的征兆。但好在经过三周的康复后，大卫·李又一次健康地站上了球场，重新化身为那台在内线呼风唤雨的两双机器。这个赛季，大卫·李共砍下了33次两双，排在全联盟第七。

库里也在新赛季初碰到了伤病困扰。季前赛末尾在圣迭戈进行的对阵湖人队的比赛中，库里在防守时崴到了右踝并随后被诊断为关节扭伤。错过几场训练后，库里成功赶上新赛季揭幕战。但在这场主场对阵休斯敦火箭队的比赛中，库里在补防投射三分的火箭球员阿隆·布鲁克斯时又不慎被落下的后者踩到了右踝。随后的一场比赛，坚持带伤出战的库里在短时间内第三次扭伤右踝。面对快船的比赛中，库里绕过布雷克·格里芬的掩护时失去重心崴脚，整个身体的重量几乎都压在了他孱弱的右踝之上。[2]那场比赛后，库里的脚踝缠上了极厚的绑带，视觉效果与石膏相差无几。[3]所幸经历两场比赛的缺席休整后，库里还是找回了可靠的状态，变回一名每场比赛能拿下20分的优秀得分手。

最终，NBA官方在2010年11月12日以匿名投票的方式批准通过了拉科布和古伯集团对勇士队的收购。拉科布在此之后表态说："对于我和我的家人而言，今天是美妙的一天，对于勇士队的球迷们来说同样如此。"而对于即将带领勇士队，即便已经在数月前就掌握了球队的实质决策权，拉科布依旧声称他感到

---

[1] 《威尔逊·钱德勒的牙齿几乎终结了大卫·李的职业生涯》，出自Deadspin上的体育电台采访，2010.12.10。

[2] 本场比赛更广为人知的一点在于，林书豪在本场比赛完成了他的NBA首秀。这位毕业于帕罗奥图高中和哈佛大学的落选新秀在垃圾时间出场，打完了最后的2分32秒。主场观众为他献上了喝彩和掌声。

[3] 马库斯·汤普森二世，《金州获胜，史蒂芬·库里的脚踝再次受伤》，《圣何塞水星报》，2010.10.29。

"前所未有的紧张和兴奋"。

拉科布和古伯这对老友最终实现了数十年多来的梦想,买下了一只NBA球队。接下来,他们将正式以勇士队老板的身份在球迷们面前亮相,骄傲地介绍他们四个月来的工作成果。

"我已经想不出任何比这一刻更美妙的场景了。"[1]

坐在好莱坞著名制片人,同样也是他的合伙人、金州勇士队共有者之一的彼得·古伯[2]身旁的一只高脚凳上,拉科布在当地媒体和知名人士面前,对自己50年来一直梦想着成为NBA球队老板的故事侃侃而谈,并发表了如上的总结陈词。这场勇士新老板的见面午宴由获奖主厨简·伯恩鲍姆亲自操刀,提供了三道精巧的美食,地点则被选在透过窗户就可以远眺海湾大桥美景的"大烤肉屋"餐厅。

不少人或许会提出质疑,为何宴会的地点不在奥克兰。

答案很简单——拉科布和古伯有意将这次重要活动摆到了旧金山内河码头地区最奢华而历史悠久的餐厅举办。根据报道,"大烤肉屋"餐厅所处的建筑甚至是"一百年来旧金山海岸边第一座被个人私有的地面施工建筑物"。

将勇士队迁回旧金山始终是拉科布和古伯计划中的一环,拉科布本人甚至在宴会上大方承认了这一举措的可能性。事实上,勇士队的新老板也从不打算隐瞒这一意图。"我们正身处在全世界最棒的城市之中,"拉科布在席间指着窗外说道,"大伙一起看一看吧?这景象真是令人赞叹,谁会不希望来到这座城市呢?"

在短暂的停顿后,他再次重复:"谁会不希望来到这座城市呢?"

当然,见面宴会的真正主题并不是勇士队的搬迁,而是如何领导球队走向复兴。"球队的问题目前仍没有得到解决,"古伯对现场的与会者们表示说,"或许

---

[1] 出自拉科布在勇士队YouTube频道上的一段采访视频(《勇士新老板的入职午餐会》),上传于2010年11月16日。接下来几段的其他现场细节和引言都出自本视频。

[2] 在古伯的众多娱乐界成就中,最饱受赞誉的当属他说服杰克·尼克尔森接下了《蝙蝠侠》中的《小丑》一角。我觉得,如果你能让尼克尔森接下这个角色,你一定有能力让他做任何事。

科恩带来的问题已经画上了休止符，但勇士队的问题依旧没有得到根治。"①

拉科布强调他和古伯会"高度参与"球队工作，两人并不会成为那类一个月只在队中露面一次的老板。娱乐界大亨古伯准备发挥专长，负责提升"球迷体验"：从赛前的售票流程，到赛中的零食贩卖，最终到第四节结束散场，他打算从各个方面完善勇士队的观赛配套，让现场球迷们感到物有所值。至于拉科布，他的任务则是首先建立一个出色的球队管理层，再打造一支具备十足竞争力的球队。"我想不出有什么障碍能阻止我们重回总冠军球队行列，"拉科布说，"一切都将从现在开始，从今天开始。"

拉科布和古伯也出席了当晚勇士队的主场比赛，他们作为球队老板站在球场中央完成了在勇士队球迷们面前首初次公开亮相。"你们是全世界最棒的球迷，"拉科布说，"现在球馆的上空只有一面孤零零的总冠军旗帜，让我们携手共同再赢下一次总冠军吧。"随后接过麦克风的古伯则宣称已经把最爱的颜色换成了代表勇士队的蓝色和黄色，而他最爱的字母也将变成同时代表了胜利和勇士队的W："让我们一起拿下更多更多的胜利吧！加油吧勇士们！"

对球迷们致谢并坐回场边的前排座位后。古伯将头转向了拉科布。"不要就此掉以轻心，"他在逐渐消退的欢呼声中提醒自己的合伙人，"一切荣耀都将是过眼云烟。"②古伯甚至引用了一句经典电影台词，奥斯卡获奖影片《巴顿将军》的结束语当成告诫。

当天的比赛，勇士在第一节里就拿到了13分的领先。半场哨声响起时，他们的领先优势更是多达32分。但局势在下半场风云突变，客场前来挑战的底特律活塞队猛然发力不断追分，甚至在比赛结束前几秒一度将分差缩小到了2分。不过勇士队最后艰难地维持住了领先，以101比97的比分惊险地拿下胜利。这场比赛，库里与蒙塔·埃利斯两人总共得到48分。在篮板、抢断、盖帽等数据上，勇士队全面领先于活塞队。

---

① 蒂姆，川上，《乔·拉科布谈勇士的新时代："改变已然发生"》，湾区新闻集团，2010.11.15。

② 出自拉科布和古伯在勇士队YouTube频道上的一段采访（《老板信箱：回顾接手球队的第一年》），上传于2011年11月14日。

第三章　数据篮球
2010—11赛季

在比赛下半场勇士队领先优势被不断蚕食的过程中，拉科布朝古伯轻声地发表了一句曾在过去20年间无数次被用来形容勇士队的评语："他们太烂了。"①

"如果你想亲眼瞅瞅那些摄像头的话，你需要向下看。"②

说出这句话的特拉维斯·施伦克是个很难让人忽视的家伙——他有着一个光头和满身壮硕的肌肉。相比时髦的名牌鞋，施伦克更青睐穿着牛仔靴。2011年4月13日是2010—11赛季的最后一天，也是我和施伦克约定见面的日子。那个赛季是施伦克在勇士队内工作的第七个赛季，同样是他担任球员人事主管的第二年。两个月后，这名堪萨斯土著将得到提拔，升任勇士队的副总经理。施伦克来到勇士队后的第一份工作是录像分析师兼助理教练，在此之前，他曾在迈阿密热火队作为录像助理工作了四年。也许是生长于美国中西部的缘故，施伦克并不善言辞，杰里·韦斯特曾形容施伦克是"那类十分低调的家伙"。③拉科布接手球队之初，施伦克的沉默寡言也给球队新老板留下了出色的印象。毕竟，一位专门负责处理分析球员数据的员工并不需要整天巧舌如簧地夸夸其谈。

为了满足我提出的要求，施伦克把我带到了一条架设在球馆地板上方约80英尺（24.3米）的狭窄通道里。在我们的脚下，勇士啦啦队员们正在为几小时后的主场收官战进行最后彩排：当天的比赛将在晚上7点30分正式打响，客场前来造访的是已经拿下了48个胜场的开拓者队。这支波特兰球队提前锁定了季后赛席位，马上将挑战达拉斯小牛队。而仅仅才拿到35胜的勇士队则将在这场比赛后进入悠长的假期，没有人知道这个夏天队内又会发生怎样的改变。

现在，施伦克答应让我看看之前想要看的东西。几周前，拉科布准备前往波士顿参加麻省理工学院斯隆体育分析大会，我读到一则新闻报道说，勇士队

---

① 出自拉科布和《IDG风投》杂志记者菲尔·桑德森在2015年秋天的一段采访，许多其他风投专家也在采访现场。视频上传于2016年4月10日，标题为"采访勇士老板乔·拉科布"。

② 这一段与施伦克的交流，以及他的背景和资料，都来自于我为Wired.com撰写的专题文章《篮球2.0时代：探秘NBA数据驱动革命》，该文发表于2011年4月18日。

③ 保罗·苏伦特鲁普，《本地人特拉维斯·施伦克在NBA找到成功之路》，《威奇托鹰报》，2013.4.27。

在甲骨文球馆里安装了动作捕捉相机,为SportVU收集数据。[①]勇士队新老板希望借助这一系统将篮球运动的数据分析提升到全新层面,并让它帮助新生代球星们进一步提升水平。[②]

不少人认为,这套科技系统代表着NBA的未来。

虽然名字中包含着"运动"这一单词,但SportVU系统起初并非被开发用于运动领域。[③]以色列企业家米基·塔米尔是SportVU系统的创造者。塔米尔是一位物理学博士,专长高级光学识别和图像处理技术,曾在索雷克核研究中心有过十年的工作经历。2005年,塔米尔博士为追踪导弹开发了SportVU系统。但他随后发现,借助SportVU在运动中捕捉运动员和球类的轨迹是一项收益丰富且更加实际的应用。

在运动领域,SportVU最早被应用在足球项目——系统会先以超过每秒12次的频率对足球和球员们的动作进行录制。接着这份录像会被SportVU的专利算法分析处理,最终生成一份三维网格数据图。SportVU系统提供的结果不仅限于个性化的数据图像和专门的球探报告,如果球队中有负责数据处理的专业团队,那么他们还将从中挖掘出大量的电子表格数据信息以供进一步的参考讨论。

大部分观众在2008年美国总统大选时第一次接触到了SportVU。那届选举中,SportVU与另一家专业图像处理公司Vizrt合作,为CNN女主播杰西卡·耶林制作了如同电影《星球大战》中一样的全息人像图。[④]在奥巴马当选美国总统的一个月后,SportVU遭到了收购。买断塔米尔和SportVU其他投资者手中股份的是Stats LLC,这家总部位于芝加哥的公司由美联社和默多克的新闻集团共有,在专业体育数据处理方面有着30年的经验。一年多来,Stats LLC都在寻找适当的动作捕捉技术以便应用于体育领域。

最终他们找到了SportVU。

[①] 拉斯蒂·西蒙斯,《艾尔·索顿很快迎来自己的勇士首秀》,《旧金山纪事报》,2011.3.5。但一开始吸引我目光的是文中一处"高科技篮球"的标题。
[②] 罗伯·马洪尼,《视觉追踪技术让我们窥见未来》,《纽约时报》,2011.3.7。
[③] 《篮球2.0时代》,2011。
[④] 杰森·陈,《探秘CNN的全息采访系统》,Gizmodo博客网站,2008.11.4。

第三章　数据篮球
2010—11赛季

收购SportVU后，Stats面临的第一项挑战是决定新系统应用的具体体育项目。在棒球领域，一家名为Sportvision的硅谷科技公司已先入为主牢牢坐稳位置。除了在MLB棒球大联盟的电视转播中显示每一次投球的位置和速度等数据，Sportvision为NHL冰球联盟提供的"发光"冰球和为NFL橄榄球联盟转播提供的虚拟一档线也十分出名。橄榄球不失为一种选择，但橄榄球场上发生的一切都包含了太多的变量。面对着海量的不确定因素，每一球都有可能朝着无数种不同的结果发展。想要准确处理这些信息，则需要极多的提前预测运算。同时，在NFL棒球联盟价值85亿的市场内找到立足点也并非一桩易事。[1]这些因素共同导致了NFL的出局。

相比于NFL，Stats在市场总价值40亿美元的NBA中看到了更大的机会——篮球与其他运动相比变量更少（只有1个篮球、共计10名球员需要追踪监测，对比之下分析起来简直轻而易举）；较小的场地面积也更适合被用于数据管理。相比包含端区共计57600平方英尺（5351.2平方米）的NFL橄榄球场，标准篮球场的面积仅有4700平方英尺（436.6平方米）。此外，早就有几支NBA球队表达了对SportVU系统的兴趣，愿意率先进行尝试。随着2010—11赛季的临近，Stats公司战略副总裁布莱恩·科普面临的挑战将是至少说服一定数量的NBA球队完成SportVU系统的安装。达成这一目标的关键是向球队们阐明数据的作用，"你不能对那些球队直愣愣地说'哇，你们看看这设备多酷啊，它能整理出一大堆数据，'"科普告诉我说，"大家都觉得这套系统看起来很棒，但是每个人都会产生以下两点疑问，第一是'这些数据看着很好，但我并不知道它们究竟代表了什么'，第二项则是'我应该如何处理这些数据？'"[2]

最后，4支球队在2010—11赛季伊始成为了SportVU系统的首批实验用户，他们分别是达拉斯小牛队、休斯敦火箭队、俄克拉荷马雷霆队和圣安东尼奥马刺队。作为一项新兴科技在NBA推广应用的第一步，Stats为SportVU找到了四名理想的合作伙伴——凭借着向来别具一格的战术制定和建队方针，马刺队在

---

[1] 丹尼尔·卡普兰，《古德尔为NFL设定在2027年达到250亿美元的收入目标》，《体育商业日报》，2010.4.5。

[2] 《篮球2.0时代》，2011。

现代NBA中创造了属于自己的王朝。先于别的球队一步安装SportVU系统对他们而言是一项合乎逻辑的选择；同时身为互联网大亨和亿万富翁的小牛队老板马克·库班则向来热衷于投资数据分析公司；至于火箭队的总经理达雷尔·莫雷，他不仅是麻省理工学院毕业生，更是斯隆体育分析大会的联合创始人之一；萨姆·普雷斯蒂作为总经理把俄克拉荷马雷霆队打造成总冠军有力竞争者，他在30岁那年被雷霆队前身西雅图超音速队雇佣时是整个NBA中第二年轻的球队总经理。①在职业生涯之初，他曾拿着250美元一个月的薪水在马刺队内做实习生。②总而言之，这4支最先安装SportVU系统球队的共同点是：他们都希望借助科技力量将球队带上崭新的高度。

紧随其后，勇士队成了第5支配备SportVU的球队。

2010—11赛季揭幕战打响11天前的10月中旬，未来亚特兰大老鹰队总经理里克·桑德之子、时任勇士队篮球运营助理的帕特·桑德，在位于硅谷郊外富人区阿瑟顿的曼隆大学内举行的北加州体育数据及运营研究讨论大会上第一次了解到了SportVU系统。③

在那次信息丰富的讨论大会上，迪恩·奥利弗将SportVU介绍给了桑德。奥利弗曾是丹佛掘金队的定量数据分析总监，他在2002年专门出版过一本有关篮球数据分析的书籍《纸上篮球》，后来成为了ESPN体育台史上第一位量产数据分析总监。桑德回到球队后很快将有关SportVU系统的信息分享给了施伦克和同样负责篮球运营事务的柯克·拉科布。几周后，球队上下便一致接受了这一科技系统并主动联系Stats公司安装。随着从芝加哥飞来的专业技术人员完成了对甲骨文中心球馆安装条件的评估，勇士队即将成为第一支架设SportVU系统的西海岸球队。

2011年1月中旬，SportVU系统摄像头在勇士队主场内完成安装，足以向球队管理层反馈比赛数据。截至当时，由新主帅基斯·斯玛特带领的勇士队在新赛

---

① 杰里·克朗格洛1968年被任命为扩军的菲尼克斯太阳队总经理，当时他才只有28岁。
② 杰达·埃文斯，《超音速队总经理普雷斯蒂定下新基调》，《西雅图时报》，2007.10.28。
③ 本段和下段中有关勇士发现与应用SportVU系统的所有细节，都出自我在2011年4月为Wired.com撰写的专题文章（《篮球2.0时代》）。

第三章　数据篮球
2010—11赛季

季步履维艰，他们仅仅拿到了15胜23负的成绩。在开季前8场比赛中拿下6场胜利后，球队表现一落千丈，在接下来的19场比赛中吞下了16场失利。

1月14日勇士队主场以122比112的比分击败快船队的比赛是SportVU系统正式投入使用的日子。那场比赛，在SportVU系统6台摄像头的通力协作下，勇士队26次三分出手命中14球的优秀表现被实时传输到了球队制服组眼中。余下的赛季里，勇士队取得了21胜25负的成绩，SportVU系统拍下了每一场勇士队主场比赛时的表现。库里的投篮命中率因此也提升了并不显著的3个百分点。施伦克告诉我斯玛特及其教练团队并没有大量使用SportVU给出的数据。但对于一名正处在执教生涯第一年的新秀主帅和一项刚刚起步的全新科技来说，这点并非难以预料。尽管如此，通过2010—11赛季，勇士队仍在数据分析层面打下了关键的基础，这将在未来成为他们的优势。

伴随着SportVU系统及时的见证和记录，勇士队即将上演一出精彩纷呈的篮球盛宴。

入主勇士队初期，拉科布始终在公开场合，尤其是球迷们面前保持着极高的存在感。作为在好莱坞内摸爬滚打了多年的著名制片人和片场龙头，彼得·古伯也深知向粉丝们传递积极信息的重要性。两人正极力改变克里斯·科恩在勇士队粉丝心中留下的糟糕印象。证明球队老板并非拒人千里，只会躲在甲骨文中心球馆的私人包厢内观赛。为此，拉科布和古伯在1月建立了专门用于接收球迷提问的OwnersBox@gs-warriors.com邮箱，在球队官网上公开回复收到的问题。拉科布本人还参与了勇士队官方旗舰电台KNBR长达一个小时的问答访谈，回答了包含各个方面的大量问题：比如如何面对球队不断输球的情况（"我回到家后也时常会感到沮丧"）；如何招募大牌自由球员（"我会向他们介绍奥克兰的魅力，介绍各个方面的环境，就算动用我和古伯的人脉打入好莱坞内部也没有问题"）；如何看待基斯·斯玛特的任命（"我认为斯玛特目前正竭尽所能地尝试着赢下比赛"）。[①]

[①]　本段和下段中引用的拉科布的原话都来自2011年1月27日他在KNBR电台接受采访时的音频资料（从Warriors.com网站获取）。

最重要的是，拉科布还在这次问答中明确发表了对于斯蒂芬·库里和蒙塔·埃利斯这对组合的态度："除非我们收到一笔惊天的求购报价，对方提供的筹码远远优于他们求购的目标。不然我永远不会卖掉库里，也永远不会卖掉埃利斯。他们都是我中意的出色球员，我十分欣赏他们，认为他们是目前篮球界内最棒的后场进攻双枪。"

勇士队在拉科布发表这番言论时仅仅手握着19胜26负的成绩单。但这依旧无法掩盖埃利斯和库里个人的出色表现——埃利斯当时场均能够得到近26分，是联盟最顶尖的得分手之一；库里紧随其后排在队内得分榜第二，场均约能砍下19分。两人的投篮命中率几乎相同，库里在三分线外更加精准。虽然埃利斯的打法更具侵略性，主动寻求身体对抗制造犯规站上罚球线的频率更高，但库里的罚球水准却是联盟一流。实际上，库里还以93.4%的罚球命中率打破了FIBA篮球世界杯时的队友昌西·比卢普斯保持的91.3%的命中率纪录，在那个赛季成为了NBA历史中罚球最准的二年级球员。如果说埃利斯是一名顶级的得分狂人，那库里足以成为他的门徒。

在最高等级的篮球舞台上，尤其是NBA中流传着这样一条真理——不论你的队内拥有着多少天赋出众的球员，能拥有关键球出手权的球队老大永远只有一个。勇士队内，埃利斯正担当着这一角色。

上个赛季混乱的更衣室状况已变为了过去时。碍于身份，老板拉科布并不适合直接出面整顿球队纪律。但主帅基斯·斯玛特在新赛季出色地完成了这项工作。通过对球员角色的合理分配和定位，斯玛特让勇士队更衣室归于平静。球员们的压力和高傲的自尊心自此不再会成为破坏场上表现的不安因素。

虽然处理球员关系颇有一手，但这并不代表斯玛特就能在场上大获成功。拉科布强调防守和篮板的战术理念并未经由斯玛特之手实现。诚然，埃利斯与库里的组合火力十足，但对手总能砍下比勇士队更多的得分。根据赛季末的数据统计显示，库里与埃利斯双人组的净效率值为-1.8，这意味着当两人同时在场，对手每100个回合平均会比勇士多拿接近2分（虽然这是一个看来微不足道的数值，但它会随着比赛的进行和回合数的增多不断累加放大）。勇士队最常使用的，由埃利斯、库里、大卫·李、达雷尔·赖特、安德里斯·比德林斯组成的阵容净效率值为-4.6分。球队的防守效率值（对手每100个回合的平均得分）也仅仅只比上个赛季提高了1分，仍旧排在30支球队中的第26位。勇士队还连续

第三章　数据篮球
2010—11赛季

第五年丢掉了全联盟中最多的篮板球。进攻方面，虽然出手数和进球数都排在联盟首位，但勇士队的进攻成功率却从上个赛季的全联盟第2位跌到了第7位。攻防两端的效率缺乏都暴露了斯玛特缺少灵活有效的比赛计划的问题。可即使如此，勇士队还是在2010—11赛季拿到了36胜46负的成绩单，相比前一个赛季提升了10个胜场。至于和季赛后席位的差距，也还足足缺少了10个胜场。

勇士队又一次在磕磕绊绊中结束了一个成绩平平的赛季，拉科布却对未来保持了乐观态度：这是经历转型的一个赛季。接下来，不论是球员阵容名单还是管理层人员结构，勇士队内还将发生重大的变化；通过已在1月开始正式运作的SportVU系统，球队也将很快获得大量值得研究参考的关键数据。

专注聚焦科技成果的勇士队管理者没有任何缺席MIT斯隆体育分析大会的理由。这项自2007年起每年3月在波士顿举行的活动是体育和科技交融的巅峰盛会。作为一支职业体育代表队的老板，如果不派上那么一两名管理层员工出席这一会议，那你只能在未来接受落后于人的尴尬状况。① 麻省理工学院毕业生、火箭队总经理达雷尔·莫雷就是这项会议的常客兼创始人之一。生于波士顿的拉科布同样在斯隆大会上颇有人气，在2011年的会议中，他发表了名为"新时代的体育管理者：挑战与机会共存"的演讲。虽然在成为勇士队老板后一直和奥克兰当地媒体保持着紧密的关系，但这次演讲是拉科布第一次在业界范围内公开现身。

这次亮相并不顺利。演讲过程中，几位记者将拉科布对球迷忠诚度的争议评价发上了社交媒体。② "不少新闻媒体、网络博主都向球队施压以尽快进行交易，我并不能确定他们是不是球队真正的粉丝，"拉科布说，"在我检视了这

---

① 不知道为什么，湖人队是最后一个不派任何代表参加斯隆大会的球队。直到2014年，他们才首次派人前往。

② 当官方视频在几周后被传到网上之后，各方争议再次出现。拉科布的相关言论被BayAreaSportsGuy.com转录成文字，并于2011年3月28日被发到了网上（《乔·拉科布畅谈博主和真正的球迷》）。但该视频几年后却在斯隆峰会的网站上消失了，我询问杰西卡·戈尔曼（斯隆峰会的联合创始人，也是该小组会议的主持人）是否还有视频副本存留，她对我说，麻省理工学院的几个服务器（其中一台存储着该小组的会议）在2015年被意外清空，数据无法完全恢复。

些人的资料后，我发现他们中的大多数都不是勇士队的季票持有者。所以他们又有什么资格施加那么大的压力呢？我认为球队目前拥有着出色的核心球员，我打算花上一点时间来慢慢地围绕他们打造一套出色的阵容，对此我们有着自己的安排和计划。"

"商业管理层面，在入主球队的第一天我就有资格随心所欲地开除队内的任何一名员工。许多媒体也同样希望我这么做。我知道媒体有他们的理由，部分员工的确在过去的任期内出现过明显的错误。但我还是决定观察一年的时间，给大家一个赛季的机会。在生意场上我向来都是如此，我会首先衡量当下的状况和我手中拥有的筹码，在必要且正确的时间才根据需求做出变动。因此我并不着急为勇士队带来改变。"

"在我看来更幸运的是，即使我们的球队并不经常赢球……顺带一提，我个人认为，因为每年30支球队中都有16支能参加季后赛的角逐，所以正常情况下一支球队平均每两年就应该能进入一次季后赛。可对于勇士队，我们在过去16年里只打进了一次季后赛，这是个让人难堪的结果。对于该如何改变这个状况我们感受到了十足的压力，但好在当我们接管这支球队时，仍有大量的球迷支持着勇士。商业层面上也没有迫在眉睫的事项和必须着急解决的问题。因此我决定像我以前所做的那样，先花点时间评估现状，再慢慢地制定一个可靠的计划并逐步将其实现。"

拉科布的确在演讲中回应了大量先前的疑问，但他"非季票持有者称不上真正的粉丝"的言论最终还是引起了广泛的争议。拉科布在第二天专门为此事向随队记者们发送了澄清邮件，还进行了危机公关的采访，可他和勇士队球迷们关系的蜜月期还是因此宣告结束。[①]

除了将是否拥有季票和是否对球队忠诚画上等号。拉科布还在采访中给人留下了对球迷热切期盼无动于衷的印象。仿佛在拉科布的眼中，即使不急于对球队阵容进行大刀阔斧的调整（他曾在上任首日承诺会这么做），球迷们也会像克里斯·科恩掌权时期一样乖乖地买票前来看球。随着交易截止日的到来，勇

---

① 拉斯蒂·西蒙斯，《拉科布解释他的"真球迷"言论》，SFGATE.com，2011.3.6。

士队内完全没有展示出正寻求交易的迹象。球队管理层似乎满足于使用这套除了库里、埃利斯、大卫·李之外乏善可陈的阵容度过剩余的赛季。

在当天大约午餐时间离开波士顿会展中心前，拉科布在斯隆大会展厅内大方地接受了过路人们的提问。[①]这样一番场景不论出于任何原因都不会发生在勇士队前老板克里斯·科恩的身上。而不管那些提问者们从拉科布的回答中学到怎样的知识，拉科布本人也正学习着该如何与自家球迷相处。

撇开这一切，身为勇士队复兴的掌舵人，拉科布面临的挑战，尤其是在处理公共关系方面，只会变得越发艰难。

勇士队总部办公室位于市中心，处在奥克兰会议中心停车场上的第5、第6层。在斯隆大会结束后5周，随着赛季的结束，拉科布开始对勇士队总部办公室进行翻新装修。花费160万美元重装布置这块占地17000平方英尺（1579平方米）的办公区域意味着拉科布口中的初期评估阶段已经迎来了尾声，相较于一次简单的人事变更，他打算彻底重整球队的办公室文化。[②]拉科布从硅谷的初创公司们身上借鉴了这一做法，重新装修是一项万无一失的举措：老板们需要为员工创造一个良好的工作环境，以便让他们在工作中发挥出最大的潜能。办公室隔间被重新布置；多余的、造成阻隔的墙体遭到拆除；更高效、密集的照明系统完成安装。此外，新总部内还建造了一间空间巨大的中央会议室。（新总部内同样不乏一些精巧的设计元素，比如将墙体和天花板上的图像拼接起来能看到甲骨文中心球馆比赛夜的场景；比如在休息室内画有一条迷你罚球线，让员工们丢垃圾的动作看起来如同正在罚球的库里。）队史上具有纪念意义的重要物品被悬挂在走廊两侧展示。拉科布希望借此让员工们对工作引以为傲，感觉自己正处在一个不断进步的团队当中。在向公众们宣传自家球队的优点之前，拉科布打算先让他的团队找到自我认同感。

库里显然符合拉科布的这项期待。他在2010—11赛季将场均得分从新秀赛季的17.5分提升到了18.6分，各项投篮命中率也均有提高。最让他困扰的问题仍

---

① 马克·特雷西，《数据之乐》，《Tablet杂志》，2011.4.27。
② 琼·泽维尔，《金州勇士队花费160万美元装修总部》，《硅谷商业日报》，2011.7.8。

旧是右脚脚踝，因为在赛季中屡次崴脚，库里总计错过了8场比赛。赛季结束6周后，库里于5月25日在夏洛特进行了职业生涯的第一次右踝手术。球队管理层均希望他能在当年秋天完成康复健康出战。

　　撇开烦人的脚踝伤势，当库里健康而灵活时，他似乎在生涯第二年又找回了曾在新秀赛季丢失的因篮球而感受到的快乐。伴随着更平静的更衣室环境和更稳定的球队阵容，库里变得放松且敢于释放天性。在2月的一次球队训练中，库里站在球场一侧底线，像一名回力球运动员一样地把球投出，看似毫不费力地命中了90英尺外（约27.5米）的另一侧篮筐。[1]完成这一壮举后的库里兴奋地转身跳向了一名球队负责公共关系的员工并开始大喊，"我早说了我能投进！你看吧！你看吧！"

　　"这可不是什么影像处理、后期特效、电脑合成，"库里在恢复冷静后说道，"全都没有！这可是纯粹的……"

　　说到这儿的库里突然陷入了短暂的停顿，随后又无奈地耸了耸肩，露出一副找不到解释理由的尴尬表情。

　　"好吧我承认这就是纯粹的运气，但看起来酷毙了好吧！"

---

[1]　罗利·普鲁伊特，《出手即得分》，NBC湾区，2011.2.3。

第四章

痛苦蔓延
2011—12赛季

虽然战绩相比前一个赛季有了10个胜场的进步，但勇士队在2011年4月时仍然没有明确未来的方向。斯蒂芬·库里和蒙塔·埃利斯看似有潜力发展成一对让全联盟防守者都闻风丧胆的后场双枪，他们每晚可以携手砍下40、50甚至60分，变为勇士队在NBA中赢球的关键依仗。再加上场均能稳定贡献17分10个篮板的大卫·李，勇士队的阵容核心已经初具雏形。

来到场下，拉科布也终于开始清洗球队管理层。在4月13日的赛季收官战当晚，一条预料之中的消息不胫而走：勇士队雇佣了一名新总经理助理。[①]他将通过一到两年的时间熟悉队中各项事务，随后接替拉里·莱利掌管球队。至于莱利，很可能会被调动到其他岗位或是直接退休。

这位新到队的总经理助理此前没有太多的管理经验也一样不足为奇。拉科布早就表示过他十分看重各种相关领域的新鲜观点。在勇士队新生的球队文化环境里，不论是一位技术主管，还是一位资历尚浅的初级工程师，任何人都有可能给出颇有建设性的关键提议。

就算考虑了以上因素，拉科布对鲍勃·迈尔斯的任命还是让不少人大跌眼镜。不久前，迈尔斯还坐在勇士队谈判桌的另一侧，作为一名球员经纪人与球队斗智斗勇，尝试为他的客户们争取更多权益。

经过14年的打拼，迈尔斯已成为整个行业中最具前途的几名体育经纪人之

[①] 蒂姆·川上，《球员经纪人鲍勃·迈尔斯据称将加盟勇士，金州可能迎来转机》，湾区新闻集团，2011.4.13。

一。除此之外,这位湾区土著同样和篮球有着很深的渊源。生长于丹维尔市的迈尔斯自小就是一名狂热的勇士队粉丝,[1]他曾在高中时期为蒙塔维斯塔高中效力。[2]进入加州大学洛杉矶分校(UCLA)后,迈尔斯又加入了由吉姆·哈雷克带领的UCLA棕熊队。在大二学年拿下NCAA锦标赛总冠军后,迈尔斯在大三赛季也随队打进了锦标赛8强。球队成绩优秀,但迈尔斯的队内定位却始终只是一名角色球员。在代表UCLA棕熊队出场的76场比赛里,迈尔斯总共才拿到了104分。

临近大学毕业,经济学专业的迈尔斯陷入了对前景的迷茫。在恩师哈雷克的介绍下,迈尔斯于1997年春天与传奇体育经纪人阿恩·特勒姆进行了一次会面。[3]迈尔斯在这次会面中与特勒姆一拍即合。很快,两种不同的未来职业生涯规划摆放在了迈尔斯的面前:一是进入金融巨头贝尔斯登公司实习,选择稳定而可靠的生活,极有机会拿到七位数的年薪。[4]与之相比,第二种选择就充满了各种不确定性。那便是加入特勒姆的团队成为一名初级体育经纪人。这份工作的月薪仅为2000美元,另外也没有奖励津贴。

结果,迈尔斯还是义无反顾地投身体育经纪人行业,成为了业界大拿特勒姆的学徒。迈尔斯的经纪人生涯有着一个别具教育意义的开端——入职第一天,新秀球员科比·布莱恩特就恰好造访了迈尔斯的办公室。[5]穿着祖·蒙坦拿球衣的科比是个亲切却有着爆棚自信心的家伙,他主动向迈尔斯发起了问候:"今天过得怎样老兄?""还不错,"对于迈尔斯的回答,科比随后发表了他的宣言,"告诉你吧,我要在NBA里赢下10座总冠军然后才退役。"为UCLA棕熊队效力的经历让迈尔斯早早见证了NCAA篮球名校的深厚底蕴,但在和科比接触

---

[1] 迈尔斯甚至还在钱包里保存着他看的第一场勇士比赛的票根——1982年1月15日勇士以104比102战胜纽约尼克斯,伯纳德·金本场比赛砍下32分。(马克·梅迪纳,《鲍勃·迈尔斯:从UCLA龙套到建筑师,再到NBA总冠军的道路》,《洛杉矶日报》,2015.11.23。)

[2] 迈尔斯还是该所学校最知名的校友——如果没正式毕业的超模克里斯蒂·图灵顿(1987)不算在内的话。反正维基百科是这么说的。

[3] 克里斯·巴拉德,《篮球建筑师:走近那个将勇士点石成金的男人》,《体育画报》,2016.6.8。

[4] 出自迈尔斯在勇士队YouTube频道上的一段采访(《鲍勃·迈尔斯采访——第一部分》),上传于2011年6月3日。

[5] 出自2011年5月19日,KNBR电台的达蒙·布鲁斯对迈尔斯的一段采访。

后，迈尔斯才了解到自己正身处一个崭新的世界。

工作中的迈尔斯并没有辜负特勒姆的赏识，他展现了一名超级体育经纪人必备的素养：沉着冷静又有着出色的外交手段。在洛约拉马利蒙特大学的夜校（这段时间里迈尔斯经常会穿着勇士队相关的服饰出现在校园内[①]）获得法学学位后，迈尔斯最终成为了特勒姆联合体育经纪公司（后更名为SFX体育经纪公司）的副主席。2006年，沃瑟曼媒体集团以1200万的价格收购了SFX体育经纪公司，迈尔斯被授以董事席位。[②]截止至2011年春，迈尔斯共在14年的经纪人生涯中谈下了总价值约5.75亿的合同。[③]他代理的NBA球员包括但不限于布兰登·罗伊、罗宾·洛佩兹、布鲁克·洛佩兹、肯德里克·帕金斯、德安德鲁·乔丹、达雷尔·赖特、贾伦·柯林斯。就连在2010—11赛季战胜库里拿下当季最佳新秀的泰瑞克·埃文斯也一样是迈尔斯的客户。

迈尔斯被推举为勇士队总经理助理一事经历了漫长的准备工作。球队易主的交易官宣后不久，拉科布就突然接到了一通来自波士顿凯尔特人队总经理丹尼·安吉的电话。[④]担任凯尔特人队小老板时，拉科布就和安吉保持着良好的关系。安吉告诉拉科布，如果想在未来的数月中为勇士队物色几名新的管理层人员，那么务必不要错过鲍勃·迈尔斯。安吉拨打这通电话并非一时兴趣。怀揣着为主队工作的梦想，在勇士队迎来新老板并准备逆转颓势的节骨眼上，正是迈尔斯本人拜托安吉在拉科布面前美言几句。[⑤]在此之前，拉科布从未听说过迈尔斯的名字，只有和加州大学洛杉矶分校有着深远联系的古伯了解这位知名体育经纪人。

迈尔斯和拉科布在2010年12月完成了首次碰面。两人的沟通十分顺畅，可

[①] 出自2015年9月15日迈尔斯在旧金山《梦想力量》大会上的一次小组讨论（小组里还有里克·威尔茨）中的讲话。

[②] 布鲁克斯·巴恩斯，《走近这位流淌着好莱坞血液的体育经纪人》，《纽约时报》，2013.7.7。

[③] 根据勇士队提供的信息，NBA中经纪人抽取的费用最高可到合同金额的4%，经手数笔大合同的迈尔斯一定已是一位千万富翁。

[④] 蒂姆·川上，《为什么金州勇士对丹尼·安吉有很大亏欠》，《圣何塞水星报》，2016.3.15。

[⑤] 同上。

第四章　痛苦蔓延
2011—12赛季

拉科布当时已经做出了不会在未来6个月内对勇士队进行重大人事变更的承诺。此外，就算采取大胆而创新的方式管理勇士队，拉科布也仍在考虑让一位前球员经纪人出任球队管理人员是否过于离经叛道。就连迈尔斯也有着一样的感觉。在同拉科布的会面后，迈尔斯通过电话向父亲汇报情况良好，却也同时表示勇士队似乎找不出什么非要雇佣他的理由。[1]

随着拉科布对越来越多的潜在候选人完成评估，拉科布始终无法忘记迈尔斯：在过去十多年的工作中，迈尔斯累积了大量的人脉和广泛的交际网；他的年龄也是种优势，年轻的脸庞和出色的身材让迈尔斯看起来更适合成为半月湾某家冲浪店的老板而不是奥克兰球队的制服组成员；征战NCAA的经历让迈尔斯拥有着十足的气场，经纪人的工作又给予了他推动交易完成所需的种种外交手段。缺少作为NBA球队管理层人员的实际工作经验是迈尔斯少有的几项缺点之一，为了解决这个问题，拉科布向迈尔斯提出了以下方案：首先担当莱利的副手任职总经理助理在勇士队内工作一到两年，如果在此期间一切顺利，那么之后球队总经理一职就将归他所有。[2]

迈尔斯邀请特勒姆在洛杉矶共进晚餐，打算亲口将马上要离开公司开启全新职业生涯的好消息告诉他的导师。[3]作为一名优秀的经纪人，特勒姆天生就有着敏锐的直觉。"你是要去NBA球队里工作了吧，"他在迈尔斯开口前率先反问。

迈尔斯十分震惊，特勒姆问他谁是那个幸运的追求者，迈尔斯让他猜一猜。这位超级经济人知道答案只可能是勇士。[4]对于迈尔斯来说，他即将面对的不单单是一次简单的工作变动，而是长久以来为家乡主队效力的梦想成真。

4月13日晚，随着勇士队赛季收官战对阵波特兰开拓者队的比赛在甲骨文中

---

[1]　蒂姆·川上，《鲍勃·迈尔斯专访：五年前他是如何加盟勇士？他在和拉科布对话时的所思所想，以及更多内容》，湾区新闻集团，2016.3.11。

[2]　蒂姆·川上，《乔·拉科布谈鲍勃·迈尔斯："期待迈尔斯成为球队总经理"》，湾区新闻集团，2011.4.15。

[3]　蒂姆·川上，《迈尔斯谈加盟勇士：NBA中前五或前六的好工作之一》，湾区新闻集团，2011.4.15。

[4]　特勒姆紧跟迈尔斯的步伐，他在2015年加盟了底特律活塞队的管理层。

心球馆内火热进行。前球员经纪人迈尔斯即将到队任职的消息也流传了起来。这是拉科布买下球队后的第一项重大人事任命。

迈尔斯加盟勇士队的新闻在篮球业界内引起了广泛的讨论，但了解迈尔斯近期心态的知情人士们都对此事不以为意。大家早就达成了共识，迈尔斯迟早将会离开体育经纪人行业。就在不久前，他反常地公开展示出对这一领域的沮丧。①在加盟勇士队新闻官宣的五天前，迈尔斯前往加州参与在西南大学法学院举办的一次体育规则研讨会，名为"预备役职业球员身处的业余世界：详解NCAA规则、州法律、经纪人制度和其余益处"。不少与会者都声称迈尔斯在那次活动中对经纪人事务表现出十足的厌倦，尤其是在被媒体喋喋不休地追问有关杨百翰大学新秀球员吉默·弗雷戴特的问题和该如何确保他的代理权时。②

迈尔斯的就任不仅为勇士队带来了新的面孔，同样也预示着球队新老板们已准备将队伍带入全新的篇章。随着2010—11赛季的结束，拉科布终于完成了他的考察。接下来，不少员工将遭到解雇，拉科布和古伯也将正式开始把勇士队打造成属于他们的球队。

重建就此正式开始了。

2010—2011赛季结束的两周后，基斯·斯玛特失去了勇士队主帅的位置。虽然在唐·尼尔森离开后成为了迅速填补教练位置空缺的理想人选，但斯玛特并没有用实际行动展示出足够的说服力，证明他适合长期执掌勇士队的教鞭。在商业领域中，拉科布曾见证了不少公司因对高层更替犹豫不决而陷入挣扎的例子。这种情况一样会出现在NBA中。因此，拉科布果断放弃了继续执行斯玛特的合约，让勇士队重新踏上寻找主帅人选之旅。

管理层方面，在招入了年轻却不具备管理经验的鲍勃·迈尔斯后，拉科布

---

① 达伦·海纳，《鲍勃·迈尔斯就任金州勇士队总经理助理》，SportsAgentBlog.com，2011.4.14。

② 在迈尔斯接受勇士这份工作的三周之后，弗雷戴特宣布他已与经纪人杰夫·奥斯汀签约。奥斯汀同时也是史蒂芬·库里的经纪人。

第四章 痛苦蔓延
2011—12赛季

紧接着又投下了另一枚重磅炸弹：作为NBA历史中最具有影响力的球员之一、NBA标志的原型，杰里·韦斯特在73岁生日前一周正式加入了勇士队制服组。[①] 韦斯特球员生涯的14个赛季全部效力于洛杉矶湖人队，在此期间的每一年他都入选了全明星阵容并曾随队打出过33连胜的恐怖战绩。1972年，韦斯特同湖人队拿下了当季的NBA总冠军。在退役时，韦斯特的得分高居NBA历史总得分榜第三位。

1976年，在退役并经过了两年的短暂休整后，因为离婚协议面临一定经济压力的韦斯特重新出山，成为了湖人队的主帅。[②] 在此后的24年里，韦斯特在湖人队内出任过各种不同的管理层职位，湖人也在这段时间里拿到了总共6座总冠军奖杯，其中4座来自于韦斯特任职球队总经理或篮球营运副总监时期。韦斯特也是说服沙奎尔·奥尼尔从奥兰多魔术队加盟湖人队的关键人物。在离开湖人队后，韦斯特还成功地把孟菲斯灰熊队打造成了一支具有竞争力的NBA球队。

2011年春，韦斯特正享受着退休时光的第四个年头。在篮球界拥有着光辉的履历，韦斯特早就无需证明他的能力，是湖人时期旧部、现任勇士队公关总监雷蒙德·里德代表新老板拉科布和古伯联系上了老上司韦斯特。[③]

面对勇士队发出的诱人邀请，韦斯特仍旧提出了自己的条件。他希望直接向拉科布和古伯汇报工作进展，而且不承担任何拍板做出最终决定的责任。一方面，通过以前协商球员合同时的接触，韦斯特已经对于迈尔斯有了一定的了解。他并不打算低估未来勇士队总经理接班人的能力。另一方面，对于老相识莱利，韦斯特也始终认为他的决策无可非议。最重要的是，韦斯特厌倦了担当队伍掌舵人的角色，不想再仅凭一己之力就决定球队的命运。"我不想再体验那种整天寝食难安的日子了，"他在就任后坦白说，"那时候我每天都心惊胆战，

[①] 杰里·克劳，《NBA经典logo的缔造者》，《洛杉矶时报》，2010.4.27。
[②] 史蒂夫·加卢佐，《湖人数据库：杰里·韦斯特》，《洛杉矶时报》，2011.2.11。
[③] 萨姆·阿米克，《勇士队是如何得到凯文·杜兰特的》，今日美国，2016.7.4。

生怕哪个球员因为某次失误而搞砸了整场比赛。"[1]

尽管不愿在决策层面独揽大权,但韦斯特仍知道他能正确地引导这支刚刚起航的年轻勇士队,教会他们如何赢球。韦斯特明白球队接近成功的距离并不遥远;另外韦斯特判断球员技巧能力的经验和慧眼也将带来举足轻重的影响。(湾区媒体在报道中称,韦斯特早在十年前就对进入勇士队工作有着一定的兴趣。[2])在与乔、柯克·拉科布父子、彼得·古伯、特拉维斯·施伦克进行了一整夜的长谈后,韦斯特最终接受了勇士队管理层的安排。

招募一名韦斯特这样的人才加入一个初创团队对于拉科布而言轻车熟路,这是他在硅谷时期常用的经典手段。拉科布曾帮助了无数公司走向成功,而此中的关键就是首先组建一个即使充满着差异仍旧乐于协作的董事团队:这需要所有人都接受公司或者团队的文化,并愿意团结在一起实现目标。与此同时,能招募到一两位具有影响力的大人物更是梦寐以求的美事。拥有着名人堂球员头衔和二十多年作为球队管理层的成功经历,韦斯特无疑就是篮球界内的大人物。更别说他还拥有着整个篮球史上最出色的选秀眼光——在1996年的选秀夜上,韦斯特代表洛杉矶湖人队摘下了来自费城的天才高中生科比·布莱恩特。科比在后来打破了韦斯特保持的纪录,成为了湖人队队史得分王。韦斯特认为,勇士队已经做好了将阵容全面转型的准备。

韦斯特在库里的身上看到了自己的影子。库里曾在大学时期连续两年获得南部分区年度最佳球员的称号。50年前,就读于西弗吉尼亚大学的韦斯特也完成过这项壮举。两人克服的也都是轻微的身高劣势,凭借着神射手的风采成为了NBA选秀首轮球员。不过,在韦斯特14年的球员生涯中,他有5个赛季入选了联盟最佳防守阵容。韦斯特十分清楚,球队只有改变防守现状才能走得更远。防守水平将决定勇士队的上限。

问题也随之而来,究竟谁才能支撑起勇士队的防守体系?对于这个疑问,韦斯特在入职之初就含蓄地表达了他将在未来采取的策略。首先,韦斯特将矛

---

[1] 出自韦斯特在勇士队YouTube频道上的一段采访(《杰里·韦斯特专访——2011年5月24日》),上传于2011年5月24日。

[2] 斯基普·贝勒斯,《如何拯救勇士:韦斯特前行》,《圣何塞水星报》,2002.2.24。

第四章 痛苦蔓延
2011—12赛季

头指向了蒙塔·埃利斯。这名以得分为第一要务、以防守为最后选项的得分后卫毫无疑问即将成为被清理的对象。"每当某支球队交易了一名得分能力出色的球员时，似乎大家总要抱怨上几句'他们为什么要卖掉他啊？'"[①]韦斯特在见面发布会上说。库里的新搭档将在一个月后的选秀中产生，勇士队希望选中一名攻防俱佳的高大得分后卫作为埃利斯的继任者。"看看这支球队的阵容名单吧，"韦斯特说，"显而易见他们需要更多的身高优势。"

且不论埃利斯会在什么时候被交易送走，勇士队的当务之急仍是确定新主帅的人选。拉科布在6月初做出了选择。[②]结束了长达7年的ESPN直播解说工作后，马克·杰克逊即将成为勇士队的新教头。在杰克逊长达17年的NBA球员生涯中，他有14个赛季打入了季后赛。2004年退役时，杰克逊的生涯总助攻数位居NBA历史助攻榜次席，只落后于约翰·斯托克顿。

虽然没有在职业篮球界执教的经历，但杰克逊却是全联盟最受到认可和喜爱的解说员之一。46岁的他刚在7年前结束球员生涯，仍和不少现役球员保持着良好的关系。拉科布认为杰克逊能给勇士队注入全新的活力，打造一套快节奏、高防守强度、竞争力十足的战术体系。杰克逊具备着相当的成功经验，他在球员生涯中一共出战了131场季后赛比赛，这一数据比所有勇士队球员季后赛出场次数总和的两倍还多。

表面上看起来，拉科布聘请此前从没有执教经验的马克·杰克逊是一项风险十足的决定，但杰克逊确实满足了拉科布所需的一切条件。他对现代篮球有着充分的理解：在从大学开始直到NBA退役的超过20年的球员生涯里，杰克逊始终担任着控球后卫的位置，他明白篮球场上攻防两端的错综复杂。他也一向有着良好的口碑：2008年，纽约尼克斯队以一纸5年长约签下从菲尼克斯太阳队离任的麦克·德安东尼作为球队新教练，此前马克·杰克逊曾一

---

① 蒂姆·川上，《交易蒙塔·埃利斯？杰里·韦斯特可能是动手的最好人选》，《圣何塞水星报》，2011.6.1。

② 几年之后，拉科布承认，史蒂夫·科尔是他2010年寻找主帅时的首选之一，那时科尔刚刚从菲尼克斯太阳队的总经理位置上卸任。根据2017年2月7日拉科布对95.7运动调频的格雷格·帕帕所说，科尔当时拒绝了他，但告诉他在三四年后再回来问问科尔的想法（杰克逊恰好在三个赛季后被解雇）。

度被视为新帅人选。①虽然在星光熠熠的百老汇执教家乡球队的美好愿望并没有实现，但经历三年的等待后，马克·杰克逊迎来了拉科布的邀约，即将出发赶赴奥克兰。

此时距离拉科布和古伯成为勇士队老板差不多已经过去了一年的时间，除球队总裁外的各项管理层要职均有了明确的人选。而在2011年的7月21日，当年选秀大会的前两天，勇士队克里斯·科恩时期最具代表性的面孔也最终遭到了解雇。"作为一名勇士队的球迷，一周前的那个决定让我第一次感受到空气是如此的清新，"一名奥克兰本地博主写道，"我长期以来的愿望，一直被现实情况沉重打击的那份殷切期盼终于彻底实现了！乔·拉科布做出一个注定将会是他勇士队老板任期内最英明的决策：球队总裁罗伯特·罗韦尔被开除啦！"②

出乎大多数人的预料，在近8年里担任球队总裁，总共在勇士队内服役16个年头的罗伯特·罗韦尔遭到了解雇。对于这项球队内部的重大决定，勇士队既没有举办发布会也没有进行电话会议，只和罗韦尔一同发布了一份官方声明。除了在标题中明确了罗韦尔的离开，这份声明的内容也显得含糊其辞。

"经过了长时间的评估和讨论，我们认为时机已经成熟。是时候为勇士队彻底盖上新管理者的标签了，"拉科布在声明中写道。罗韦尔则感谢勇士队向他"提供了与整个体育界内最出色、最具前景、最乐于奉献的团队共事的机会"。尽管具备一定的商业才能，且在勇士队最落魄的时期维持住了比赛的上座率，但罗韦尔在公众面前留下的更多是糟糕的印象，是他在球员和管理层方面做出的失败人事决策，是他作为退居幕后的科恩代理人出现在台前的傀儡形象。摆脱了罗韦尔，出于商业层面的考量，拉科布仍需为勇士队寻找一名全新的球队总裁。但不论罗韦尔的继任者是谁，他都将从一开始就面临着巨大的压力，他的任务是作为核心指引勇士全新的方向。

拉科布很快又为球队找到了合适的人选，他在当年秋天宣布，前太阳队总裁兼首席执行官里克·维尔茨将成为勇士队新总裁。这是勇士队近几个赛季内

---

① 哈维·艾拉顿，《沃尔什锁定马克·杰克逊为未来主帅》，《纽约时报》，2011.6.7。
② 凯文·德拉珀，《金州勇士的灵魂重生与救赎》，TheDissNBA.com，2011.6.28。

第四章　痛苦蔓延
2011—12赛季

的一项重大决定。维尔茨时年58岁，他的一生都被奉献给了NBA相关工作。因为维尔茨的父亲是西雅图超音速队的季票持有者，维尔茨在少年时期就成为了超音速队的球童。在离开超音速队公关总监的岗位后，维尔茨成为了NBA官方第三号人物，仅次于当时的联盟主席大卫·斯特恩和副主席亚当·萧华。每年NBA全明星正赛前的开胃大餐灌篮大赛正来源于维尔茨的创意。① 同样的，也是维尔茨将1992年的美国奥运男篮包装成了"梦之队"。维尔茨在1999年辞去了NBA官方的工作，随后又在2002年加入了太阳队制服组。在维尔茨任职太阳队的9年时间里，球队先后3次打入西部分区决赛，还拿下了5个50胜赛季。

促使维尔茨离开NBA的原因是他的个人生活和职业生涯产生了分歧。2011年5月，维尔茨宣布出柜。②在《纽约时报》的采访文章中，维尔茨表示自己正因为在过去十年中隐藏性取向而感到痛苦，并且在对同性恋并不友好的文化环境中工作也让他觉得压抑和难以启齿。（在4月维尔茨向联盟主席斯特恩宣布出柜后的第二天，球星科比·布莱恩特就因为向一名裁判发表歧视同性恋的言论而遭到了官方10万美元的罚款。）维尔茨还对《纽约时报》提出：他想成为体育界内同性恋人士的先驱导师，不论是作为球员还是球队管理人员，维尔茨都希望这部分人士不要对职业生涯产生顾虑。在宣布出柜不到4个月后，维尔茨辞去了菲尼克斯太阳队的职务，移居到湾区与他的伴侣托德·盖奇一同生活。在适当缓解压力、规划职业生涯下一步动向的同时，维尔茨也希望和盖奇上一次婚姻留下的两个孩子建立良好的关系。③

拉科布正是在这个档口向维尔茨抛出了橄榄枝。即便当时已经开始清理球队，拉科布还是给了维尔茨最大限度的自由，拉科布打算不干预维尔茨的决定，让后者自主选择希望留在队中的工作人员。按照维尔茨的说法，那部分工

---

① 罗伊·约翰逊，《NBA的表演之道》，《纽约时报》，1987.2.7。
② 丹·巴里，《正式公开：NBA球员揭露真实生活》，《纽约时报》，2011.5.16。
③ 拉斯蒂·西蒙斯，《里克·威尔茨：对这位勇士总经理来说，坦诚最为重要》，《旧金山纪事报》，2011.11.27。

作人员才是"球队真正的宝藏"。[①]不仅如此，拉科布还允许维尔茨从体育和商业领域大胆招募需要的人手。维尔茨在事后回忆，拉科布对他发出的工作邀约简直是"体育史上最难以拒绝的一次招募"。[②]两周后，维尔茨便正式成为了全美体育史上公开出柜的职位最高的球队管理层人员。时至今日，他仍保持着这一头衔。

随着罗韦尔的离开，勇士队高层内部已很难再寻找出大量科恩时期遗留下的印记。除了展示出良好数据评估能力的副总经理特拉维斯·施伦克外，在两年前选中库里（并拒绝了太阳队发来的交易请求）为球队注入崭新能量的拉里·莱利也仍旧留在了队中。在即将到来的赛季中，莱利还将发挥出至关重要的作用——进行一系列使球迷们怒火中烧却又将为球队带来久违的巨大成功的操作。

球队管理层重建基本完成后，勇士队还需要解决场上阵容面对的问题。随着新总经理接班人迈尔斯、新教练杰克逊的加入，两人将与乔·柯克·拉科布父子、拉里·莱利、特拉维斯·施伦克组成勇士队的全新智囊。他们会共同决定勇士队在6月23日的选秀大会上选择的球员。

但在此前的五周，拉科布将会先亲自参加NBA选秀乐透抽签，借此确认勇士队手中持有的选秀权顺位。上个赛季，勇士队在全部15支西部球队中排名第12位。但由于在赛季收官的6场比赛中拿到了4个胜场，他们的成绩在全联盟中才排名倒数第11位。虽然一切都有可能发生，但那几场的胜利仍使得勇士队抽中状元签的概率缩小到了不足1%。每支球队都能自由选择出席乐透抽签的球队代表，勇士队方面，拉科布决定亲自前往。在抵达"NBA娱乐"位于新泽西北部的总部后，拉科布参与了一场封闭式的鸡尾酒会。刚刚踏入酒会会场，拉科布就了解到这样一条讯息：被外界广泛认为即将成为本届选秀状元的北卡大学控球后卫凯里·欧文也出席了这次活动，并正在请求与他见面。几分钟后，这

[①] 出自2015年9月15日威尔茨在旧金山《梦想力量》大会上的一次小组讨论（小组里还有鲍勃·迈尔斯）中的讲话。

[②] 同上。

两位同是第一次参与选秀进程的新人便坐到了一起闲聊。[①]此时的两人都还不知道，他们的命运将在几年后发生紧密而戏剧性十足的联系。

当联盟副主席亚当·萧华在乐透抽签大会上宣布勇士队获得的选秀权顺位与战绩相同，维持在第11顺位时，拉科布勉强地保持了微笑。事后，有知情人士向拉科布透露，勇士队持有的某项数字组合与最终抽中状元签的组合有三位数字相同，仅有一只并不配合的乒乓球让勇士队同当届状元擦肩而过。最终拿到状元签的是经历了詹姆斯出走迈阿密热火队，在上个赛季仅仅取得19胜63负悲惨成绩的克里夫兰骑士队。"或许也只有骑士队拿到状元签能给人那么一丝丝的心理安慰了吧，"拉科布总结说，"毕竟他们度过了不堪入目的一个赛季。"

就算第11顺位并不尽如人意，但勇士队仍有机会使用这枚选秀权为球队带来举足轻重的改变。前一个赛季的乐透抽签中，拥有着全联盟倒数第4成绩的勇士队只获得了第6顺位的选秀权。面对球队即将售出前的混乱环境，莱利在匆忙中选择了身高6英尺10英寸（约2.08米）、来自贝勒大学中锋艾派·尤度。在新秀赛季出战的58场比赛当中，尤度的场均数据不足5分4个篮板。他显然不是解决勇士队身高体型问题的理想人选。勇士队需要一名更具影响力的新秀，以适应马克·杰克逊同时重视攻防两端的战术体系；虽然唐·尼尔森早已带着他强调快速转换进攻的"跑轰体系"离开，勇士队内仍缺少不了得分手的存在；库里也需要一名合适的搭档。一名拥有着更高大身材，并不需要太多持球单打的球员将会是理想之选。最重要的是，这名球员还得拥有强大的心理素质，让他不被NBA中强大的压力和严酷的竞争击溃。

综合以上条件，勇士队将在第11顺位做出的选择已经显而易见——克莱·汤普森，一名来自华盛顿州立大学的出色二号位投手。汤普森拥有6英尺7英寸（约2.01米）的身高和一手犀利的三分。他在三年的大学生涯中共计投入了242枚三分球。虽然并不是一位顶尖的单防球员，但出色的移动能力和体

[①] 这一幕以及下文中拉科布的有关为克利夫兰感到开心、与状元签差之毫厘的引言，都出自拉科布在勇士队YouTube频道上的一段采访视频（《与乔·拉科布一起欣赏2011年NBA抽签仪式》），视频上传于2011年5月20日。

系的帮助能让汤普森在防守端更进一步。更可贵的是，汤普森的血液中还流动着NBA的基因。克莱的父亲迈克尔·汤普森是1978年NBA选秀大会上的状元球员，被波特兰开拓者队选中的迈克尔是一名身高6英尺10英寸（约2.08米）的大前锋/中锋球员。①在长达12年的职业球员生涯中，迈克尔曾随"魔术师"约翰逊带领的"表演时间"（Showtime）时期湖人队拿下过两座总冠军奖杯。虽然迈克尔在克莱不到两岁时就早早退役，克莱无法像库里一般亲眼见证父亲在NBA中的光辉表演，但克莱·汤普森仍旧熟悉十分NBA中的文化并且肩负了大量的期待。除了在球场上充满自信，喜欢进行远距离三分投射，生活的汤普森并不是一个十分张扬的家伙。和大多数生长于南加州的孩子一样，汤普森沉默而内敛。对他而言，专心打球就是唯一的兴趣，其余事项都可以暂且放在一边。

在勇士队内部，杰里·韦斯特正是汤普森的头号拥护者。在迈克尔·汤普森为湖人队效力期间，时任球队总经理的韦斯特便已早早结识了年幼的克莱。韦斯特认定，如果勇士队能在第11顺位摘下克莱·汤普森，那么球队阵容的一系列问题也将随之得到解决。选秀开始的一周前，克莱·汤普森在奥克兰为勇士队进行了试训。上至老板乔·拉科布，下至教练马克·杰克逊，所有的勇士队首脑都观看了这场训练。在试训结束前，韦斯特就单独将汤普森的经纪人比利·达菲拉到一旁，充满自信地告诉后者："这孩子是我们的了。"②

除汤普森外，勇士队同样还有另几位优先考虑的备选对象。③拉里·莱利

---

① 由于汤普森恰巧在这一时间被波特兰开拓者选中，他成为了大卫·哈尔伯斯塔姆在1981年撰写的《比赛终究如此》的角色之一。该书至今仍被评为此类书籍中的经典佳作。由于汤普森在休赛期的一场野球中遭遇腿部骨折，他的整个1979—80赛季完全报销（哈尔伯斯塔姆主要讲述的就是这个赛季）。因此，他在书中也就成了一名小角色。但我们仍从书中得知，汤普森的车牌上写着他的名字"米凯尔"，而且他尤为擅长用球队大巴将女人"偷渡"回自己的酒店。哈尔伯斯塔姆在此处写道："他的勇气和自信不只体现在场上，也体现在场下。"

② 克里斯·巴拉德，《追求完美：杰里·韦斯特的热情仍在勇士燃烧》，《体育画报》，2015.6.11。

③ 出自拉里·莱利在选秀夜上发表的言论，该视频（《拉里·莱利谈选中克莱·汤普森》）于2011年6月23日被传到勇士队的YouTube频道。

第四章 痛苦蔓延
2011—12赛季

就十分欣赏圣迭戈大学的科怀·伦纳德和佛罗里达州立大学的克里斯·辛格尔顿。但勇士队管理层普遍认为：这两位球员全都配不上在第11顺位被选中。除非球队首先向下交易选秀权，那么这两人来到勇士队的概率将十分渺茫。随着吉默·弗雷戴特在第10顺位被密尔沃基雄鹿队摘走，勇士队毫不犹豫地拿下了汤普森。[①]为库里找到一名具有身高优势、投篮能力出色的搭档对于勇士队实在是种天大的诱惑。汤普森家族与篮球的深厚渊源和汤普森本人的态度也与拉科布手下新生的勇士队相当契合。在被选中几分钟后，汤普森不仅向媒体谈起他的得分和传球能力，还特意强调自己是一名团队利益优先的球员，声称上场打球"并非只为了让自己拿到好看的数据。"[②]这是一个良好的预兆，在过去的数年中，勇士队已经见过了无数位与汤普森口中所说完全相反的例子。

至少从表面上看，汤普森能够完成勇士队给予的提高球队防守和篮板球能力的任务。他有着6英尺7英寸（约2.01米）的高大体型和稳定的防守能力。至于汤普森能否在一对一的情况下封锁联盟顶级得分手，这点依旧是个疑问。

汤普森的到来也让蒙塔·埃利斯的存在显得有些多余。相比埃利斯，汤普森更加年轻、高大，还具有一手更稳定的三分球能力。虽然不可能在一时之间就遭到交易，但是埃利斯的勇士生涯，他在这支从新秀时期起就效力至今的球队的时光，看起来即将走到尽头。对于这点，莱利公开表示球队目前还没有交易埃利斯的想法，汤普森能够在马克·杰克逊的体系中出任球队小前锋的角色。

话说如此，一旦汤普森展示出稳定而可观的进步，埃利斯就很有可能立刻成为次年2月勇士队货架上最具有价值的交易筹码。更何况，对于总经理拉里·莱利来说，如果能通过卖走埃利斯进一步稳定新老板拉科布钦定的球队核心阵容，那又何乐而不为呢？

[①] 2015年，汤普森在参加训练营时被问到，他有没有想过如果选中他的不是勇士而是雄鹿队。他回答说："我每天都在感谢上帝。"

[②] 出自汤普森在被选中后的媒体群访，视频在2011年6月26日被传到勇士队的YouTube频道（《克莱·汤普森2011年选秀的幕后故事》）。

当焕然一新的勇士队全体整装待发准备向美好的未来发起冲击之时，一道巨大的鸿沟却凭空出现成为了他们的障碍——由于无法就新劳资协议达成共识，NBA在2011年7月1日停摆。联盟官方声称他们在过去的三个赛季内蒙受了接近10亿美元的损失，并希望将联盟篮球相关收益BRI（basketball-related income）中的球员分成从57%调低至47%。球员工会明确拒绝了这一提案，并坚持要求将分成数额至少维持在53%。就此，NBA陷入了联盟与球员两方面长达数月的角力和争执。经常在深夜展开的谈判更是让在此期间从未合眼的篮球记者们几乎不敢离开酒店会议室一步，生怕错过了哪怕一丁点儿的新消息。整个停摆时期的最低潮出现在11月中旬，联盟官方没有如期发放第一批用以支付球员薪资的支票。此举使得每位NBA球员的收入平均减少了22万美元，也直接导致了当赛季时间的缩短。①随着停摆事件的不断发酵，两方代表就BRI收益分成比例、工资帽的设定调整、球员契约权利等大量数不清、道不明的事宜进行了无数次的谈判。NBA联盟主席的大卫·斯特恩甚至直接在ESPN体育台的节目中告诉观众，NBA即将面临"核冬天"。②

为了应对无球可打的尴尬处境，不少NBA球员选择在停摆期间为亚洲或者欧洲职业篮球俱乐部效力，在保持状态的同时等待NBA赛季重新开启的消息。几名全明星球员也加入了这一行列：托尼·帕克和安德烈·基里连科都回到了故乡，在法国和俄罗斯打球；德隆·威廉姆斯和梅米特·奥库加盟了土耳其联赛；肯扬·马丁则去中国淘金。部分勇士队球员一样采取了这项举措：2010届乐透新秀艾派·尤度成为了以色列篮球联赛的一员，而2011届次轮秀查尔斯·詹金斯选择了意大利联赛。

不过，包括多数联盟顶级球星在内的大量球员选择了留在美国境内，另觅他法保持竞技水准，期待着NBA联赛能早日复摆。刚被选中就遇到罕见停摆赛季的克莱·汤普森因此感到无聊至极，整日在南加州的球馆内进行着刻苦而繁

---

① 《对NBA球员来说：支票并不在他们的邮箱里》，ESPN.com，2011.11.15。
② 霍华德·贝克，《球员们拒绝提案、解散工会，NBA新赛季危在旦夕》，《纽约时报》，2011.11.15。

第四章 痛苦蔓延
2011—12赛季

忙的训练。[1]至于刚刚在5月进行了脚踝手术的库里，这次停摆反倒为这名勇士队内最重要的球员提供了更多的恢复时间。两条右踝韧带的重建让库里在那个夏天的大部分时间里都行动不便，这让他在位于夏洛特的家中度过了大量的空闲时间。在7月和女友阿耶莎·亚历山大举行婚礼后，面对新赛季未知的状况，库里正抓紧时间尝试通过训练找回最佳状态。

在这次右踝术后康复的过程中，一次相遇彻底改变了库里整个职业生涯的轨迹。当某天在夏洛特的一间球馆内和哈里森·巴恩斯（一名来自北卡大学的出色小前锋，被视为未来乐透球员）及一众夏洛特山猫队球员训练时，库里遇到了一名叫作布兰登·佩恩的当地篮球训练师。[2]佩恩创立的"加速"篮球训练中心位于南卡罗来纳州的米尔堡市，距离夏洛特只有30分钟车程。佩恩看起来并不像是一个典型的篮球训练师：身材矮壮的他留着一款美国大兵似的寸头。很难让人想象他满头大汗、极富激情地冲着球员们大喊大叫的样子。训练结束后，佩恩向库里做了自我介绍，并留下了电话号码。佩恩告诉库里，如果想对比赛中使用的篮球技巧进行更有针对性的训练，那么请不要犹豫地拨通这个号码。受限于刚刚恢复的脚踝，库里当时唯一能进行的训练只有坐在原地运球，但他仍对佩恩的提议感到十分好奇。当晚，佩恩接到了来自库里的电话，他们约定在第二天一早会面。自此，两人便开启了一段延续至今的长久合作关系。

作为一名夏洛特土著，佩恩是一位篮球教练的儿子。大学时期，就读于体育管理专业的佩恩曾为离家一个小时路程的NCAA二级联盟球队温盖特大学效力。在2001年本科毕业后，佩恩继续留在大学校队担任助理教练。在这两年里，佩恩逐渐对篮球训练产生了兴趣。[3]他希望探究出运动员们该如何将自身的优势同实际条件结合，从而提升技术水平。佩恩因此研究了大量与篮球相关的前沿科技。他开发的训练方案旨在将球员能力推向极限的同时又保持对于篮球纯粹的热爱。通过大量重复训练的方式，佩恩正在寻找提升运动员们认知决策能力和自信心的有效手段。他在后来解释称其中的原理是提升运动员们的

---

[1] 萨姆·阿米克，《停摆令新秀不安》，《体育画报》，2011.7.13。
[2] 戴蒙德·梁，《他帮助史蒂芬·库里达到新高度》，《圣何塞水星报》，2015.12.4。
[3] 丹尼尔·巴瑟罗缪，《走进夏洛特最火热的篮球训练馆》，《Dime杂志》，2011.9.7。

"神经肌肉效率"。虽然这个理论听起来更像是仅仅停留于纸面的空谈，但它还是成功吸引了不少需要时刻保持状态的NBA球员们的注意。从某种程度上，NBA停摆反而让"加速"篮球训练中心变得生意兴隆。

库里在第一时间就接受了佩恩的理论。在手术完成三个月后，新婚的库里终于能再次进行完整的篮球训练。由于NBA停摆，库里无法使用勇士队位于奥克兰的各种训练设施。他最大限度地寻求了佩恩的帮助，使用佩恩的场地并聆听这位专家提出的意见。在"加速"篮球训练中心位于南卡罗来纳州一个不起眼工业园区内的总部和附近一家行销公司内的全种类健身房里，库里每天都会花上大量的时间打造出他篮球生涯中最棒的身体状态。"库里渴望着学习更多知识，"佩恩表示说，"他希望了解身体运作中的种种细枝末节，搞明白这一切最终带来的结果。"①

库里很快找回了投篮手感。通过用海绵垫在上篮过程中制造干扰的对抗性训练，库里的脚踝也重新变得有力。通过佩恩的招牌训练项目之一：在一只手练习运球的同时，另一只手不断向训练师反复接抛网球。库里的眼手协调能力也一样得到了提升。佩恩还向库里强调了无球预判和在传球到达前就找到合适加速启动位置的重要性。10月中旬，作为"加速"篮球训练中心的第一位主要客户兼代言人，库里还在视频网站Youtube上发布了一段训练实录。②

除开篮球训练领域，库里也十分享受他与佩恩的沟通方式。他可以毫无顾忌地反驳佩恩的部分观点，并且根据自己的需求提出想要精进的技巧，好比持球向右侧突破和爆发冲击篮下。③对于库里来说，在NBA停摆结束前，佩恩充当了勇士队新教练马克·杰克逊和其教练组成员的角色。虽然在新赛季开始后，这一情况将会得到改善。但随着10月结束11月的来临，库里和所有球员能做的只有等待。

---

① 佩恩专访，2017.3.1。
② 出自上传于2011年10月18日的YouTube视频，标题为"加速篮球帮助史蒂芬·库里完成训练"。
③ 朗，2015

第四章　痛苦蔓延
2011—12赛季

劳资双方最终达成了协议。11月26日的凌晨3点40分，NBA在停摆了149天后正式宣布重启。[1]与原本82场比赛的完整赛季相比，当赛季将成为一个仅有66场常规赛的缩水赛季。2011—12赛季，球员们将首先享受51.5%的BRI收益分成，这一比例将在随后逐年减少；为了鼓励球员们留在母队，一些合同参数将被增加，球员母队将有能力提供比其他球队年限更长、薪资更丰厚的合同——这一举措是回应勒布朗·詹姆斯和克里斯·波什在前一个休赛期精心策划，集体作为自由球员加盟迈阿密热火队，与德怀恩·韦德组成三巨头组合。联盟官方显然不希望NBA顶级巨星们全都扎堆聚集在少数几支球队中；小球市队伍的收益分成情况也得到了一定的改变，斯特恩希望尽他所能在NBA内创造一个平等的竞争环境。相应的，虽然球员们失去了短期内再次向30支球队老板施压的理由，但好在通过新版劳资协议，至少每个人都将获得更多的收益。最后，新赛季的开幕因为停摆的影响推迟了接近两个月的时间。

而不管是否每个人都做好了准备，2011—2012的缩水赛季即将在圣诞节当天正式打响。

库里的右脚踝甚至没能经受住季前赛的考验。

勇士新赛季首战将会在圣诞节迎战洛杉矶快船队。但在季前赛的最后一场比赛里，库里在第二节末对位吉默·弗雷戴特时因为防守中的后滑步崴到了右脚踝。库里没有在那场比赛的下半场回归，这也使他能否顺利出席新赛季首战成为了疑问。"我感到十分难过，我们需要库里尽早回归，"马克·杰克逊在赛后说，"大家都知道，当库里在场上时，勇士队是一支更出色的球队。因此我们需要他尽快健康归来。"[2]

即使和伤势痊愈还有着遥远的距离，库里仍坚持带伤上阵面对快船。结果是勇士队在新赛季头一场比赛中就以19分的劣势主场惨败。库里的个人表现也十分糟糕，他全场出手12次仅仅命中2球，只拿到了4分4个助攻。次日，勇士队迎来了芝加哥公牛队的挑战。库里将在这场比赛中对位上个赛季的联盟最有价

---

[1] 霍华德·贝克，《NBA用试探性协议挽救新赛季》，《纽约时报》，2011.11.27。
[2] 美联社，2011.12.20。

值球员德里克·罗斯。库里在这个夜晚的大部分时间里都维持着顶尖的表现,他全场拿下21分、10个助攻、6次抢断。同时他也在防守端成功地限制了罗斯的发挥,罗斯当晚17次投篮只有4球命中,总共才拿到了13分。比赛开场后的两分钟,库里就用一个漂亮的后场长传助攻快下的大卫·李空接灌篮得手。在第四节刚刚开始勇士队手握15分领先时,库里再一次故技重施,用70英尺(21.3米)外的精准传球帮助多雷尔·赖特飞身重扣得分。

但在送出这记美妙传球的几分钟后,因为在突破上篮的过程中踩到公牛队球员凯尔·科沃尔,库里又一次崴伤了右脚。一瘸一拐回到更衣室的库里没有在这场比赛中重回场边,勇士队最终用99比91的比分帮助杰克逊拿下了教练生涯的第一场胜利。"库里完成了出色的球队组织串联工作,"杰克逊说,"他就是整支球队的场上教练。"[1]在赛后勇士队的更衣室内,库里正将他孱弱的脚踝浸泡在一个巨大且装满了冰水的佳得乐饮料桶中——随着新赛季的开始,接连不断的恼人伤病再次如期而至,威胁着他的整个职业生涯。

休整了一场比赛后,库里在除夕夜当晚复出,带领勇士队坐镇主场甲骨文中心球馆对阵由安德烈·伊格达拉带领的费城76人队。蒙塔·埃利斯因为祖母的过世而缺席了这场比赛。克莱·汤普森因此获得了职业生涯第一次首发出场的机会,他却没有交出一份令人满意的答卷。整场比赛出战26分钟的汤普森仅仅拿到了3分。库里恢复了以往灵活的表现,在第一节比赛中就砍下了10分。但从比赛一开始,勇士队就显得缺乏活力。根据当地一家媒体的描述,拉科布因为勇士队的糟糕表现而"蜷缩在场边的座椅中,神情沮丧地环抱着双臂"。[2]在第一节得到10分的领先优势后,勇士队在剩余的三节比赛里总共比76人队少得了36分。

在飞赴圣安东尼奥面对马刺队前,勇士队先要前往菲尼克斯挑战太阳队。自1997年起,勇士队就未曾在做客菲尼克斯的比赛中拿到过一场胜利。勇士队在这场对阵太阳队的比赛前三节里都展现了足够的竞争力。库里也完成了出色且高效的表现,他通过11次出手拿到了20分,还送出了8次助攻。

---

[1] 美联社,2011.12.26。

[2] 美联社,2011.12.31。

第四章　痛苦蔓延
2011—12赛季

但踝伤的侵扰让一切戛然而止。在一次假传真突的进攻中，当刚刚开始运球的库里用脚尖发力点地时，他的脚踝出现了不自然的翻转。这让库里变得步履蹒跚，腿部也无法承受太多的重量。"我的天呐，"眼见着库里再次受伤的解说员吉姆·巴尼特在直播中惊呼，"这真是让人心碎的一幕。"赛后，库里本人也对接连不断发生的同一种伤病感到茫然失措，他无助地表示说："我不知道为什么脚踝伤病总是缠绕着我。我已经竭尽全力地想要在萌芽阶段就彻底阻止它的出现，可这一切就是反复地发生。"[1]

在因伤病错过8场比赛后，复出的库里又用了8场比赛才找回状态。通过在对阵丹佛掘金队时送出36分的表现，库里正式宣告自己的归来，也帮助勇士队拿到了开季23场比赛中的第9场胜利。良好的情况只持续了两周时间——二度面对太阳队，虽然勇士队凭借着埃利斯在比赛最后一秒的20英尺（6米）中距离绝杀赢得了比赛。但库里又在那场比赛中弄伤了右腿肌腱，缺席了整个下半场。由于对阵太阳队的比赛是全明星周末前的最后一场比赛，库里额外获得了6天的休息时间。在全明星周末后第一场以24分差距输给印第安纳步行者队的比赛里，库里仍旧作壁上观。勇士队在后一场比赛中用85比82的比分战胜了亚特兰大老鹰队，库里诡异地在那场比赛还剩最后3秒时被替换上场。作为替补贡献了两场精彩的演出后，库里在3月10日主场对阵达拉斯小牛队的比赛中重回首发名单。第三节比赛中途，在进行一次看起来稀疏平常的运球主动和防守人寻找对抗然后远离的动作时，失去重心的库里再次崴到了右脚。蹒跚着回到替补席后，库里重重地敲打了场边的座椅，借此宣泄心中的不满和沮丧。谁都不知道为何库里的脚踝伤势总像噩梦一般挥之不去。

次日，库里在客场挑战快船队中的比赛中继续出任首发。但显然踝伤的影响犹存，在上场的接近10分钟时间里，库里一分未得。马克·杰克逊在勇士队手握17分领先时将库里替换下场，球队最后以97比93的比分拿下了那场比赛。"我认为让库里上场比赛是一个错误的决定，"杰克逊赛后总结说，"看起来他

---
[1] 美联社，2012.1.4。

正在透支自己的身体。"①

　　勇士队在3月11日的胜利成为了库里那个赛季的最后一场比赛。很显然，孱弱的右踝给予了库里沉重的打击。同样的，如果继续轻视这一反复出现的问题，不将其彻底根除，那么就连库里原本前途光明的职业生涯都有可能受到影响。接下来，勇士队将要在缺少库里的情况下度过剩余的赛季。库里也决定在赛季结束后再次接受脚踝手术。

　　虽然库里的反复伤退和复出让勇士队阵容经常面临着不稳定的变化，但球队并没有放弃2011—12赛季。他们当时正手握着17胜21负的战绩，冲击季后赛席位并非完全没有希望。大卫·李场均能够砍下接近20分10个篮板的两双数据，蒙塔·埃利斯的场均得分也高达22分。

　　然而，勇士队最终还是在那个赛季与季后赛失之交臂，无法复刻上演以下克上的励志好戏。而更多人料想不到的是，在库里宣布赛季报销后两天，勇士队内还将在3月13日爆出一条足以震撼整支球队的轰动性消息。

　　经历了一系列的波折，拉科布在2011—12赛季来临前感受着异常的焦虑，不过至少他已经完成了对球队制服组的重建：如果情况顺利，鲍勃·迈尔斯将在几年后接替拉里·莱利的总经理位置；里克·维尔茨则成为了球队主席。同时，勇士队也正在竭力地重新打造良好的公众形象。球队官网上线了一个名为"老板信箱"的板块。在这里，勇士队球迷们可以通过邮件向拉科布和古伯发出各种各样的问题，两人承诺将尽可能阅读来信并回复。这一板块在2011年1月正式上线，并在当年选秀结束几周后的7月里举办了第一次问答活动。

　　大部分球迷都在来信中毫不吝惜溢美之词，对球队新管理层表达了肯定的态度。只有极少数球迷提出了"运营一支职业体育队伍时遇到最大的困难是什么？"的问题。对此，拉科布有话要说。

　　"管理勇士队时我面临的最大挑战就是需要不断地保持耐心，"拉科布坦白称，"我从一开始就知道球队不会在一夜之间就发生翻天覆地的变化，这是一个

---

① 美联社，2012.3.11。

第四章 痛苦蔓延
2011—12赛季

长期的过程。我知道许多球迷都心急如焚，恨不得球队可以立马拿下50个胜场并且成为总冠军的有力竞争者。但现实情况却没有那么简单，我们承诺会竭尽全力地尽快提升球队的实力，但此外我们也需要谨慎地做出决定，让球队在每个赛季都能不断地保持进步、一点点提升竞争力。"[1]

除了不断遭到挑战的耐心，拉科布还要应对的是广大公众对球队内部各项事务天生的窥探欲。勇士队的每一次动向都会被媒体快速跟进报道并且进行分析。当年5月，在马克·杰克逊被雇佣前，拉科布曾准备亲自前往圣安东尼，私下考察马刺队助理教练迈克·布登霍尔泽是否符合勇士队帅位的要求。在驱车赶赴机场的路途中，拉科布打开了当地体育电台KNBR。主持人当时正引用一条网络新闻，准确无误地道出了拉科布的全盘计划。[2]这一点令拉科布万分诧异——甚至在前往圣安东尼奥的飞机起飞前，媒体就已经报道了他的下一步打算。为此，从圣安东尼奥回到球队后，拉科布开除了两名泄露消息的球队员工。[3]

随着NBA停摆结束，勇士队新阵容的成色将通过缩水赛季得到检验。但在此之前，这支队伍依旧有着显而易见的缺陷。不论是粉丝、媒体还是球队管理人员，所有人都知道勇士队还需要一名更加传统的、能支撑起球队前场的中锋球员。对这名球员来说，除了篮板和保护篮筐的能力，一手出色的策应传球更是必不可少。此外，如果克莱·汤普森能顺利发展为勇士队选秀时期待的那种优秀外线投手，那么就意味着蒙塔·埃利斯将不再是勇士队内的非卖品。

交易埃利斯的阻碍来源于拉科布，他曾在入主球队之初就坚决地公开表示勇士队不会将埃利斯摆上货架。拉科布的这番言论其实是在当时特定情况下的一种万全之策：首先，如此大方的表态并不会引起球迷们的反叛情绪；其次，在商业层面，这也是种以退为进的手段。为了得到蒙塔·埃利斯，青睐他的球队反而会送出更加丰厚的筹码。

---

[1] 出自Warriors.com（《乔·拉科布回答球迷问题》），上传于2011年7月27日。
[2] 马库斯·汤普森二世，《乔·拉科布采访马刺队迈克·布登霍尔泽》，湾区新闻集团，2011.5.31。
[3] 出自拉科布与风投专家泰德·谢伦在"KPCB CEO孵化计划"上的对话，视频题为"将金州勇士带向伟大：艰难的决定"，于2016年10月4日上传到克莱纳·帕金斯的YouTube频道。

拉科布正是如此精通话术。当年6月勇士队在选秀大会上摘下克莱·汤普森两天前，拉科布在接受KNBR电台的采访中尝试着平息了外界对于蒙塔·埃利斯即将被交易的猜测和流言。"显而易见勇士队非常重视蒙塔·埃利斯，"拉科布说，"他可能是我们队中最出色的球员。就算退一步讲，他也毫无疑问是最出色的几名球员之一。我们并不打算交易他。"[①]

　　拉科布随后还义正词严地谴责了媒体的猜测："我们从来没有过交易蒙塔·埃利斯的打算，我不知道媒体的消息源究竟来自哪里。坦白讲，我认为相比以前媒体已经变得不受控制了。不少记者会仅凭一些道听途说就写出一篇报道，根本没有事实依据。正是这样的不实报道不停传播，才会导致现在的局面。"

　　但与此同时，拉科布也并没有完全把话说死。他提出了未来潜在交易的可能性，强调勇士队正缺乏高大的前场球员。如果能找到合适的对象，将蒙塔·埃利斯这样的重要球员作为筹码送出也未尝不可。"如果我们收到了针对某位球员的优秀交易提案，那么我们一定会严肃考虑这种方案的可行性，"拉科布透露说，"事实上，围绕埃利斯的此类交易提案就有不少。我们都会一一进行评估……我个人认为勇士队的后场组合十分优秀，可以说是联盟最佳之一。我从来不相信什么小个后卫阵容行不通一类的鬼话。这都不是问题，小牛队刚刚凭借着身材更加矮小的后场组合拿到了NBA总冠军，更何况他们的投射能力还没有勇士队的后卫们出色。真正的关键是，小牛队在前场有两名人高马大的七尺长人，而我们没有！"

　　拉科布说出这番话的几个月后，蒙塔·埃利斯在2012年1月展现了绝佳的状态，在每晚能得到19分之外，他的命中率提升到了51%。拉科布在球队官网的视频采访中强调了埃利斯的价值。"埃利斯是一名杰出的球员，有些人说他是全联盟排名第三的得分后卫，我认可这一说法，"拉科布说，"他正在完善自己的比赛表现，随着时间的流逝变得越来越棒。他真的非常优秀。"[②]或许是预感到

　　[①] 出自2011年6月21日拉科布在KNBR电台上与汤姆·托贝尔和拉尔夫·巴别利的对话，以下两段中拉科布的引言同样出自本段采访。

　　[②] 出自拉科布在勇士队YouTube频道上的一段采访视频（《勇士老板信箱——2012年1月25日》），上传于2012年1月25日。下一段中拉科布的引言同样出自该视频。

第四章　痛苦蔓延
2011—12赛季

了未来交易将会导致的混乱，在这次采访中，拉科布也一样请求公众耐心。

"我希望能鼓励大家，我知道有时候勇士队的处境的确看起来相当艰难，但是大量的粉丝仍旧坚持着支持球队，从来没有抛弃我们，"拉科布对勇士队电台解说蒂姆·罗耶说，"我知道这是一种难能可贵的坚持，但我向大家保证，球队管理层已经在竭尽所能地打造一支胜利之师，我们最终将会走向辉煌。"

以莱利为首，勇士队管理层整个赛季都在幕后尝试着通过交易得到一名强力中锋。这些交易提案大部分都以蒙塔·埃利斯作为核心。随着赛季的进行，勇士队确定了唯一的目标：来自密尔沃基雄鹿队的安德鲁·博古特。在7年的职业生涯中，博古特曾一次入选NBA全明星阵容。持球时，他能在低位吸引防守者的双人包夹，为外线投手（库里或汤普森）制造出手机会。优秀的传球能力也能令博古特帮助勇士队在进攻端拉开空间，展示前所未有的新面貌。作为NBA历史上第一位澳大利亚籍状元，即使要将队中某位核心成员作为其交换筹码，博古特仍能带来勇士队数十年来从未拥有过的全明星级别的强大内线统治力。

莱利认为博古特是勇士队不容错过的目标。他在上一年就和雄鹿队总经理约翰·哈蒙德讨论过相关事宜。[①]当时雄鹿队立场鲜明地表示了拒绝，但随着交易截止日的临近，莱利确信哈蒙德将会在下一个休赛期间售出博古特。由于中锋球员在即将到来的自由球员市场上十分稀缺，莱利明白他需要果断地完成这笔交易。

多年以来，勇士球迷们之间都在进行着激烈的讨论。他们认为球队管理层应该进行一些自我反省工作，好好考虑究竟是售出蒙塔·埃利斯还是斯蒂芬·库里。球队一直以来都倾向于清理蒙塔·埃利斯，他始终是勇士队在这个问题上的唯一选项。[②]与埃利斯相比，库里更加年轻，伤病史也更少（就当时而言）。除去在球场上展现的篮球天赋，不论是摩托车受伤事件，还是库里到队之初在训练营中发表毫无根据的不友善言论，还是在被默认担当队长期间更衣室内产生的种种混乱，埃利斯都在过去数年间耗光了勇士队管理层对他的好感。

---

① 出自2012年3月27日莱利和博古特与勇士队季票持有者们举办的一次电话会议的录音。

② 蒂姆·川上，《解密勇士队的一段城市神话：不，他们不打算用库里或埃利斯去交易博古特……其实筹码只有埃利斯一人》，湾区新闻集团，2016.3.22。

对于埃利斯而言更棘手的是，一名前勇士队员工还在三个月前向他和勇士队提起了一桩性骚扰诉讼。[①]埃丽卡·罗斯·史密斯，这名曾经在勇士队内负责处理社区关系的员工声称埃利斯向她发送了带有露骨信息的短信，甚至还包含一张展示了生殖器的图片。史密斯还表示，将此事汇报给勇士队高层后，她在没有任何正当理由的情况下于2011年8月遭到解雇。除此之外，她认为拉里·莱利担当着埃利斯的帮凶，莱利告诉埃利斯这一事件将会"石沉大海"并在暗中得到处理。埃利斯的妻子则认为是史密斯首先发起了这段不正当的关系，并持续和埃利斯进行短信沟通。在2011年2月的一个勇士队主场比赛日，埃利斯的妻子与史密斯爆发了冲突。当诉讼在2011年12月正式开庭审理时，勇士队官方否认了所有负面指控。"在球队得知埃利斯和原告这段双方自愿发生的关系后，我们做出了应该采取的行动，"里克·维尔茨在声明中表示，"球队通知双方需要在第一时间内，直截了当地彻底终止这一切。"不论事实究竟如何，这出充满着争议的闹剧颇有几分克里斯·科恩时期那些司空见惯的场下麻烦事的影子。为了不让糟糕的历史重演，拉科布必须采取行动。

除了在场外有十足的理由清理蒙塔·埃利斯。从篮球层面来看，博古特的加入能为勇士队年轻后卫们带来大量帮助，这点也让人难以抗拒。如果拥有健康的博古特坐镇内线，勇士队看似又将在成功之路上迈出坚实的一步。通过这次交易，勇士队管理层也将展示在足以扭转队伍局势的巨大机遇面前，他们不仅手握着足以进行一笔惊天交易的适当筹码，也拥有放手一搏的魄力和决心。[②]只要博古特能在球场上做出贡献，一切都将充满意义。

在交易最终拍板前，勇士队还面临着一个严重的问题：博古特的健康状况远非100%。两个月前，因为在封盖落地的过程中踩到了火箭球员凯尔·洛瑞，博古特弄伤了左脚脚踝，并陷入了无限期的伤停。这次受伤仅仅只是博古特职业生涯一长串诡异伤病列表中的最新一项。在职业生涯第二年，博古特就因为

---

① 美联社，2011.12.21。

② 另一位在交易博古特的过程中伸出援手的人是拉里·哈里斯。哈里斯曾是密尔沃基雄鹿队总经理，他在2005年选中了博古特，并和这位澳洲巨人有着很好的友谊。恰巧，哈里斯在离开雄鹿后加入了金州勇士的管理层。

第四章 痛苦蔓延
2011—12赛季

扭伤左腿而错过了16场比赛。随后一年,他因为下背部疼痛缺席了43场比赛。2009—10赛季,博古特由于肘关节错位和手腕伤势并未跟随密尔沃基雄鹿队征战季后赛。2010—11赛季,偏头痛和再次袭来的背部疼痛又让博古特新增了17场缺席。再之后就是当前的左脚脚踝扭伤。即便这些伤病大都不是反复出现的顽疾并且互相之间没有明显关联,但它们仍足以证明博古特无法保障稳定的出勤率。虽然健康的博古特是一位顶级中锋,他能在五号位上做出联盟罕有的杰出贡献,但显然伤病就是他最大的敌人。

即便注定要在交易完成后的数月内面临博古特的缺席,勇士队依旧认为促成这笔交易十分重要。事实上,愿意接手受伤的博古特甚至可以被看作是勇士队的一项优势。毕竟在博古特健康的情况下,哈蒙德能轻松地为其找到买家。包括拉里·莱利、杰里·韦斯特、马克·杰克逊、特拉维斯·施伦克、鲍勃·迈尔斯、柯克·拉科布在内的几乎所有勇士队领导者都赞同这笔交易,只有乔·拉科布给出了否定的态度。

"他们来到我的面前。没有一个人敢告诉我他们在当时已经得出了统一的结论,"拉科布在数年后向他的前风投同行克莱纳·帕金斯回忆说,"在听完他们的陈述后,我当场就发飙了,我反问他们'你们这群人是不是疯了,居然打算用球队里最好的球员去交换一个有着一长串伤病史的玻璃人?'"[1]拉科布知道,一旦送走队内资历最深的球员蒙塔·埃利斯,球迷们之中一定会产生强烈的不满。但秉承硅谷时期在各个公司董事会任职期间养成的思维习惯,拉科布还是选择相信他亲手组建的团队,认定他们能做出最正确的判断。拉科布最终许可了这一次将极有可能改变勇士队命运的豪赌:"我被他们说服了,他们的决定是正确的,我们的确需要做出一些能扭转局势的大改变。这需要决心和魄力,当然也需要承担风险。"

这笔交易在勇士队3月13日对阵萨克拉门托国王队的比赛前几小时正式官宣。自20岁起就在队中效力,总共在7个赛季内拿到8000多分,来自密西西比的前高中生新秀球员蒙塔·埃利斯连同夸梅·布朗还有2010届乐透新秀艾派·尤

---

[1] KPCB CEO 孵化计划,《艰难的决定》,2016。

度被勇士队一同打包送到密尔沃基雄鹿队。除了安德鲁·博古特之外,雄鹿队提供的筹码还有勇士队前队长,再一次对处境感到不满,曾被唐·尼尔森形容为"交易起来比登天还难"的斯蒂芬·杰克逊。拥有曾经不愉快的经验,在获得博古特的交易完成后,勇士队仅用两天就将斯蒂芬·杰克逊转手送到了圣安东尼奥马刺队,换回理查德·杰佛森、T.J.福特和一个2012年的未来首轮末尾选秀权。

"这并不是一笔时常能发生的交易,"拉科布在博古特到队后的新闻发布会中说,"一般情况下,一支球队要三年、四年甚至五年才能找到这样一块合适的拼图。相比几周之前,这次补强已经为勇士队的实力带来了质的飞跃。"①

话虽如此,蒙塔·埃利斯的交易仍旧直击灵魂地深深撼动了勇士队的球迷们。就连埃利斯也差点无法接受这一事实。"我在勇士队留下了不少美好的回忆,当然也免不了一部分坏的,"站在更衣柜前的埃利斯最后一次以勇士队球员的身份发言说,"我对于能在这支球队当中度过七个难忘的赛季而感到感激。"埃利斯同时表示球队没有在交易宣布前提前通知他,在国王队的客场更衣室内观看电视时,他才知道了自己已经被交易的信息。"我有预感今天可能会有某些坏事发生,"埃利斯露出一个意味深长的微笑说,"没事的,我早就做好准备了,我现在很好。"

在埃利斯被交易后的第三天,NBA的赛程制定者似乎早就预料到一切似的安排了密尔沃基雄鹿队客场造访甲骨文中心球馆。那场比赛,当埃利斯被宣布为雄鹿队的先发球员时,他收到了全场球迷长时间的起立鼓掌致意。随后埃利斯用一记15英尺(4.6米)外的跳投得到了那场比赛的全场第一分。整场比赛,埃利斯通过15次出手得到了18分,雄鹿队也以120比98的大比分摧枯拉朽般地击溃了勇士队。在比赛第一节过半时的一次暂停中,现场大屏幕播放起了一段感谢埃利斯的视频。但其配乐由绿日乐队演唱的《可喜的摆脱》(《你生命中的时刻》)又使得现场球迷们愤怒不已。②

---

① 拉斯蒂·西蒙斯,《勇士将安德鲁·博古特视为重要拼图》,《旧金山纪事报》,2012.3.16。

② 拉斯蒂·西蒙斯,《蒙塔·埃利斯重回金州,助雄鹿战胜勇士》,《旧金山纪事报》,2012.3.17。

第四章　痛苦蔓延
2011—12赛季

球队主场惨败，前队内核心埃利斯遭到交易并身穿扎眼的其他球队球衣前来造访，这一切都让勇士的2011—12赛季显得再也无法挽救。球迷们化身为了愤怒与沮丧的集合体，这股负面情绪将在几天后彻底爆发，造就乔·拉科布任期内勇士队最低潮的一夜。

而针对埃利斯提出的性骚扰诉讼究竟结果如何？勇士队在埃利斯被交易的前几天和史密斯的法律顾问开始谈判，双方最终在2012年6月达成了和解。[①] 伴随着未知的和解条约内容，勇士队官方始终从未松口，坚持否认一切指控。

"我们要蒙塔！"

2012年的3月19号，这几个字从甲骨文中心的看台上倾泻而下，如冷水般浇在乔·拉科布的头顶。他不禁颤抖了两下。他还能做什么呢？今晚本应是年复一年的摆烂赛季中为数不多的亮眼时刻，因为这支球队总算做对了一件事——那就是退役克里斯·穆林的17号球衣。拉科布在9月的时候——在穆林入选名人堂一个月之后——向所有季票持有者宣布，勇士将会在次年春天把穆林的球衣挂上体育馆的穹顶。[②] 球队甚至在他们2011—12赛季的媒体手册上用两页的篇幅来宣传此事。今晚的甲骨文中心本应该璀璨夺目。

但欢乐的庆祝仪式却演变成了对入主勇士队刚刚20个月的拉科布的公开处刑。球队看上去将迎来19年里第18个错失季后赛的赛季，而他们不高不低的战绩又很有可能让今年6月的受保护首轮签拱手让人。更巧合的是，这支签位的易主归咎于穆林在2008年通过的一笔糟糕交易。[③] 那时他还是勇士篮球运营部门的执行副总裁。

那支没有库里，没有拉科布的勇士仿佛已经离我们太过遥远，但即便漫长的岁月呼啸而过，现在的勇士依然是一支烂透了的篮球队。他们带着三连败和18胜24负的战绩来到了3月19日的比赛。即便是陈年烂队森林狼，在全明星大前

[①] 美联社，2012.6.8。

[②] 美联社，2011.9.17。

[③] 斯科特·霍华德·库珀，《对勇士来说，2008年那宗糟糕交易的最坏影响还未到来》，NBA.com，2012.3.6。

锋凯文·乐福的支撑下，也打出了比勇士更好的赛季。一个又一个西部的常年弱旅从这支勇士身上碾过，而且在这段时间里，《体育画报》接连两期选择林书豪作为他们的封面人物。①订阅《体育画报》的勇士球迷们当然记着，这个来自帕罗奥多的哈佛男孩是在季前赛被勇士裁掉，然后才来到了大苹果城。"林疯狂"成为了纽约城的骄傲，而拉科布之前却白白送走了他。球迷们忍无可忍了。

拉科布还对今晚抱有巨大的期待。他希望全场观众能尽量把关注点放在穆林和他的成就上，毕竟这位名人堂成员17年的职业生涯里有13年是在奥克兰度过的。穆林拿到过两枚奥运金牌，其中第二枚正是出自那支传奇的梦之队，他们在1992年的夏天在巴塞罗那掀起了一股篮球风暴。穆林还和米奇·里奇蒙德、蒂姆·哈达威一起，组成了红极一时的"Run TMC"组合，这三人以快节奏的打法吸引了联盟内的无数目光。凭借致命的中距离跳投和标志性的高顶平头，穆林在2001年退役之时就已奠定了他在这片球场上的地位。

2002—03赛季，穆林成为了金州的特聘助理。在为管理层工作了数年之后，他在2009年并没有收到勇士的续约合同。一年以前，那次蒙塔·埃利斯的摩托车事件让当时的球队总裁罗伯特·罗韦尔公开批评了穆林，并很快剥夺了他的所有决策权力。穆林与勇士队长达25年的缘分就这样以一种悲伤且难看的方式走到了尽头。在拉科布看来，这个夜晚将象征着球队承认历史、张开双臂，欢迎穆林回到勇士这个大家庭。

但在湾区当地人的眼中，这批管理层人员与克里斯·科恩和他的团队别无二致，他们都一样的糟糕、混乱。球迷们不理解阵容上的变化，球队的负场数仍在向上累计，仿佛没有尽头。他们也在焦急地等待，等待一个释放怒火的机会。

勇士管理层为半场的退役仪式做了详尽的布置，在拉科布出场之前，一切还在按计划正常进行。几名勇士名宿惊喜现身，以见证人的身份坐在场地中央：里奇蒙德、哈达威、名人堂成员内特·瑟蒙德、冠军教练阿尔文·阿特尔斯等。在20分钟的退役演讲、轶事分享和感人回忆之后，穆林的球衣就将被高

---

① 《体育画报》在2012年2月20日到2月27日间出版的两本期刊。

第四章　痛苦蔓延
2011—12赛季

高挂上甲骨文的屋椽。拉科布在候场时听到球迷们给祝福视频里的NBA总裁大卫·斯特恩送去阵阵嘘声，讽刺的是，那时他还暗自想着，也许他的表现会比这个老头更好。

拉科布在骤雨般的嘘声攻击中拿起了麦克风，他先是窘迫地站了几秒，然后拥抱了穆林。回到中圈之后，他努力想让自己在球迷的震怒中平静下来。作为一个风投专家，拉科布始终秉持着一个核心观念，那就是人总要准备一个中和风险的备用方案，也就是"如果这条路搞砸了，我该怎么做？"但嘲笑声仍像洪水般涌来，这场面惊呆了博古特和曾与穆林在圣约翰大学做过两个赛季队友的马克·杰克逊。① 凯文·乐福和他的森林狼队友们站在角落里，忍不住偷笑。② 当地媒体的脑子里只能想出一件这样的先例，那是在2000年的NBA全明星赛上，克里斯·科恩直接被嘘下了场。拉科布显然忘记了体育老板的最基本准则——这是由匹兹堡钢人队的丹·鲁尼创造的一句话——"说得越少，过得越好"。③

穆林拿着麦克风，向前走了几步。"交给我吧，"他对拉科布说。随后，穆林看向全场的球迷，"大家都说你们是NBA里最棒的球迷，"音响仿佛放大了他的纽约口音，"有时候改变是无法避免的，你们要相信一切都会变好。希望大家保持耐心，把你们的激情用对地方，在你们的支持下，球队一定会踏上正轨。我对乔和马克·杰克逊抱有十足的信心，一切都会变好的。各位再多点耐心，用你们的热情给球队带来更多的支持！"

然而，当唱白脸的穆林都不能平息观众的怒火时，唱红脸的里克·巴里身上的责任就突然重了起来。巴里也是一位名人堂成员，他曾在1975年率领勇士拿下当年的总冠军。饱含激情的他从不掩饰自己的任何想法："给我一点时间。你们听我说句话，你们是世界上最棒的球迷，"巴里喊道，"请表现出一点风度

---

① 博古特后来告诉《圣何塞水星报》，球迷们对拉科布嘘声大作时他的想法是："我猜，那时候他们想看球队输球，然后队里有一个每晚砍下三十多分的家伙。我想那才是他们的最爱。"

② 出自一位球迷当晚在甲骨文中心拍摄的视频，视频随后在2012年3月20日被上传到YouTube，标题为"乔·拉科布收获的嘘声让凯文·乐福偷笑"。

③ 乔·马绍尔，《扑向总冠军》，《体育画报》，1979.1.15。

好吗？在我旁边的这个男人，我曾和他聊过很多，他是来改变这支球队的，"嘘声到此仍未停止，"别嘘了好吗？你们这是在坏自己的名声。我们为你们献上了无数的褒奖，只是想让你们对他好一些。这个人正在往球队里砸进大笔的美金，他想尽力扭转球队的局面。我相信，他一定会做到的。所以希望大家给他一些他应得的尊重，好吗？"拉科布仅有的这几个朋友站出来拯救了他，即便是最叛逆的勇士球迷，现在也肯定翻涌出了些许同情。

拉科布又念了几段准备好的稿子——当他的目光在提示卡上游走时，你能明显在他手上看到偶尔的颤抖——穆林的退役球衣终于掀开了它的面纱。电影《天生好手》的主题曲回荡在球馆中，拉科布与穆林和他的家人们手挽手站在一起。这尴尬的画面将为这支满是糟糕回忆的球队再添上不堪的一笔。

拉科布在下半场开始不久就回到了场边的座席上，并见证了勇士队以93比97的比分最终落败。他在赛后接受了媒体的访问，对于中场时的尴尬场景，拉科布毫不避讳。他说发生这种事情非常遗憾，但这将不会给他的勇士老板生涯下任何定义。"我不会被几片嘘声打倒的，"他说，"只要赢球，一切将迎刃而解。"[1]拉科布知道他的估算出了重大差错，但从一个长期季票持有者的角度来看，他理解球迷们愤怒的原因。他知道，当球队打得不好时，球迷会发自肺腑地厌恶球队的老板。（拉科布甚至讨厌"老板"这个词，因为它总能让他想起数百年前南方植物园的那些奴隶主。[2]）他用了一整个晚上去回复填满他邮箱的400封邮件。[3]第二天，拉科布在KNBR电台上坦言，如果他是球迷，他也会嘘自己的。

"总有一天，"杰克逊在输球后说，"他会真正被这里的球迷爱戴。"[4]

---

[1] 蒂姆·川上，《乔·拉科布谈嘘声：我不会让嘘声把我打倒》，湾区新闻集团，2012.3.19。

[2] 阿尔·萨拉谢维奇，《乔·拉科布用硅谷思维重建勇士队》，SFGATE.com，2015.6.7。

[3] 出自NBC体育湾区记者罗萨琳对拉科布的一段采访，视频上传于2017年3月22日。

[4] 出自杰克逊在赛后记者会上与BayAreaSportsGuy.com记者史蒂夫·贝曼的对话，视频资料于2012年3月19日被上传到YouTube，标题为"马克·杰克逊谈乔·拉科布遭遇球迷嘘声"。

第四章 痛苦蔓延
2011—12赛季

送走埃利斯之后，克莱·汤普森终于迎来了展示他全能技术的机会。他在最初的38场球里只首发了一次，平均每场能在17分钟里凭借7次出手拿到8分。升入首发后，克莱打了28场比赛，场均用16次的出手砍下将近19分。他的场均三分数也从1.3提高到了2.1。大卫·李的场均得分也在交易后上涨3分，来到了22.1。但缺兵少将的勇士队依然没有足够的火力去争取胜利，他们在送走埃利斯后仅仅赢了6场比赛，连续第五年进入乐透区。

这个痛苦的赛季马上就要收尾，球队开始越来越执着地去追求一个梦境般的未来。拉科布一天也不愿耽搁，在赛季最后一场比赛两天前，他将选中库里和汤普森、一手策划博古特交易的拉里·莱利调到了球探主管的位置，让37岁的鲍勃·迈尔斯取而代之。于是，迈尔斯成了联盟第二年轻的总经理。虽然他只有一个赛季的管理经验，但拉科布不管这些，他是潜力至上的最忠实信徒。他在迈尔斯身上看到了他想要的性格———一种由内而外的外交型气质——这对交易的敲定有着重要的影响，也是能否组建一支团结无私的球队的关键。年少的迈尔斯要学的东西太多，而他并没有多少试错的时间。距离2012年的选秀大会——改变勇士历史的最关键夜晚之一——只剩下两个月了。

在那之前，勇士高层们在这个糟糕赛季的末尾给球迷们送出了最后一份大礼。拉科布、彼得·古伯、市长艾德·李、副州长盖文·纽森、NBA总裁大卫·斯特恩、杰里·韦斯特、马克·杰克逊、大卫·李和当地代表们齐聚在旧金山英巴卡迪诺公司旁的临时会场，他们共同宣布，球队将会在30号和32号码头旁建设一座占地19000平方英尺（1765平方米）的豪华球馆，它将在2017—18赛季成为勇士队在湾区的新家。[①]尽管新球馆的造价预估为5亿美元，但勇士队仍将全资承担。[②]

在奥克兰停留了四十个年头之后，勇士队终于要飞往别处。拉科布做了6分钟的讲话，其中陈述的细节不多，但他着重强调了时间的紧迫——球队在奥克兰的租约将在2017年到期——勇士队和旧金山市长的团队已经做了五个月的

[①] 该日所有场景细节和引言都出自勇士队YouTube频道上的一段视频，标题为"勇士队宣布旧金山场馆的建设计划"，上传于2012年5月22日。

[②] 理查德·桑多米尔，《金州勇士重回旧金山》，《纽约时报》，2012.5.22。

细节筹备。拉科布向奥克兰人民致谢，感谢他们四十年来对勇士的热情招待。然后，他比较了勇士队在奥克兰与东湾区和那些住在旧金山、北湾区和下半岛（硅谷所在地，大多数科技产业都在这里）的球迷数量。

"人们不了解的是，我们在这两个地方的球迷分布基本是五五开，"拉科布说，"我们通常不会公布这种数据，但事实确实是这样，一半一半……所以在我们眼里，我们是一支属于整个湾区的篮球队。而我们在选址时，要考虑到大多数球迷的最长远利益。"

拉科布预测称，这个球馆将成为NBA版图内最耀眼的一颗明珠，它将是未来数十年里勇士队带给联盟的最佳馈赠。"我们计划将它打造成全美最耀眼的场馆……届时，整个湾区的居民都会为这座球馆感到自豪，"拉科布说道。

"一个在标志性地界上打造的建筑奇观，"拉科布挥着手走过蜿蜒的海岸，远处奥克兰朦胧的轮廓若隐若现，"我们将做到极致。"

第五章

马克的男人们

2012—13赛季

看上去，这张绿色长凳与纽约中央公园里其他的数千张凳子没什么不同。鲍勃·迈尔斯正坐在上面，神情紧张，时不时地摸摸口袋里的幸运符。[①]这天是2012年5月30日，一场无人可以掌控的抽签游戏正在等待着他。

尽管NBA的抽签仪式在时代广场举行，并且还在ESPN的黄金时段向全美直播，但真正关注它的人还是少之又少。整个活动唯一的高潮会出现在状元签揭晓的一刻，这意味着几分钟前在幕后抽出的乒乓球组合与该球队手中的数字序列相符。当然，战绩最差的球队在这场乐透仪式上最有优势，他们拥有全场最多的数字组合。作为在2011—12赛季联盟垫底的球队，夏洛特山猫有整整25%的概率将状元签带回家。华盛顿奇才队紧随其后，拥有大约20%的状元签概率。再后面的是去年摘下状元凯里·欧文的克利夫兰骑士，和动荡不安的新奥尔良黄蜂，他们两支球队的中奖概率分别为13.8%和13.7%。

勇士队创造奇迹的概率低得可怜，他们仅有3.6%的可能抢到状元签。这支球队上一次在抽签仪式上夺魁还要追溯到1995年，他们用这支宝贵的签位选择了乔·史密斯，一个迅速被历史遗忘的普通状元。

对金州来说，他们大概率——准确地说，是60%的概率——会抽到第7顺位。但倘若结局果真如此，这又要牵扯出另一段复杂的背景故事。迈尔斯的护

[①] 出自迈尔斯在勇士队YouTube频道的一段视频，上传于2012年5月30日（标题为"总经理鲍勃·迈尔斯在纽约中央公园"）。

身符大概就是在这段故事里起了作用。

一切都开始于2008年的7月22日，此时的金州正因控卫位置的缺口而忙得焦头烂额。他们的明星后卫拜伦·戴维斯以自由身加盟了洛杉矶快船，给勇士的后场留下了刺眼的漏洞。虽然这支球队在上赛季仅仅取得了48胜，但克里斯·穆林仍认为他们与西部豪强之间不过是一两名球员的差距。他决定放手一搏，将一支受限的首轮签送到篮网，换来了新泽西22岁的后卫马库斯·威廉姆斯。马库斯的打球风格让人觉得他与唐·尼尔森的体系是天作之合，但事实证明这是一场灾难，勇士队也在赛季结束前就将马库斯扫地出门。[1]

尽管马库斯·威廉姆斯在金州陨落，但他们承诺的首轮签还是要给的。根据勇士和篮网最初的协议，这支2011年的首轮选秀权为乐透保护，也就是说如果金州打得足够烂，没能在2011年闯进季后赛，这支签就要顺延到2012年再交给篮网，而到那时，它将变为前11顺位保护。如果勇士队在2012年抽到了前11的签位，那么它将顺延到2013年，并变为前10顺位保护。最终，假设篮网到2013年还拿不到这个选秀权，它就会被折算为一个2013年的二轮签和一个2015年的二轮签。

作为新上任的勇士总经理，拉里·莱利自然害怕失去一个高顺位的选秀权。于是他在2009年的9月与篮网再次达成协议：莱利送出一个2011年的二轮签，让这支本应在2011年被计入考量范围的首轮选秀权被推迟到2012年结算，但保护范围被缩小到了前7顺位。以此类推，这支签到2013年会变成前6顺位保护，2014年也是如此。如果勇士到2014年时依然烂到手握前6顺位的选秀权，那么他们将会送给篮网2014和2016年的二轮选秀权作为补偿。后来的事实证明，莱利的这通操作几乎乱了大计。

莱利自然无法预知未来。勇士队在2011年将这个首轮选秀权保护了下来，在第11顺位选择了克莱·汤普森。现在，他们必须在2012年拿到第7或者更高的顺位，以防这个选秀权落到犹他的手中，让自己四年来的处心积虑变成他人的

---

[1] 凯里·德维尔，《马库斯·威廉姆斯阴云未散》，雅虎体育，2011.2.9。

嫁衣。要达到这个目标，最保险的方法是拿到联盟倒数前四的战绩。因为根据联盟的规则，在抽签中排名的下滑范围不会超过3个顺位，也就是说对战绩倒数第四的球队来说，他们最差也能拿到7号选秀权。

为了前七顺位的保护，金州必须要在这个赛季低效地发挥，巧妙地摆烂，至少也要守住倒数第7的位置。他们绝对不能再赢更多的球了。

问题来了。勇士的表现出乎所有人的想象，到3月13号这天，勇士在距常规赛结束还剩6周时打出了18胜21负的战绩，还没差到倒数第七的程度。这个只有66场常规赛的缩水赛季给勇士带来了两方面的挑战：其一，更少的比赛意味着排名上更多的变数，和82场比赛的赛季相比，缩水赛季中的任意一波连胜（或者连败）都对最终战绩有着更大的影响。其二，2011年的停摆事件让不少顶尖大学球员因动荡的劳资关系而选择延后参选。这意味着2012届的新秀深度将超过往年，勇士手里这支7号签的价值也水涨船高。

这个选秀权必须留下。

勇士开始了他们的输球之旅——漫长的输球之旅。

先是一波四连败。穆林的球衣退役仪式恰巧在第四场比赛举办，结果被勇士的失利和拉科布中场演讲时遭遇的嘘声扫了兴致。勇士又在接下来的赛程中遭遇了六连败和八连败，磕磕绊绊地走到了本赛季的最后一场比赛。他们将在收官战主场面对圣安东尼马刺队。为了拿到选秀权，勇士必须要以输球收场，并且祈祷东部的多伦多猛龙能在主场击退来访的篮网队。这样一来，两支球队的战绩都会变成23胜43负，抽签仪式上的排位便要由掷硬币来决定了。猜对的球队有72%的概率拿到第7或者更高顺位的选秀权，而猜错的一方将有72%的概率掉落到第7顺位之下——对勇士来说，这个结果意味着将选秀权拱手相让。

为了输球，勇士搬出了一套由汤普森领衔的糟糕阵容：克莱出任得分后卫，他身边站着的是克里斯·莱特、杰瑞米·泰勒、米凯尔·格莱德内斯和查尔斯·詹金斯，替补席上的两个无名小卒也在比赛中替换上场。他们以101比107输给了马刺，得偿所愿。这样一来，勇士队输掉了最后28场比赛中的22场，完成了名留青史的摆烂大计。三个小时前，猛龙以31分的巨大分差碾碎了不幸的篮网队，敲定了勇士最终的结局。①

次日下午，一枚硬币在曼哈顿的NBA总部大楼里被抛向空中，而勇士猜对了面。

尽管迄今为止的一切都在正轨上，但那剩下的28%的概率仍像梦魇一般在迈尔斯的大脑里任意游荡，唯一驱散它的方法就是看着副总裁亚当·萧华打开那大得可笑的信封，并念出一个确切的名字。这一天很快到来了。萧华从第14顺位开始宣布，依次向前。在第8顺位的时候，萧华掏出了一张印有猛龙图标的卡片，这让勇士上下长呼一口气。几秒之后，他们在第7顺位听到了自己的名字。

迈尔斯焦虑的情绪被一扫而空，他微笑着对台下的同事眨了眨眼。他的前任莱利不久前在第7顺位选中了史蒂芬·库里，所以，用手里的这支签再挑中一个能够扭转乾坤的新秀也不是天方夜谭。

2012年选秀大会开始之时，勇士队手中握有4支签位。要知道，拉科布上任之后最先颁布的规定就是禁止再将选秀权当作筹码。他们只能通过战略性的交易（例如用蒙塔·埃利斯换安德鲁·博古特）和选秀来完成重建。幸运的勇士队保住了7号选秀权，而且在首轮的末尾，他们还握有一支由史蒂芬·杰克逊换来的马刺选秀权。勇士队在次轮的第35号签本来归属于布鲁克林篮网，2011年2月，篮网用这个次轮签和特洛伊·墨菲打包换来了勇士的前乐透秀布兰德·莱特（在2008年由贾森·理查德森换来）。最后一个选秀权定在了52号，但是没人觉得到这个位置还能剩下什么有长期价值的球员。

在这届新秀深度不同寻常的大会上，勇士在前35顺位握有3个机会。他们现在有的是库里和汤普森这两个年轻的后场神射手，一个水准之上的大前锋大卫·李，以及正在康复中的安德鲁·博古特。除此之外，他们并没什么优势可

---

① 比赛结束之后，多伦多总经理布莱恩·克朗格洛看到篮网主帅艾弗里·约翰逊露出了灿烂的笑容，即便他的球队刚刚大比分落败。这是因为这场失利让篮网队的战绩跌到了22胜44负，他们在乐透抽签的席位随即抢在了猛龙和勇士前面——但这个选秀权已经在3月杰拉德·华莱士的交易中被送到了波特兰。开拓者队美滋滋地在第6顺位选中了达米安·利拉德。克朗格洛随后在2014年的斯隆峰会上承认，这场比赛是他印象里唯一一场希望自己主队输掉的比赛。

言。迈尔斯的目标是将这三个选秀权的价值最大化。他想要那种视球队利益高于一切的精兵良将，他想找到被其他球队忽视的潜力股。更重要的是，他需要这些新秀们在杰克逊教练的快节奏体系中打出可靠的防守。关于防守和篮板，拉科布已经唠叨了将近两年。现在，是时候来满足他的要求了。

勇士队的智囊团锁定了几个目标新秀，但能不能选到还要看前面几支球队的脸色。谁都不能保证在第7顺位肯定能选到哪个新秀，但前三顺位的人选没有出大家所料，分别是安东尼·戴维斯（新奥尔良）、迈克尔·基德·吉尔克里斯特（夏洛特）和布拉德利·比尔（华盛顿）。

哈里森·巴恩斯是剩余名单里的最强者。他是一名6英尺8英寸（2.03米），来自北卡罗来纳大学的小前锋。一直以来，人们都对他的身体天赋和远超年龄的聪颖赞不绝口。"被誉为自比尔·布拉德利以来最理智的大学球星，"在选秀大会的两个月前，《大西洋月刊》上的一篇文章如此夸赞巴恩斯，"布拉德利将他的分析能力用在了篮球和学术上，而巴恩斯则依照自己的兴趣开辟了第三个领域：他将篮球这门生意经营得风生水起。"①最近涌现出了一批这样的职业运动员，他们将实时并且长期维护自身的形象看得无比重要，而巴恩斯就是其中的代表人物。"你在大学里待的时间越长，"他在杂志的采访中说，"你所建立的品牌价值也就越高。"这一点让拉科布尤为欣赏。然而，光是他的运动天赋和防守多个位置的能力就足以让球队们不假思索地选走他。

但是骑士队意外选择了迪昂·韦特斯。②这个来自锡拉丘兹大学的得分后卫以自主进攻能力和不知疲倦的精神为人所知。即便几乎所有选秀榜单都默认韦特斯会掉到金州所持有的第7顺位，而巴恩斯将在第4顺位被骑士选中，但后场坐拥库里和汤普森的勇士看不到选择韦特斯的理由。紧接着，萨克拉门托用5号签选择了堪萨斯出品的大前锋托马斯·罗宾逊，波特兰在第6顺位摘下了韦伯州立大学的控卫（奥克兰本地人）达米安·利拉德。这意味着巴恩斯落到了手握7号签的勇士手里。金州的首发小前锋顿时敲定。

---

① 杰森·泽格尔，《点球成金的掌舵人》，大西洋杂志，2012.4。
② 玛丽·施密特·博伊尔，《克利夫兰骑士的意外之选，他们在2012年选秀大会的第四顺位选中了锡拉丘兹的迪昂·韦特斯》，《克利夫兰老实人报》，2012.6.28。

第五章　马克的男人们
2012—13赛季

在第30顺位——一个你依然指望能靠它选到个优秀轮换球员的顺位——迈尔斯选择了来自范德堡大学的中锋费斯图斯·艾泽利。这位身高6英尺11英寸（2.1米），臂展7英尺4英寸（2.2米）的大四新秀并非一个出色的得分手，罚球也像传统大个子一样糟糕，但他被看好成为一个优质的篮板手（尤其是前场篮板）和护筐者。22岁的艾泽利拥有首轮秀中罕见的身体成熟度。[1]勇士队希望，当博古特恢复健康之后，艾泽利可以在他身后担任一个可靠的替补中锋。

五个顺位之后，勇士队做出了队史上最关键的选秀决定之一，即便在当时的人们看来，他们不过拿到了一个普通的35号秀。迈尔斯很清楚，这届新秀的深度足以保证在这个顺位还有潜力股存在，但这位来自密歇根州大，名字叫作德拉蒙德·格林的矮个大前锋的真正价值，是他无论如何也预料不到的。他的神来之笔足以入选NBA历史上最伟大的二轮选择的行列。

身在大学篮球的传统强队，格林足够优秀，但很少得到关注。在他打过的145场比赛中，他首发的场次不足其中的一半。大学时的格林场均能够拿到10.5分、7.6篮板和2.9次助攻，三分命中率为36.1%。他在大四赛季场均砍下16+10的数据，率领斯巴达人队赢下了大十联盟[2]赛区的冠军，并以一号种子的身份闯进了NCAA锦标赛的甜蜜十六强。[3]格林在NCAA锦标赛的生涯中砍下过两次三双——历史上只有奥斯卡·罗伯特森（4次）和密歇根州大校友"魔术师"约翰逊（3次）的三双次数比他更多。他也被全国篮球教练协会评为当年NCAA一级联赛的年度最佳球员。

格林在联合试训上的体测数据是身高6英尺6英寸（1.98米），体重235磅（107千克）[4]。这意味着他比普通的大前锋要矮上几英寸，但比小前锋们壮个几圈。格林的中投能力极为亮眼，或许他可以将这项技能再打磨打磨，直到

---

[1] 艾泽利是2012年首轮新秀中的四个大四生之一。本届选秀的首轮球员还包括8个一年级生，11个二年级生和6个三年级生。

[2] NCAA五大联盟之一，由主要位于美国中西部14所大学组成。——译者注

[3] 2012年2月初，在一场对阵宿敌密歇根大学的比赛中，格林抢下了比对面全队还多的篮板（密歇根阵中还有小哈达威和特雷·伯克这样的未来NBA球员），16个对15个。

[4] 格林在东兰辛的大一赛季体重接近300磅（136千克），但在主帅汤姆·伊佐的监督下，他进行了大幅减重。（乔纳森·亚布拉姆斯，《西部快嘴》，Grantland网站，2015.4.8。）

适应NBA三分线的距离。你可以用很多夸张的词汇来形容赛场内外的格林：大嗓门，情绪化，充满激情……这个年轻人浑身流淌着自信的血液，说起垃圾话来活像个联盟老将。在一次试训采访中，格林说他心中的模板是"经典的查尔斯·巴克利"。[①]他甚至和金州颇有渊源，因为他在大学时期所穿的23号球衣就是为了致敬前勇士球员贾森·理查德森（二人均毕业于密歇根州大，并同为密歇根州萨吉诺市的本地人）。

尽管格林入选了全美的第一阵容，但是没有一家媒体的预测榜单将他排进乐透区。谁都不敢保证他会在选秀中掉到哪个位置，他的运动能力，他在前锋位置上的价值，以及他是否为职业联赛做好了准备，都被打上了大大的问号。乐透签位向来只留给那些十拿九稳的天赋新秀们，而格林完成蜕变的大四赛季并不足以打动各支球队。NBA.com预测他会在第27顺位被卫冕冠军迈阿密热火队选中，《体育画报》则认为格林属于首轮26顺位的印第安纳。可是格林自己心里清楚，他在金州的试训非常顺利。再不济，他也会被勇士队在30顺位摘下，至少保留一点首轮秀的面子。命运的摇摆不定让格林紧张得整夜未眠[②]，他甚至忘记了吃早餐和午餐。几个小时之后，一场改变人生走向的大会即将开始。

格林和百余名朋友和家人出现在了萨吉诺的一场选秀派对上。随着总裁念出一个又一个和他无关的名字，格林愈发紧张了起来。手握30顺位的勇士队认为他们急需一个真正的中锋，所以无论他们有多喜爱德拉蒙德，艾泽利一定是他们的不二之选。他们的另一个想法是，既然格林已经掉出了首轮，不如冒点儿风险，企盼着在35顺位还能见到这个壮实的前锋。格林在三号位和四号位之间无缝切换的全能，是这支全新起航的勇士队最看重的价值之一。各个位置之间的边界已经随着NBA的发展变得越来越模糊，格林身上的这种特质，恰巧和新时代的新理念不谋而合。

金州对格林来说也是他心向往之的地方。他非常希望在马克·杰克逊手下打球，和金州勇士一道成长。无论最终被谁选中，他都想让其他的29支球队意

[①] 出自格林在勇士YouTube频道上的一段采访视频（《试训采访：德拉蒙德·格林》），上传于2012年6月4日。

[②] 休·伯恩鲁特，《德拉蒙德·格林等待金州召唤》，Mlive.com，2012.6.29。

识到自己犯了个多大的错误。他现在需要的只是一通电话,他要知道自己究竟会去哪一座城市。

副总裁亚当·萧华先生终于在第35顺位念出了他的名字。[1]远在萨吉诺的派对上爆发出了热烈的喝彩声。格林即将横跨大洲,去往西海岸的奥克兰。"我得到了机会,"格林当晚说。看他的状态,被选中后的释怀多过于喜悦,"关键不在于你去哪儿或者在第几位被选中,适合才是最重要的。我认为金州是个非常适合我的地方。"

2012年春天,金州勇士队的命运被攥在了理查德·菲克尔的手里。

两次。

第一次发生在4月23号,那是一个周三,他刚刚给史蒂芬·库里的右脚踝做完探查性关节镜手术。[2]为了寻求最佳的治疗方案,库里和他的经纪人、家人以及球队高层分别向三名医生咨询了意见,并最终决定先来到这儿,把病灶查看仔细。他的脚踝肌腱甚至有可能需要被彻底更换。一年前在夏洛特做的那次手术并没让他彻底痊愈,所以菲克尔必须要划开一道切口,用微型镜头查看内部的病情。最后的结果并不坏,库里受伤的部位只是需要一些清理工作。预计三到四个月后,他就可以回到赛场。

两天后,菲克尔主刀安德鲁·博古特的左脚踝手术。[3]对于勇士的管理层来说,这次手术给他们的压力要比之前那次小得多。按照菲克尔的计划,他要清理出博古特脚踝中的一些骨刺,如果必要的话,也许还要取出部分疤痕组织。博古特的恢复期被定为三个月左右,这意味着他要错过当年在伦敦举办的夏季奥运会——他已经代表澳大利亚打了两届奥运——但是这也代表了这位勇士在春天的最大引援将带着最好的状态在秋季的训练营正式回归。

---

[1] 如果格林掉下来,底特律本想在第39顺位选中他(亚布拉姆斯,《西部快嘴》,2015),但他们最终选择了克里斯·米德尔顿。米德尔顿在一年后被作为交易添头送往密尔沃基,换来布兰顿·詹宁斯。

[2] 帕布洛·托雷,《史蒂芬·库里的脚踝之殇》,《ESPN杂志》,2016.2.29。

[3] 拉斯蒂·西蒙斯,《库里和博古特接受脚踝手术》,《旧金山纪事报》,2012.4.22。

在选秀大会上收获三位新人，迎回摆脱了伤病麻烦的库里和博古特，勇士队已经为2012—13赛季的崛起做足了准备。随着这支冠军之师逐渐成形，勇士在运营方面也日臻完善。球队总裁里克·威尔茨坐镇旧金山，新任总经理鲍勃·迈尔斯慢慢摸清了门道。拉科布的儿子柯克负责监管球队的技术分析团队。在柯克的父亲买下勇士队的时候，一个名为StatsCube的数据库已经向所有NBA球队开放了。它由联盟开发和运营，包含了从1996—97赛季以来每场比赛每回合的数据信息。2011年4月，StatsCube正式对公众开放。至少在那个时间之前，勇士队已经在他们的甲骨文中心安装了SportsVU系统，并收集了海量的信息。一年多过去了，勇士队刚刚完成首个完整赛季的数据收集工作，但他们还不知道如何将其与球队的运营工作联系起来。

金州的技术创新还有很多。他们开发出了一组属于勇士内部的球员效率算法，还与一家名为"体育天赋"的公司合作，专门设计出了一套评估方案（简称BBIQ）来分析球员们的个性。[①]这套方案包含10个不同的性格标准，它们包括"坚韧程度"、"自觉性"、"领导潜力"和"影响力"等各个方面，每个标准都有从1到10的评分。这项测试会通过分析185道问题的答案，给一名球员的心理状况进行准确的评估。[②]在柯克·拉科布看来，它对于球队的人员管理有着重要的价值。勇士在每次引援之前，都要向BBIQ的数据库寻求意见。

勇士队同时还是协同体育的重要客户。协同体育的主要工作是将元数据和视频合并到一起，为球队们提供寻找和分析比赛录像的全新方式。除此之外，勇士与一个名为"MOCAP"的分析团队保持着合作关系。这个团队由一些来自加州理工学院和斯坦福的工程师们经营管理，柯克·拉科布的一位斯坦福校友恰巧与他们相识。MOCAP的工作内容就是以SportsVU记录的原始数据为基础——大概就是电子表格中几百万列毫不相干的数字——创制出相应的热力图、可视化回合等一系列能让教练和球员们更容易理解这些数据的工具。这些

---

① 本段中有关勇士队使用BBIQ的细节，以及对Synergy体育和MOCAP数据分析的详细描述，都出自2012年9月柯克·拉科布在旧金山体育分析创新峰会上的PPT演示。

② 特拉维斯·郎利，《球员资质报告对NBA新秀考察至关重要》，Wired.com，2011.6.22。

第五章 马克的男人们
2012—13赛季

技术上的革新和进步，都是出自老拉科布和球队高层在柯克·拉科布分管分析团队时给他下的死命令。在2012年9月的一次体育分析大会上，拉科布这样说："球队的老板们对这些技术非常感兴趣。他们让我们撒手去做，他们说，'我们不在乎你们要花两年还是更久的时间，你们只需要努力去干，百折不挠，找到一个行之有效的办法，让球队变得更强。'"

有了科技的加持，勇士队现在能做的事越来越多了。他们可以任意调出几个回合来分析球队的临场效率，也能判断一名球员的投篮弧度是否随着比赛的进行而越来越低。就像拉科布所说的："我们需要物尽其用，让这些信息和数据变得有价值，给管理层和教练组带来实实在在的帮助，从而对我们长远的建队计划产生积极的影响。"[1]

在一段时间的使用之后，SportVU完全可以成为一套数字追踪系统的核心应用，联盟中各个球队的战术设计过程都会因为这个新技术而脱胎换骨。2012—13赛季初，勇士队尚未摸索清楚这些数据的使用方法，但是他们知道自己有义务尽快将它研究通透。和其他早早与SportVU签了合约的球队不同，金州并不顾虑这个技术落到了谁的手中。在他们看来，SportVU在联盟中越快得到普及，大家拿到的数据集合就会越完整准确。因此，勇士队需要找到一批既会分析数据，又知道如何给教练和球员们解释的专业人才。

柯克·拉科布马上想到了一个最佳人选。早在乔·拉科布买下勇士的时候，他们在发展联盟（相当于美职棒的小联盟）就已经拥有了一支附属球队。这种附属关系的出现通常由于两种原因，一是NBA的老板同时掌握着对应发展联盟球队的所有权，二是出于地缘的原因，NBA球队选择邻近的发展联盟球队结成合作关系。而金州勇士和雷诺大角羊队的关系就属于后者，从奥克兰市中心出发，沿着80号州际公路向东北方向开4个小时，就是大角羊队的主场了。柯克·拉科布就是在这里结识了萨米·盖尔芬德，一位新上任的球队分析师。他的形象像极了电影《点球成金》里由乔纳·希尔饰演的那个角色。盖尔芬德仅用5年就拿到了乔治·华盛顿大学的两个学士学位（历史和政治学），和乔治城

---

[1] 柯克·拉科布，2012.9。

大学体育产业管理专业的硕士学位。毕业后，他去了华盛顿国民队的媒体公关部门实习，然后又加入了拥有史蒂芬·库里等诸多客户的八角体育经纪公司。2010年10月，他被大角羊队看中并招入球队。同月，柯克·拉科布接手勇士的篮球运营事务，并在一次前往雷诺的行程中认识了盖尔芬德。他的学识和言谈举止让拉科布印象深刻。

一年后，金州斥资近200万美元，在北达科他州的俾斯麦市买下了一支发展联盟球队，名为达科他巫师队。[①]联盟中只有4支球队真正拥有并运营属于他们的下属球队，但勇士队看到了这笔投资背后的高性价比。[②]这是用低成本锻炼年轻球员的好方法，避免一些天赋球员未经实战就被球队白白放走。而且，这也不失为一种扩大勇士队品牌影响力的好法子。柯克·拉科布在就任为达科他的总经理之后，签下的第一名员工就是盖尔芬德。他需要一个能帮助教练组和管理层顺畅联络的中间人，盖尔芬德自然是他心目中的首选。所以当迈尔斯在次年被提拔为勇士队的总经理时，盖尔芬德也很快被找去帮他准备2012年的选秀大会。不久之后，勇士队将巫师队搬到了北加利福尼亚，并更名为圣克鲁斯勇士队。现在，他们的主场距离奥克兰只有不过90分钟的车程。盖尔芬德也升职为圣克鲁斯球员人事部的主管，但相信过不了多久（特别是在柯克·拉科布就任勇士队副总经理之后），他就会被调回奥克兰，在勇士队长久地待下去。

金州不需要盖尔芬德立即加入球队，因为他们也并非完全清楚该怎样利用好球队在数据分析上的优势。但他们已经逐渐弄明白了几件事情：其一，健康的博古特将会给这支球队带来他们一直渴望的防守和篮板能力；其二，库里和汤普森可以成为具有致命得分威胁的球队核心；最后，球队的进攻要以三分球为主，并且要注重三分的效率和数量。他们发现长距离两分球（22英尺[6.7米]外）和三分球（24英尺[7.3米]外，弧顶）的投篮命中率几乎相同，所以如果你刻意出手三分，而非两分的跳投，你每次投篮的出手回报率就会出现质的增长。[③]

---

① 路·巴比亚兹，《巫师：一场身体力行的实践》，《比斯马克论坛报》，2011.6.30。
② 四年后，拥有并运营发展联盟球队的NBA球队已有16支之多，最多时曾达到23支。
③ 本·科恩，《金州勇士掀起篮球革命》，《华尔街日报》，2016.4.6。

第五章　马克的男人们
2012—13赛季

　　这意味着库里对于勇士未来发展的重要性达到了前所未有的高度，也许上一个战术地位如此重要的勇士球员还是上世纪70年代的里克·巴里。想法虽好，但问题依然存在，库里刚刚从脚踝手术中恢复过来，而且他的新秀合同即将到期。勇士想用续约把库里的未来锁定在奥克兰，但他们续签的究竟是一个怎样的球员呢？库里在常规赛中偶露峥嵘，不时让人想起那个同时被太阳和尼克斯觊觎，在大学呼风唤雨的7号秀库里。然而，他的这副脚踝能撑过一整个赛季吗？本赛季尚未开打，他就已经在10月19号的季前赛上扭伤了右脚踝，不得不在勇士的最后两场季前赛中作壁上观。到了万圣节那天的赛季揭幕战——新秀提前续约的窗口也将在这天的午夜关闭——库里的命运和他在勇士未来图景里所扮演的角色还并不明朗。

　　在截止时间到来的几小时前，鲍勃·迈尔斯和杰夫·奥斯汀达成了一笔让双方满意的续约协议——4年4400万美元。[①]以当时的视角来看，库里是一名还未证明自己能以顶级水准打满82场比赛的年轻人，这1100万美元的年薪似乎像是一笔赌注。但如果库里保持健康，成为或者接近成为球队在2009年选中他时期待的样子，这笔续约就是勇士的一着好棋了。

　　对库里来说，无论他的脚踝能否撑得住，4400万美元都不是一笔小钱了。这个数额比他父亲在16年职业生涯里赚到的所有钱多了超过一倍。合约敲定之后，联盟里将只有7名控球后卫的年薪比库里更高。"你看我们那届新秀里的其他人，或者一些数据跟我相近的球员，"库里对记者们说，"我可能薪水比他们低了些，但我不是很在意这件事。我可以有机会做一个低薪高能的球员，而非一个高薪低能的球员，我不想变成那样的人。就是这样。"[②]在合同的讨论过程中，库里不断重复着父亲教他的一句格言：别人赚多少钱与你无关。[③]

　　在当晚的比赛中，库里状态全无。他的前十次出手全部投失，直到最后的

　　[①]　马克·斯坦，《史蒂芬·库里续约四年》，ESPN.com，2012.11.1。
　　[②]　拉斯蒂·西蒙斯，《勇士与库里签订总价值4400万美元的合约》，《旧金山纪事报》，2012.11.1。
　　[③]　蒂姆·川上，《史蒂芬·库里称他不可能在今夏离开勇士》，《圣何塞水星报》，2017.2.14。

几分钟才命中几粒关键的跳投。库里甚至在比赛还剩5秒时投丢了两个本可以终结比赛的罚球。勇士最终以87比85有惊无险地赢下了这场比赛。

库里全场14投2中,其中三分球6中0,堪堪拿下5分。

"这种情况总会发生,"库里在球队获胜后这样说,"但今天发生的事情太疯狂了。"

揭幕战上更激动人心的一件事是安德鲁·博古特终于披挂上阵。他打了将近19分钟,得到8分和6个篮板。博古特在勇士本赛季的前五场比赛中首发了四场,然后脚踝伤势复发,缺席了接下来的9场比赛,失去了澳大利亚人的勇士队也输掉了这9场比赛里的4场。人们希望博古特可以在感恩节后迎来复出,但11月27号他在当地一档电台节目上说脚踝的痛感和肿胀并未消失。"我现在没法给出一个确切的复出时间,"他说,"这让我很头疼,目前康复的过程非常缓慢,人们都在猜测……所以你的媒体同行们说的那些东西我根本不想评论,我只是想把身体恢复到适合比赛的最佳状态。"①

在当天晚些时候的训练中,博古特坦白说,虽然他踝部的疼痛在揭幕战时并未完全消失,但他真心想打这场比赛。也就是说,出战揭幕战的压力都是来自于博古特自身:"我想打赛季的第一场比赛,我在职业生涯里从来没缺席过一场揭幕战,我不想在这个赛季错过它。我的想法可能有点儿傻,但我必须要听从我心里的声音。如果我到现在还没出战一场比赛,我肯定想打死自己。"②

勇士随队记者马库斯·汤普森当晚曝出重磅消息:博古特的治疗过程并不只是简单的清理伤处,他实际上接受了一种微创手术,这是一种较为严重的治疗手段,预计需要一年或一年以上的恢复期,并且随时可能结束一名球员的职业生涯。③第二天早晨,博古特在鲍勃·迈尔斯陪伴下召开了媒体见面会,亲

---

① 出自博古特与KNBR电台的汤姆·托贝尔在2012年11月27日的一段对话。
② 出自博古特在2012年11月27日接受的媒体群访,文字转写自勇士队当天晚些时候上传到YouTube频道的一段视频,标题为"训练采访——2012年11月27日"。
③ 马库斯·汤普森二世,《安德鲁·博古特和轻微骨裂疑云》,湾区新闻集团,2012.11.27。

自来解释这几个月里发生的事情。

博古特很快就开始了自己的坦白。"我们不想再骗谁了,"他说,"我们不想营造这种虚假的乐观气氛,你们说着,'嘿,安德鲁周六可能上场。也可能是周一。他要复出了!'"[①]博古特对一而再再而三的复出阻碍也很头疼,他预计回到赛场的时间也是一推再推。他否认了球队强迫他提前复出的说法,但他也厌倦了自己一直以来的逃避。"够了,这件事对我本人和球队都造成了伤害,"他补充道,"在今天早晨的谈话上,我说,'在我准备好之前,请把我的状态设置为无限期休战,'随意给出一些复出日期是没有意义的。"

迈尔斯试图缓和一下紧张的气氛,他对媒体说:"无论是哪次伤病,我认为我们都没有试图欺骗或隐瞒。我们会以我们认为最合适的方法将伤情透露出来。只要我们和运动员站在同一战线上,我们肯定就会关注球员的复出时间……我们对此向来是公开透明的,并且在未来也不会有任何改变。"

早在埃利斯和博古特互换东家的那波交易时,勇士就采取了与现在类似的解决方法。他们在得到博古特的两周后,与所有季票持有者召开了一次内部的电话会议。[②]送走埃利斯让每年投入数千美元的季票持有者们愤愤不平,这些老球迷们对球队的经营战略产生了质疑。莱利不厌其烦地在电话上给每个球迷强调着澳洲巨人的价值,他想让球迷们相信,博古特在球队的成功之路上至关重要。"蒙塔·埃利斯在我手下打了6年,"莱利对一位圣何塞的球迷解释说,"我对他再了解不过了。为了帮助勇士转型,为了让我们在下个赛季有机会取得成功,这是一个我们不得不做的决定。我们需要把基础工作做好,这样才能在未来建设成一支大有可为的球队。"

"我回顾了当年勇士成功打进季后赛的那个赛季,"莱利补充说,"那套阵容的成功没办法延续下去,我们要建立一支能够长时间在联盟屹立不倒的球队。"

一个月之后传来了博古特接受手术的消息,迈尔斯也接替了莱利的工作。而莱利在任时做出的承诺——建立一支能够取得持久成功的球队——在随后看来,更像是他主观上的一厢情愿,多年来如诅咒般缠绕在勇士身边。

---

① 拉斯蒂·西蒙斯,《勇士博古特无限期休战》,《旧金山纪事报》,2012.11.28。
② 出自2012年3月27日的一段电话会议的录音。

眼见争议根本无法平息，迈尔斯终于投降了。他在两天后的赛前见面会上承认，博古特伤情事件中的矛盾与误会是完全可以避免的，但他依然否认球队有过刻意掩盖事实的行为："我知道大家认为我们没有把这件事处理好，或者说我们的处理方法是不得当的。归根结底，这个责任在我……包括球队上下所有人在内，我们最不想做的事就是欺骗球迷。所以让大家有了被欺骗的感觉，我真的很难过……我们是个团队，不是某个在屋子里写稿子的个体……在这个特殊情况下，我觉得我本可以把这件事更好地传达给媒体和球迷们……把事情说清楚是最重要的，其他都没什么意义。"[1]

在博古特被推到风口浪尖的这三天时间里，迈尔斯一直坐在勇士总经理的位子上。但这件事已经无关紧要了，他们在过去几个月里犯下的所有错误完全是咎由自取。勇士现在必须要做的，是确保这种在科恩/罗韦尔时代司空见惯的自毁长城的行为，再也不会在湾区重现。

从那一天起，勇士就变成了一支全新的球队。在迈尔斯公开道歉的几个小时之后，金州以106比105在主场险胜到访的丹佛掘金。安德烈·伊戈达拉在比赛还剩0.5秒时接球三分出手命中，但经裁判审核判定，计时器归零时篮球尚未出手，丹佛也只能饮恨落败。"多么神奇的结局！"TNT解说嘉宾史蒂夫·科尔高声喊着。勇士队在场上的庆祝无比欢腾，以至于一家报纸写道："你可能觉得他们刚刚赢下了一场季后赛的比赛。"[2]

在博古特依然无法上场的情况下，库里硬是撑起了球队的脊梁。他在季前赛遭遇的脚踝扭伤其实只是虚惊一场。库里出战了勇士开局的全部36场比赛，场均砍下20.5分，比他当时的职业生涯场均得分要高了整整3分。他上涨的得分数据要归功于每场用之不竭的三分火力。在前三个赛季里，他的场均三分出手保持在了4.7次，但是本赛季他场均出手接近7个三分球。更恐怖的是，库里大量的出手并未带来任何的负面影响，他的三分命中率不降反升，从44.1%变成

---

[1] 马库斯·汤普森二世，《勇士总经理鲍勃·迈尔斯为博古特事件处理不当道歉》，湾区新闻集团，2012.11.29。

[2] 马库斯·汤普森二世，《金州勇士以106比105战胜丹佛掘金》，湾区新闻集团，2012.11.29。

了46.1%。此时的库里要比诸多在历史长河中留下印记的神射手更为致命，像雷·阿伦、史蒂夫·科尔、雷吉·米勒、拉里·伯德，甚至他的父亲戴尔·库里，都被他甩在身后。勇士也因此成为了一支更强的球队，在赛季初吹响了23胜13负的冲锋号。库里在前36场比赛中射进了113粒三分球，历史上只有两名球员在赛季的这个阶段投进了更多的三分。算上得分、篮板和助攻，只有勒布朗·詹姆斯和拉塞尔·威斯布鲁克的场均数据总和在库里之上。

库里和汤普森（场均接近16分）之间的化学反应变得越来越好，这个组合甚至在网络上有了一个属于自己的名字。[①]在12月一场痛击夏洛特山猫的比赛中，库里和汤普森半场合计砍下25分和7记三分球。球队主页的专职写手，同时也是负责勇士社交媒体发布的布莱恩·威特，在中场时间用推特记录下了自己的即兴感言，并附上了#水花兄弟#的标签。就这样，一个可以竞争史上最佳的绰号诞生了。这个名字改编自棒球界的经典组合"霸击兄弟"——马克·麦奎尔和何塞·坎塞科，上世纪80年代末奥克兰运动家队的当家球星。勇士队非常喜欢这个绰号，并不断催促威特将它宣传出去。这个朗朗上口的绰号和彼得·古伯酷爱讲故事的经营策略不谋而合，它能帮助球队以独特又极富感染力的方式包装球员。公司们都渴望通过这样的"有机营销"来推广自己的品牌。

然而，让库里在生涯的前几个赛季苦不堪言的踝伤不会永远消失。在1月一场颇为轻松的投篮训练上，库里在抢篮板时落到了费斯图斯·艾泽利的脚踝上，不幸负伤。当晚他们要对阵由勒布朗·詹姆斯率领的卫冕冠军迈阿密热火，失去库里的勇士队在进攻端彻底哑火，创下了本赛季的得分新低，以75比92败下阵来。几天之后，他们赶赴圣安东尼奥的客场参加比赛，库里依然无法上场。勇士队的得分被限制到了90以下，并最终输掉比赛。

库里在次日对阵新奥尔良的比赛中复出，贡献20分7次助攻帮助球队以116比112取胜。拥有库里的勇士展现出了完全不同的面貌，明眼人都能看出，这支球队能否成功只取决于库里的健康。时间推移，在一个月之后的2月27日，库里在麦迪逊广场花园的19000名观众面前打满48分钟，三分球13投11中，砍下

---

① 马克·斯皮尔斯，《库里和汤普森"水花兄弟"的外号起源》，雅虎体育，2015.2.12。

了职业新高的54分——这是自1995年春天乔丹在尼克斯头顶豪取55分之后的最高分。①

金州阵中的宝藏不止库里一人。克莱·汤普森在二号位上首发了整个赛季，他的表现让当初那个送走蒙塔·埃利斯的交易显得愈发正确。他在35分钟的场均出场时间里得到近16分，平均每场比赛投进3粒三分球；大卫·李在勇士的前52场比赛中出场51次，场均拿下19分和11个篮板，并被选入了西部全明星的替补阵容。这是16年来勇士首次有人入选全明星阵容，上次他们为联盟贡献的全明星还是1997年的拉特雷尔·斯普雷维尔；哈里森·巴恩斯稳坐首发小前锋的位置，每晚能够贡献9分和4个篮板——虽然没有达到球队期望的7号签水平，但现在的勇士也不需要他有多光芒四射；新秀德拉蒙德·格林也是一样，球队对他没有什么过分的要求，他只是一个略好于轮换末端的角色球员，作为大卫·李的替补，场均有4个篮板和不到4分入账。杰克逊教练灌输的强硬态度体现在了他们的赛场表现之中。多年来，这支球队始终被视为联盟中的弱旅和笑柄。对手们会在日历上圈出遇上勇士的日期，期待着在这天刷刷数据。现在，杰克逊希望用一场又一场的比赛甩掉这个坏名声，而其中最有力的证据，出现在2月初一场做客休斯敦的比赛里。勇士队当晚的防守土崩瓦解，让火箭单场投进了23记三分（前勇士球员林书豪投进5记三分），追平了NBA球队的单场三分纪录。投疯了的火箭队想再中一颗三分，从而独揽这一纪录，但是在比赛只剩不到1分钟时——火箭此时会抓住一切机会出手三分——杰克逊授意球员打碎火箭队的计划，在无论哪位火箭球员出手前提前犯规，让他们一遍遍地走上罚球线。②眼看破纪录无望的主场球迷们愤怒地攻击着勇士，但无可争辩的是，这个战术收获了效果。"我们不会坐以待毙，"杰克逊在这场109比140的惨败之后说，"如果你想破纪录，你得先问我们答不答应。"③

---

① 马库斯·汤普森二世，《勇士输球，库里在麦迪逊广场花园砍下54分创生涯新高》，《圣何塞水星报》，2013.2.27。

② 2019年4月8日，火箭149比113战胜太阳，全场投中27记三分，是目前NBA常规赛单场三分纪录保持者。——译者注

③ 拉斯蒂·西蒙斯，《火箭大胜勇士31分》，《旧金山纪事报》，2013.2.6。

第五章　马克的男人们
2012—13赛季

2月末，勇士又在甲骨文中心和马刺来了一场恶战，勇士在加时赛领先对手3分。杰克逊在暂停时间不断鼓励着他的队员，并讲述了一段自己球员时期的往事。"我以前就在你们现在的位置上！"[①]杰克逊在球员中间喊道，"我努力打了一整场，教练却用另一位球员把我换了下去。"他点了点自己的胸口，说："这对我是一种侮辱！你们现在能站在场上，是你们为自己赢来的机会！这是你们应得的！现在去把比赛拿下来吧！"在马刺队发出边线球的3秒钟后，克莱·汤普森抢断了蒂姆·邓肯的传球，帮助勇士锁定胜局。

博古特自去年11月以来就几乎没有出现在勇士队的激活名单里。有消息称他在转年的1月和2月明显增加了训练的运动量。终于，我们在3月上旬又重新在金州每晚的首发名单里看到了博古特的名字。在迎回博古特之前的比赛里，勇士队取得了33胜27负的成绩。博古特首发出战了接下来22场比赛中的20场，在场均25分钟的时间里得到5分和8个篮板。澳大利亚人向来喜欢豪饮啤酒，但由于摄入酒精会导致脚部伤处肿胀阵痛，博古特不得不在本赛季将酒戒掉。[②] 如果把勇士比作一辆跑车，那库里可能是其中的变速箱，负责掌控比赛的节奏快慢。而博古特则是它的发动机。他生猛的力量和壮硕的身型都是勇士和对手硬碰硬的资本。这只重型武器的回归让勇士队在和西部巨人们较量时有了新的手段。

勇士队以14胜8负的战绩给本赛季做了一个漂亮的收尾。他们47胜35负的总战绩是5年来的最好成绩，也足以保证他们时隔6年再度闯入季后赛。实际上，金州在还剩4场没打时就已经锁定了季后赛席位，他们当时以16分的巨大分差战胜了明尼苏达森林狼队。没错，就是那支一年前当乔·拉科布遭遇满场嘘声时嘲笑他们的球队。勇士全队在大胜之后蹦跳着向更衣室走去，一路上与安保人员和球队雇员们击掌致意。虽然气氛欢腾，但他们每个人脸上还是带着拘谨和尴尬的神情，好像这支球队真的不知道该在喜庆的场合下作何反应。[③]

---

① 出自杰克逊的场边录音，由ESPN摄录并在电视上播出。
② 斯科特·奥斯特勒，《博古特给勇士带来新面貌》，《旧金山纪事报》，2013.5.2。
③ 出自一段于2013年4月9日上传到勇士队YouTube频道的视频，标题为"勇士队锁定季后赛席位"。

库里本场比赛拿到了21分和10次助攻。他正坐在更衣室里回味着打进季后赛的喜悦，脸上写满了放松。"人们在赛季初并不看好我们，"他说，"你能看到我们的努力在赛季中得到了回报。"

本赛季，库里成了联盟中突现的耀眼新星。他出战了78场常规赛，场均拿到22.9分（联盟第7），比之前的生涯最高多了整整4.3分。库里6.9次的场均助攻同样也创下了生涯的新高，在全联盟排在第14位。同时，库里也成为了联盟中第二准的罚球手（仅次于俄城的凯文·杜兰特）和排名前15的抢断专家。

但是在那场击溃明尼苏达的"季后赛锁位战"之后，库里依然缺少一项可以给他的职业生涯定性的荣誉。大家提起库里的名字时，还是免不了马上联想到一次次的脚踝扭伤。截至那时，库里单赛季已经命中了249粒三分，与雷·阿伦2005—06赛季在西雅图超音速队创下的269个三分的历史纪录只差了20个球。库里需要在接下来的四场比赛里投中21个三分，才能独占这个三分王的宝座。

两天之后，勇士以19分的分差输给了俄克拉荷马雷霆队，库里投中了3记三分。次日，库里在洛城火力全开，三分15投9中，全场狂砍47分。金州最终以两分之差惜败于湖人，几乎快要落到西部第七。库里距离雷·阿伦的纪录只差9球。

又过了三个夜晚，勇士队回到奥克兰的主场迎战到访的圣安东尼奥马刺。库里用7记三分率领球队以10分的优势战胜了对手。此役过后，库里只需再投进两个三分，就可以打破单赛季三分命中数的最高纪录。渴望守住6号种子席位的勇士队带着势在必得的信念来到了波特兰，收官战的胜利对他们而言至关重要。因此，他们也希望库里能在最后一场常规赛上拿出他的远射实力。

勇士最终如愿以偿，他们以99比88击败了开拓者队。虽然库里在收官战上不够神勇，在16次出手下仅仅得到15分，但单赛季三分纪录依然被他收入囊中。第二节过半时，库里在球场右侧接到贾瑞特·杰克的传球干拔出手，命中了本赛季的第270个三分。他在转身回防时挥舞着自己的拳头，板凳席上的队友们也都将三根手指高高举向空中。库里整场比赛命中了4记三分，将新的单赛季三分命中纪录定格在了272个。让库里和他的神奇三分成为进攻的主导，这个策略的成效之大出乎了所有人的意料。勇士队队史首次在三分命中率上领跑全联盟。

金州现在可以安心将目光放在季后赛上了。他们即将遭遇的对手是在常规

第五章　马克的男人们
2012—13赛季

赛豪取57胜的丹佛掘金。这支实力恐怖的球队由前金州主帅乔治·卡尔率领，在顶级全能球员安德烈·伊戈达拉的指挥下高歌猛进。毫无疑问，勇士是这轮系列赛中劣势的一方，但他们已经全员恢复健康，并拥有库里和汤普森（常规赛投进211个三分，这个数据在之前的三个赛季都能排到第一）这样的后场组合。二人惊为天人的投射能力意味着勇士至少可以偷得几场胜利。

"无论是对球队、老板，还是教练、球员们来说，这都是重要的一步，"在战胜森林狼，锁定季后赛席位的当晚，乔·拉科布在离库里的更衣柜几英尺的地方讲道："让我们在这个基础上继续前进。"[1]

掘金队是NBA中最全面也是最全能的球队之一。他们场均能够轰下联盟最高的106.1分，投篮命中率位居联盟第五，助攻第三，抢断第二，盖帽第三，进攻篮板也高居联盟前列。虽然他们6英尺10英寸（2.08）的锋线球员达尼罗·加里纳利因左膝前十字韧带撕裂不幸报销，但在老将安德烈·米勒、25岁的泰·劳森（在库里之后11个顺位被掘金选中）以及伊戈达拉的帮助下，加里纳利带走的火力转眼间就补了回来。这支队伍还拥有一群令人垂涎的年轻内线：肯尼斯·法里德、贾维尔·麦基、科斯塔·库弗斯和提莫菲·莫兹戈夫。所以也难怪掘金已经连续10年打入季后赛，而最近的9个赛季都有乔治·卡尔的参与。但掘金的弱点也很明显——他们犯下联盟第三多的失误；他们的三分能力在30支球队里排名第25；掘金全队的罚球命中率勉强超过70%，排在联盟的倒数第三。勇士队将要针对掘金的短板设计战术，他们必须尽量让掘金的外线射手们远离篮筐，但一旦掘金球员试图向内突破，他们一定要用身体给出强硬的回应。此外，他们需要寻求身体接触，提前封锁掘金的传球线路，更要保护好篮板，以应对掘金对前场篮板疯狂的冲抢。最令勇士队欣喜的一点是，这支球队对三分的防守能力排在联盟的倒数第二。丹佛每场会让对手投进8.3记三分球，这比勇士每场能投进的数目还多。这意味着如果库里和汤普森（甚至是别的什么人）保持优秀的外线手感，丹佛将很难扑灭勇士的外线火力。

---

[1] 出自一段于2013年4月9日上传到勇士队YouTube频道的视频，标题为"勇士队锁定季后赛席位"。

诚然，勇士队季后赛经验的匮乏是悬在头顶的一柄利刃，而对手掘金队的57胜是他们自1976年加入NBA（从ABA合并而来）以来的最佳战绩。从1月中旬开始，掘金在主场取得了一波23连胜。在系列赛打开前，18位来自ESPN的篮球写手对本轮对阵做出了各自的预测，结果无一人看好勇士取胜晋级。

两队在第一场就打到了最后一个回合。丹佛拥有联盟第二快的比赛节奏，但这场比赛却打成了一次缓慢谨慎的对局。库里的前9投全部投失，到中场休息时金州仅以48比44领先丹佛。掘金在下半场多次试图反扑，但勇士总能予以回应。在比赛还剩15秒时，库里在左侧底角投中了一记三分，将比分扳成95平。

双方的教练开始了排兵布阵上的博弈。卡尔换上了安德烈·米勒，这位拥有14年球龄，打过超过1100场比赛的老将控卫。杰克逊则派出了新秀德拉蒙德·格林，虽然这个二轮秀整晚仅仅出场过4分钟，但大家都能看出他是个天生的单防好手。就像是设计好的一样，球场上的其他8个人远远拉开。随着计时器滴答滴答的鸣响，米勒和格林即将展开一场决定胜负的一对一。

米勒从弧顶位置启动，向左侧挪着步子。在加速冲向篮筐的瞬间，他将球换到右手，低手上进，帮助掘金在比赛还剩不到两秒时取得领先。格林判断错了方向，在米勒运球突破的时候就已然失位——"狡猾的步伐，"这位新秀后来如是评价米勒的动作。对上血气方刚的年轻人，还是老道的经验略胜一筹。[①]

虽然勇士以两分之差输掉了首战，但他们展示出了可以与强敌厮杀到最后一刻的能力。这支球队只是需要在赛场上更加专注。库里和汤普森本场合计拿到41分，但仅命中了6记三分。勇士的篮板数比掘金少了10个，并且多出现了6次失误。和这些相比，第四节大卫·李的因伤离场更加令人担忧。这位全明星内线和贾维尔·麦基相撞，造成了右臀部屈肌拉伤。李在一瞬间失去了腿部的知觉。

第二天，核磁共振检测的结果证实了这次伤病的严重性。常规赛以56次两双领跑全联盟的大卫·李在他的首场季后赛比赛中已经拿到了10分和14个篮板，但这狠狠地一摔让他刚刚开始的季后赛旅程戛然而止。杰克逊有一个关键

---

① 亚妮·斯泰普顿，美联社，2013.4.20。

第五章　马克的男人们
2012—13赛季

的决定要做——现在不仅大卫·李赛季报销，丹佛还迎回了因为脚踝扭伤缺阵首场季后赛的法里德。要知道，场均摘下9板的法里德才是掘金最好的篮板手。博古特的伤病也并未完全痊愈，左脚踝的骨挫伤让他依然能够感受到难忍的疼痛。金州可以将卡尔·兰德里排上首发阵容，寄希望于他能填补上李的篮板缺口，但兰德里整个赛季仅首发过两场比赛。格林也明显会在第二场比赛里得到更多的出场时间，可是让从未进入过先发阵容的格林首发出战又显得过于冒险。勇士可用的选项少之又少，大卫·李的这次伤病可来得太不是时候了。

比赛日的早晨，杰克逊带着一个疯狂的想法来到了教练组的面前。[①]要不然让哈里森·巴恩斯打首发大前锋？巴恩斯在三号位上打了一整个赛季，但他的力量和防守能力都可以应付四号位的强度。而且，他们可以将替补控卫贾瑞特·杰克提到首发，组成一套三后卫的先发阵容。杰克逊隐约感觉库里和汤普森一定会迎来爆发。他的教练组认为这个计划确实可行，就这样，虽然赛前介绍的首发名单上写着兰德里的名字，但开球时人们才发现，顶替大卫·李进入先发的人其实是杰克。

被杰克逊调整过的这套首发投出了62%的命中率，保护下了90%的防守篮板。无论卡尔怎样挣扎，这支勇士一直跑在掘金的前头。不走寻常路的金州勇士以131比117统治了百事中心。此役过后，丹佛的主场连胜告一段落，系列赛的大比分也被扳平。库里（30分）、杰克（26分）、巴恩斯（生涯最高的24分）和汤普森（21分）的四小组合在丹佛球员身上合砍101分。金州的篮板也以36对26完胜对手。替补席上的格林、兰德里和新秀中锋费斯图斯·艾泽利都因大卫·李的缺阵而各自得到了超过16分钟的出场时间。勇士队的三分25投14中（命中率56%），两分球更是54投37中，拿下了惊人的69%的命中率。他们变成了一只高速旋转的圆锯，将丹佛的防守切割得七零八落。

赛后，有记者戏谑地问杰克逊，是不是为了取胜，除了怪异的变阵以外，这65%的命中率也是在他计划之中的。杰克逊给出了季后赛历史上最精彩的回答之一：

[①] 拉斯蒂·西蒙斯，《勇士以131比117客场战胜掘金》，《旧金山纪事报》，2013.4.24。

"在我看来，"杰克逊这样评价库里和汤普森，"他们是历史上投射能力最强的后场组合，而我的工作只是派他们上场。我这一辈子都没离开篮球——不仅是做了球员和解说员，我从小就是个篮球迷。我看过很多伟大球员的比赛，但这两个家伙绝对超越了历史。雷吉·米勒和我的组合也不错，但是依然比不过他们。"①除了几声下意识的哄笑以外，媒体席全部哑口无言，杰克逊也匆匆离去。你该怎样回复这样一句论断呢？他们是历史上最伟大的投射型后场组合？说出这番话的杰克逊无比严肃，而且如果勇士想在系列赛中完成以下克上的胜利，他们确实需要这样的自信。

库里的价值似乎又一次遭到了脚踝伤势的削弱。他在第三节的末尾扭伤了左脚，但依然坚持出战了42分钟。当勇士队回到奥克兰准备第三场比赛时，库里对记者说，如果不是因旅行日程的安排多出了一天的休息时间，他恐怕就打不了系列赛的第三战了。②库里是否出战，看上去这个问题的答案要等到比赛日才能揭晓。这是甲骨文中心六年来首次举办季后赛，球队的门面怎么可能不在这一天披挂上阵呢？

杰克逊又一次选择了杰克，而非兰德里。这个变阵在第二场效果拔群，没必要去更改。兰德里贡献了19分，杰克14次出手得到了关键的23分。博古特作为首发中锋出战，在29分钟内尽职尽责，而格林和艾泽利负责在替补席上轮换出场。最后，当安德烈·伊戈达拉在蜂鸣器响起时的半场三分弹筐而出，比赛的结果被锁定在了110比108，勇士取得了2比1的大比分领先。

库里庆幸于自己的踝伤没有加重。如果没有他的贡献，勇士很可能会输掉这场比赛。库里在第三节率领球队打出了一波16比2的反击高潮，使金州取得了1分的领先优势。库里最后29分11次助攻的数据仿佛预示着一段即将走向伟大的职业生涯。

没过多久，人们就等到了他的下一场精彩表演。库里在第三场比赛之前拒

---

① 出自勇士队SoundCloud页面的一段采访音频，标题为"马克·杰克逊掘金勇士赛后采访（2013年4月23日）"。

② 蒂姆·川上，《史蒂芬·库里左踝酸痛，谈第三战能否出战："我现在的身体情况没办法打比赛"》，湾区新闻集团，2013.4.25。

第五章　马克的男人们
2012—13赛季

绝接受注射镇痛的治疗，但他终于在第四场屈服了。[1]库里从来没在赛前打过封闭针，他极不情愿在此时破例，尤其接下来是一场至关重要的比赛。可是没办法，他的身体快吃不消了。

库里开局慢热，在首节浪费了唯一一次的出手机会，第二节也仅仅得到5分。勇士凭借杰克的3记三分在半场取得了12分的领先。

之后，库里迎来了他首次的季后赛觉醒，这样的突然爆发将在今后的每个春天里成为常态。下半场比赛打响之后，泰·劳森在前6分钟里连突带投拿下15分，将勇士的领先优势缩小到4分。库里在左侧底角命中一记三分远射，将分差扩大。

两分钟之后，库里在距篮筐25英尺（7.6米）外接球就投，篮球空心入网，分差现在来到了9分。

第三节还剩1分54秒时，库里在左侧29英尺（8.8米）外飙中三分。勇士再度取得了两位数的领先。

劳森的突破被库里破坏，库里完成抄截后来到前场在弧顶命中了一记急停三分。勇士现在领先掘金有17分之多。

库里在计时器还剩23秒时又一次在左侧底角三分中的，将他的单节得分锁定在了22分，而勇士也带着19分的巨大优势进入到第四节。丹佛在这个晚上被打得七零八落，23次失误是他们本赛季的新高。金州本场比赛三分球26投11中，上半场昏昏沉沉的史蒂芬·库里以31分7助攻4抢断的完美数据昂首离场。即便是新秀德拉蒙德·格林也在这场比赛大发神威，替补出场了25分钟，他的13分和4个抢断均为生涯新高。勇士以115比101赢下了第四战，系列赛移师丹佛。

在第三战和第四战的激励下，丹佛已经准备好在主场背水一战，他们不想让自己的命运在主场终结。马克·杰克逊把全部赌注押在了首发球员们的身上，库里、杰克、汤普森和巴恩斯的出场时间都超过了41分钟。库里全场出手19次，拿到15分。巴恩斯在危难之时挺身而出，得到了全队最高的23分。勇士在上半场挖了一个20分的大坑，这导致下半场的他们实在追击无望，尽管在第

---

[1]　安东尼奥·冈萨雷斯，美联社，2013.4.28。

四节打出了31比21的比分，但勇士最终以100比107输掉了比赛。杰克逊赛后抨击掘金队的动作过于恶劣，很多无球犯规都没有吹罚——"他们派一群打手去盯防库里"[1]——而博古特和格林都在本场被吹罚了对法里德的恶意犯规（之后，杰克逊因不当言论被联盟罚款25000美元）。"德拉蒙德·格林，"乔治·卡尔在赛后打趣说，"他在密歇根州大打的是篮球还是橄榄球？"[2]

尽管输了比赛，勇士队回到奥克兰时依然在系列赛中占据上风。而且他们还为掘金准备了几个意外的杀招。其中一个依旧是杰克逊的变阵，他终于将卡尔·兰德里提上首发，选择回归传统的内线阵容。贾瑞特·杰克坐回了替补席，而哈里森·巴恩斯则回到他更熟悉的三号位。但更戏剧化的一幕出现在开球前几分钟，勇士队走出球员通道的时候。首先现身的是史蒂芬·库里，紧随其后的是一个整装待发的大卫·李，没错，就是那个在12天前臀屈肌撕裂的大卫·李。虽然大卫·李的复出不能与1970年总决赛第七场，威利斯·里德在山呼海啸中回到麦迪逊广场花园的一幕相比，但这对勇士来说已然足够。

凭借着泰·劳森的8分，掘金在首节过后取得了4分的领先优势。但当李在本节还剩2分23秒替换博古特上场时，甲骨文球场的气氛瞬间有了变化。杰克逊让库里和大卫·李打挡拆，随后李投丢了一记18英尺（5.5米）外的中距离跳投，这也是他整晚的唯一一次出手。在打了不到90秒的比赛之后，他重新坐回板凳席，并在接下来的比赛中没再上场。然而，球员和球迷们被调动起的热情已经如离原之火般蔓延开来。大卫·李回归了啦啦队长的角色，金州带着高涨的气势在第二节与掘金展开了殊死搏斗，半场结束时，他们仅仅落后两分。

库里在上半场只拿到6分和5次助攻，但他又一次在比赛的第三节火力全开，在90秒的时间内连续投进3记三分。勇士也从和掘金打平变成领先6分。库里在第三节还剩3分46秒时再一次远射命中，将勇士的领先优势扩大到11分。博古特单节6分7板的稳定表现帮助勇士将11分全场最大分差保持到了第四节。

丹佛还是抓住了这支勇士缺乏季后赛经验的弱点，在第四节展开反扑。安

---

[1]　出自勇士队SoundCloud页面的音频资料，标题为"马克·杰克逊掘金勇士赛后采访（2013年4月30日）"。

[2]　美联社，2013.4.30。

第五章　马克的男人们
2012—13赛季

德烈·伊戈达拉的撤步三分让掘金在4分14秒时将分差迫近到4分。多亏格林和博古特的篮板能力，以及全队最后稳健的罚球，让勇士队在末节免于崩盘的厄运。

金州最终以92比88主场取胜，掘金的夏季假期提前开始了。库里全场得到22分和8次助攻，也犯下了7次失误。德拉蒙德·格林在替补登场的24分钟里得到16分，再度刷新了生涯新高。

在勇士今晚所有的功臣中，首次打封闭上场的博古特做出了最有意义的贡献。[①] 当年，那宗极富争议性的交易让乔·拉科布买下球队后积下的所有好印象毁于一旦，因此来到奥克兰的博古特则在这个晚上打出了他勇士生涯的最强一战。博古特的腿脚撑住了他一年半以来最长的登场时间，他在40分钟内拿到14分21板和4个盖帽。这位赛季初无法用20分钟的出场时间去交换球迷谅解的7英尺（2.13米）巨人，在勇士队最需要他的时刻挺身而出。

在首轮以下克上，将你在季后赛里的一个主要敌人淘汰出局会让你的成就感由心而发。但一旦你意识到你收获的奖励是去对战更强大敌人的机会，难得的好心情又烟消云散了。勇士面临的情况就是如此，他们下一轮的对手是那个永远不要低估的老牌强队圣安东尼马刺。

这支球队由十四届全明星蒂姆·邓肯领军，拥有托尼·帕克和丹尼·格林的后场组合，第六人马努·吉诺比利以及攻守全能的新星科怀·伦纳德。从一贯优秀的历史战绩，到根深蒂固的球队文化，再到用牺牲个人风格交换球队效率的战术体系，格雷格·波波维奇治下的马刺是联盟的一面不老旗帜。圣安东尼奥的投篮和罚球命中率高居联盟第三，三分命中率排在联盟第四。而且，他们的场均助攻数稳居榜首。

进攻如此扎实的马刺其实一直因优秀的防守为人称道。他们本赛季几乎所有的防守数据都在联盟平均水准之上。马刺的场均失分要比勇士每场的火力少了接近5分。他们对手的两分球命中率是联盟第四低的。

圣安东尼奥的防守存在着唯一的缺口。虽然他们能将对手的场均三分出手

[①] 萨米·艾米克，《勇士淘汰掘金，即将面对马刺》，今日美国，2013.5.3。

数压得很低，但这些出手之后的三分有着35.3%的不错命中率。马刺在这项数据上仅仅排在NBA的第12位。而勇士队恰巧拥有联盟第一的40.3%的三分命中率，这是他们可以利用的一个弱点。大量的三分出手，加上一点点的运气，金州可以借此将比赛拖到最后，偷得一两场比赛的胜利。接下来……谁也说不准在NBA的季后赛里会发生些什么。

两队在首战就打出了一场可以留名史册的对局。勇士自1997年以来就没在圣安东尼奥赢过球，但他们今晚一上来就统治了比赛。金州在首节（28比25）和次节（53比49）均保持了比分上的领先。因总在比赛中突然爆发而声名鹊起的库里在第三节没让大家失望，用12次出手单节砍下了22分。第四节开始时，库里已经拿到了32分和8次助攻，勇士也已92比80处于领先地位。在比赛还剩4分30秒时，分差已经扩大到了16分。杰克逊派出了一副极小的小个阵容：库里、贾瑞特·杰克、哈里森·巴恩斯、德拉蒙德·格林和克莱·汤普森。6英尺7英寸（2米）的汤普森竟然是场上最高的勇士球员。金州似乎正在悠闲地等待着系列赛首战的胜利。

接下来，美梦崩塌了。

汤普森在末节还剩4分钟时因对托尼·帕克的阻挡犯规犯满出场。突然，换上理查德·杰弗森的勇士队变得不会进攻了，而马刺转眼成了一支百发百中的球队。帕克在接下来的一分钟里连得6分，勇士无人回应。杰弗森在计时器走到1分57秒时本可以用两记罚球打断马刺的进攻节奏，但两罚全失的他只能看着刚刚在内线擦板入筐的伦纳德在24英尺（7.3米）外接球射中一记三分。在贾瑞特·杰克命中那记中距离跳投之前，马刺在这段时间打出了一波15比0的高潮，在4分钟的时间里将分差迫近到1分。

杰克的中投让勇士获得了3分的喘息空间，但丹尼·格林在20.8秒时果断在右侧三分线外还以颜色，将分差抹平。蜂鸣器响起，库里在16英尺（4.9米）外绝望的转身跳投清脆地磕在了篮筐后沿上。比赛进入加时。

金州在加时赛开始连得5分，然后马刺用一波7比0予以回应。杰克又一次站了出来，他在20.3秒时的左手上篮将比分扳成115平，把勇士从生死线上拽了回来。而马刺在加时赛里的绝杀机会，则交给了老将马努·吉诺比利。他在距篮筐22英尺（6.7米）外选择出手，站在他对面的正是在首轮首战将安德烈·米勒放进内线的德拉蒙德·格林。格林不想再让悲剧重演，他搏命的封阻干扰到了皮球的飞行路线，守住了勇士的希望。金州上一次在季后赛中遭遇双加时，是1976年西部决赛的第四场。这一场比赛的压力虽然不比当年，但却拥有同样跌宕起伏的精彩剧情。一环扣一环，两队见招拆招，杀得难解难分。

可是最终，总有人会先倒下。

精疲力竭的两个巨人在第二个加时迟迟打不开局面。直到3分36秒时才由勇士的巴恩斯在右侧底角率先命中。但仅仅一分钟后，巴恩斯三分打铁，在篮下拼抢前场篮板的德拉蒙德·格林因动作过大被吹罚了第六次犯规。这位金州最顽强的防守者被迫回到了板凳席。

托尼·帕克的两记跳投，鲍里斯·迪奥的中距离，加上丹尼·格林的一个三分，圣安东尼奥在还剩1分06秒时以126比121保持领先。但勇士体内竟还保有翻盘的余力，库里马上利用突破制造犯规，两罚全中将分差迫近到3分。下一回合，吉诺比利在29英尺（8.8米）外直接出手了一记糟糕的三分球，被等候多时的卡尔·兰德里直接接到。库里带球来到前场，左手运球晃过迪奥，右手指尖挑篮入筐。比赛还剩32.8秒，马刺仅仅领先1分。

下一个回合，帕克先是在中场附近拍着球消耗时间，然后在比赛还剩13秒，本回合还剩4秒时，变向晃过肯特·贝兹莫尔，将身体完全向前伸展，试图上篮。皮球弹筐而出，巴恩斯抓下篮板，将球传给库里。此时的贝兹莫尔正沿着边线向前场飞奔，迅速溜到了马刺防守的盲点。当库里将球传到贝兹莫尔手中时，不知是进是退的迪奥已经无力再去干扰。贝兹莫尔在弱侧上篮得手，金州夺回了1分的领先优势。

还剩3.4秒，圣安东尼奥还有最后的一线生机。

科怀·伦纳德手持篮球，站在场边，他正在用目光搜寻一个跑出空位的身影。找到了！在远端翼侧站着的是无人防守的吉诺比利。迪奥在挡拆中狠狠地挡住了贝兹莫尔，这意味着迪奥原来的防守人贾瑞特·杰克现在要换到吉诺比利面前。但杰克此时正在发界外球的位置游荡，他试图包夹本来就有巴恩斯盯防的托尼·帕克。这次错乱的防守让贝兹莫尔疯也似的冲向三分线外的吉诺比利。马努的出手如子弹离膛般迅速，而且你大概只在训练后球员们瞎胡闹时，见到过这么高的投篮弧线。

篮球空心入网，他们只给勇士留下了1.2秒。

杰克搏命的三分球没能投进，马刺以129比127拿下了西部半决赛的首胜。

尽管库里的脚踝在对阵丹佛的系列赛中留下了隐患，但除了第三节最后的四秒之外，库里打满了全场的58分钟。他拿到44分，为队友送出了11个助攻。菜鸟巴恩斯在53分钟里砍下19分，德拉蒙德·格林在犯满前的38分钟也是他本赛季出场时间的新高。

勇士在命中率（51%对43.8%）和篮板（55对45）上都更胜一筹，但马刺还是那个马刺，这就是他们在季后赛里的样子。凭借一贯以来的阵容深度，4月和5月的马刺永远比对手活得更久，打得更好，甚至可能都更为幸运。波波维奇可以派出10人交替上场，而杰克逊被迫只能停留在8人轮换。对勇士这支季后赛经验几乎为零的球队来说，"怎样锁定一场季后赛的胜利"可是一门大学问。而刚刚，他们从最老到的师傅那儿上了痛苦的一课。

两天之后，勇士用一场100比91的胜利将系列赛扳平，水花兄弟在这场比赛中联手拿到66分。杰克逊在第二战中依然坚守他的8人轮换，而波波维奇竟然派出了足足12名球员。库里和汤普森的出场时间都超过了43分钟，这导致他们的体力问题在第三场开始显现。回到奥克兰之后的首战，他们的后场组合37投只有12中。大卫·李在这场比赛中复出，但在3分钟里交出了一份低效的答卷，他的出现再也不能像首轮第六战那样调动起全场的情绪。勇士以92比102不敌马刺。第四战很快打响，库里的出场时间被控制到了38分钟，他全场出手15次，得到22分。而巴恩斯在这场比赛中打了足足51分钟，拿到全场最高的26分。金州勇士在这场比赛中抢到了65个篮板，博古特占了其中的18个。虽然圣安东尼奥在比赛还剩五分钟时领先着8分，但这次是勇士完成了逆转。完全凭借杰克和汤普森的得分，他们打出了一波12比4的小高潮，将比赛拖入加时。勇士最终以97比87把握住了这场胜利。

对库里来说，比他的脚踝更痛的，大概就只有在球队最需要他时，却因伤病而无能为力的内心了。"似乎每次你一有了状态，觉得自己没事儿了的时候，困难总会找上门来，"库里在赢球之后说，"它会考验你，改变你的作息时间。它会让你的赛前准备和看待比赛的视角都与以往不同。"[1]他将这场胜利归功于

---

[1] 美联社，2013.5.12。

昨晚凌晨零点发短信给予鼓励的母亲，但上帝的力量可能也在其中起了小小的作用。

赛前，杰克逊来到了球队更衣室外走廊尽头的小教堂，他看见了里面的库里。两人相遇后，库里说，他会为杰克逊尽自己所能。杰克逊迅速察觉出了其中的异样："这不是他会说的话。"刚刚与鲍勃·迈尔斯商量过的杰克逊本想告诉库里，他可以在这场比赛量力而为，打多长时间都可以。库里在第四场比赛中的精彩表演（包括将丹尼·格林限制到仅得10分，还拿到了全场最低的正负值）很难被简单概括为母亲节的奇迹。就像杰克逊在赛后说的那样："上帝保佑着这支球队。"①

但是勇士队已经打得弹尽粮绝。尽管巴恩斯在第五战用18次出手砍下25分，但库里和汤普森合计13分的尴尬让勇士队无能为力。马刺在主场以109比91取得了一场大胜。第六场在甲骨文中心的决胜局剧情如出一辙，勇士队没有一节的得分超过23分。马刺五名首发得分全部上双，而打了40多分钟的库里和汤普森一共出手37次，仅仅得到32分。德拉蒙德·格林在这场生死战中只上场了8分钟，一分未得。就连板凳席最深处的安德里斯·比德林斯都被迫上场顶了11分钟的比赛。

金州的阵容深度不足以支撑他们对抗马刺这个巨擘。圣安东尼奥以一场94比82的胜利淘汰勇士，挺进西部决赛。博古特在输球之后承认说，自己"在这轮系列赛里一直非常疲惫"。博古特在第四节没有上场，巴恩斯也是一样。不过后者是因为在第二节磕破了头，离场缝了六针，带着剧烈的头痛在场边坐到了最后。库里投丢了8个三分出手里的6个，他用不上力气的双腿已无法再支撑他稳定投出那些长距离的远射。在包厢观战的柯克·拉科布注意到了这支球队的昏沉表现。②"也许，早点儿输球反而是件好事。"拉科布暗自思忖。

比赛结束后，球员们互相拥抱致意。库里拿起话筒，对主场的球迷们表示了自己的感谢。他允诺说他们将在明年的季后赛卷土重来。库里知道，这是他们唯一的目标。尽管他的脚踝现在情况很差，但他并不打算在夏天接受任何手

---

① ASAP体育，2013.5.12。
② 出自2015年9月10日拉科布在旧金山体育分析创新峰会上的讲话。

术。这将是他自新秀赛季以来的首个免除手术治疗的休赛期。库里打算用几周时间休养康复,和妻子阿耶莎以及他一岁的女儿莱莉享受家庭生活。虽然还未入选全明星,但这个篮球世界里的新面孔已经为世人熟知。"我在本赛季的表现,"库里在几分钟后说道,"已经给我的未来奠定了基础。"[1]

输球之后,乔·拉科布和记者们挤在勇士更衣室的后面。[2]他轻声开始了自己的讲话,语调里饱含着深情。他在这场溃败的余波还未散去时这样总结他们的首次季后赛之旅:"我们球队完成了一个伟大的赛季,简而言之,勇士的局面已经扭转过来了。这支球队需要有所改变,为了这些改变,我们要去完成很多工作。比如找到懂商业的人才、懂篮球的人才,把交易做好,签约正确的自由球员。你们都知道这些工作都包括什么。说到安德鲁·博古特和蒙塔·埃利斯的那宗交易,我们一开始承受了很多的批评——至少我个人是这样的——但最后事实证明,我们做了一件正确的事。"

拉科布对未来提出了充满希望的设想,而这一设想的基础就是勇士这群冉冉升起的新星——25岁的库里,23岁的格林和汤普森,年仅20岁的巴恩斯。对于从伤病中火线复出的大卫·李,拉科布也赞赏有加。他还对马克·杰克逊和他的团队送上了诚挚的褒奖。"我们会以今年的成绩为基础,争取下赛季更进一步。"他补充说,"我们会比今年打得更好,之后一步步越走越远,直到完成我们的终极目标,那就是夺冠。"

一位记者问拉科布,他是否还有热情去帮助球队继续取得进步,为了拿到总冠军,他还会不会做出那些令人难以接受但却不得不做的交易。

"我已经准备好了,"拉科布回答说。

"从明天开始吗?"记者追问道。

"不,从现在开始。"

---

[1] ASAP体育,2013.5.16。

[2] 出自YouTube上一段拉科布的讲话视频,标题为《勇士老板乔·拉科布在球队输掉第六场之后的发言》,视频上传于2013年5月17日。

第六章

学习飞翔

2013—14赛季

在鲍勃·迈尔斯还是一个经纪人的20世纪90年代，他印象里的勇士绝对不是联盟里名声最好的那个。如果你听说哪个球员想去金州，那多半只是另一支球队为了抬价而故意放出的风声。勇士之所以给人们留下这样的印象，旧管理层在协商合同上的无能要占部分原因，还有就是这支球队一直徘徊在联盟的底端，怎么会有人真的想去一支烂队打球呢？

但是，奇妙的事发生了。当你换了老板，雇佣一批有能力的经理，并且开始赢球，看上去像一支未来季后赛的常客之后，这些招募自由球员的见面会就突然变成了一件两厢情愿的事。

所以当2013年的自由市场开启时，上赛季47胜的勇士队终于掌握了主动权。他们的头号目标是中锋德怀特·霍华德。年仅27岁的他是联盟中最优秀的防守者之一，但冷漠和不成熟的标签一直贴在他的头顶。鉴于博古特尚未完全康复，勇士队认为这不仅是一个招募顶级自由球员的好机会——几乎没人在禁区内的统治力能与霍华德相提并论——他们还能借此机会向NBA和其他自由球员宣告，奥克兰已经变成了一个所有球员都应该仔细考虑的归宿。可能霍华德这个目标比较遥远，但他们必须要试一试。

霍华德将他下家的范围缩小到了三支球队，令人难以相信的是，勇士正在其中。另外两支球队分别是洛杉矶湖人（霍华德上赛季的主队，能给他提供更长年限的合同和更高的薪水）和休斯敦火箭。由数据分析天才达雷尔·莫雷组建的这支火箭，在从俄克拉荷马那里换来得分型控卫詹姆斯·哈登之后，行情一路走高，未来也十分明朗。

在得知霍华德有极大概率选择航天城之后，迈尔斯启动了他的B计划。虽

第六章　学习飞翔
2013—14赛季

然和引入联盟中身体最为强悍的中锋之一相比,这个备用计划显得不那么性感。毫无疑问,他们的B计划就是拿下安德烈·伊戈达拉,那支在首轮被勇士淘汰的57胜掘金的球队领袖。和霍华德一样,伊戈达拉也可以选择与主队续约,由此赚得更多的美元。但他的情况更为复杂,他本来拥有2013—14赛季价值1610万美元的球员选项。他只需要点点头,就能再在丹佛赚一年的钱。

但是在3月,也就是季后赛开始的几周前,伊戈达拉宣布他将放弃球员选项,跳出合同。当然,他希望的是签下一份年薪更高的长约。这样的选择绝对有风险,但伊戈达拉觉得运气一定会站在他这边。[1]这样一来,他不必等到季后赛结束再考虑球员选项的问题,可是谁能想到,当掘金的本赛季正式结束的时候,他们接连失去了年度最佳教练乔治·卡尔和最佳总经理马赛·尤杰里。前者是由于常年在季后赛打不出成绩被掘金解雇,后者则是被多伦多挖走,去猛龙当总经理了。

从7月1日,自由市场开启的第一天开始,伊戈达拉就和勇士队阐明了意图加入的愿望。那天,他和经纪人罗伯·佩林卡与迈尔斯、拉科布父子和马克·杰克逊在洛杉矶佩林卡的办公室见了一面。[2]勇士一行人本来打算给伊戈达拉团队展示他们未来的计划,顺便观察一下他们的意向,但以经纪人身份参加过无数场这种会议的迈尔斯一眼就看穿了伊戈达拉的心思。其实真正来兜售自己的是伊戈达拉。迈尔斯准备了很多展示用的DVD,他期待大家能一边看录像,一边开展热情激烈的讨论——他和佩林卡已经认识15年了,原来两个人还经常争抢客户——但他一张碟也没用上。[3]"我想成为你们建队计划的一分子,"伊戈达拉对勇士的游说团说。[4]所有人——特别是乔·拉科布——在离开会议室时都确信,伊戈达拉的特质和金州的球队文化完全契合。

球场上的伊戈达拉是一个值得依靠的全能球员——虽然称不上联盟的巨

---

[1] 扎克·哈珀,《掘金球员安德烈·伊戈达拉宣布跳出合同成为自由球员》,CBS体育,2013.3.31。
[2] 出自2013年7月11日迈尔斯在伊戈达拉加盟勇士的新闻发布会上的讲话。
[3] 安东尼·斯莱特,《凯文·杜兰特和乔·拉科布透露签约背后的更多细节》,《圣何塞水星报》,2016.10.11。
[4] 出自2013年7月11日迈尔斯在伊戈达拉加盟勇士的新闻发布会上的讲话。

星，但他能命中远投，组织快攻。9年的NBA履历让他能轻松学会各种进攻体系。在掘金的这一个赛季，伊戈达拉场均拿到13分5.3篮板和5.4次助攻，联盟中比这个数据更全面的球星？勒布朗·詹姆斯、科比·布莱恩特、拉塞尔·威斯布鲁克和拉简·隆多。

伊戈达拉同时也是一位优秀的外线防守者，他专克那种既能凭借速度杀向篮筐，又能在三分线外干拔命中的锋卫摇摆人。他在2011—12赛季入选了最佳防守阵容，又在2011—12赛季被选入全明星。伊戈达拉在后艾弗森时代的费城当了很多年的球队领袖，然后在2012—13赛季被交易到了丹佛。很少有球员同时拥有攻守全能的技术和领导球队的能力，而伊戈达拉就是其中的佼佼者。

但无论金州这块土地如何诱人，伊戈达拉都不会放弃他应得的美金。据称，丹佛给他开出了一份5年6000万美元的长期合同，而由亿万富翁马克·库班掌权的2011年总冠军达拉斯小牛给他开出了同样的价钱。[①]没错，伊戈达拉在会面中开门见山地表达了自己对勇士的欣赏，但勇士依然要拿出一份靠谱的报价，才能换来他的加盟。

迈尔斯在接下来的一周只有一个工作，那就是解决账本上的数学难题。勇士的薪金空间实在不多，他们在工资帽的压迫下几乎动弹不得。在不做任何调整的情况下，他们离奢侈税线只有不到300万美元的差距。怎样在这种薪资状况下得到伊戈达拉？勇士管理层压力巨大。迈尔斯连续几个晚上带着煞白的面容回到家里，和妻子克里斯汀吐露心声。他说自己实在不知道该怎么做成这笔交易。"伊戈达拉就摆在眼前，而我们却没法把事儿办成。"迈尔斯后来说，"这是我进入NBA以来遇到的最大的难题之一……这件事大概有15次濒临失败。"迈尔斯在那段时间一天会给佩林卡打十几通电话，就算是最微乎其微的进展，迈尔斯也要马上通知给他。

对金州来说，好消息还是存在的。理查德·杰弗森和安德里斯·别德林斯总计2000万美元的合同将在明年到期。因膝伤缺席了整个2012—13赛季的布兰登·拉什也是一样，他也只剩下了1年400万的合约。拉科布之前制止勇士交

[①] 拉斯蒂·西蒙斯，《伊戈达拉希望给勇士带来更多灵活性》，《旧金山纪事报》，2013.7.11。

第六章 学习飞翔
2013—14赛季

易选秀权的禁令现在起了效果。他们现在手中的大量选秀权均能作为交易的筹码。勇士队可以利用选秀权吸引别队接手这些一年合约，从而清理出足够的薪金空间，迎进伊戈达拉。

可时间不等人。萨克拉门托一度给出了4年5200万美元的合同，但因为怕被当作抬价的筹码（像勇士队之前的遭遇一样），他们已经撤回了这个提案。达拉斯人同样也不想被耍，他们随时可能放弃报价。迈尔斯迅速锁定了几支拥有足够薪金空间，能够吃下三人合同的几支球队——犹他爵士队、克利夫兰骑士队、密尔沃基雄鹿队和底特律活塞队——但勇士要做好他们狮子大开口的准备。犹他马上成为了勇士的主要目标，但果不其然，让它们接手合同的代价，是要放弃诸多未来的首次轮选秀权。

最终，在伊戈达拉几乎要在达拉斯的合同上落笔的一个小时后，迈尔斯通知他和佩林卡，金州已经和犹他达成了交易的初步协议。[1]两队将在明天敲定具体细节，可以确定的是，勇士百分百可以在工资帽下容纳伊戈达拉的合同。虽然这意味着他们无法再在自由市场里有什么动作，但勇士队得到了他们想要的人。

消息传到了丹佛新总经理蒂姆·康纳利的耳朵里，为了不白白损失一员大将，他也想要参与进来[2]。康纳利同意先与伊戈达拉签订一份4年4800万美元的合同，再将他送到勇士，从而得到等价的交易特例（1200万美元的年薪+10万美元）。在12个月的有效期内，他们可以利用特例中的金额去交易其他队伍的球员，而且这个交易特例不会被算在球队的总工资里。丹佛和犹他也做了一笔买卖，他们通过先签后换，以3年940万美元的合同得到了爵士的兰迪·弗耶，而掘金队送出的正是他们从勇士那里获得的交易特例。尘埃落定之后，丹佛得到了约900万美元的薪资空间；勇士队不仅清理了2400万美元的合同，得到了伊戈达拉，还通过选秀权的交易守住了自己的各种交易特例，将薪资控制在了一个

---

[1] 拉斯蒂·西蒙斯，《伊戈达拉希望给勇士带来更多灵活性》，《旧金山纪事报》，2013.7.11。

[2] 克里斯托弗·邓普西，《掘金在先签后换安德烈·伊戈达拉的交易中得到兰迪·弗耶》，《丹佛邮报》，2013.7.8。

合理的范围；爵士则收获了巨量的选秀权，而他们吃下的这些合同也将在2014年的夏天到期，届时大牌云集的自由市场便成了他们的意外收获。

如果上面的描述听上去有些复杂，甚至到了繁琐的程度，那是因为事实就是如此。NBA的劳资条款绝不是一两句就能说得清的。所有NBA球队都会雇佣专人来细细研究新劳资条款中的每一项规则，他们的主要职责就是分析这些条款对联盟会带来怎样的影响，以及他们可以如何利用规则漏洞，在交易运作当中投机取巧。因此，NBA的休赛期不只是每支球队外交和策略上的较量，细枝末节上的得与失往往也会影响大局。这也是为什么一个当过经纪人的总经理会让你受益匪浅，因为他比谁都清楚谈判桌上每一方的利益诉求。

几天之后，勇士队在球队的训练馆召开了一场新闻发布会。他们在会上宣布了这笔交易，伊戈达拉也在发布会上首次现身。迈尔斯睡眼惺忪地来到了现场，他脸上的胡茬像是积攒了整整一周。这笔交易给迈尔斯带来的疲惫全都写在了他的脸上。他的讲话依然流露着对庞杂准备工作的惊叹之情："今天太不真实了，我们球队的核心阵容全都保留了下来，现在又迎来了他这样水准的球员——不只是他在场上的水准，随着媒体和球迷们对他了解的加深，你们会知道他在场下也是一个很棒的人。他乐于回馈社区，有着忠实的信仰，在联盟中受到尊敬。我是说，你很少能找到这样的球员。"

伊戈达拉说，从还在费城的时候，他就开始关注勇士这支球队了。他喜欢湾区的科技工业，他认为在退役之后，这里能提供不少篮球之外的商机。伊戈达拉还回忆起2010年男篮世界杯的事来。在每场比赛之前，他，库里，加上雷霆队的凯文·杜兰特会一起去做教堂礼拜。"我们仨总是在一起，"他说，"我得以看到他（库里）训练的样子，他也有机会看到我的训练。那时我了解了他对这项运动的热爱。我们建立起了深厚的友谊。"在另一次采访中，伊戈达拉称库里为"再临人间的耶稣基督"，他说："现在他像是地球上最被神宠爱的孩子。"

勇士现在拥有了一个实力强劲的首发小前锋。他不仅能够在哈里森·巴恩斯成长的路上给予指点和帮助，还可以根据勇士阵容的安排去客串其他位置。这算是勇士走向"无界篮球"（positionless basketball）的第一步尝试。所谓"无界"，就是场上已经没有了位置的分别，球员们虽然身高和体型不同，但是彼此都拥有较为全能的篮球技术。举例来说，巴恩斯拥有标准的小前锋身高，但他

第六章 学习飞翔
2013—14赛季

既可以像二号位那样命中远投三分，又拥有足够灵活的脚步去防守大前锋的进攻。德拉蒙德·格林也是一样，他的强硬和下盘力量可以让他顶住中锋的内线背打。库里同样也是一个能在控卫和分卫之间转换的球员，早在戴维森学院时期，他就已经是双能卫的典范了。克莱虽然不是一名顶级的单防好手，但他的身高可以让他在换防到小前锋时也不吃亏。这支从无到有组建起来的球队，正在向着"每名球员都可以适应任意位置"的终极目标努力。

回想当初，如果他们真的签下了德怀特·霍华德，那这样的建队道路就会被完全封死。伊戈达拉是他们的备用选择，但不失为一个优秀的选择。如果说，交易来博古特是勇士重建计划的第一步，那么伊戈达拉的到来则是这座大厦封顶的最终环节。正如迈尔斯在伊戈达拉加盟勇士的发布会上所说："我们应该找到了这支球队的最后一块拼图。"

对金州来说，用先签后换得到伊戈达拉比直接签约更为划算。这笔交易让勇士队控制住了薪资总额，从而保住了他们本赛季的"中产特例"。这个价值500万美元的特例可以让球队在不利用薪金空间的情况下，与球员进行签约。

手握"中产特例"的勇士队将自由市场中的马利斯·斯佩茨视为他们的头号目标。斯佩茨之前在费城和伊戈达拉共事过三个年头，随后辗转到了孟菲斯和克利夫兰。斯佩茨在骑士队打了半个赛季的好球，但骑士队不愿与勇士进行掘金那样先签后换的交易。所以迈尔斯一纸文书，用3年1100万美元的合同将这位替补内线带回了金州。斯佩茨从东北的克利夫兰远赴西海岸，而杰克则反其道而行之，以4年2500万美元的价格加盟骑士。（兰德里以大约同样的价钱与萨克拉门托国王队签约）

即便是最乐观的预测也没能料到勇士在上个赛季的崛起。现在一支状态更佳、人员更为齐整的勇士队又要启程了。

在休赛期的这段时间里，迈尔斯总在回想那次在洛杉矶与伊戈达拉团队的会面。他向勇士团队毛遂自荐的样子惊到了所有人。

"对我们球队来说，那是具有决定性意义的一刻。"迈尔斯在新闻发布会上回忆道。

除了将"德艺双馨"的伊戈达拉纳入阵容以外，勇士的休赛期比起前几年要安静得多，因为他们在2013年的选秀权全都送给了别家球队。库里享受了健康舒服的一个夏天；大卫·李的复健过程也是一帆风顺；至于被左脚踝困扰多时的博古特，则在10月签了一份为期三年的续约合同。加上奖励条款，他总计可以拿到超过4000万美元的薪水。拉科布用了接近两年的时间才找到博古特这样身高力强的中锋，他可不会轻易把他放走，特别是在错失了德怀特·霍华德之后。

勇士也执行了主教练马克·杰克逊在2013—14赛季的球队选项。杰克逊入主勇士的第一个赛季磕磕绊绊，没有中断过的伤病和人员上的变动让他苦不堪言。他在勇士的第二个赛季则完全不同，它完全可以称得上是勇士队近年来最惊喜的赛季之一。在取得了如此卓越的进步之后，该是有多荒谬的老板才会放杰克逊离开，那每晚在执教岗位上兢兢业业的杰克逊岂不就成了勇士的"跛脚鸭"。球队大可不必给杰克逊施加这么大的压力，他已经深得球员和球迷们的喜爱。而且，在频繁换帅的科恩时代结束之后，球迷们希望看到主教练位置上坐着一个熟悉的面孔。

勇士的高层也迎来了新面孔。5月，NBA宣布一支由维韦克·拉纳戴夫率领的财团击败了微软总裁史蒂夫·鲍尔默，成为了萨克拉门托国王队的新老板。①拉纳戴夫这个名字对勇士来说并不陌生。他是帕罗奥图市软件巨头Tibco公司的创始人兼董事长，2010年，在乔·拉科布和彼得·古伯买下勇士之后，他也入伙成为了勇士的小股东。新国王的总价值达到了5.34亿美元，打破了由买下勇士的拉科布和古伯所创造的4.5亿美元的纪录。2009年，一篇由马尔科姆·格莱德维尔在《纽约客》上撰写的文章让拉纳戴夫声名大噪。②文中详细介绍了拉纳戴夫是如何以非传统的方式，执教他女儿在硅谷北部红木城的篮球队的。"他们身高不够，投篮不行，也不是运球方面的专家。他们不是那种每天晚上在公园跟别人单挑的球员。"格莱德维尔写道。所以，几乎对篮球没什么了解的拉纳戴夫，让他的球队在一整场比赛里保持全场紧逼。这种高压态势的防

---

① 尽管没人知道拉科布和古伯究竟各付了多少钱才成为了勇士的老板，但至少拉纳戴夫在买国王时花的美金比他俩少得多。拉纳戴夫用5450万美元买下了15.08%的股份，成为了球队的控股人。（萨姆·阿米克，《回顾维韦克·拉纳戴夫在国王的早期生涯》，《今日美国》，2016.10.9。）

② 马尔科姆·格莱德维尔，《大卫是如何击败歌利亚的》，《纽约客》，2009.5.11。

守往往会导致对手犯下失误，从而使己方获得轻松上篮的机会。这支球队在拉纳戴夫的战术加持下一路打进了全国青少年篮球锦标赛。现在，这位勇士队内对新兴科技最忠实的拥趸，这位曾夸口要把勇士组建成"21世纪第一篮球队"的老板，即将把他的全部信念带到80英里（128.7千米）外的萨克拉门托。①

继承拉纳戴夫股份的马克·史蒂文斯就像是第二个拉科布一样。他是硅谷里久负盛名的风投专家，整条沙丘路上都认得他的名字。史蒂文斯被选为拉纳戴夫的继任者毫不意外，这件事有趣的地方在于，根据ESPN的报道，在史蒂文斯入股的时候，勇士的球队估值达到了8亿美元。②这意味着现在勇士的总价和2010年的成交价相比，已经涨了78%。并且，在签下伊戈达拉的消息公布之后，勇士队迅速卖出了3000份季票套餐，这个数字在当年秋天上升到了14500份，创造了历史纪录。③这笔在三年前看来像是亿万富翁胡乱花钱的买卖，现在倒成了新世纪以来最精明的投资之一。

史蒂文斯的加入是勇士管理层在休赛期的一宗大新闻，但还有一个熟悉的面孔在今年夏天来到了奥克兰——萨米·盖尔芬德，那个来自华盛顿的数据奇才，被勇士从圣塔克鲁斯的发展联盟调了上来，出任球队的篮球分析协调专员。柯克·拉科布是他的直属上司，他们两个的工作任务就是为幕后的数据专家和教练组构建沟通的桥梁，以保证数据分析上的建议可以被充分采纳。盖尔芬德在圣塔克鲁斯勇士做的就是这样的工作，他擅长将数据分析的结果动之以情、晓之以理地传达出来，而非摆出一副咄咄逼人的老学究样子。这样的方法在与马克·杰克逊打交道时尤为重要。根据他在两年前入职新闻发布会上的言论，他似乎对全面接受和应用数据分析抱着怀疑的态度。

"我确实觉得高阶数据很有用，但我对它没有百分百的信心。因为你可能看一个家伙在比赛里拿到了30+9+5的数据，然后你会说'他打得真好，'"杰克

---

① 拉斯蒂·西蒙斯，《拉纳戴夫在勇士大力推广科技应用》，《旧金山纪事报》，2012.1.30。
② 达伦·罗威尔，《消息源：勇士价值8亿美金》，ESPN.com，2013.8.16。
③ 埃里克·杨，《勇士卖出14500张季票，创造队史纪录》，《旧金山商业时报》，2013.11.5。

逊那天这样解释自己的看法。①"而根据我的经验，我可以看完比赛，看完数据表之后跟你说'他其实打得很糟糕，'我能细致地给你说出他为什么打了一场糟糕的比赛。数据固然对我们有帮助，但大家不知道的是，数据有时会说谎。比如你我同时看一场比赛，一名球员在首节拿了5个篮板和3个盖帽。你会说他在第一节里完成了自己的任务，但我会说如果他在攻防两端投入更多的激情和能量，打得更努力一些，他可以拿到10个篮板和7个盖帽。总而言之，我不会排斥数据，但我更相信我的眼睛。"

实际上，杰克逊在掌舵勇士之后并没有将数据分析弃之不用。在他来到勇士板凳席的第一个赛季，他们的三分球防守排在联盟的倒数第三。基于柯克·拉科布提供的SportVU数据，勇士做出了相应的调整。到2012—13赛季，他们限制对手三分球命中率的能力上升到了联盟第七，在接下来的2013—14赛季，勇士的这项数据更是一跃成为联盟第三。"很难说是我们起了作用，还是对手的命中率自然而然地降了下来。"拉科布对《旧金山纪事报》这样说，"但我们的确能够帮助教练们找到问题的根源，便于他们在训练场上解决问题。"②

在拉科布看来，他的任务就是要让老派教练们对数据分析冷若冰霜的态度逐渐消融，所以看上去和蔼可亲的盖尔芬德将会成为他的好帮手。虽然杰克逊是个态度强硬的人，但拉科布觉得只要找到正确的方法，杰克逊的心理防线并非牢不可破。"如果你给他一张表，跟他说上面是今年自由市场的最强球员，或者说这是根据WAR值（Wins Above Replacement胜利贡献值）推算出的队里第三优秀的球员，他肯定会说'不不不，我还是眼见为实吧，'"拉科布在2012年的一次采访中这样说，"但如果你给他看一些别的数据，例如某个人在这一侧的投篮命中率更高，并跟他说这是高阶数据，这就是数据分析。那他一定就会听。"③杰克逊真正信赖的是他的教练组成员们。这些人都是由他自己精挑细选出来，但他选人的标准并非是这些教练的背景和身世，杰克逊更看重的是"舒

---

① 出自2011年6月10日杰克逊在就任勇士主帅的新闻发布会上的讲话。
② 拉斯蒂·西蒙斯，《金州勇士：NBA数据分析的弄潮儿》，《旧金山纪事报》，2014.9.14。
③ GoldenStateofMind.com，《专访柯克·拉科布（第二部分）》，2012。

第六章　学习飞翔
2013—14赛季

服"二字。这些选出来的助教让杰克逊倍感舒服,并且丝毫不会威胁到他主教练的权威。彼得·迈尔斯,一个在乔丹转战职业棒球之后顶上公牛首发二号位的球员,退役之后在公牛的板凳席上当了十年的助教。现在,他马上要步入跟杰克逊合作的第三个年头了;达伦·厄尔曼也是一样。他在路易斯维尔土生土长(杰克逊的儿子马克·杰克逊二世就在那里打球),本来是个著名律所里的优秀律师,随后为了篮球梦开始转行教练。[①]他在来到西部之前,只拥有4年的NBA执教经验(在波士顿道格·里弗斯的手下);还有杰里·德格雷戈里奥。他一开始只是个私人训练师,干了半年之后才转行进入了杰克逊的教练组。

但随着萨克拉门托国王队将勇士的首席助教迈克·马龙挖去出任主教练——这要感谢拉纳戴夫的支持——另一位勇士助教鲍勃·拜尔也被夏洛特山猫队签下,杰克逊不得不另寻两位帮手。经过层层筛选,他引入了两位有着丰富球员经历的助教:林赛·亨特和布莱恩·斯卡拉布莱恩。亨特是一名有着17年球龄的老将,在底特律和湖人都有过夺冠经历。他在训练营开营之前紧急加盟了勇士。而斯卡拉布莱恩在联盟效力了11个赛季,退役之后为凯尔特人做了一年的体育播音员。他从未有过职业赛场的执教经验,但他与鲍勃·迈尔斯和乔·拉科布很早之前就有过交集。迈尔斯当了他10年的经纪人,拉科布则是2008年那支夺冠绿军的小股东。斯卡拉布莱恩的优势在于能和球员们打成一片,这也是杰克逊最自为傲的一点。选择斯卡拉布莱恩虽然奇怪,但这是个拉科布喜欢的决定。毕竟,之前同样没有执教经验的杰克逊迄今为止也干得很棒。可是在组建一个和谐的教练团队这件事上,尽管拉科布相信杰克逊的判断,但勇士幕后的不和传闻一直没有中断过。杰克逊和马龙的关系就随着后者日益增长的名望而逐渐变得紧张。[②]去年夏天,马龙就被媒体塑造成了一个优秀能干的主教练候选人的形象。勇士队防守改善的功劳,也大都记在了他和厄尔曼的头上。同时,数据分析部门从杰克逊那里受到的阻力也超乎了他们的想象。如果不能在前端实战中应用出来,那么后端在新技术上的大规模投入又创

[①] Warriors.com,《专访达伦·厄尔曼》,2011.9.23。
[②] 蒂姆·川上,《马克·杰克逊和迈克尔·马龙:在勇士教练组的第二个赛季会非常有趣》,湾区新闻集团,2012.7.26。

造了什么价值呢?

杰克逊禁止他的助教们在赛季中接受媒体采访,所以在公众场合撕破脸皮的事情还没有出现过。[①]但随着新赛季的临近,金州上方徘徊着的不安气氛也变得浓厚起来。

和所有人的期待一样,库里自己也想找回打破三分纪录时的状态,但艰巨漫长的季后赛让他的身体不堪重负。那有什么好消息吗?没错,库里不用再在休赛期接受手术了。他很快回到了夏洛特的家中,与布兰登·佩恩和他的"加速"训练团队开始了夏天的苦练。库里的训练内容多而杂,他有时候会做引体向上来锻炼上肢控制能力,有时在右手运球的同时训练用左手背后传球,或者双手抓着战绳上下摇成波浪,或者在腰间弹力带的阻力下顶着泡沫垫的冲击重复跳起上篮。[②]在那个由工厂仓库改造成的训练馆里,NBA遥远得像是另一个世界的东西。但这里正在孕育着一个理所应当的奇迹——每一个精疲力竭的上篮,每一次咬牙切齿的挺举,都是库里在成为一名真正篮球巨星的路上坚实的步伐。

他们只是需要他的脚踝保持健康。因此,球队给库里分配了新训练师柯克·莱尔斯,以改善他的力量训练。[③]莱尔斯在练习内容中加入了瑜伽,他想借此恢复库里两只脚踝的力量,从而避免重蹈过去几年的覆辙。由于库里接下来三年的合同只有3300万美元,迈尔斯手头有完全足够的薪金空间可以围绕库里打造球队。在成功引入伊戈达拉之后,勇士队希望有更多的球星能够加盟金州。

为了达成这个目标,勇士必须再打出一年展露希望的赛季。对于去年拿下47胜并闯入西部半决赛的他们而言,除了打进季后赛,其他任何结果都是无

[①] 拉斯蒂·西蒙斯,《助教斯卡拉布莱恩在与杰克逊发生冲突后被降职》,《旧金山纪事报》,2014.3.27。

[②] 本文中大部分有关训练内容的描述,都出自由《体育新闻》的德安泰·普林斯拍摄的一系列视频,这些视频在2013年8月13日被上传到YouTube。

[③] 帕布洛·托雷,《史蒂芬·库里的脚踝之殇》,《ESPN杂志》,2016.29。

第六章 学习飞翔
2013—14赛季

法接受的。可是杰克逊的压力不止如此，因为他最近做的两件事实在让球队蒙羞。

2012年4月末，勇士的赛季刚刚惨淡收场，杰克逊的一件丑闻就给球队的管理层投下了重磅炸弹：他遭遇了数十万美元的敲诈。[1]两位敲诈犯中的一位是一名脱衣舞女，在杰克逊还是新泽西篮网队的解说员时，她曾与他保持了接近一年的不正当关系。这名脱衣舞女手中握有杰克逊发送给她的裸照，还有二人交往时杰克逊发来的语音邮件。在收到5000美元的封口费后，这位杰克逊的情妇和她的同伙找上了杰克逊22年的结发妻子（演员、歌手戴斯莉·科尔曼·杰克逊），索要更多的现金。杰克逊将这件事告诉了球队，随后惊动了美国联邦调查局。他们成功展开了诱捕行动，并在奥克兰的美国地区法院对两位犯罪嫌疑人提起公诉。

整件丑闻在逮捕完成之后的6月底才泄露到媒体的手中。勇士被迫要对杰克逊的不当行为和球队在逮捕行动中的作用做出澄清。"我认识到了我的两个错误，一是不该在六年前有出轨行为并发出那些不雅的图片和邮件，二是不应该在敲诈找上门时试图自己去解决问题。"杰克逊在声明中说，"我对因我而蒙羞的家人、朋友和勇士队表示深深的歉意。"这件丑闻对杰克逊的形象影响深重，因为他在公众心中一直是个怀有深刻信仰的好男人。他和妻子在南加州建立了一座教堂，他在其中出任牧师。在与媒体和球队打交道时，杰克逊也会频繁地提起他的宗教信仰。在脱衣舞女敲诈事件过去一年之后，杰克逊的信仰问题再度走进了公众的视线。2013年4月，NBA球员杰森·科林斯在《体育画报》上公开出柜。[2]杰克逊对于此事的评论让勇士队内的很多人叫苦不迭，这其中就包括了几名身居高位的管理层人士。"作为一名基督徒，我可以分辨什么是对，什么是错。"[3]在对阵丹佛的系列赛中，杰克逊这样对记者说，"话虽如此，但我

---

[1] 博·雅布罗，《勇士主帅马克·杰克逊承认曾与脱衣女郎有染》，《圣何塞水星报》，2012.6.28。

[2] 杰森·科林斯，《为何NBA中锋杰森·科林斯选在此时出柜》，《体育画报》，2013.4.29。

[3] 杰克逊在2013年4月29日的此番言论同时被多家新闻媒体报道。

和杰森·科林斯相识。我认识他的家人，我此刻肯定会为他们祈祷的。"

杰克逊的话让球队总裁里克·威尔茨很不开心。威尔茨是在美国职业体育界职位最高的公开出柜者。几个月之后，他在接受湾区一家公共电视台的采访时被问到，杰克逊的言论是否让他感到失望。"当然，"威尔茨说，"马克和我的关系很好，我们大可以就这件事好好聊一聊⋯⋯他的话的确让我失望，但我们已经把话说开了，现在我们之间没什么问题。"①

杰克逊至少带着两三件劣迹开始了他的2013—14赛季：被前情妇无情敲诈；对于同性恋者的言论往小了说叫"不当"，往大了说就是"恐同"；与多位高管的关系出现不和⋯⋯尽管球队执行了他新赛季的选项，但这并不保证他的未来就是安全的。只有在新赛季的开局高歌猛进，各方才都会满意。

在主场大胜湖人31分的揭幕战之后，勇士队开启了一段轻松写意的季初赛程。他们的战绩迅速来到了8胜3负——其中一场胜利来自于安德烈·伊戈达拉面对雷霆队时的绝杀——但又在接下来6战5负。战绩的下滑和伊戈达拉的左腿筋拉伤不无关系。因为这次伤病，伊戈达拉缺席了12场比赛，而金州输掉了其中的7场。很快，伊戈达拉和球队的关系就因为何时复出一事紧张了起来。"我们的大方向是保持一致的，"伊戈达拉在缺席了一次12月中旬的训练之后这样说道，"但在具体细节上看法不同。"②勇士球迷们对这出戏码并不陌生，他们知道这种事一般不会妥善收场。

但是，几天之后，伊戈达拉就回到了赛场上，球队也恢复了活力。勇士在迎回伊戈达拉之后赢下了随后14场比赛中的12场，带着一波连胜来到了1月中旬。赛程接近过半，他们拿下了25胜14负的骄人战绩。这不是一颗转瞬即逝的流星，勇士队似乎想在联盟取得长久的成功。

库里在本赛季收获了一群完备的帮手，也收获了久违的健康。他在杰克逊的体系中如鱼得水，场均拿到23分和9次助攻；尽管因伤病耽误了一些时日，

---

① 出自威尔茨与KQED的斯科特·谢弗的采访视频，该视频于2014年2月20日被上传至YouTube。

② 美联社，2013.12.12。

第六章　学习飞翔
2013—14赛季

伊戈达拉也逐渐融入到了球队之中，场均得分上双，每晚能拿到5次助攻和4个篮板；克莱·汤普森用41.4%的三分命中率场均投出19分；被降为替补的哈里森·巴恩斯（只在伊戈达拉受伤时顶上首发）每场能贡献可观的11分。前场组合大卫·李和安德鲁·博古特在39场比赛中搭档出场了38次，场均合力贡献28分和20个篮板。虽说勇士队使出浑身解数仍未踏入联盟顶级球队的行列，但任何对手遇上他们时都必须忌惮几分。

甚至在遇上每个赛季都例行出现的争端时，他们都处理得更好了。2月，奇怪的伤病又一次找上了博古特。这回是左肩的骨头挫伤，还伴随着一些炎症。有记者在赛前就博古特因伤缺席一事向杰克逊提问。按照博古特的说法，这次伤病是在1月末战胜犹他的那场比赛中造成的，但杰克逊的回答与他相左，他暗示说博古特刻意隐瞒了肩伤的病因。"据我所知，这不是在场上弄的，"杰克逊说，"（他的伤）不是出自训练，也不是出自比赛。我也不知道是怎么回事，可能是他睡觉的时候弄的吧。我没开玩笑。但对我们而言，最重要的是要照顾好他，这是很合理的。然后我们再动脑想一想这件事。"[1]

博古特在听到杰克逊的言论之后勃然大怒。"说我在睡觉时弄伤肩膀简直太荒谬了，我不知道这是怎么推测出来的。"他对媒体说，"难不成是我一觉醒来发现昨天睡觉的姿势有问题，把自己压出了骨头挫伤，还把自己的肩压肿了？我认为这几乎是不可能的。"祸不单行，大卫·李正在从肩伤和臀伤中恢复，而替补中锋杰梅因·奥尼尔的腕部发了炎。这意味着德拉蒙德·格林在赛季中期得到了几次首发的机会。他在43分大破费城的比赛中顶替博古特首发出场。两天之后，勒布朗·詹姆斯带着卫冕冠军迈阿密热火造访甲骨文中心，而此时的勇士士气正盛。他们在前52场比赛中31胜21负的战绩已经是自2007—08那个"黑八赛季"以来的最好成绩。随着全明星假期只有一场之遥，这支球队的希望也水涨船高。但此时携36胜14负杀来的热火仍比他们高一个层次，除詹姆斯外，这支球队还有另外三位名人堂候选人——德怀恩·韦德、克里斯·波什和雷·阿伦。迈阿密在上个赛季的总决赛和圣安东尼奥鏖战了七场，并最终夺冠。他们正在向着连

---

[1] 戴蒙德·梁，《博古特认为杰克逊的言论"极为荒谬"》，湾区新闻集团，2014.2.10。

续第四年的东部冠军冲刺。如果能与热火队展开一场势均力敌的较量，勇士队即便是输了，也会让全联盟知道，这股来自湾区的力量不可忽视。

比赛被拖入了最后一分钟。勇士想要的结果可不只是"势均力敌"这么简单。迈阿密在第三节还剩7分52秒时掌握着21分的巨大领先优势，但金州在该节剩下的时间里打出了28比9的高潮，将分差缩小到了2分。第四节两队缠斗到了最后的15秒，此时库里的上篮和罚球（对抗马里奥·查尔莫斯打成2+1）仿佛已经终结了比赛。勇士以110比108领先，迈阿密有着最后一攻的机会。

查尔莫斯持球推进到前场，在比赛还剩9秒时传给了詹姆斯。面对伊戈达拉的单人防守，詹姆斯心中已经有了主意。汤普森此时正在底角盯防查尔莫斯，后者39%的三分命中率让他不敢放手去包夹勒布朗。詹姆斯本来的打算是吸引包夹然后分球给他年轻的控球后卫，但既然情况如此，他决定单干了。因拥有顶级的外线防守而被招进勇士的伊戈达拉，高高伸起右臂，竭尽全力地扑向詹姆斯。但这一记撤步三分飞过了他的头顶，令他无可奈何。

乔·拉科布就站在不远处的场边座位前。他和詹姆斯，还有全场的观众，眼睁睁地看着篮球在还有0.1秒时空心入筐。凭借卫冕MVP36+13+9的数据和最后的绝命三分，热火以111比110战胜勇士。"我们最终见证了伟大。"杰克逊说。

金州本赛季的上半程比赛告一段落，首次入选全明星的库里正在收拾行装，准备前往新奥尔良。你不会没有注意到，这股来自甲骨文中心的力量刚刚逼出了勒布朗·詹姆斯的终极形态。

在被詹姆斯绝杀的几个小时前，拉科布的一番言论就已经传遍了大街小巷。他认为杰克逊并没有让这支勇士发挥出它的全部实力。他在接受《圣何塞水星报》采访时表示，他对杰克逊依然充满信心，但这支球队的表现的确没有满足他的期待。拉科布说，本赛季的目标是打入西部前四，但由于几场不合时宜的落败，他们和这个目标还存在着一些差距。"你可以这样理解我们的收益——用我们的话说，这叫净利润①——我们现在的战绩是31胜21负，我们的表现也和实力

---

① 一个有些难以理解的华尔街术语，你大概只有在满是金融界人士的酒吧里或风险投资人的午餐上才能听到这个词。

不符。我们在主场很不稳定。"①他发泄着心中的不满，时而抛出几个商业术语。"客场表现还算合格，但我们在主场输了几场比赛……可能有四场我们本应该拿下的球，最后以失败收尾。而且我也不知道为什么会输，球队在这些比赛里都是一副没有准备好的样子。我无法解释为什么球队在主场没能拿出稳定的表现。我们的主场优势明明很大，我们有热情的球迷和热烈的氛围。我不明白。"

当被专门问到杰克逊和他的教练组时，拉科布说球队将会等到本赛季结束时再做出最后决定。"毫无疑问，我认为我们的主帅做得不错。我们取得了一些大胜，在客场赢了很多比赛，这些都是优秀执教能力的证明。"他说，"但是有些事让我很头疼，我们在主场常常拿不出好状态——这是让我最担心的。"杰克逊的问题终于被正式搬到了台面上。

几周之后，正在勇士积极备战季后赛的时候，杰克逊又给球队弄了个大新闻。3月25日，杰克逊要求球队给第一年当助教的布莱恩·斯卡拉布莱恩重新安排职位。②根据报道，勇士管理层希望杰克逊重新考虑此事，但如果他执意要将斯卡拉布莱恩降职，球队也会给予充分的尊重——即便教练组在常规赛末期出现重大变动是件不合时宜的事。

鲍勃·迈尔斯给斯卡拉布莱恩当了10年的经纪人，拉科布也是2007—08那支拥有斯卡拉布莱恩的凯尔特人的小股东。对于这件事，杰克逊所做的唯一公开声明就是他和斯卡拉布莱恩"理念不同"。③在常规赛还剩11场比赛时，斯卡拉布莱恩被下放到了圣塔克鲁斯的发展联盟。

还没过两周，勇士的教练组又出事了。助教达伦·厄尔曼因"违反公司政策"遭到解雇。④厄尔曼是杰克逊手下的防守专家，他曾用数月时间指导德拉

---

① 蒂姆·川上，《乔·拉科布谈马克·杰克逊和本赛季的勇士："我们的主教练很好地完成了工作……但有些事情颇为恼人"》，湾区体育新闻，2014.2.11。
② 阿德里安·沃伊纳罗夫斯基，《勇士主帅马克·杰克逊迫使助教斯卡拉布莱恩换岗》，雅虎体育，2014.3.25。
③ 戴蒙德·梁，《勇士主帅杰克逊将斯卡拉布莱恩调离助教岗位》，湾区新闻集团，2014.3.25。
④ 《助教厄尔曼因违反勇士队内规定遭到解雇》，SFGATE.com，2014.4.5。

蒙德·格林的训练，成功开发出后者在防守端的潜力。[1]根据随后的消息，厄尔曼被开除的原因是他在教练组成员交流时进行秘密录音，并至少录下了一段对话。[2]根据加利福尼亚州法律，对对话的录音需要征求双方的同意，所以勇士不得不将他扫地出门。这件事让球队的脸上很不光彩，也让人不难想起在克里斯·科恩时代频繁发生的类似事件。季后赛还有几天之遥，但现在的勇士混乱不堪——至少在场外是这样的。

而场上的勇士队依然威风不减。他们在最后的7场比赛中赢下了5场，确保了西部六号种子的席位。常规赛51胜31负的战绩也创造了22年来的新高。健康是他们本赛季取得突破的重要原因：五位首发——控卫史蒂芬·库里、得分后卫克莱·汤普森、小前锋安德烈·伊戈达拉、大前锋大卫·李、中锋安德鲁·博古特——都至少出场了63场比赛。在大部分时间里并肩作战的库里（261记三分）和汤普森（223记三分）创造了NBA双人三分命中数的纪录。勇士队本赛季打出了联盟第6快的节奏，他们的攻防数据都排进了联盟的前12位。

唯一的坏消息发生在常规赛只剩两场比赛时。正从腹股沟伤势中缓慢恢复的博古特又遭遇了肋骨骨折，宣布无限期休战。他应该会至少缺席首轮的全部比赛，所以在这段时间，小奥尼尔只能顶上首发。

这次突如其来的怪异伤病让博古特沮丧不已。他只能苦笑着拿自己在休赛期的训练计划打趣："我想我要用一整个夏天去学习如何避免身体接触，离他们越远越好，我不会再去制造进攻犯规了，也尽量不伸手盖帽。联盟里有很多球员都擅长巧妙地避免身体接触，所以我应该要重点关注他们的比赛，学以致用。"[3]

勇士会想念博古特的，但澳大利亚人的缺席并不是他们的丧钟。勇士今年

---

[1] 康纳·莱图努，《德拉蒙德·格林争夺最佳防守球员》，《旧金山纪事报》，2017.4.11。

[2] 克里斯·布鲁萨德，《达伦·厄尔曼偷录内部讲话》，ESPN.com，2014.4.29。这篇报道大约在厄尔曼被解雇三周之后才发表在ESPN上，恰巧在刊登的当天，厄尔曼被凯尔特人聘为球队的球探总监。总经理丹尼·安吉说，对于重新将厄尔曼请回教练组，他"没有丝毫顾虑"（巴克斯特·霍尔姆斯，《凯尔特人聘用达伦·厄尔曼为球队的球探总监》，《波士顿环球》，2014.4.29）。

[3] 美联社，2014.4.14。

的阵容深度尤为出色，他们有信心撑到博古特复出的那天。

但他们先要跨过洛杉矶快船这关。

NBA的大多数首轮比赛都是走个过场。偶尔，你会在四五号种子那里看到刺刀见红的凶狠较量。大概每隔几年，就会有一支末尾球队（七号或八号种子）把常规赛战绩排名前列的球队逼到绝境，甚至用足以载入史册的黑八奇迹将其淘汰出局。但是像三号种子打六号种子这种不上不下的对局，往往无法给球迷们留下什么深刻记忆。今年的勇士和快船在太平洋区分列一二，有着6场的胜场差距。但这两支球队在季后赛算得上旗鼓相当。金州有库里和汤普森，而快船队有布雷克·格里芬和克里斯·保罗，前者是库里那届选秀的状元，后者称得上是自"魔术师"退役以来联盟中最致命的纯控卫。大多数专家都预测这个系列赛会打到第7场，上帝的安排也最终没让大家失望。但这个掌管篮球的神明还是将一件天大的新闻，在第三场比赛之后带到了毫无防备的球迷面前。当时，快船以大比分2比1领先勇士，系列赛已经回到了甲骨文中心。勇士在快船的主场以微弱优势偷得首胜，然后在第二场被愤怒的快船宰了40分。第三场比赛，勇士移师主场。虽然库里在最后一分钟内连进两记三分，但在第四节拼命追分的勇士仍然功亏一篑，以96比98输掉了比赛。如果勇士不是在第三节爬出了落后18分的大坑，他们甚至连惜败的机会都没有。第三节中，杰克逊换下了杰梅因·奥尼尔和大卫·李，让德拉蒙德·格林顶上中锋，对位对手的内线球员，让哈里森·巴恩斯转到四号位。这套"小球阵容"打出了一波10比0的小高潮，也为第四节的险些逆转做出了贡献。

到现在为止，所有人的期待都在这轮系列赛中得到了满足，而第四战也理应将这几场的精彩程度延续下去。

就在这时，TMZ（后来Deadspin也开始爆料）泄露出了一段快船老板唐纳德·斯特林和女友对话的录音。他在录音中对非裔美国人（包括"魔术师"约翰逊）发表了一连串的种族主义言论。[1]长久以来，人们都把斯特林看作联盟

---

[1] 蒂莫西·伯克，《NBA老板斯特林对女友说：为什么带黑人来看我的比赛》，Deadspin网站，2014.4.26。这段录音最终迫使斯特林在夏天将快船以20亿美元的价格出售给了史蒂夫·鲍尔默。

勇士王朝
硅谷和科技缔造的伟大球队

里最不受欢迎的老板,因此这个新闻在几小时内就传遍了全美。到第四场比赛开始之前,斯特林的丑闻已经席卷了整个NBA的版图,甲骨文中心也就自然而然地成为了球员们发泄怒火的头号阵地。快船队在赛前的投篮训练时脱下外套,露出了里面反穿的热身服——他们耻于将"快船队"挂在胸前。现在,勇士和快船的首轮较量已经变了味道。一些超越了体育范畴的东西混了进来,这次称得上举世瞩目的文化事件给它涂上了不一样的色彩。

丑闻事件很明显影响到了快船队,而且一开始都是些负面的影响。赛前,主教练道格·里弗斯在回答记者提问时将类似"我不知道"的句子说了数十遍。快船球员们也在客场之旅中表现得昏昏沉沉,就好像他们的精力全都被场外事件消耗光了似的。勇士在首节过后就取得了15分的领先,打得快船整场都没回过神来。库里首节投进5记三分,全场砍下33分,伊戈达拉拿到了22分和9次助攻。小球阵容的活力在这场比赛中显现了出来(ESPN的杰夫·范甘迪叫它"速度阵容"),杰克逊派格林顶替小奥尼尔首发,让大卫·李出任球队的五号位。第二次在季后赛首发出场的格林让格里芬很是难受,连续两场砍下30+的他在第四战中仅仅拿到21分。金州以119比97轻松取胜。"我今晚没有做好我的工作,"里弗斯赛后说,"这是我个人的问题。"

但是快船队的精神在回到主场后振作了起来,他们以113比103击败勇士,拿下天王山。首节落后10分的勇士队再也没能取得领先。杰克逊在第四节的前6分钟又搬出了他的小球阵容——库里、汤普森、格林、巴恩斯、伊戈达拉——试图用运动能力和积极的防守缩小差距。可惜收效甚微。

濒临淘汰的勇士队在第六场比赛回到了金州。3000支迷你扩音器(来自商家的促销赠品)在爆满的甲骨文中心里发出震耳欲聋的噪声。①格林连续第三场进入了首发阵容,他今晚交出了14分14篮板4助攻和5次抢断的全能数据,在他不长的履历表里画上了重要的一笔。全美球迷们也终于得以一瞥这位年轻人的巨大潜力。库里全场得到24分和9次助攻,他在最后0.4秒时的故意罚失帮助勇士队锁定胜局,以100比99的微弱优势将系列赛拖入抢七。

---

① 我当时负责报道这场比赛,当时我就在甲骨文中心里,场内的音浪令我痛苦不堪。

第六章　学习飞翔
2013—14赛季

从来没有一记勇士队的罚失能让甲骨文中心的球迷们这么开心。

杰克逊在赛后面对记者时的回答，仿佛在现在时态和过去时态中摇摆不定，就好像他心中早就觉得，这可能是他最后一次以主帅身份站在甲骨文中心的地板上了。"我为我的球员们感到骄傲，这是一次极其精彩的旅程，"他说，"现在我们把一支三号种子，两名世界前十的球员，以及一位未来的名人堂主帅拖到了第七场，我们没有因场外事件而分神。"他还提到了球队在面对困境时表现出的强硬态度与求胜欲望，"马利斯·斯佩茨准备好了，希尔顿·阿姆斯特朗准备好了，乔丹·克劳福德准备好了。德拉蒙德·格林是个天生的球手，大卫·李也做出了回应。我为这些球员感到骄傲，而且今晚我们的发挥不算完美。"他就像个最后一天来上班的老员工，在撰写一篇煽情的道别信。他觉得自己有必要感谢一下此时能想起来的每一个人。

杰克逊补充说："我期待着第七场比赛。"与其说他是在表达自信，倒不如说这是一份送给快船的挑战令。

历史纪录又一次站在了勇士的对面。他们自1948年以来就没在客场赢过抢七——那还是乔·福尔克斯统治BAA联盟的旧时代，那时他的一手新奇的"跳投"让东海岸的球迷们赞叹连连。博古特的缺席终于变成了勇士的不可承受之痛，洛城的命中率在这场比赛中达到了惊人的55%。库里的33分和格林的24分只是徒劳，勇士最终没能跟上快船队迅猛的比赛节奏。快船全队在第四节砍下39分，以126比121的比分让勇士队本赛季的征程戛然而止。在比赛还剩2分22秒时，金州本以1分优势领先。但洛杉矶人在他们的内线予取予求，布雷克·格里芬和德安德烈·乔丹在接下来的90秒钟合力连得8分，帮助主队成功晋级。

被淘汰之后，杰克逊一脸的决绝。他已经准备好接受拉科布接下来要做出的任何人事决定。"我有绝对的信心。无论结果怎样，我一定会没事的。"他说，"即便是去做个全职牧师。"

拉科布要考虑的事情有很多。一方面，勇士刚刚打出了20年来最出色的两个赛季。自"Run TMC"时代（蒂姆·哈达威、克里斯·穆林、米奇·里奇蒙德三人组）以来，勇士队从来没打出过这样活力十足、赏心悦目的比赛。球员们对杰克逊执教风格和个人性格的喜爱溢于言表，他有着虔诚的信仰，这与几名球员不谋而合，尤其是库里和伊戈达拉。在首场险胜快船之后，面对杰克逊的下课几成定局的现实，伊戈达拉说球队要用表现来"拯救我们的教练"。第二场赛前，大部分勇士球员来到杰克逊的教堂进行礼拜。①

但无论过去还是现在，杰克逊带来的麻烦实在太多（例如敲诈的情妇和关于杰森·科林斯出轨的评价）。他从来不欢迎董事会成员杰里·韦斯特来到他的训练场。②他和柯克·拉科布基本没有什么实质性的联系③；他不想让拉科布跟他的助教们说话，也禁止数据分析主管萨米·盖尔芬德在训练中帮球员们捡球④；被解雇的厄尔曼之前很确信杰克逊喜欢在背后说他的坏话；据报道，斯卡拉布莱恩曾经连续几周没和杰克逊讲过一句话。⑤杰克逊已经根本不愿花力气去回看比赛录像，或者在球员围成一圈时给他们画战术。⑥"（杰克逊）干得非常好，他在很多方面的成就都将会一直得到我的赞扬，"乔·拉科布在那年秋天对一屋子的风投资本家说，"但你不能让队里的两百个人都不喜欢你。"⑦

5月6号，杰克逊被勇士解雇。他的所有助教——也不剩几个了——都一并被清理出局。"我们当年更换CEO的决定做得太迟了，不是吗？"拉科布后来这样解释道。⑧他认为解雇杰克逊仅仅是一次商业层面上的举措，而非与个人恩怨有关，虽然他的儿子就在杰克逊避而不见的名单之列。"无论经历过多少次类似的事情，我们总会再次身处同样的局面当中。行动永远比现实慢一步。这些年风投的经验让我意识到了这个问题。体育和商业一样，你必须要未雨绸缪。"

如《体育画报》形容的那样，杰克逊是"在对的时间出现的对的人……但

---

① 戴蒙德·梁，《勇士球员团结在杰克逊周围》，湾区新闻集团，2014.4.20。
② 扎克·洛维，《马克·杰克逊时代的结束，勇士的新起点》，Grantland网站，2014.5.7。
③ 出自2014年5月6日蒂姆·川上在推特上的报道。联盟某消息源也向我证实了此事。
④ 出自扎克·洛维的报道（《冠军在此：走进金州勇士2014—15赛季的幕后英雄》，Grantland网站，2015.6.7），联盟某消息源也向我证实了此事。
⑤ 《达伦·厄尔曼透露内部讲话》，2014。
⑥ 克里斯·巴拉德，《勇士出征》，《体育画报》，2015.2.23。
⑦ 戴蒙德·梁，《金州勇士老板乔·拉科布详述解雇马克·杰克逊的原因》，湾区新闻集团，2014.12.5。
⑧ 同上。

第六章 学习飞翔
2013—14赛季

考虑到球队的长期规划，他并不是那个正确的选择。"①第二天，杰克逊做客丹·帕特里克的一档全国广播节目。他在节目上坦言，自己被解雇的原因是没有顺从拉科布重组助教团队的要求。②杰克逊还在言语中隐晦指责球队过分干预他的工作，这影响到了他作为主教练的权威。帕特里克将勇士队内反对杰克逊的声音比喻为他们的"宣传手段"，杰克逊强调说他并没有"越俎代庖，更不会在楼里四处胡作非为。"

拉科布后来承认说，这套多年来麻烦缠身的教练组才是他与杰克逊分道扬镳的关键。"我全权委托他去搞定这件事，要多少钱我给多少钱，只要他能把世界上最好的助教们给我请过来。③这就够了。我的要求就这么多。"但是杰克逊不肯让步。"他的回答是'可是，我们已经有世界上最好的教练组了，'不，他没有。"

无论谁是他的继任者，杰克逊都想祝他好运。但他一边祝福着，一边向这个帅位底下掷出了最后一颗手雷。"这是一支有冠军水准的球队，"杰克逊对丹·帕特里克说，"这支球队已经做足了准备，他将接手的是一支无与伦比的队伍、一群天资卓越的球员。我真想看看他们接下来会踏出怎样的一步，因为51胜不是他们的极限。"

听到杰克逊下课的消息后，勇士球迷震惊了。他们是依据什么道理，把自唐·尼尔森以来最成功的教练炒了鱿鱼？当地媒体上对乔·拉科布的质疑接二连三，尽管杰克逊之前搞砸的那些事情已经人尽皆知，他也远远称不上一个完美的领导者，但大家依然认为这是一个没有顾全大局的个人决定。如果让个人恩怨来主导人事方面的安排，球队势必会倒退到几年前的模样。

在所有评论中，当属《旧金山纪事报》批评得最狠。④他们的专栏作家布鲁斯·詹金斯在文章中对拉科布火力全开。在提到勇士队最近几个赛季的成功

---

① 巴拉德，《勇士出征》，2015。
② 出自杰克逊在《丹·帕特里克秀》上的采访视频，视频于2014年5月7日被上传到《丹·帕特里克秀》的YouTube频道。
③ 朗，《金州勇士老板乔·拉科布详述解雇马克·杰克逊的原因》，2014。
④ 布鲁斯·詹金斯，《乔·拉科布是杰克逊遭到解雇的罪魁祸首》，《旧金山纪事报》，2014.5.7。

时，詹金斯写道："因为一个人的性格，就把过去几年的成就全盘否定，很难说这不是一次风险极大的赌博。我不相信这支勇士换了一个教练就能在明年打进NBA总决赛。"

"大错特错。"詹金斯继续说，"毫无可能。"

第七章

数据的力量
2014—15赛季

乔·拉科布冒天下之大不韪解雇马克·杰克逊之后，这支球队的未来就要取决于他将选择谁来执起甲骨文中心里的教鞭。虽然这个说法略显夸张，但勇士队确实正摇摇晃晃地站在一道悬崖的边缘，在过去的年岁里，他们经常从类似的高处一坠而下。他们在只打进过一次季后赛的那黑暗的19年里，经历过11任不同的主教练。这就像一个四分卫的进攻指导总被别的球队高薪挖走，当动荡和不安成为了常态，培养默契什么的又从何谈起呢？

这11任主帅里的最后一个便是杰克逊。他本应该打破这个循环，长久地待下去。但自恃的性格成为了他的阿基里斯之踵，在这个鼓励交流、奖罚分明的球队中，杰克逊更喜欢把所有人包裹在自己的权威之下。当然，作为一支掌控球队的主教练，这本是他的权利。但老板也有选择主教练的权利，在无数董事会上身经百战的拉科布对此最为清楚。你必须给予一个领导者领导的权利，但管理层也必须明白，最佳的选择往往是最艰难的那个。

拉科布的下一任人选必须是一个赢家，他可承受不起再一次的失策。离赛季结束还有好一阵子，但休赛期的传闻已经满天乱飞了。除了解雇杰克逊以外，球队在对阵快船的那轮系列赛时还宣布，两年前声势浩大的球场搬迁计划被迫取消，取而代之的新方案依然将球馆安置在旧金山，但是更换到了城市东南部的工业区，与拉科布在2012年夸口的"美如画的海滨风光"相去甚远。[1]
这给勇士带来了负面的影响，并且也让众人认识到，私人投资一个十位数价格

---

[1] 约翰·寇特，《勇士将场馆选址换到使命湾》，《旧金山纪事报》，2014.4.22。

的体育场馆建设项目，势必与无数潜在的陷阱和禁区相伴相随。

这是一个难题，但和主教练的空缺相比，实在还不够紧迫。在杰克逊离开的八天之后，勇士就做出了他们的选择。这个人在球员时期拿了五枚总冠军戒指，也是NBA里最为人所知的面孔之一，并且——他没有过一分钟的执教经验。

"管理层应该是什么样子的？"

波士顿麻省理工学院的斯隆体育分析大会一直以来都是领域内最具智慧，也最具前瞻性的盛会。其中"篮球分析"小组的分享是每年的重头戏，乐于表达的教练和总经理们共聚一堂，他们的观点很少让听众们失望。而在由Grantland当家写手扎克·洛维主持的2014届斯隆峰会上，各方关于篮球的观点碰撞出了公众视野内一次最富营养的讨论。[①]波士顿凯尔特人的副总经理迈克·扎伦和主帅布拉德·史蒂文斯都来到了现场，他们详尽地解释了球队训练日程背后的科学逻辑。前热火主教练斯坦·范甘迪在会上严词批评了那些与所见事实毫不相同的高阶数据。讲台上还出现了前多伦多猛龙队和菲尼克斯太阳队的总经理布莱恩·克朗格洛，他列出了球队应当给分析部门提供的具体投资金额（50万美元以上）。

收尾的是特纳体育的现场分析员史蒂夫·科尔。作为台上的两位前太阳总经理之一，科尔绝对有资格回答扎克提出的问题。他陈述了心目中现代NBA管理层应该采取的架构和运营方式。"我要找的是一个能将篮球知识和数据分析结合起来的人才。一个兼备篮球背景和数据分析背景的人能够迅速地融入集体，让交流变得简单。"

科尔随即讲了一个他在菲尼克斯遇到的故事。在2009—10赛季，也就是他为太阳队效力的最后一个赛季，他计划将全明星球员阿玛雷·斯塔德迈尔送走。科尔曾试图说服勇士队接手小斯，用新秀史蒂芬·库里作为交换。这一方案失败之后，面对日益临近的交易截止日，科尔变得愈发焦急，他的团队成员也在不停寻找球队所需的交易目标。科尔的一个属下推荐了克利夫兰骑士队的

[①] 说真的，任何对篮球或者分析学稍微感兴趣的人都应该去YouTube看这段讨论（标题为，"SSAC14：篮球分析"）。

二年级生J.J.希克森。这位21岁的大前锋刚刚进入骑士的主力阵容，他在足量的出场时间内场均拿到9分，但命中率高得吓人。根据他属下的评价，希克森在篮筐附近的得分效率比小斯更高，因为数据不会骗人！

科尔心存疑虑："你在开玩笑，对吗？""没有，这不是写着呢吗，65%对62%。"科尔依然不相信他的话，因为联盟里的很多大个子在处理距篮筐三四英尺外的出手时缺乏技巧，很少有人拥有斯塔德迈尔那样的篮下手段。科尔在Synergy的数据库里找出了希克森在五英尺（1.5米）范围内的所有出手，结果他发现这些通通都是扣篮。希克森甚至不敢在任何距离做扣篮以外的出手选择。

这次临时起意的视频抽查让科尔印象深刻。他对听得入神的观众们说："我想要的人才，是能在面对数据时迅速反应出'这个数据对比不成立，因为希克森根本不会在距篮筐两英尺（0.6米）以外的地方出手。所以小斯比他要强得多，我们不如看一下别的数据。'现在的信息有很多，但是你将如何正确地理解它们？我认为同时掌握两方面知识的人会很有价值。"

科尔的演说给克朗格洛留下了深刻的印象。[1] "史蒂夫真是多才多艺，他很罕见地将智慧、个性和魅力集于一身，"他说，"他的头脑，他冷静而自信的举止让你可以与他轻松地交流，并且很容易被他说服。"

科尔的自信来自于详尽的准备。一年多来，在朋友的帮助下，他将自己在漫长曲折的篮球生涯里吸收的一流策略和前沿理念整理成了一篇Word文档，并且编纂了一套包含各种战术的录像集。[2] 这些都是今后执教时会用到的宝贵资料。截止到2014年春天，科尔已经从各位篮球界的大师级人物那里学到并整理出了十数种战术安排和执教理念。他满足于TNT的解说工作，但一旦出现了适合他和他家人的执教机会，科尔一定会欣然接受。5月时，他已经拼凑出了一套详尽而广博的PPT演示——一张题为"为什么我已经准备好执教"的幻灯片在演示的开头赫然在列。

总的来说，科尔的简历不只是他在众多传奇教练身边耳濡目染的篮球知识的大杂烩，它还是科尔博采众长的人生经历的总结书。

---

[1] 出自我与布莱恩·克朗格洛于2017年3月进行的电子邮件采访。

[2] 巴拉德，《勇士出征》，2015。

第七章 数据的力量
2014—15赛季

出生在黎巴嫩的史蒂夫是安·茨威克和马尔科姆·科尔的第三个孩子。他的父母十年前在有"中东哈佛"之称的贝鲁特大学相遇,随即坠入爱河,并孕育了四个子女。马尔科姆于1931年10月在黎巴嫩出生,1955年在贝鲁特大学拿到了硕士学位。他与安很快就定下了婚事,三年之后,他又在约翰霍普金斯大学拿到了国际关系专业的博士学位。直到1961年,二人才离开贝鲁特。马尔科姆在UCLA找到了一份工作,他们举家迁往南加州。

那时,马尔科姆的事业蒸蒸日上,研究中东局势的他很快就能成为学界的领头羊之一,他所写的《阿拉伯冷战》被誉为是一本划时代的著作。即便科尔一家在美国居住,但他们经常回到贝鲁特。就在一趟这样的度假旅行中,史蒂芬·道格拉斯·科尔来到了人世。自1965年9月出生之后,科尔的童年时光多半在埃及和突尼斯这样的国家度过,而非他们在美国南加州的家。在国外的生活让科尔见识了人间的疾苦。这些穷人家的孩子没法在宝马山花园那样的慵懒海滨长大,他们用石子当做足球的球门,所谓的"足球"也不过是一捆包起来的破布。"这让我更有同情心,也让我更爱我的祖国,"科尔在2016年的一篇采访中说,"不仅是因为我们拥有舒适的环境和生活的自由,还因为我们每天都沐浴在快乐之中。世界上的大部分孩子无法在成长过程中享受快乐,生存是他们最大的难题。那给幼小的我带来了巨大的震撼。"[1]

当科尔的哥哥约翰到了能抢篮板和玩接球游戏的年纪,年幼的史蒂夫就和哥哥一起投身体育运动。[2]高中时期,史蒂夫就已经当上了学校棒球队的三垒手和替补投手,同时他还是篮球一队的首发控球后卫。除了在自家篮筐下打几个哄孩子的一对一,或者和老友打几轮网球,父亲马尔科姆并不是一个体育爱好者。但是,史蒂夫对体育的热爱仍让他倍感骄傲。他会在大学橄榄球赛的广告时间看两眼他的阿拉伯语读物,甚至连他学术论文里都会混入几处体育比赛的引用。[3]"在美好的过去,"1971年,马尔科姆在一本书的前言中写道,"大多

---

[1] 出自科尔与大卫·阿克塞尔罗德的播客采访,《阿克斯档案》播客,发布于2016年11月23日。

[2] 出自我在2017年3月对安·科尔·亚当斯的采访。

[3] 陶曼玲,《人民于普林斯顿哀悼贝鲁特被杀教育家》,《纽约时报》,1984.1.30。

数阿拉伯人没有把自己看得有多重要，因此他们对那些带着神谕来的家伙也不是很在意，这就像你在昏沉沉的下午看一场普林斯顿对哥伦比亚大学的橄榄球赛。而1967年的六月战争就像普林斯顿大学对圣母大学的一次虐杀，并且还是普林斯顿主动将这场比赛安排到赛程表上的。这场惨败让一些圣母大学的球员落下了终身残疾，而其他人怒火中烧，反而自相残杀了起来。"[1]

断断续续地在南加州生活了二十年之后，马尔科姆·科尔于1979年来到开罗的美国大学任教。当时的黎巴嫩正在内战，国内环境极为危险，所以把家安置在开罗算是一个折中的决定。史蒂夫在那里度过了整个高一生涯，然后回到加州，继续为那里的篮球队效力。

1982年夏天，马尔科姆·科尔接受邀请，成为了黎巴嫩大学的校长。即使地区局势日益恶化，但这是一所改变了他的世界观，改变了他一生的学校，马尔科姆无法拒绝这样一份梦寐以求的工作。他曾经对安说："这世界上唯一比看史蒂夫打球更美好的事，就是成为黎巴嫩大学的校长。"[2]

史蒂夫·科尔所在的帕利萨德高中几年前刚刚捧出了奇奇·范德维奇这样的篮球明星（1976年加入UCLA，1980年登陆NBA），科尔在这里打得也是风生水起，但他收获一份一级联盟奖学金的希望依旧十分渺茫。他是个6英尺2英寸（1.88米）的外线射手，虽然有能力组织进攻，但他瘦削的身型和不足175磅（79千克）的体重看上去必然会被强壮敏捷的高年级生打爆。科尔从小就情迷UCLA，父亲在这所学校任职的时候，恰逢主帅约翰·伍登和比尔·沃顿在大学篮球界呼风唤雨。科尔对于体育最初的印象，就是在1973年12月1日和父亲一起来到波利球馆，看约翰·卢卡斯率领马里兰大学踢馆挑战。[3]UCLA最终以1分险胜，将他们的连胜纪录扩大到了77场。（科尔还记得当时球迷们在退场回家时都嘟囔着不满的话语，疑惑不解的他问父亲，为什么这些人在赢球之后还依然

---

[1] 马尔科姆·霍珀·科尔，《阿拉伯冷战：杰马勒·阿卜达尔·纳西尔和他的敌人们，1958—1970》（第三版）。

[2] 出自科尔·亚当斯1966年出版的书《跟我从黎巴嫩出发：一个美国家庭的返乡之途》，第10页。

[3] 出自我在2017年3月对史蒂夫·科尔的采访。

第七章　数据的力量
2014—15赛季

生气。马尔科姆·科尔回答说："人们的期待要比赢球还高一点儿。"）

12岁的时候，科尔为UCLA当过两个赛季的球童——就像一些加利福尼亚大学欧文分校的校友在这个校园里为公共卫生专业的硕士学位努力一样——但为UCLA打球就是另一回事了。[①]或许他可以去别的地方试试？这都已经是科尔不敢想象的美事了。

但是事情发生了转机。1983年6月，毕业一月有余的科尔正在加州州立大学长湾分校打球，他的表现吸引了卢特·奥尔森的注意。[②]奥尔森正是即将在亚利桑那大学走马上任的篮球主帅。在豪强林立的太平洋十联盟赛区，亚利桑那野猫队一直不是人们的宠儿。自五年前加入这个分区以来，他们只有一个赛季达到了50%以上的胜率。在1982—83赛季，亚利桑那跌倒了谷底，28战仅仅取得4胜。学校当机立断，从爱荷华大学挖来了奥尔森。奥尔森曾连续五年率领爱荷华闯入NCAA锦标赛，在1980年还打入了四强赛。

但亚利桑那留给奥尔森的是一堆烂摊子，他急需高水平的球员来帮助球队完成重建。奥尔森寻找人才的标准不仅是篮球水平，球员们的性格也是他考虑的重点。"近朱者赤，"奥尔森常说，"近墨者黑。"[③]这位新教练手里还攥着一份没送出去的奖学金，老天让他在这天遇到了科尔。虽然二人一见面就相谈甚欢，但史蒂夫仍然不相信教练会要他这样的球员。因此，他转而接受了在夏天收到的唯一一份邀请——一份来自于加州州立大学富尔顿分校的奖学金。回到加利福尼亚的马尔科姆·科尔很快就觉察到了儿子身上焦虑的情绪。他给奥尔森打去电话，及时挽救了紧张的局面。[④]

一个月之后，在父亲的帮助之下，这位帕利萨德高中的骄傲将他的天赋带到了亚利桑那州的图森——尽管他连这所学校的门都没进过。

可是噩梦在他上学的路上悄然降临。在秋季学期开始之前，科尔一直在贝

[①] 乔·拉科布此时正在攻读硕士学位。
[②] 出自我在2017年3月对卢特·奥尔森的采访。
[③] 鲍勃·罗根，《奥尔森，亚利桑那州的一个幸福家庭》，《芝加哥论坛报》，1988.1.3。
[④] 奥尔森采访，2017年3月。

鲁特和父亲待在一块儿。他本来计划在8月12日启程回国，但当他和母亲来到机场的航站楼时，头顶突然传来了空袭的声音。"你可能一直不知道死亡的声音是怎样的，直到你听到某颗空投炮弹在你附近炸开。"[1]科尔在几个月之后回想道，"那就是死亡的声音，我将永生难忘。"

机场至少封锁了几周的时间，这让马尔科姆·科尔为儿子费心打了不少通电话。三天之后，史蒂夫被送上了前往约旦的车。车子穿过叙利亚边境，在十小时之后顺利到达。科尔随后要坐飞机去开罗，然后再转机飞到美国。尽管这一路上途经不少军事检查点，但史蒂夫最终赶上了他的航班。

马尔科姆·科尔一直计划着在3月初和安一起回国，去波利球馆现场为客场挑战UCLA的儿子加油助威。[2]但在1984年1月18号，两名男子（他们声称自己为真主党成员）袭击了科尔——就在30年前科尔与安初次邂逅的教学楼中——并开枪将他打死。[3]马尔科姆享年仅有52岁。里根总统为科尔送上了他的赞誉："他为了坚守高标准的学术自由和高质量的教育水平，一直在不知疲倦且勇敢无畏地工作着。"[4]这条新闻成为了当天《洛杉矶时报》的头版头条——《大学校长在贝鲁特惨遭杀害》。次日，《纽约时报》也在A1版面登出——《大学校长在贝鲁特遇害，枪手在逃》。

今天，走在贝鲁特大学的校园里，你能看到一座老科尔的纪念石，上面刻着：

纪念马尔科姆·H·科尔 1931—1984
他不虚此生

---

[1] 里奇·戴蒙德，《野猫队表示，贝鲁特炸弹袭击会留下创伤》，《亚利桑那每日星报》，1983.10.15。

[2] 玛丽·寇蒂乌斯和杰克·琼斯，《科尔对自己在贝鲁特即将面对的风险心知肚明》，《洛杉矶时报》，1984.1.19。

[3] 约翰·布兰奇，《为什么史蒂夫·科尔眼中的人生不止于球场》，《纽约时报》，2016.12.25。

[4] 罗纳德·里根，《关于贝鲁特美国大学校长马尔科姆·科尔暗杀事件的声明》，1984.1.18。由格哈德·彼得斯和约翰·伍利提供，《美国总统档案》。

在马尔科姆被谋杀两天之后,亚利桑那大学要对上他们在太平洋十联盟分区里的同州宿敌亚利桑那州大。卢特·奥尔森的野猫队上半程打得苦不堪言,他们输掉了13场比赛中的11场,并且在太平洋十联盟之内的分区内战全部落败。反观州大的太阳魔鬼队,他们目前7胜7负的战绩还算不错,而且在这场亚利桑那德比开始之前,他们已经取得了对阵野猫队的十连胜。

一位家族好友在午夜时分给科尔打来电话,通知了他父亲的死讯。得知此事的奥尔森(在妻子波比的催促下)很快将科尔接到了自己家中。[1]事发突然,科尔始终没能晃过神来。他在教练的家里度过了接下来的两个夜晚。"(卢特)也失去了他的父亲,所以他给我讲了他的故事,那对我很有帮助,"科尔说,"他只想让我听从自己的心意,做我想做的事。我只想回到场上继续打球,那也算是一种逃避吧。"[2]

奥尔森本以为科尔需要几周的时间去消化这个噩耗,但这个心如刀绞的大一新生却毅然决定回归球队。比赛之前,他在更衣室里痛哭,球员们依次过来抚摸他的肩膀以作安慰。如果科尔选择缺席这场比赛,没人会对这个可怜的孩子有半句怨言,但他还是出现在了赛前仪式上,和队友围成一团。全场一片寂静,科尔悄悄低下头,想用热身服抹去面颊上止不住的泪水。

奥尔森在比赛开始8分钟之后换上了科尔,接下来,一场本应该稀松平常的太平洋十联盟分区内战变成了一位平民英雄的临时加冕。

亚利桑那此时保有三分的领先,科尔从25英尺(7.6米)外率先发难,正中靶心。

科尔的下一次出手来自右侧肘区,大概15英尺(4.6米)外的一记中投。又是空心命中。亚利桑那州大的主帅鲍勃·温豪尔意识到他正在成为历史的见证者。五年前曾率领宾夕法尼亚大学闯入四强赛的他对这种神奇的表演并不陌生。"在那种境况下,背负着那么大的压力,还能贡献这样的表演,"温豪尔说,"这真是太特别了。我一直没有忘记那场比赛。"[3]

---

[1]　出自奥尔森的采访,2017年3月。
[2]　出自对科尔的采访,2017年3月。
[3]　出自我在2017年3月对鲍勃·温豪尔的采访。

亚利桑那最终以71比49大胜州大，奥尔森也拿到了太平洋十联盟内战的第一场胜利。科尔全场砍下生涯最高的12分，当他在比赛还剩1分39秒被替换下场时，麦凯尔中心的球迷们起立为他欢呼鼓掌。比赛中，每当科尔投进一球，现场播音员罗杰·泽德尔迈尔都会用拉长的声调吼出："史蒂——夫，科尔——"

观众们也不遗余力地重复着："史蒂——夫，科尔——"[①]

就在马尔科姆·科尔去世的两天之后，史蒂夫·科尔的传奇诞生了。

接下来的几周，他的手感依旧火热。在击溃亚利桑那州大的八天之后，科尔在客场对阵俄勒冈大学的比赛里灌进了15分（再创生涯新高）。他一直钟情于20到25英尺（6.1米—7.6米）外的长距离跳投，但近来命中率的提高让他的比赛有了突破。斯科特·汤普森是奥尔森手下的一位助教，他让科尔将他在训练中的全部跳投控制到15英尺（4.6米）以内。"肾上腺素会让你的射程再延长10英尺（3.05米）。"他这样对科尔说。[②]

也许这听上去有些怪异，但事实不会骗人。科尔在这个赛季打了28场比赛，场均得到7分，命中率达到了51.6%。升入二年级之后，科尔在30场比赛中首发出战了29场，场均拿下10分（全队排名第三），命中率是惊人的56.8%。大三的科尔在32场比赛中全部首发，他场均14.4的得分排在球队第二。

随着科尔的进步，野猫队的胜率也提了上来。亚利桑那在科尔入学的第二年打出了21胜10负的好成绩，八年来首次闯入NCAA锦标赛（并且在之后由奥尔森执教的23年里都没再缺席）。在科尔的大三赛季，野猫队的预测排位是分区第八，但他们最终以23胜9负的战绩赢下了校史首座太平洋十联盟常规赛冠军奖杯。

然而，就在大四赛季开始前几周，伤病叩响了科尔的门。当时他正在西班牙参加1986年的男篮世锦赛（奥尔森是他的教练）。在半决赛的一个回合中，科尔试图跳起传球给查尔斯·史密斯，此时一位防守人突然闪到科尔身前，导致他的身体在半空中被迫转向。科尔扭曲过度的右膝率先着地，巨大的冲击撕裂了他的内侧副韧带和前交叉韧带。他在地板上挣扎地翻滚，肆意叫喊着身体的

---

① 格雷戈·汉森，《深受欢迎的野猫队球员科尔在其父被暗杀后不久率领亚利桑那大学战胜亚利桑那州大》，《亚利桑那每日星报》，2016.8.24。

② 里奇·戴蒙德，《科尔的得分一路攀升》，《亚利桑那每日星报》，1984.1.28。

痛苦。史密斯扛起了他右侧的肩膀，左边来帮忙的是巴西传奇球星奥斯卡·施密特，在两边的搀扶下，科尔单腿跳回了板凳席。美国队最终拿到了世锦赛的冠军，但在夺冠的时刻，科尔已经回到了美国，准备接受手术治疗。虽然不能和队友们一同站在领奖台上——他甚至连站都站不起来了——但科尔已经展示出了他的实力。"每天我都会讶异于他的能力和对球队的贡献，"全明星中锋，也是科尔在世锦赛的队友大卫·罗宾逊这样评价他，"尤其是他在外表上并不显眼。"①

通过在西班牙的精湛表现，科尔进入NBA的梦想变得愈发真实——但来自医生的警告就在眼前。蒂姆·塔夫特是美国篮球队的队医，在诊断出科尔的伤病之后，塔夫特对科尔说他可能再也不能打球了。②"我在想，谢谢医生，"科尔笑着回忆说，"谢谢你的动员讲话。"③

塔夫特一开始的怀疑并不是无稽之谈。上世纪70年代，不幸遭遇前十字韧带和膝内侧副韧带撕裂的球员大多因此告别了运动生涯。但在80年代初期，韧带修复技术取得了重大进步，手术和其他康复手段开始派上了用场。尽管如此，当时的医疗水平也无法完全保证球员能够回到赛场。"在那个年代，一个控球后卫遭遇了这么严重的伤病，"塔夫特说，"他的篮球生涯因此结束都是有可能的。"④如果科尔这次不合时宜的大伤早五年来袭，他的NBA前景一定会在顷刻间灰飞烟灭。

手术之后，医生对科尔保证他可以在9个月之后重返赛场。这意味着他将因伤缺阵整个1986—87赛季。那段时间的科尔变成了野猫队真正的"学生教练"。"我们本以为球队在下个赛季会变得很强，但他的伤病给球队带来了重重的一击。"布鲁斯·弗雷泽这样说。⑤在科尔被迫作壁上观的那年，弗雷泽一直作为大四老生在场上奋战。亚利桑那最终的战绩是18胜12负，他们也连续第三年打

---

① 出自我在2017年3月对大卫·罗宾逊的采访。
② 出自我在2017年3月对蒂姆·塔夫特的采访。
③ 出自对科尔的采访，2017年3月。
④ 出自对塔夫特的采访，2017年3月。
⑤ 出自我在2017年3月对布鲁斯·弗雷泽的采访。

进了NCAA锦标赛。"在他无法上场的那年，虽然他没有在场边执教，但我觉得他总想着试一试。"

1987—88赛季，科尔回到了野猫队，亚利桑那的诸神终于归位。除了刚刚复出的科尔，这支众星云集的野猫队还包括图森本地球星西恩·埃利奥特，他后来也成为了这所学校的历史得分王；还有大四生汤姆·托尔贝尔，他去年刚从加利福尼亚大学尔湾分校转学而来。现在的他已经成长为了一个得分和篮板能力兼备的可靠内线。

科尔收获了属于他的好消息，NCAA终于（也是备受争议地）采用了三分线。与NBA不同的是，他们的三分线划为了距篮筐19英尺9英寸（6米）的一圈半弧。三分线的引入意味着科尔的远距离投射能力有了前所未有的用武之地——如果他能保持高命中率的话——这样一来，进入NBA都不成问题了。等等，还是以后再想这些事吧。

着眼现在，野猫队成了一支不可阻挡的狂飙战车。他们干掉了三支全国前十的队伍，取得了12连胜的完美开局。现在亚利桑那的排名来到了全国第一。他们最终以31胜2负的傲人战绩收尾，以太平洋十联盟分区第一的姿态昂首闯入NCAA锦标赛。士气正盛的他们把过分的自信宣泄得一览无遗，首发们在赛前动员时会来上一段俗不可耐的说唱，这种形式的音乐随后还在那个年代的各支球队里风靡了起来（科尔的歌词是："给科尔传球/给科尔传球/三分线外张手命中不需要理由"[①]）。甚至连替补阵容也有属于他们的外号——因为他们在场边的滑稽动作，替补球员布鲁斯·弗雷泽给这套板凳阵容起名叫"冈比小队"。[②] 整个赛季就像是一场持续了五个月的加冕仪式，全国冠军仿佛已是囊中之物。

虽然科尔12.4的场均得分在全队仅排第四，但他的三分投射已经臻于化境。

在疯狂3月开始之前，科尔的三分球167投102中，命中率是骇人的61.1%。无论在历史上的哪个时代，这个数字都代表了一个外线射手的顶级水准。科尔

[①] 这段饶舌是小哈维·梅森写的，他曾为野猫队效力到大三赛季，后来成为了一名成功的音乐制作人，获得过很多格莱美奖项。

[②] 美联社，1988.4.1。

本赛季75%的得分都是来自三分球。在他离开赛场的这一年里,这个他赖以营生的技巧已经被完全开发成了杀人的武器。随着大学篮球三分时代的来临,科尔如鱼得水的日子也到来了。

在孩童时期脾气阴晴不定的科尔逐渐在周围垒起了厚厚的高墙。他会用篮球来宣泄出内心的愤怒。①安·科尔这样形容他的儿子,"当他必须在场上不停地跑来跑去时,他就能够更好地控制自己的情绪。"一个极好的例子出现在他的大四赛季,那是在亚利桑那州大的主场丹贝做客的一场比赛,十几名学生在球员热身时开始了对科尔的嘲讽。②他们喊着"PLO(巴勒斯坦解放组织)"和"滚回贝鲁特"这样的话,甚至不断提及他父亲的离世。泪水涌上眼眶的科尔不得不坐下来冷静自己的情绪。这些年来,他没少从亚利桑那学生的嘴里听到类似的嘲讽,但这次的话尤为伤人。

科尔上半场三分球6投全中,全场砍下22分帮助球队以101比73大胜对手。赛后,科尔将这些出言不逊的球迷们叫作"人渣",他说正是这些恶言激励了他:"我变得更想得分,半场休息的时候,我逐渐控制住了自己的情绪,也许我以后应该多生气。"几天之后,亚利桑那州大的体育部主管查尔斯·哈里斯以个人名义给科尔写了一封道歉信。③但在那时,野猫队的目光已经放在了拿下太平洋十联盟冠军奖杯(他们最终也轻松做到)和在NCAA锦标赛中一鸣惊人的目标之上。

他们在前两周的四战以全胜收场,野猫队携着35胜2负的战绩迎来了校史上的首次四强赛之旅。他们的奖励便是一次和俄克拉荷马大学对战的机会。这支天赋满满的俄城球队拥有穆奇·布雷洛克和斯泰西·金,场均轰下104分,每场能够逼迫对手出现惊人的24次失误。

这是即将与大学生涯作别的科尔离冠军最近的一次机会。随着疯狂3月的深入,他的状态也渐入佳境。尽管如此,他仍试着去存留一份理智。几个月之前,那时的野猫队以12胜0负的战绩高居全美排名的首位。科尔对一位记者开玩

---

① 出自对科尔·亚当斯的采访,2017年3月。
② 鲍勃·扬,《科尔无惧诘问》,《亚利桑那共和报》,1988.2.28。
③ 鲍勃·科恩,《亚利桑那州大为不当言论致歉》,《亚利桑那共和报》,1988.3.1。

笑说，对他而言，拿下全国冠军可能并不是最好的结果。"如果夺冠的话，我之后的人生无论发生什么，岂不是都在走下坡路？"他面无表情地说。①

哀哉，野猫队的确收获了一个痛苦的结局。他们以78比86输给了俄克拉荷马捷足队。虽然这支球队本赛季的战绩已经创造了校史的最佳纪录，但他们最终错失了扩大战果的好局。科尔打出了这辈子最差的比赛之一。面对着捷足队令人窒息的全场紧逼，科尔始终不能找到自己的进攻节奏。这位大学篮坛的最佳射手在三分线外12投仅有2中。尽管拼尽了全力——他40分钟的出场时间是全队最多——但科尔最终一无所获，堪堪拿下6分。"我完全不在状态，找不到节奏，"科尔说，"这是压力所致，我一直试图通过投射来找回手感，但我实在是找不到。这毫无疑问是我这辈子最沮丧的一场比赛，没有之一。"②

奥尔森认为，安·科尔的到场观战是科尔压力的来源之一。③弗雷泽那时已经以毕业生的身份加入了奥尔森的教练组，他看到科尔在常规的热身环节一切顺利，并无异样。"通常，如果一个人紧张的话，他在热身时就会不在状态。"弗雷泽说，"俄克拉荷马的开局很顺利，这给我们带来了压力，可能这打乱了他的节奏。如果他手感好的话，那场比赛的赢家也许是我们。哎，只因为我们不是最好的球队。"④

这场失利压垮了科尔。他一直坚信是自己拖了球队的后腿。"他觉得输球的责任在他，我们当时就在他旁边，"弗雷泽说，"你能看到他脸上沮丧的神情，但当你队伍中有这样一个神射手时，你总觉得他下一个球肯定是要进的。"

无论输球的原因在哪儿，如果科尔这场在三分线外的表现能达到赛季的平均水平——甚至稍微差一点都行——亚利桑那就已经站在决赛的对手面前了。

"我将永远把失利的责任归咎于自己。"⑤在1988年出版的重要著作《赛季观察：大学篮球的一年》中，科尔对作者约翰·费恩斯坦这样说，"人们都会过

---

① 罗根，《奥尔森，亚利桑那》，1988。
② 出自对科尔的采访，2017年3月。
③ 出自对奥尔森的采访，2017年3月。
④ 出自对弗雷泽的采访，2017年3月。
⑤ 出自约翰·费恩斯坦1988年出版的书《赛季观察：大学篮球的一年》，第460页。

第七章　数据的力量

2014—15赛季

来跟我说这不是我的错,但我可不信。我真心认为——并且将永远认为——如果我能投得更准些,我们就会赢下那场比赛。大家不了解的一点在于,我可以接受这个现实。虽然这会一直给我带来些难受的感觉,但除此之外,再没别的影响了,我不会难受到哽咽。我只是那天手感不好,我是一个投手,而我在最不应该失准的一天丢掉了我的手感。"

"因为我这辈子已经经历过很多难事了,所以一场篮球比赛不会让我纠结很久,即便是一场我打过的最糟糕的比赛。我失落吗?当然。生气吗?肯定生气。但是我会从此一蹶不振吗?绝不可能,比起胜利,我曾失去过比之重要百倍的东西,但我依然站起来了。"

科尔接下来的NBA生涯无疑是成功的,但他的成功又非来自一条寻常的道路。在1988年的选秀大会上,菲尼克斯太阳队在二轮末段(50顺位)选中了他。球队总裁杰里·克朗格洛(之前提到的布莱恩·克朗格洛的父亲)因为这次疑似讨好亚利桑那本地球迷的选择遭到了批评。[1] "他的表现配得上这次机会,"克朗格洛说,"这是关键。他的技术足够出色,尤其是卓越的投射能力,所以我们应该给他这次机会。"[2]

科尔在新秀赛季仅打了26场比赛,你经常会在球队的伤病名单里发现他的名字。最终,太阳队将他送到了克利夫兰。科尔为骑士效力了三个年头之后,又被球队送往奥兰多,和一位叫做沙奎尔·奥尼尔的新秀中锋并肩战斗了半个赛季。[3]科尔的NBA履历增长了五年,虽然妻子玛格特和刚刚出生的儿子尼克给他组成了一个幸福的家庭,但他不见起色的职业生涯现在来到了岔路口。

科尔想过给卢特·奥尔森打去电话,告诉他自己打算放弃职业生涯,转行成为一名教练。[4]

---

[1] 李·夏贝尔,《太阳队球员们加入赞颂科尔的行列》,《亚利桑那共和报》,1988.10.23。

[2] 出自我在2017年3月对杰里·克朗格洛的采访。

[3] 科尔也得以在魔术队和一个更熟悉的人一起打球——汤姆·托贝尔,他是科尔在大学时期队内的大前锋,也是他至今的好友之一。

[4] 出自科尔的采访,2017年3月

1993年9月，科尔以自由球员的身份和芝加哥公牛队签约。在之后的十个赛季里——包括芝加哥、波特兰还有在圣安东尼奥的两年——科尔将在760场常规赛和季后赛的比赛中披挂上阵。虽然他只首发了其中的一场比赛，但作为一个可靠的第六人，他成为了板凳席上重要的火力来源。在1994—95赛季，科尔还成为了联盟中的第一神射手。他单赛季52.4%的三分命中率不仅是当年的最高，这个纪录在接下来的15年间也无人可破。①次年，公牛队创造了前无古人的常规赛72胜的传奇纪录，科尔在三分线外也投出了51.5%的超高命中率，帮助球队拿下了乔丹时代的第四座奥布莱恩杯。

一年之后，曾在四强赛上突然哑火的科尔完成了自我救赎。

时值6月，1997年总决赛的第六场只剩下28秒的时间，主客双方比分持平。联合中心里的每一双眼睛都盯在乔丹身上，他们觉得这个绝杀球必然要交给他来投。面对着3比2的大比分，这一球甚至可以在此时给系列赛画上一个句点。暂停快要结束，披着白毛巾的乔丹正从杯中啜着他的佳得乐饮料。他看向和他之间隔着两把椅子的科尔，在大口的呼吸之间，他含糊地向科尔传达了自己的意思。

"如果他离开了我，"科尔大声回复道，他指的是负责盯防他的犹他后卫约翰·斯托克顿，"我就会准备好的。"②

已经向其他方向望去的乔丹点了点头。

布伦特·穆斯伯格在ESPN的转播中喊道："如果投这球的人不是乔丹，那一定是个大新闻。"③接下来的剧本仿佛早已写好。科尔传给了斯科蒂·皮蓬，后者在比赛还剩11秒时传给了球场左侧的迈克尔·乔丹。果不其然，正如乔丹所想的一样，斯托克顿上来包夹了。

科尔正站在弧顶，无人盯防。

---

① 科尔创造了82场比赛中170投89中的三分球纪录。在2009—10赛季，犹他的凯尔·科沃尔以52场比赛中110投59中（53.6%）的成绩打破了这个纪录。

② 出自上传至YouTube的NBA TV直播存档音频（《史蒂夫·科尔——1997年NBA决赛，第六场的最后一球》），2008.6.17。

③ 出自YouTube视频《季后赛精彩瞬间：迈克尔·乔丹传给史蒂夫·科尔》，上传于2009年6月2日。

第七章　数据的力量
2014—15赛季

计时器走到7秒，乔丹把决定生死的机会交给了科尔。这位面无表情的狙击手在20英尺（6米）外投中了绝杀。公牛也将88比86的优势保持到了最后。

乔丹被选为总决赛的最有价值球员，但给他们带来这座奖杯的一球却是来自于科尔。在夺冠游行之后，科尔为我们讲述了那最后一回合的故事。他说，主教练菲尔·杰克逊让乔丹来执行最后一击。"然后迈克尔说，'那个，菲尔，我在这种情况下的感觉并不是最佳，换别人来投也未尝不可。'所以我心想，大概又得轮到我来拯救乔丹了。"乔丹和禅师已经被逗得乐不可支，而他在讲述最后一部分——也就是他要去拯救NBA历史上最伟大的球员——时那一耸肩，让现场的芝加哥球迷狂笑不止。科尔正是凭借这和蔼风趣的性格撑过了生命中最黑暗的时光。在职业生涯最荣光的时刻，他又把这样的性格展示在了球迷眼前。

"史蒂夫有让你眼前一亮的身体天赋吗？不，他没有，"在芝加哥和科尔共事过两个赛季的B.J.阿姆斯特朗说，"但是当你在史蒂夫身边待久了，你就会逐渐发现他的魅力。"①

公牛队在1998年再次夺魁，科尔也收获了他的首个三连冠。1998—99赛季中期，科尔被送到了圣安东尼奥马刺队。那年6月，他随马刺再次夺冠。这样一来，科尔成为了除绿衫军球员之外第一个，也是唯一一个四年四冠的球员。科尔现在不仅拥有了一份叠满冠军记录的简历，还给各地的体育酒吧提供了新的"冷门问题"。

又风风雨雨了几个赛季，科尔逐渐感觉到这二十年来的征战已经让自己身心俱疲，这点在他遭受过韧带手术的右膝上体现得尤为明显。所以，当圣安东尼奥给他抛出橄榄枝，邀请他和格雷格·波波维奇在2002—03赛季重聚时，他很快意识到，这可能就是他最后一段旅程了。"我的身子已经快撑不住了。"科尔说出了心中的感受。②

科尔打了整整75场比赛，这是他自1996—97赛季以来单赛季出场次数的新高。这一年他场均出场12分钟，将三分命中率依旧保持在了40%的水准。面对

---

① 出自我在2017年3月对B.J.阿姆斯特朗的采访。

② 出自科尔的采访，2017年3月。

退役的日益临近，科尔感受到的不是恐惧，而是自由。他将不用再为了下一份合同而拼命——"我预计不会有哪支球队蠢到再给我提供一份合约吧"——在剩下的每一场比赛中，科尔要做的只有享受篮球的乐趣。[1] "回首时望见的都是成功，向前看也看不到压力。这种感觉太棒了。"他说，"只要安心打球，平稳度过这段时间就好了。我感觉自己在那一年得到了解脱，我在球场上也打得无拘无束。"

科尔在季后赛中得到了零零散散的出场时间。在和得州死敌达拉斯小牛队的西决第六场开始之前，科尔仅登场了5场季后赛，合计打了13分钟。他在队友中间称自己为"泰德"，这指的是遗体被"人体冷冻术"封存起来的棒球传奇泰德·威廉斯。[2]枯坐板凳的科尔觉得，自己37岁的身子也像被裹在深深的严寒之中。

马刺只差一场胜利就能重返总决赛的舞台，但他们眼下的征程并不顺利。第五场比赛，他们在主场搞砸了17分的领先优势。现在第六场已经行近尾声，他们的比分依然落后。由全明星球员德克·诺维茨基和史蒂夫·纳什领衔的小牛队似乎偷走了他们全部的运气，只等待着蜂鸣器响起，动身去圣安东尼奥进行最终的抢七。波波维奇需要一个奇迹。在第三节还剩3分44秒时，他用科尔换下了斯皮迪·克拉克斯顿。这是科尔今晚的首次亮相，他先是助攻史蒂芬·杰克逊三分命中，接着又自己投中了一记三分。然而，马刺队依旧带着13分的劣势进入了第四节。在比赛还剩10分钟时，马刺落后对手12分。之后格雷格·波波难奇最后一次叫他上场。

因为首发控卫托尼·帕克前一晚吃酒店提供的焦糖布丁吃坏了肚子[3]，难以全力以赴，波波维奇在第三节还剩3分44秒时第一次换上科尔。

他首先助攻史蒂芬·杰克逊三分命中，接着又自己在底角投中了一记高弧度的远射。"对手扑得很凶，"他说，"有时候，当你命中了一记弧线很高的投篮，你就会很快进入状态。这事儿很奇怪，你会莫名其妙地找到感觉。"

---

[1] 出自科尔的采访，2017年3月。
[2] 麦克·怀斯，《科尔找回状态，带领马刺取胜》，《纽约时报》，2003.5.30。
[3] 麦克·威尔本，《不可思议的科尔》，《华盛顿邮报》，2003.6.4。

第七章 数据的力量
2014—15赛季

比赛时间剩下10分钟，马刺落后12分，科尔给三分线外的马努·吉诺比利送上了一记精彩的助攻，然后又帮助杰克逊射进三分。在杰克逊的又一记三分球之后，小牛队的领先优势仅剩3分。

科尔接到吉诺比利的传球，张手就是一记三分，将比分扳为71平。

然后他又中了一个三分。然后，又一个。

尼克·范埃克塞尔在2分51秒时终于用一记上篮打停了马刺队23比0的冲击波。达拉斯人在长达8分钟的时间里一分未得，两位数的优势顷刻间化为泡影。科尔全场比赛砍下12分，这是他6个多月来的最高单场得分。马刺队在第四节打出了34比9的残暴表现，并以12分的分差淘汰达拉斯，重返总决赛赛场。他们接下来又用6场比赛轻松战胜了新泽西篮网。

"难以置信的一幕。你只有经历过这一幕，你才会明白它对我们的意义有多重要。"和科尔一同从马刺解甲的大卫·罗宾逊说，"这就是史蒂夫其人的缩影。他根本没什么出场时间，他对球场的气味都很陌生。但当他被召唤的时候，一个巨人般的身影就会挺身而出。我们欣喜若狂，因为他的表现'太科尔了'。他就是这样的一个人，这也是为什么迈克尔·乔丹会把球给他。如果你需要找一个值得信赖、值得托付的人，科尔就是你的不二人选。"[1]

同样，科尔在西决上的爆发也在波波维奇的意料之中。"这家伙在训练时来得早，走得晚。他会不停地投篮和跑动，直到汗水浸湿衣衫。"波波维奇在总决赛前对记者们说，"他每天都在保持训练，即便他一直无球可打。"[2] 多年来，马刺主帅和总裁的选人标准一直雷打不动。只有德才兼备的球员才能入得了他们的法眼。"生命太短暂，我们不能把时间耗在混蛋们身上，"波波维奇说，"这是一场生意，而且这不是世界上最重要的事情。"

科尔在对阵新泽西篮网的总决赛中仅出场了20分钟，马刺队兵不血刃，用6场比赛解决了战斗。五根手指戴满了冠军指环的史蒂夫·科尔带着NBA历史上最准射手（三分命中率45.4%）的名号功成身退。他带着玛格特和三个孩子搬

---

[1] 出自罗宾逊的采访，2017年3月。
[2] 萨姆·史密斯，《向来谦逊的科尔无法掩饰自己的价值》，《巴尔的摩太阳报》，2003.5.31。

出了圣安东尼奥，定居在圣地亚哥城郊的圣塔菲农场。[1]

2004年，科尔加入了罗伯特·萨沃尔（他是一位生长在圣地亚哥的亚利桑那校友）的收购财团，他们以破纪录的4.01亿美元买下了菲尼克斯太阳队。2007年，萨沃尔聘用科尔为球队的总经理。虽然科尔当时一直考虑转行执教，但他最终认为时机不够成熟，至少要等到三个孩子年纪足够大时，他才会去寻求一份全职的教练工作。他的家人们这段时间仍住在圣地亚哥附近，而科尔正在试图将太阳队从快节奏的比赛（参见杰克·麦卡勒姆的经典著作《7秒或更少》）中拽出来，在控卫史蒂夫·纳什、中锋阿玛雷·斯塔德迈尔和教练迈克·德安东尼的带领下开启一个新的时代。太阳队的跑轰进攻让他们成了NBA中最具观赏性的球队之一，但科尔想让这支球队的防守变得更好。

在随后的三年中，太阳队跌跌撞撞地行走在平庸和优秀之间的那片区域。科尔出任总经理的第一个赛季，菲尼克斯在常规赛取得了55胜。但他用肖恩·马里昂交易步入暮年的沙奎尔·奥尼尔的交易最终被证明是一场灾难。球队在季后赛首轮即被淘汰出局，德安东尼辞职，远赴纽约尼克斯执教。下赛季的新主帅特里·波特仅在位四个月就被扫地出门，他的继任者是进攻战术大师阿尔文·金特里。太阳队当赛季取得46胜，无缘季后赛。虽然没能在选秀大会之后几天从勇士那里弄来史蒂芬·库里，但太阳队在下赛季强势反弹，最终取得54胜，并一路闯到西部决赛才在湖人手中败下阵来。赛季结束后，科尔正式离职。"他在当总经理的时候就意识到，这并不是属于他的道路。"布鲁斯·弗雷泽说。[2]在菲尼克斯的三年榨干了科尔，他渴望家人能围绕在自己身边。所幸他才只有44岁，他还有充足的时间等待一个回归NBA的好机会。在那天到来之前，科尔希望尽量与妻儿共度幸福时光。偶尔去解说几场比赛也是很好的，就像在加入太阳管理层之前，他在TNT做的工作一样。

2010年6月29日，科尔以解说员的身份重回TNT电视台。"我仍可以享受比赛本身的乐趣，而且现在我来到了一个更舒服的岗位上。"他在当天评

---

[1] 拉里·斯图尔特，《科尔悲喜交加》，《洛杉矶时报》，2004.5.14。
[2] 出自弗雷泽的采访，2017年3月。

第七章　数据的力量
2014—15赛季

论说。①

两周之后，乔·拉科布——一个科尔在上世纪90年代末的高尔夫球友——宣布，他完成了对金州勇士队的收购。②

2014年5月，史蒂夫·科尔是这个星球上最炙手可热的主教练候选人。作为TNT的现场解说，科尔在荧屏上有口皆碑的表现使他名声大噪。同时，他也从不吝啬分享自己的观点。就在回归解说席的几周之后，科尔对勒布朗·詹姆斯把天赋带到迈阿密的"决定"进行了尖锐的批评："他特意举办一个节目来宣布自己抛弃家乡球队的决定，这是十分错误的。"③他也对热火能否迅速夺冠提出了自己的质疑："他们需要找到一个得分后卫，几个能防守的内线球员。况且，你需要大把的时间才能磨合出一支好球队——一支真正的球队。"（科尔的话似乎真的有先见之明，迈阿密一年后在总决赛上输给了达拉斯小牛。）

总而言之，人们眼中的科尔是一个冷静、出色、非常惹人喜爱，并且业务能力出色的人。现在距离他的告别战已经过去了11年，但你看他那苗条的身形，金黄的短发，还有那仿佛凝固在脸上的微笑，科尔仍和那个赢下五个总冠军的替补控卫没有多少分别。内幕人士认为科尔会选择执教东海岸的纽约尼克斯，他的老恩师菲尔·杰克逊正是那里的球队总裁。④

但此时的科尔正在俄克拉荷马城的一间会议室里，他刚刚解说完雷霆和快船的一场季后赛。⑤在拉科布父子、鲍勃·迈尔斯和特拉维斯·施伦克的注视

---

① 保罗·科罗，《前太阳队总经理史蒂夫·科尔返回TNT》，《亚利桑那共和报》，2010.6.29。

② 蒂姆·川上，《史蒂夫·科尔谈接受勇士教练的工作、他的进攻风格、史蒂芬·库里、拒绝菲尔·杰克逊以及其他内容》，湾区新闻集团，2014.5.14。

③ 斯科特·卡西奥拉，《勒布朗·詹姆斯即将签约迈阿密热火队》，《华尔街日报》，2010.7.9。

④ 科尔与尼克斯队的协议几乎完成了，只差签署书面协议，直到拉科布突然出现，说服他这位昔日的高尔夫球友去好好考虑勇士队。"我知道他是一个具有鲜明加利福尼亚特点的人，"2017年2月7日拉科布在Greg Papa电台节目上说，"说实在话，我想象不到他在纽约的样子，真的想不到，但他大概用了几天时间才想清楚。"

⑤ 巴拉德，《勇士出征》，2015。

下，科尔阐述了他为金州勇士队设计的各个战术。在三小时的时间里，科尔谈到了自己准备的球探报告、他计划做的轮换调整、球员们需要改进的饮食和作息安排，以及怎样利用数据分析协助自己的执教工作。

说到教练组成员的选择，科尔想找来大卫·布拉特（一位在欧洲大陆有着20年执教经验的进攻专家）、阿尔文·金特里（他在菲尼克斯的老伙计）和罗恩·亚当斯（有近20年的NBA助教经验，联盟里不可多得的防守专家）。科尔自信的态度和详尽的准备工作惊呆了在场的所有人。他的演示文档长达60页，1/3都是与勇士相关的内容。而且，这些内容是科尔在演示前几个小时才临时加进来的。勇士高管们在飞离俄城时都对这次应聘演示赞不绝口。"菜鸟教练们通常根本不会想到很多特定的细节问题，"柯克·拉科布后来对《旧金山纪事报》的记者说，"但他已经把它们考虑得十分详尽了。"[1]

第二天，科尔就和勇士签下了一份5年2500万美元的合同。他因此必须放弃在太阳队留有的小部分股权，但他今后将不必像之前那样从圣地亚哥往来通勤了。[2]科尔的这个选择出乎了所有人的意料。他拒绝了纽约的朋友和恩师以及一套天赋十足的阵容，转而接手这支拥有巨大潜力的金州勇士。[3]马克·杰克逊是对的：51胜还不够。拉科布期望见证一支伟大球队的诞生，而且他希望这支伟大的球队早点到来。

科尔知道，要达成老板的梦想，就要尽快赢得球员们的心。只有这样，他们才能接受自己葫芦里的药。早在他签约勇士的新闻曝出之前，科尔就和库里在电话上通了话。[4]在接下来的几周时间里，他在世界各地往来奔波，和勇士球员们逐个进行面对面会谈，其中就包括身在迈阿密的哈里森·巴恩斯和远在

---

[1] 拉斯蒂·西蒙斯，《勇士队是如何挑选队员的》，《旧金山纪事报》，2015.2.12。

[2] 戴蒙德·梁，《勇士队的史蒂夫·科尔谈如今仍然拥有部分太阳队股权：我不是史蒂夫·鲍尔默》，湾区新闻集团，2014.7.12。

[3] 安德鲁·凯，《这名教师一生都在受教》，《纽约时报》，2014.11.13。科尔在接受《纽约时报》采访时说，"如果没有菲尔，这会是个很容易的决定。但我对他十分忠诚，而且非常想与他一起组建一支队伍。"

[4] 马库斯·汤普森二世，《斯蒂芬·库里谈论失去马克·杰克逊，得到史蒂夫·科尔以及勇士新的发展方向》，湾区新闻集团，2014.5.15。

澳大利亚的安德鲁·博古特。科尔首先确立的一条宗旨，就是肯定马克·杰克逊的功绩，并允许球员们保留杰克逊时代的特定传统，例如在更衣室里高高挂着的一张写有"只有我们，团结一致"的海报，就遗留至今。

对科尔来说，选择奥克兰而非纽约也意味着他将逃离复杂繁琐的"三角进攻"的折磨。这套略显过时的战术强调球场上的时机和站位，由菲尔·杰克逊和他的助教泰克斯·温特在公牛发扬光大，并沿用多年（包括科尔的三连冠时期）。现在，科尔准备将三角进攻的部分战术（由康狄涅格女篮传奇主帅吉诺·奥利埃马发展完善的高位战术）和其中的一些基础要领（精确传球、站位意识）融入自己的战术体系当中。他认为，要在现代篮球中取得成功，这些要素依然是不可或缺的。

除了三角进攻以外，科尔还从他共事过的名帅们身上学到了无数足以受用终身的知识。格雷格·波波维奇、兰尼·威尔肯斯、迈克·德安东尼，以及"禅师"杰克逊，都分别拥有自己的一套战略战术可供科尔借鉴。这就像是一顿给篮球书虫提供的自助餐：跑位、三分线外挡拆、内切、拉开空间……这些都需要快速而稳定的执行力作为基础。科尔既要将这些成功的经验结合为一套新的球队战术，又要保证它不与马克·杰克逊之前奠定的战术基础偏离太远。杰克逊的进攻体系颇为传统，它大量依赖高位的挡拆与低位的单打，并注重为库里和汤普森创造三分机会。这套体系不够灵活，并且很容易被对手针对，无法最大化勇士球员的天赋与能力。适时的挡拆战术的确是一柄锋利的武器——这会在科尔的进攻体系中保留下来——但这支勇士能执行的战术可远远不止于此。

为了更好地将自己的新理念执行到位，科尔需要几位值得信赖的助教作为支援。他心目中的首选布拉特教练虽然和勇士进行了深入的交涉，但在6月中旬，处于重建期的克利夫兰骑士队向布拉特抛出了主教练席位的橄榄枝，布拉特选择了后者，并在三周后迎来了重返家乡的詹姆斯。[1]科尔的另两位心仪人选金特里和亚当斯都欣然入伙。金特里负责帮他安排焕然一新的进攻体系，而亚当斯则着手对勇士队已经相当稳固的防守进行适当的改良。如此一来，金州

---

[1] 克里斯·海恩斯，《大卫·布拉特对于史蒂夫·科尔允许他接受骑士队的工作感到感激："我们都得到了自己想要的"》，Cleveland.com，2015.5.29。

的新方向已经初露雏形。

科尔的教练组中不乏熟悉的名字，也包括一些新鲜的面孔：

1. 助教卢克·沃顿，拥有10年NBA球龄，随湖人队两次夺冠。前亚利桑那大学的当家球星，曾和安德烈·伊戈达拉当了一个赛季的队友（他还是UCLA传奇巨星、名人堂成员比尔·沃顿的儿子）。34岁的沃顿刚刚退役了一年，他对球员生活和现代篮球都有深刻的理解。但除了2011年的停摆期间在孟菲斯大学当了几个月的助教以外，沃顿没有任何的执教经验。

2. 布鲁斯·弗雷泽，菲尼克斯太阳队球探，曾任史蒂夫·纳什的个人教练。科尔让他进入了勇士的球员发展部门。弗雷泽是科尔在亚利桑那大学的队友，也是他的知心好友之一。弗雷泽把长滩（加州西南部城市）式的悠闲性格带到了训练场上，大家都会叫他"Q"的绰号。[1]大学时期，他因为能提出数不尽的问题（Question）而收获了这个昵称。（科尔和他的妻子玛格特的初次约会，也是弗雷泽给安排的。）

3. 贾隆·科林斯，拥有10年NBA球龄，曾在科尔担任太阳总经理时期为菲尼克斯效力过一个赛季。同弗雷泽一样，他也进入了球员发展部门工作。科林斯曾是鲍勃·迈尔斯的客户之一，他和孪生哥哥杰森是斯坦福大学出品的双子星。2013年4月，杰森·科林斯在《体育画报》上公开承认自己的同性恋身份，并引出了后来马克·杰克逊备受争议的近似恐同的言论。

看到科尔没有步他前任的后尘，拉科布别提有多开心了。科尔选择的助理教练不仅大多经验丰富，而且都可塑性强，乐于接受新的观念。和他们一起共事无疑是一件愉快的事情。拉科布见过不少的公司仅仅因为雇员们无法忍受自己的同事，就从内部分崩离析。这样的问题通常都根源于领导层的决策错误，而科尔似乎注定要走上一条更注重发展与合作的建队道路。关键在于，他希望引导球员们激发出心中对这项运动的热爱，他想让球员们记住，篮球应该是快乐的，这比什么都重要。[2]

---

[1] 拉斯蒂·西蒙斯，《库里恩师：投篮教练弗雷泽教出MVP》《旧金山纪事报》，2015.12.10。

[2] 乔纳·凯里，《有科尔、卡罗尔和梅登这样的教练，职业球队也可以很有趣》，CBS体育，2016.8.30。

第七章　数据的力量
2014—15赛季

勇士队很快就会发现，科尔秉持的这种态度从一开始就起到了至关重要的作用。但在这之前，凭借着年轻且充满活力的核心阵容，他们已经成为了联盟的宠儿之一。尽管杰克逊有他自己的过失，并且这些过失带来的影响至少还要再持续一整个赛季，但他为金州创造出了从未有过的积极的化学反应。他让这些年轻的孩子们知道了如何在NBA里做一个赢家。杰克逊与管理层不可调和的分歧导致了他的离开。今后，我们无法保证勇士队一定能打出比杰克逊时代更好的篮球，或者赢下比杰克逊时代更多的比赛，但如果没有他的贡献，未来任何的成功都是无从谈起的。

尽管上赛季的季后赛之旅葬在了快船队的手中，但这支在战术层面焕然一新的勇士队已然成为了联盟最具实力的新兴势力，他们已经准备好挑战那几支盘踞在榜首多年的传统豪强。几个月来，种种迹象都在表明众人对金州的期待。2014年1月，扎克·洛维在Grantland发表了一篇题为《为什么不是勇士呢？》的文章。文中提出了一个大胆而惊人的论断，作者认为金州"具备了所有争冠的条件"。洛维的论点在于，伊戈达拉的加入让勇士队的首发五虎进入了联盟的顶级梯队。根据他对高阶数据的分析，他们甚至"可能是全NBA最佳的五人阵容"。在龙盘虎踞的西部联盟，尽管勇士大概率仍会在中游徘徊，但他们的地基已经打好，只待平地建起高楼。

"他们已经集齐了一支争冠球队的原材料，"洛维总结说，"来自金州的顶级强队？没错，它马上就要从想象变为现实。"[1]

几乎就在科尔抵达奥克兰的时候，一个急需决定的人事问题出现在了勇士队面前。上一个如此严峻的抉择还是两年半以前，拉科布无奈地将蒙塔·埃利斯送到密尔沃基。

明尼苏达森林狼队把凯文·乐福摆上了谈判桌，这就好像用钓竿钩上一块肥肉，在金州的鼻子前面晃来晃去，但森林狼想要克莱·汤普森作为交易的回报。[2] 表面上来看，金州有充分的理由去追求乐福。作为三届全明星球员，乐

---

[1] 扎克·洛维，《为什么不是勇士队？》，Grantland网站，2014.1.14。
[2] 马克·斯坦，《勇士为凯文·乐福权衡交易》，ESPN.com，2014.6.20。

福不仅是一个顶级的得分手（场均26分），同时也是一个优秀的三分射手。上赛季，他在大量开火的前提下还能维持37.6%的三分命中率。6英尺10英寸（2.08米）的乐福是一个令人垂涎的投射型大前锋，他的外线投射能力可以迫使防守人远离禁区，从而为球队创造空间。因此，乐福的存在至少可以牵制住对手的一名大个子，空虚的内线便会给勇士队的突破创造良机。

然而问题也是有的。乐福比汤普森年长一岁，而且他在球场上的位置和汤普森不同，所以这笔交易不是一个二号位换另一个二号位那么简单。①勇士的这套生态系统已经发展完善了很多个年头，它甚至平稳度过了马克·杰克逊治下最混乱的一段日子。因此，这笔交易势必会在某种程度上打乱勇士的节奏。还有一点，新帅科尔会将防守看作球队的重中之重，但乐福从来就不是一个好的防守者。当乐福在场时，森林狼的对手每48分钟会多得5.6分，并且命中率比他在场下时要高出1.2个百分点。勇士队自己的球探报告也得出了乐福防守堪忧的结论。

诚然，乐福是个砍分机器，他在外线像狙击手般神准，而且他和鲍勃·迈尔斯还是UCLA的校友，但来自勇士内部的反对声音不绝于耳。其中，史蒂夫·科尔和杰里·韦斯特是最为强硬的两个人。无论在体育界还是商界，有时给你带来最深影响的并不是那些你做了的交易，而是那些你没做的。在此次事件中，这两位持反对意见的高层分别给出了令人信服的观点。他们想要证明汤普森才是勇士更需要的球员，他才是更适合球队战术、更符合未来规划的选择。韦斯特尤为坚持。②为了保护汤普森，他做了清晰而有力的陈述。韦斯特对在场的听众说，如果汤普森被送走，那他也会从勇士辞职。公众的意见也出现了相似的分歧，一部分球迷认为，乐福就是勇士缺少的那块冠军拼图。但也有人看法相左——例如NFL名人堂成员罗尼·洛特，他特意在YouTube上发了一

---

① 虽然有年龄差距，他们两个曾在同一个少年联盟球队里打球（康纳·勒托尼奥，《克莱·汤普森和凯文·乐福一起从少年联盟打球到NBA决赛》，《旧金山纪事报》，2016.6.5），由乐福和汤普森率领的奥斯威戈湖人队（设在俄勒冈州波特兰的城外）在2001年赢得了州冠军。

② 巴拉德，《追求完美》，2015。

段视频，规劝乔·拉科布留下库里和汤普森的后场组合。①

"我们期望看到大家争论得不可开交的样子，"拉科布后来说，"但最终的决定权在我手里。我往往都会听从团队给出的决定性意见，然后按照他们所说的去做就是了。我认为这就是我与别人不同的地方。这是硅谷的风格，是创业者的风格。大公司们可不是这么干的。"②

最终，拉科布采纳了新主帅和球队最资深顾问的建议。所有关于汤普森的交易谈判被勒令叫停，而且在训练营结束后，勇士以4年7000万的价格和汤普森完成了续约。科尔和韦斯特（可能还包括洛特）如愿以偿，水花兄弟至少还将再并肩战斗三个赛季。③后来，乐福也跟着从迈阿密凯旋回乡的勒布朗，在那个夏天加盟了克利夫兰骑士。

在汤普森去留的命运飘忽不定的那段时间，迈尔斯可没有闲着。他一直在试图修补这套阵容的短板和漏洞。7月，迈尔斯给库里找来了一位老将替补，控卫肖恩·利文斯顿。这位来自伊利诺伊州皮奥利亚县的天才少年曾在高中时风头无两，可惜2007年恐怖的断腿之伤让他的星路戛然而止（在一年半之后才完全康复）。身高6英尺7英寸（2米），臂展过人的利文斯顿不具备三分线外的威胁，连中距离的跳投也只挑自己喜欢的机会出手。他真诚且谦逊，是联盟公认的好队友。9年在8支球队的漂泊经历势必会让一个人对联盟的生活产生全新的理解，所以无论勇士给他安排了怎样的角色，利文斯顿大抵都不会拒绝。他的加盟让库里有了个靠谱的替身，足以在库里下场时维持进攻的稳定运转。9月，

---

① 出自洛特的官方YouTube频道（《给乔·拉科布的信息：冲啊，勇士队！》），上传于2014年10月14日。

② 出自斯坦福大学商学院制作的一段拉科布的讲话视频（《走进体育管理》），于2016年11月14日上传至他们的YouTube频道。

③ 很少有人提到，在汤普森还未为勇士出战一场比赛之前，库里差点就离开了这里。在2011年停摆解决后的那几天里，新奥尔良鹈鹕队非常努力地想将库里交易到队里，如果成真的话，控球后卫克里斯·保罗就会被卖到奥克兰（马克·斯坦和库里斯·布鲁萨德，《消息源：黄蜂队列出交易目标》，ESPN.com，2011.12.7）勇士没有非常强势地追求这次交易，尤其保罗只有一年合约在身，且不愿接受第二年的球员选项。当然，库里当时还不是现在这样的超级巨星，队伍决定卖掉他而留下蒙塔·埃利斯也是有可能的。但勇士队决定按照自己的计划走，留下史蒂芬·库里。

勇士又签下了莱昂德罗·巴博萨，一位有着11年NBA球龄的翼侧得分手。尽管巴博萨仅有6英尺3英寸（1.9米）的个头，投篮手型也颇为怪异，但这位绰号"巴西闪电"的后卫有着极快的运球推进速度，和面对防守空当时的精准投射（职业生涯三分命中率39%）。巴博萨效力过4支球队，但他的巅峰期全是在菲尼克斯度过的。也是在那里，科尔对这名球员和他的职业态度有了深入的了解。在将巴博萨和利文斯顿纳入麾下之后，科尔的替补席现在有了不少称意的老兵。

但他知道这套第二阵容还有提升的空间，甚至能与首发阵容一同有所长进。球队结束了两场季前赛，科尔就任主帅后的第一次训练营正在有条不紊地进行。这天，科尔找安德烈·伊戈达拉促膝长谈，问他肯不肯把首发小前锋的位置让给哈里森·巴恩斯。是的，科尔面前坐着的是在10年征战间首发了全部758场比赛的伊戈达拉，身背4800万合约的他在这些比赛中能够场均斩获15分。即便是那些执教了十多年的老帅，恐怕都不敢轻易提出如此大胆的请求。

就像所有卓有建树的雇员一样，伊戈达拉一开始有些犹豫。[①]科尔向他阐述了将巴恩斯提上首发的好处（给他的进步提速，科尔认为巴恩斯此前的发展受到了阻碍）。而他的工作，则变为领导一支由利文斯顿、巴博萨、德拉蒙德·格林和马利斯·斯佩茨组成的第二阵容。这四位都是优质的轮换球员，他们的出场时间将会和首发球员们穿插在一起，科尔和助教阿尔文·金特里也因此可以根据需要，将这些球员混合和编排出不同的阵容组合。

虽说科尔的话颇具说服力，但伊戈达拉欣然同意的态度依然让勇士队内的一些人大吃一惊。这位前全明星球员在对话《体育画报》记者时说："我对他的大局观表示认同……我在联盟里打了11年球了，我希望我的职业精神成为我身上的闪光之处。"多年来，拉科布和迈尔斯一直宣称要引入视集体利益高于个人利益的高尚球员，而伊戈达拉应该就是这一信条的完美范本了。（科尔和伊戈达拉是亚利桑那大学校友，这层关系大概也起了一些作用。）

勇士队赢下了随后的一场季前赛，这也是伊戈达拉确立替补身份的首场比赛。他们在洛杉矶，在科比·布莱恩特和史蒂夫·纳什的湖人身上，大胜了41分。

---

① 巴拉德，《勇士出征》，2015。

第七章　数据的力量
2014—15赛季

现在的勇士轮换阵容已定，战术逐渐完善，两个顶级后卫在可预见的未来都将留在金州。与此同时，他们还构建了一套实力足以在弱队出任首发的板凳阵容。看起来，这支多年来保持上升轨迹的球队已经准备好破茧成蝶了。

科尔不用担心怎样让球队的好气氛延续下去。库里等人一直对他们的新教练赞不绝口，科尔对杰克逊功绩的尊重，也让勇士球员们敬佩有加。但尽管如此，教练与球员之间的信任是无法在短时间内完全建立的，更何况，一个深受球员喜爱的黑人教练由于一个大多数球迷无法理解的原因遭到解雇，而顶替他的是一个毫无执教经验的美国白人，这件事如果出了差错，之前的一切努力都有可能付之一炬。新赛季开始时，联盟76.7%的球员都是有色人种，但白人却占了所有主帅的三分之二。[1]尽管科尔一直避免遭到这些外部压力的侵袭，但不可否认的是，它们确实存在，而且一直都在那里。

季前赛的勇士所向披靡，8战6胜。这套由科尔打造的，注重转移球和提前移动的进攻体系似乎将成为一剂有效的猛药。库里和汤普森拿到的空位出手机会多到前所未有，小前锋位置上的巴恩斯也给球队带来了有效的帮助，就连两个前场的大个子——大卫·李和博古特——都在篮板和传球上变得更加得心应手。他们的场均得分超过110，比上赛季多了足足6分。诚然，季前赛的数据几乎没有参考价值，因为这是各支球队调试轮换阵容和轮换时间的地方，场上情况如何并不在他们的考虑范围之内。但得分高总是件好事（只要不是用糟糕的防守换来的）。在揭幕战——客场挑战维韦克·拉纳戴夫的萨克拉门托国王——只有几天之遥时，金州像是一只苏醒了的巨兽，只等待着一声号令，就要攻占联盟。

噩耗传来，大卫·李拉伤了他的左腿，这和上赛季末段的那次伤病颇为相似。在确认了李无法参加揭幕战之后，科尔指派德拉蒙德·格林作为大前锋首发出阵。

总有一些情节，在当时看上去只是无足轻重的意外，但最终成为了决定

---

[1] 理查德·拉普奇克，安吉利卡·吉奥，《2015年种族与性别歧视反馈表：NBA》，体育多样性与体育道德研究所，2015.7.1。

性的转折。如果韦氏词典的编辑们要给这类事情编纂一个词条，那么用格林顶替李首发的故事一定会被收录其中。那时的格林不过是一个很情绪化的角色球员，除了亮眼的防守之外，他时而展示出长距离投射的能力和控卫水准的传球。密歇根州大出品的格林是个终极版的"摇摆人"：他比传统意义上的得分后卫大一圈，但又要比联盟中的小前锋和大前锋们矮上一头。经理们个个都声称"全能性"是他们看中的东西，但一旦有机会，他们会毫不犹豫地给你贴上这样或那样的标签。在这点上，体育界和生意场没有什么分别。把格林提上首发是一次冒险的尝试，这个毛头小伙在他生涯的前两个赛季仅仅首发过18场比赛（包括季后赛）。

但格林的斗志丝毫不亚于一个打了十年的NBA老将，从他在球场上的态度中，你不难看出他对自己能力的膨胀的自信。选秀时掉到第二轮这件事令他耿耿于怀，于是他把受到冷遇之后的心情凝结到了自己的打法当中。格林能随口背出在他前面被选中的34名球员——不只是他们的名字，还有他们的主队、选秀顺序，以及他们后来的职业历程。[1]勇士队一而再地错过他（在第7顺位选中哈里森·巴恩斯，在第30顺位选中费斯图斯·艾泽利）同样也不是件小事，但格林知道奥克兰是最适合他的地方。

同样，科尔也是最适合格林的主帅。作为一个在15个赛季里被迫要不停证明自己价值的球员——拥有一身不知从何而来的自信，这自信有时还会表现为纯粹的愤怒——科尔仿佛在格林身上看到了自己的影子。在科尔正式执教格林的两个赛季之前，他在拉斯维加斯的夏季联赛就见证过格林的表现。他对一名勇士的老雇员说："我不知道德拉蒙德·格林会打什么位置，但我知道我想把他放在场上。"[2]

格林在生涯初期得不到多少上场的机会，然而他的表现欲却总能抓到你的

---

[1] 乔恩·威尔纳，《勇士队如何轻易得到德雷蒙德·格林》，《圣何塞水星报》，2016.5.20。

[2] 出自电台主播蒂姆·罗伊与格林的采访，该故事收录于勇士队SoundCloud主页（《播客，2012年11月28日——与安德鲁·博古特、鲍勃·迈尔斯、德雷蒙德·格林等人的圆桌会议》）。

第七章　数据的力量
2014—15赛季

眼球。(即便在训练时也是如此，格林几乎不会在任何人面前退缩。[①])在他的新秀赛季进行到第六周的时候，勇士开启了当年做客东海岸的首次旅程。他们赢下了开头的四场比赛，即将要南下挑战卫冕冠军迈阿密热火。格林在赛季的前21场比赛中交出了一张毫无亮点的答卷，他场均出战13分钟，得分不满3分。但作为当晚杰克逊在替补席上的内线首选，格林在面对热火的比赛中被派到了勒布朗·詹姆斯的面前。他要盯防的这位巨星在近几个月里包揽了NBA冠军、总决赛MVP、奥运金牌等诸多荣誉，还毫无争议地当选由《体育画报》评出的年度最佳运动员。

小意思。

格林整晚都尽力完成着他的任务，无论詹姆斯是在底线运球突破，还是在干拔三分或背身单打，格林都像一块牛皮糖似的黏在他的身上。虽然格林无法彻底扼制詹姆斯的发挥——又有谁可以呢？——但他的确打出了拥有四五年球龄的防守者的水平。第四节初段，詹姆斯成功冲破防守完成上篮，并造成了格林的防守犯规。小皇帝随即拿出了让迈克尔·乔丹成为致命杀手的偏门本事——他对格林喊起了垃圾话："你还太弱！"[②]单论这一回合，詹姆斯说得没错，格林的位置站得不好，给詹姆斯留出了上篮的空间。但这个新秀在防守端的价值是毋庸置疑的。在格林回到板凳席的那段时间，詹姆斯在16分钟里5投4中。而在二人对位的26分钟里，勒布朗18投仅有8中。他全场的3个篮板也是赛季新低。

在比赛还剩2秒的时候，格林摆脱了肖恩·巴蒂尔的防守（后者去帮忙协防克莱·汤普森），向篮下空切。他接到了贾瑞特·杰克的传球，上篮绝杀对手。是格林"太弱"了，以至于没人注意到他，给了他一个轻松刺杀卫冕冠军的机会吗？无论如何，勇士当晚带着97比95的比分昂首离开了美航球馆。格林的出场时间达到了生涯新高的30分钟。在这段时间内，他仅让去年的

---

① 马库斯·汤普森二世，《金州勇士队德雷蒙德·格林的坚韧与智慧令人印象深刻》，《圣何塞水星报》，2012.12.4。

② 马库斯·汤普森二世，《勒布朗·詹姆斯"你们太弱"言论激励了勇士德雷蒙德·格林》，《圣何塞信使报》，2015.5.28。

MVP拿到23分。格林全场贡献7分，其中包括终场前的一记制胜绝杀。尽管一场失利没能拦住对手当年卫冕的步伐，但这个夜晚却让格林的名字开始为人所知。

科尔知道，想要让质疑者们闭上嘴巴，实力和计谋都是球员需要仰仗的手段。格林始终苦于得不到朋辈们的尊重，这和当年的科尔一样，但轻视科尔的人往往都是他的队友。他曾在公牛队的训练中被乔丹赏了一拳，原因是对位的二人互喷垃圾话，事态逐渐恶化，最终失控。[1]尽管收获了结实的一击和一个黑眼圈，但科尔知道他不肯退让的态度赢得了乔丹的尊重。格林身上也有类似的特质，他和科尔在举止习惯上确有不少相近的地方。"我不觉得我傲慢，"格林后来对Grantland网站的乔纳森·亚布拉姆斯说，"我只是充满自信。我不觉得我是个混蛋，不过谁也别想欺负我。我不觉得我是个无礼的人，但如果你想要我的尊敬，你得自己去争取。"[2]

格林出任四号位，博古特坐镇中锋，哈里森·巴恩斯是首发小前，后场组合依旧是库里和汤普森。这支勇士已经做好了从赛季开始的第一天就震撼联盟的准备。他们在前三场比赛兵不血刃，击败了国王、洛杉矶湖人和波特兰开拓者队。

此时的SportVU跟踪系统已经发展成熟。在2014—15赛季伊始，这一新科技已经覆盖到了NBA的每个角落。现在，一个可供随意使用的分析工具来到了每支球队的手中，例如德拉蒙德·格林和大卫·李的防守作用孰高孰低的问题都能迅速收获答案。尽管后者从未被视为一个顶级的防守专家，但由李到格林给勇士带来的积极影响终于能够一目了然了。在大卫·李作壁上观的这段时期，关于科尔是否还应将他提回首发的争论愈演愈烈。李拿着勇士全队最高的1500万年薪，这可不是个小问题。但当李康复到可以回归赛场的时候，格林已经成为这个体系里不可替代的一环。

金州的统治力如野火燎原，他们仅用了几个月就成为了NBA的头牌。在5胜

---

[1] 詹姆斯·赫伯特，《一拳揍向迈克尔·乔丹》，ESPN.com，2013.9.27。

[2] 亚布拉姆斯，《最快的嘴》，2015。

第七章　数据的力量
2014—15赛季

2负的开局之后，勇士队连胜16场，仅在最后客场败给了孟菲斯灰熊。接下来，他们又在19场比赛中赢了14场，带着35胜6负的战绩走完了赛季的前半程。库里场均拿到23分和8次助攻，成为了名副其实的MVP候选人；汤普森的得分火力与库里相当；安德鲁·博古特中途因膝盖炎症连续缺阵12场比赛，但勇士在这期间依旧保持了9胜3负的好成绩；伊戈达拉欣然接受了第六人的角色，作为第二阵容的真正领袖，他能在27分钟的场均时间里——仅比去年降低了5分钟——得到7分；得益于伊戈达拉的退让，巴恩斯在首发阵容里打得风生水起。这位来自北卡的三年级生贡献了49.2%的命中率（他生涯命中率为41.9%）和42.6%的三分命中率（之前生涯的三分命中率为35.2%）。

科尔在三号位上的变阵有了回报。而且，即便在李恢复健康之后，他仍执意把格林留在首发的决定同样收获了奇效。勇士队打出了联盟第一的战绩和联盟第三的进攻效率。他们百回合96.9的失分是联盟最低——考虑到他们是NBA节奏最快的球队（场均101个回合），这个防守数据是十分惊人的。历史上只有一支球队做到过在防守效率和球队节奏上冠绝联盟。这支勇士的净效率——百回合内领先对手的分数——创下了该数据诞生以来的新纪录。根据Basketball Reference网站的预测，勇士队本赛季夺冠的概率高达40%，其他任何球队都无法望其项背。

用了不到三个月的时间，金州就迎来了斩获四十年来首座冠军的最好机会。

这支在科尔治下的勇士队换上了新的面貌，他们对一切有助于球队进步的新手段都来者不拒。助教布鲁斯·弗雷泽曾是科尔在亚利桑那的队友，他帮科尔联系上了一个叫做克里斯·约翰逊的人。在过去的六年间，约翰逊一直作为临床神经心理学家为美国海军工作，同时还在圣迭戈经营着一家神经科学实验室。2005年，约翰逊在UCLA拿到了心理学博士学位，随后又去耶鲁大学读了两年的博士后。他从小就崇拜乔丹时代的那支公牛队，因此他很快就成为了科尔的粉丝。

约翰逊在接下来的几个月成为了勇士队的兼职心理医生。[①]他每个月会两

[①] 巴克斯特·霍尔姆斯，《勇士队内的特殊力量》，ESPN.com，2015.6.5。

次造访湾区，与球员们一一谈话，偶尔还会突然给球员们发去短信，借此确保他们的心理状态保持健康。约翰逊一再强调，球员们不要陷入完美主义的怪圈，务必要保持专注，在背负压力的同时保持清醒的头脑。

为了应对压力，科尔还鼓励球员养成良好的休息习惯，每天务必保持高质量的睡眠。一直以来，他都对球员状态的调整问题抱有很高的兴趣。在2014年的斯隆峰会上，科尔严谨地提出了一个相关的设想，他认为球员的状态恢复训练"不应基于他打了多长时间的比赛，而应该基于他身上有多大的压力"。也许我们尚未找到将球员的压力量化出来的手段——让球员们在训练中佩戴加速度计之类的仪器是个好的开始——但毋庸置疑的是，良好的睡眠一定能够抵消密集赛程带来的压力。这对勇士来说尤为重要，地理位置上的劣势（位于美国西海岸）导致他们在2014—15赛季常规赛的里程数达到了54954英里（88440千米），也就是说，他们是联盟里辗转距离最长的球队。[1]

赛季开始之前，勇士队竞技部负责人柯克·莱尔斯建议科尔去咨询一些睡眠方面的专家。[2]恰好，一位在运动员睡眠习惯领域造诣颇深的顶级专家就住在湾区。早在2011年，一位叫作切莉·玛的斯坦福学者发表了一项研究，文中阐述了几项可以帮助大学篮球运动员提升状态的方法，例如将每晚的睡眠时间延长至10个小时，还有在日间小憩30分钟等等。[3]切莉·玛发现，在应用了这些方法之后，球员的加速跑次数得到提升，体能得到加强，他们的罚球命中率和三分命中率都出现了显著的进步。

拥有十数年睡眠研究经验的切莉和勇士一起，就如何缓解严酷赛程所带来的压力进行了深入的探讨。她命令球员们将比赛日的小憩时间从2至3个小时缩减至30分钟左右。她还建议球员们在上床睡觉前不要将时间泡在手机上。勇士队也重新设计了旅程安排，尽量避免乘坐客场比赛后的深夜航班。因为这样的行程会对球员的作息规律造成极为严重的损害。"你要将晚上发生的事情与球员在

---

[1] 根据达伦·威尔曼在NBASavant.com上的运动追踪页面。
[2] 珍妮·麦考利，《勇士队寻求睡眠咨询以保持最佳状态》，美联社，2015.3.12。
[3] 切莉·玛，《延长睡眠对大学生篮球运动员运动成绩的影响》，《睡眠》，34.7（2011）：943-950.PMC.Web.2017.4.30。

第七章　数据的力量
2014—15赛季

白天的表现联系起来，"玛说，"这些就是我的策略——鼓励球员从家里做起，从赛场表现分析原因，从细微处做出改变——而且它们看上去行之有效。"①

在切莉加入勇士之后的那个赛季，安德烈·伊戈达拉明显感受到了她的建议带来的积极影响——他甚至把室温调到了57°F（约为摄氏14°C）以保证身体的核心温度保持在较低的水平——他也是队里改善睡眠的先行者，即便其他的一些球员（例如安德烈·博古特）更倾向于保持原有的作息习惯。②"我并非想让他们把原有的所有习惯更换一新，"在谈到自己的策略时，切莉肯定了伊戈达拉的支持的重要性，"'近朱者赤'，球队里的其他人也受到了他的影响。他以亲身实例推广了我的方法，这对我很有帮助。"③

勇士队还致力于将更多有关球员们健康和身体情况的数据整合起来，这同样也是科尔筹备了几年的一项工程。现在他所在的球队拥有足够的资源和能力，也对类似的科技项目有着同样的兴趣，这个工程就顺理成章地开展起来了。他们与一家名为Omegawave的芬兰的创业公司合作，利用面部电极记录球员心率的变化。④Cataplult Sports是一家澳大利亚的公司，他们给勇士队提供了多功能的GPS无线传感器，在训练时可以利用它监测球员的加速度，骨头和关节的受力情况，以及球员在行进方向上发生的变化。⑤（劳资条款禁止球队在比赛中记录球员的个体数据，但对训练赛没有做出要求。）

他们将这些数据与球队的内部评估——球员们每天都必须填写和上交一份简单的评估表格——结合起来，对球员们的身体情况做出考量。⑥他们最近睡

① 出自我在2017年2月对玛的采访。
② 帕布洛·托雷，汤姆·哈伯斯托，《"窃尸者"的入侵》，ESPN杂志，2014.10.27。
③ 出自对玛的采访，2017年3月。
④ 戴蒙德·梁，《除库里以外，金州勇士还握有科技优势》，《圣何塞水星报》，2015.11.13。
⑤ 圣克鲁斯勇士队也与阿索斯有所合作，给NBA发展联盟的球员穿上压缩服，可以收集肌电图读数来测量肌肉活动和身体压力。阿索斯是一家湾区的初创企业，投资者中包括乔·拉科布和前勇士中锋杰梅因·奥尼尔。根据NBA发展联盟官方网站上的介绍，他们称自己为"联盟的研发实验室"。
⑥ 肯·博格，《勇士的"可穿戴"武器？在球场上监测球员身体数据的设备》，CBS体育，2015.6.3。

得怎样,身体酸不酸痛,反应还迅不迅速——这些因素都会影响到最终的评估结果。科尔和他的教练组在收到这些评估结果之后,会审慎地给出他们的决定意见,例如是否要减少某名球员的出场时间,或者直接让他休息一个晚上。

3月将近,季后赛还有六周之遥。随着赛程的深入,球员们的健康评估上开始显现出了问题。特别是库里和汤普森,二人的健康状况已经逼近"红线"。[①]教练组担心他们在短期内会遭遇伤病,或者出现严重的表现下滑。决定权依然在迈尔斯和科尔的手中,但至少从数据分析的角度来看,水花兄弟急需尽早轮休。

库里休息了两场比赛,一场是在2月底做客印第安纳,另一场是在3月中旬客战丹佛掘金。汤普森在这场位于丹佛高原的比赛中也挂上了免战牌——"我知道会有特意来看史蒂芬和克莱的丹佛球迷,"科尔说,"但是很遗憾,我们不能对球队的利益置之不顾。"[②]——但是仅在三天之后,汤普森就在战胜湖人的比赛中扭伤了右脚脚踝。他因此缺席了之后的三场比赛——这是他职业生涯首次因伤缺阵。失去克莱的勇士在这三场球中全部取胜,随后汤普森完成复出,平安无事地随队打完了本赛季剩余的13场比赛。

汤普森在科尔的体系中打得如鱼得水。即便强调换防的防守战术要耗掉他不少体力,即便新一套进攻战术比原来瘦身了不少,但汤普森依然打出了生涯最佳的一个赛季。1月,他在主场对阵萨克拉门托国王的比赛中完成了新星爆发般的演出。当晚伊戈达拉轮休,库里全场仅得到10分,进攻的火力被汤普森一人包揽。他全场得到52分,在第三节单节砍下37分——创造了NBA单节得分的新纪录。[③]汤普森在该节13投全中,其中包括9记三分球。(最后几秒时的第10记三分因哨声在前而被判无效。)

不到两周之后,库里在马克·库班的达拉斯小牛头顶砍下了51分。他在三

[①] 柯克·拉科布,体育分析创新峰会,2015。

[②] 克里斯托弗·邓普西,《勇士在对阵掘金的比赛里轮休库里和汤普森》,《丹佛邮报》,2015.3.13。

[③] 拉斯蒂·西蒙斯,《汤普森创纪录的单节37分帮助勇士战胜国王》,《旧金山纪事报》,2015.1.24。

分线外出手16次，命中10球。赛季刚刚过半，库里已经用40.4%的命中率射进了150记三分。他在后半程的33场比赛里又将自己的远射精度提升到了惊人的49.3%，最终以286记三分球打破了自己两年前创造的272球的纪录。4月，在常规赛收官战的前一天，库里在训练中连续投进77粒三分球，命中了100次出手中的94个。本赛季的库里还是联盟罚球命中率（91.4%）和抢断总数（163）的领跑者。

德拉蒙德·格林的本赛季同样出色。他几乎能包揽场上一切工作的能力在赛季后半程逐渐显现。在勇士的后41场比赛里，格林出场39次，场均拿到11.7分8.5篮板3.8助攻和1.6次抢断。和上半个赛季相比，他的每项数据都有所提升。联盟中只有两名球员能在这后半赛季中打出这样的数据，一个是他，一个是俄克拉荷马城的拉塞尔·威斯布鲁克。再加上格林卓越的防守能力，无所不能的他成为了金州的终极"X因素"。

与此同时，勇士训练馆里的氛围也是愈发和谐。罗恩·亚当斯在球场一侧的篮筐下指导格林训练，而那边的布鲁斯·弗雷泽、尼克·尤雷恩和克里斯·德马克在为库里陪练。萨米·盖尔芬德偶尔会帮肖恩·利文斯顿捡捡篮板。如果杰里·韦斯特、柯克·拉科布或者史蒂夫·纳什（被勇士聘为球员发展顾问）碰巧走过训练场，他们也会顿时成为一道亮丽的风景。这些家伙都渴望从彼此身上问出一些好点子来。鲍勃·迈尔斯可能会突然给盖尔芬德发封邮件，让他把脑子里正盘算的10个想法写出来，无论是能帮助勇士队发展的好建议，还是尤恩可能在教练组会上提出的看法。[①]当乔·拉科布和彼得·古伯往这支球队里砸进5亿美金时，他们的愿景就是今天这副局面：每个人都快乐地做着自己的工作，而球队将随之而来的好成绩收入囊中。

到现在，一切还很顺利。

"最重要的是，"鲍勃·迈尔斯曾经对我说，"当你像我们一样坐在办公室里，你希望你的球员们会听教练的话。毫无疑问，我们的球队对科尔言听

---

① 伊桑·舍伍德·施特劳斯，《迈尔斯问答：勇士的高层如何工作》，ESPN.com，2015.3.24。

计从。他恰到好处地发挥出了我们的竞争优势，他对球队脉搏的变化了如指掌——我们应该什么时候推进，什么时候收力，还有怎样让球队在整个赛季保持这样按部就班的秩序。"[1]

迈尔斯对史蒂夫·科尔的评价是一针见血的。勇士有无数种理由会在2014—15赛季走向绝路，他们做的每个决定都有可能反噬自身。但科尔的博学与自信一次次地指引着他们走向正确的结局。或许他在执教上还是个新学生，但说到篮球？数十年的经验已经让科尔参悟了其中的一切。

"很多教练，很多不同职业的人都始终在追求这座金杯，而它会给你的性格带来改变。它会让你变得偏执，变得没有安全感，"迈尔斯补充说，"（史蒂夫）在球员时期已经拿到了太多荣誉，没有多少人能把整只手戴满戒指。这会让你的内心变得充盈而自信，并非傲慢或自满，这是一种单纯的信心。NBA里的很多球员都在寻求一座冠军，他们相信科尔能指出一条通向奥布莱恩杯的正路。这是一条艰难的道路，你需要天时地利和人和。但我认为，他们在科尔身上看到了一个为球员的最大利益着想的好教练，一个对篮球和生活都抱有独特理解的好人。这令他们感觉耳目一新。"

3月16日，距常规赛结束还有一个月的时间。金州成为了西部首支锁定季后赛席位的球队。这件事发生的时候，他们正在主场迎战造访的洛杉矶湖人。由于俄克拉荷马雷霆输给了达拉斯独行侠，勇士队掉到西部第九的概率变成了0%。在中场前的暂停期间，这个消息传到了甲骨文中心。"席位锁定"的四个大字在场内的LED显示屏上不断闪烁着，在山呼海啸的欢呼声中，勇士带走了一场胜利，将战绩改写成了53胜13负。

接下来又是一波惊人的12连胜。金州最终以67胜15负的战绩告别了这个伟大的常规赛。他们比西部第二高了足足11个胜场，同时，2014—15赛季的勇士队也成了NBA历史上第10支达到67胜的球队。

每当工作人员在节末把数据表递给板凳席旁的科尔时，他的目光只聚焦在上面的三行数字：勇士队的助攻数、失误数，还有对手的投篮命中率。这是他

---

[1] 出自我在2016年12月对鲍勃·迈尔斯的采访。

最在意的三项数据。虽然金州的失误数排在联盟中游，但他们场均27.4次的助攻领跑所有球队，并且每场能把对手的投篮命中率限制到联盟最低的42.8%。这支恐怖的勇士在篮板数、抢断数和盖帽数上都排进了联盟前6。他们的进攻效率排在第二可能不算意外，但真正惊人的数据在于，他们成为了37年间唯一一个同时领跑单赛季防守效率和进攻节奏的球队。① 这支勇士跳脱于现代篮球的一切传统框架之外，他们让这项运动看上去轻松而迅捷。

虽然库里会斩获MVP已经成了一件篮球界心照不宣的事，但反对的声音依然存在，特别是他的老恩师马克·杰克逊公然表态称，如果他有投票权的话，他会选择休斯敦火箭的詹姆斯·哈登。② 杰克逊是在4月2日发表的这番言论，所以安德鲁·博古特对这件事评价就显得颇为中肯："好吧，他可能还在过愚人节。"③（杰克逊整个赛季都在为ESPN做勇士比赛的转播工作，他在解说中常常数落这支球队。2015年1月，杰夫·范甘迪在一场比赛中对科尔的工作表现赞不绝口，杰克逊随后强调说："你不能大肆吹捧一只蝴蝶，但却瞧不起之前的那只毛虫。"）

但库里还是轻松拿到了常规赛的MVP。他收获了首轮130张选票中的100张，成为了勇士队西迁以来的首位最有价值球员（勇士队史的上一位MVP是1960年的费城新秀威尔特·张伯伦）。库里也是史上首位多次单场砍下10记三分和50+得分的球员。他32.7分钟的场均时间是所有MVP中的最低值，这侧面证明了勇士对球员健康的重视并不意味球员必须要有所牺牲。

德拉蒙德·格林，这个意外当上首发的年轻人，逐渐成了球队"精气神"的化身。他在最佳防守球员的票选中仅落后于圣安东尼奥的科怀·伦纳德，与奖杯遗憾错过；克莱·汤普森的239记三分排在历史单赛季三分数的第9位；哈里森·巴恩斯打满了82场比赛，场均得分首次上双。

季后赛首轮比赛将在三天后打响。眼下这支金州军团经历过战火的洗礼，

---

① 约翰·舒曼，《勇士队在比赛节奏上试图改变潮流》，NBA.com, 2015.3.6。
② 出自《丹·帕特里克秀》的官方YouTube频道音频资料（《马克·杰克逊做客丹·帕特里克秀（全部采访），2015年4月2日》）。
③ 出自伊桑·舍伍德·施特劳斯在2015年4月2日发表的一条推特。

却没留下半点伤痕。五位首发在本赛季都至少出战了65场比赛，但他们目前都没有任何明显的伤病在身——这要归功于勇士的训练团队和分析团队，他们取得了球员们的信任，采用了许多有科技含量的新技术。赛季开始之前，科尔说他们的口号是"众志成城"（Strength in Numbers）。①在这一指导理念的推动下，团结一致的勇士最终成为了联盟第一。

在季后赛的备战阶段，科尔搬出了一个老法子。这是他在圣安东尼奥时从格雷格·波波维奇那里偷师学来的。波波维奇喜欢把所谓的"适度恐惧"挂在嘴边，一般当你遇到那些容易击败的对手时，你就需要回忆起这种感觉。②因为世界上最糟糕的事恐怕就是被一个弱小的敌人打倒在地。为了让他的球队保持专注，科尔在赛季中不时会提起这个词。③赛季末差点栽到明尼苏达（联盟最差球队）手里之后，科尔又无意间引用了波波维奇发明的这个短语："我觉得球员们已经为季后赛做好准备了，他们想要打季后赛。当季后赛真正到来时，我相信我们会找回锋芒。像我之前说的，我们的'适度恐惧'也会找回来。我们将成为一支更敏锐的球队。"④

作为西部的头号种子，联盟最佳战绩的缔造者，金州勇士将继续生存在"适度恐惧"中，只要这种感觉还能带给他们前进的力量。

---

① 勇士队也想保护他们的知识产权。他们在2015年6月（夺冠的两个星期前）申请将"众志成城"（Strength in Numbers）注册为属于有限责任公司金州勇士队的商标（序列号86652408）。

② 史蒂夫·科尔，《畏惧极致》，雅虎体育，2007.5.28。

③ 戴蒙德·梁，《勇士队面临艰难客场赛程，连胜可能终止》，《圣何塞水星报》，2014.12.12。

④ 出自科尔的赛后采访，该段音频出自勇士队的SoundCloud页面，标题为"史蒂夫·科尔——2015年4月11日赛后采访"。

第八章

弑君者

2014—15赛季季后赛

1977年以来，勇士队第一次连续三年闯入季后赛，看起来他们已经做好了准备，不仅仅能够实现拉科布进入西部决赛的目标，甚至有可能在时隔四十年后再一次夺得总冠军。他们以NBA历史第十出色的战绩结束了常规赛，并且创下了一项纪录：联盟历史中，前一个赛季拿到50胜以后在接下来一个赛季中战绩提升最多的球队（多赢了16场）。不过，达成这样的成就也会给人一种感觉，如果他们不能一只手触及总冠军，那一切都是浮云。

　　摆在眼前的第一个障碍是季后赛新军新奥尔良鹈鹕队，他们由肯塔基大学出品的内线巨兽安东尼·戴维斯领军，尽管这位年轻球星只有21岁，但三年以来，NBA中与他对位的大前锋和中锋一直在被他蹂躏和碾压。他连续两年领跑联盟盖帽榜，同时在2014—15赛季场均拿到24分10个篮板。站在他身边的，是由泰雷克·埃文斯、埃里克·戈登和朱·霍利迪组成的后场三人组。埃文斯曾在2010年击败斯蒂芬·库里拿到年度最佳新秀，并且在本赛季以场均16分位居队内第二得分手；戈登（每场拿到13.4分）和霍利迪（14.8分）在外线都颇具威胁。此外，他们还拥有身高6英尺10英寸（2.08米）的替补大前锋瑞安·安德森，他可以像侧翼球员一样拉开空间投入三分。鹈鹕队这批远程火力猛烈的得分手足以让赛场下起三分雨，从而迫使比赛进入本不该有的焦灼状态。新奥尔良甚至一手制造了金州的常规赛第15败也是最后一败。4月7日，鹈鹕以103比100惊心动魄地战胜了勇士队，这场比赛中，勇士队只有两位球员得分上双，而戴维斯则用29分10篮板4盖帽和0失误的成绩单统治了比赛。

　　不过无论如何，金州最终还是在一周之内就把新奥尔良从季后赛中扫地出门了。甲骨文中心两场平淡无奇的胜利以后，在克雷森特城的第三战，勇士落

第八章 弑君者
2014—15赛季季后赛

后20分进入第四节。然而，他们不仅成功把比赛拖入了加时赛，还以123比119取得了胜利，库里全场得到40分9助攻；比赛的第三节、第四节和加时赛，他都是全场得分最高；他还在常规时间的最后12秒投入了两记三分，强行让比赛继续进行。这是勇士队历史上第一次在至少落后20分进入第四节的情况下赢球；之前他们遇到这种困境时的战绩是0胜358败。

诚然，鹈鹕也的确不是什么有说服力的对手，但这样逆转取胜还是会在勇士队内部形成一种天命所属的氛围。他们从来没有真正地失去比赛状态，哪怕是比赛还有6分钟落后17分的时候。第四战库里39分9次助攻的成绩单背后，是勇士队以一场109比98的胜利结束系列赛，然后便进入了漫长的七天休息期，直到他们遇上下一个对手。

第二轮面对孟菲斯灰熊，对于金州来说会是更加严峻的考验。孟菲斯的建队模式更贴近NBA的传统风格。他们的场均三分出手数联盟倒数第二，阵容中也没有场均能超过20分的得分手。但是他们的得分分布非常均衡——常规赛中有五位球员场均得分上双——而且他们有着联盟第三好的防守，每100次球权只让对手得到102.2分，和勇士队不相伯仲。然而，孟菲斯的进攻不像金州一样，以快节奏取胜，他们的进攻速率排在NBA倒数第五。灰熊队可以通过控制比赛节奏摧毁勇士队的进攻，扼制住来来回回的攻防转换以及高速快攻，让双方的对决陷入一板一眼的半场攻防。金州勇士要想更进一步，要么牢牢把比赛控制在自己熟悉的节奏之下，要么立马做出适应和调整，以最灰熊的风格击败灰熊，而当时的情形下，后者可能才是更有效也更现实的方式。

从101比86的比分上来看，勇士队还算是快刀斩乱麻地拿下了第一场，而事实上比赛的激烈程度远远不是15分的分差能反映出来的。尽管库里得到了全场最高的22分，金州的命中率超过了五成，三分命中率也高达46%，但真正支配了比赛节奏的其实是灰熊队，只不过这场比赛中，他们在攻防两端的执行力都稍显欠缺。

第二战，孟菲斯就翻转了剧情，他们通过更彻底地贯彻自己的打法风格以97比90让整个金州为之震颤。那个夜晚，没有一位勇士球员能拿到20分以上，球队的整体命中率也降到了42%，三分命中率甚至跌至可怜的23%，20次失误最终转化为拱手送给灰熊的22分。勇士队的更衣室中第一次感到了千斤重压落在眼前。"所有人都期待我们一路奏凯、所向披靡，没人会想到我们会在主场输球,"德雷蒙德·格林在更衣柜旁接受采访时略带自嘲地说。"而现在,整个世界都崩塌了,湾区遭遇了一场大地震!"格林的这套说辞明显有些不尊重对手,但甲骨文中心球馆受到的震撼是真真切切的。

科尔觉察到球队丢掉了以往的那股子自信,而20次失误是万万不可接受的。"他们配得上这场比赛的胜利,"科尔在战败后谈及孟菲斯时说。"我们被他们打得屁滚尿流。"

然而,勇士队的屁股上真正被狠狠踢了一脚是在三天之后,孟菲斯以99比88再下一城。灰熊队半场就以55比39领先16分,勇士队整晚都处于疲于追赶的被动状态。命中率方面,勇士队的状态和第二战一模一样,毫无改观。库里出手了21次但只拿到了少得可怜的23分。灰熊队抢到了更多的篮板,失误也更少,甚至连助攻都比勇士多。这是一场全方位的落败。灰熊队由托尼·阿伦、扎克·兰多夫和马克·加索尔领衔的防守可以说是众志成城、坚忍不拔。反观勇士,估计他们自己也没弄明白怎么就系列赛1比2落后了,科尔必须要在总比分进一步拉大之前找到方法瓦解灰熊队密不透风的防守。

助理教练罗恩·亚当斯是勇士队防守的首席架构师,曾经有人这样形容他——"漫画中充满智慧的教练形象,对于篮球充满学术追求的思想家"。[①]亚当斯想出了一条妙计。[②]身高达到6英尺4英寸(1.93米)的阿伦是灰熊队最好的一对一防守者。如果勇士队想让他无法发挥应有的作用——或者收获更好的结果,直接找到迫使他待在板凳席上的办法——那么勇士队的进攻就能够得到解放,变得更加行云流水、更加具有创造性。亚当斯建议科尔派上7英尺(2.13米)中锋安德鲁·博古特,并且让他在防守端对位阿伦。更具体的战术指示是,博古特只有在阿伦杀入油漆区的时候才会管他。只要阿伦孤零零地待在外线,他就能获得大把诱人的、彻彻底底的空位投篮机会。

为什么这样的错位防守策略能够帮到金州勇士队?因为阿伦整个赛季里都是一个糟糕的投手(命中率仅为32%),季后赛生涯中,他的三分命中率更是糟糕透顶,超过100场的比赛里只有10%的三分出手落入篮网。如果勇士队要输掉第四

---

① 伊桑·谢伍德·斯特劳斯,《勇士如何打造NBA顶级防守》,ESPN.com,2015.2.4。
② 杰夫·法劳多,《勇士用计摆脱托尼·阿伦》,《圣何塞水星报》,2015.5.12。

战,那也只能是死在阿伦的跳投之下,与此同时,博古特能够被解放出来去协防其他杀入禁区的对手。阿伦错失的投篮越多,灰熊队主教练戴夫·乔格尔身上的压力就越大,必须从场上拿下自己最坚固的防守大闸的感觉也就越强烈。阿伦一旦被放逐到板凳席上,勇士队就能在进攻端获得更多的操作空间,找到好的三分出手机会,并且在低位击垮灰熊队大个子(兰多夫和加索尔)的概率也会增大。

最终,这一策略起到的效果可以说是完美的。由于博古特基本忽略掉了处在外线的阿伦,这位灰熊队的侧翼球员第一节就出手了3次三分球——比整个赛季里任意一场比赛的三分出手都多——而且全部打铁。反观勇士队,由于阿伦下场,进攻端有更多的空间,库里半场比赛就拿下21分4助攻,勇士队也取得了17分的领先优势。

下半场比赛,赛场上几乎看不到阿伦的身影,第三节还没打多久,他就三投尽失。还没过5分钟,乔格尔就雪藏了阿伦,除了第三节最后10秒,就基本没再派他上场了。最终,尽管失误还是高达21次,篮板也没有对手抢得多(45对49),甚至助攻都相对较少(22比24),勇士队仍旧以101比84获得了胜利。前两场比赛中三分球52投仅仅12中的勇士队在本场比赛里三分33中14(命中率42.4%)。攻防两端,阿伦都可以说是彻底隐形了。

"对手用中锋来对位你的首发得分后卫,这种情况非常少见,"乔格尔在赛后第二天说,他还补充说阿伦正遭遇腿筋伤痛的影响,第五战甚至随后的比赛都有可能无法出场。[1]实际上常规赛最后两周,阿伦已经因为腿筋扭伤休战了,但季后赛以来,他一场比赛都没缺席过,而且对阵勇士队的第四战中看起来身体状况很好,乔格尔在赛后接受媒体采访时对于阿伦的伤病复发只字未提。[2]不过,从某些角度上来说,阿伦可以说是真的受伤了。灰熊因为勇士一个小小的防守策略,就想要舍弃他们最出色的侧翼防守者,这一点令人难以置信。一系列事情都很奇怪,但不管怎样,情况对于孟菲斯非常不利。

第五战在甲骨文球馆打响之前,阿伦真的被从官方出场阵容中拿掉了,而

---

[1] 伊桑·谢伍德·斯特劳斯,《勇士如何打造NBA顶级防守》,ESPN.com,2015.2.4。
[2] 出自乔尔格赛后接受媒体采访时的讲话,该采访存储于勇士队SoundCloud的页面上,标题为"戴夫·乔尔格赛后采访——2015年5月11日"。

勇士队也以98比78轻松取胜。从金州的标准来看，比赛节奏慢得令人难受——一晚上只打了87个回合——但勇士队也以三分雨的方式（30中14，46.7%命中率）适应了下来。灰熊队开场先声夺人，在首节还剩两分钟的时候取得了两位数的领先，随后勇士队打出一波11比0的高潮，以26比25反超。

从此之后，灰熊再也没有领先过。

科尔称第一节末尾的一波冲击是一个"奇迹"，他不愿意看到球队在开场的时候表现得那么紧张。不过无所谓了，勇士队每一节的得分都比灰熊队高。争取到了在孟菲斯终结系列赛的机会之后，科尔只想给球队传达一个信息。"你们可别胡来，把事情搞砸了，"他对队员们说。"你们要把比赛拿下来。"①

第六战，勇士队并没有像想象中那样以20分的优势摧枯拉朽地拿下比赛，但是108比95的比分足以让一切在孟菲斯就画上句号，1976年以来，他们第一次进入西区决赛。阿伦在本场比赛中回归了孟菲斯的首发阵容，但还没打6分钟就被拿下了场。很明显他的机动性受到了限制，尽管博古特再一次在一决生死的比赛中对身处外线的他完全无视，灰熊队还是没办法承受在进攻端4打5的痛苦。金州的防守将灰熊的命中率限制到了只有37%，三分命中率更只有可怜的25%。

库里的32分对于勇士来说简直是太奢侈了。而他一个系列赛投进的26个三分球呢？比灰熊全队加起来都多。

也许灰熊这道坎儿比原本想象当中的更难跨越，勇士队遇上了一个逼迫他们不得不临时做出重大调整的难缠对手，但他们还是以一波三连胜把系列赛的胜利带回了家。科尔早早就感觉到了系列赛胜利的天平正朝着对手倾斜，要想扭转局势，当需一剂猛药。而对于仅仅是一位助教的罗恩·亚当斯来说，他的锦囊妙计能够得到如此的信任和重用，也是一件非常值得关注的事情。在未来的几周里，更多的调整和改变会随着战局的变化发生，而正是团结一致、鼓励球队指挥系统中各个层级都发声献策的球队文化拯救了勇士队的整个赛季。

过不了多久，类似的剧情会再一次上演。

---

① 出自2015年5月13日科尔的赛后采访。

第八章 弑君者
2014—15赛季季后赛

另外一边，拥有无限智慧的篮球上帝将休斯敦火箭队送入了西区决赛，而不是依靠着联盟最高进攻效率（每100次球权得到112.4分）拿到56胜的快船队。快船的两分球命中率联盟顶尖，三分命中率和场均助攻数都位列联盟第三，同时还只交出了联盟第二少的场均失误。基于三分球、两分球和罚球各自分值计算的真实命中率方面，勇士队（57.1%）和快船队（56.5%）分列联盟的一二位。在经历了2014年季后赛首轮的火星撞地球之后（快船4比3淘汰了勇士），假如他们在2015年再碰上，那赛前媒体炒出来的噱头和宣传肯定会天花乱坠到让人无法忍受的地步。

火箭和快船的常规赛战绩都是56胜26负，但由于火箭队拿到了球队21年以来第一个西南赛区冠军，他们获得了二号种子的位置，这也就意味着他们拥有对阵快船的主场优势。然而，反倒是快船以一场又一场极具说服力的大胜（赢16分、25分以及第四战的33分）取得了3比1的领先。已经失去帕特里克·贝弗利（顶级外线防守者）和多纳塔斯·莫泰尤纳斯（低位得分威胁）的火箭队，依靠着MVP候选人詹姆斯·哈登的超级表现连扳两城，把系列赛拖入抢七。随后，尽管克里斯·保罗、布雷克·格里芬和德安德烈·乔丹表现得非常英勇，分别拿到26分10次助攻、27分11个篮板以及16分17个篮板，快船队还是在最关键的生死战中以100比113落败。哈登交出31分8助攻的答卷令人兴奋，但真正摧毁快船希望的是在三分线外发挥超常的约什·史密斯（常规赛三分命中率31.6%）和特雷沃·阿里扎（常规赛三分命中率35%）。系列赛最后三场比赛中，阿里扎的三分26中13，其中还包括第七战的12中6（其中有两记发生在关键的第四节）。比赛后段还落后20分的情况下，洛杉矶快船好不容易把分差拉近到了8分，然而阿里扎在终场哨响前56秒的三分球帮助球队锁定了胜局。火箭拿下系列赛的后三场胜利中，史密斯的三分也有五成命中率（14中7），而快船队不得不再一次思考那个他们始终未能解决的问题——什么时候才能队史第一次进入分区决赛。

不过，快船队被淘汰其实对勇士队有利，金州即将对阵的是一支离全员健康有很大距离的火箭队，更别说后者刚刚恶战七场拼掉了三层皮才淘汰一个极难跨越的对手。火箭只有一天的休息时间，就要飞往奥克兰，而在那里，经历过与孟菲斯激烈系列赛的勇士队已经用三天时间充电回血了。

在很多方面，火箭队与勇士队有着相同的基因，其球队框架是由总经理达雷尔·莫雷一手搭建的，他是MIT斯隆体育分析大会的创始人之一，也是该会议多年的灵魂人物。可以说，这支火箭队就是现代化篮球分析运动的具象化身，相较于其他攻击手段，他们更青睐攻击篮筐（因为命中率更高）和三分球（因为会比两分多一分）。根据SportVU采集的数据，常规赛中，三分球占据了他们出手的39.4%，远高于金州勇士的30.9%，而10英尺（3米）以内的近距离投篮占据了其出手的48.4%，也要比勇士队的43.3%要高。这也就意味着他们有88%的投篮要么是近距离出手要么是远投三分——这个比例高得惊人，但这正是莫雷想要的。

不过，虽然火箭队在进攻选择分析上和勇士队很像，但他们在效率方面处于下风。作为场均出手三分第四多的球队，勇士队的三分命中率领跑联盟（39.8%），反观火箭队，尽管他们场均三分出手数联盟最多，但他们的命中率只排到联盟的14位（34.8%）。虽然从命中数上来说，火箭队比勇士队还是多一些（场均11.4对场均10.8），但他们也投丢了更多的球，意味着对手有更多抢防守篮板的机会——金州在这项数据上联盟第四，也会给对手更多创造快攻得分的机会，勇士队当然是这方面的领头羊，场均通过快攻拿到20.9分。

虽然火箭队常规赛防守排名联盟第八（每100次球权只让对手得到103.4分），但现如今他们因为伤病人手短缺，仅剩的战斗力还疲惫不堪。面对这样的对手，勇士内部对于晋级充满信心。

然而没过多久，火箭队就向世人展示了，他们跑到奥克兰可不是就为了被头号种子胖揍一顿的。第一战打了一节半以后，客场作战的火箭队反倒领先了16分。但在接下来的6分钟里，勇士队打出一波25比6——库里20英尺（6米）处的压哨球为它画上了休止符——在半场时取得3分领先。

这一晚，肖恩·利文斯顿拿到18分，其中有10分是在第二节的大反扑中得到的，而这一切的发生起源于科尔启用了一个修改版的"小球"阵容，让高1英寸（2.54厘米）的利文斯顿打伊戈达拉的位置。"当我们打小球的时候，"这位身高6尺7寸（2米）的替补控卫赛后说，"其实并不是真正的小球。"这套阵容把格林放在中锋的位置，不论是高塔般的德怀特·霍华德（当时左膝非常脆弱）还是其替补克林特·卡佩拉，都没办法限制住他。格林最终交出了13分12个篮板以及全队最高的8次助攻。火箭只能靠着詹姆斯·哈登和约什·史密斯的表现（两人分别在第四节拿到10分和8分）咬住比分，但全场拿到34分的库里在赛末连得7分，帮助勇士队以110比106拿下了比赛。

第八章　弑君者
2014—15赛季季后赛

第二战，赛后只看一些关键的技术统计的话，会误以为勇士队赢得轻而易举。金州全队31次助攻，篮板和休斯敦打平（都是39个），命中率高达53.2%。但哈登（28分10篮板9助攻）和霍华德（19分17篮板）联手发威，总共32投21中（65.6%的命中率），把勇士队惊出了一身冷汗。火箭队的问题在于没有其他人能站出来做贡献、打出像样的表现。特雷沃·阿里扎和约什·史密斯加起来25中8只拿到17分。金州在替补得分上以20比15胜出，与此同时，博古特还贡献了5次盖帽。这样的阵容深度和防守强度左右了本场比赛的战局。库里例行拿下33分，而哈登没有处理好终场哨响前手中的最后一次进攻球权，勇士队最终以99比98有惊无险地取得了胜利。比赛中，不管休斯敦如何尝试反扑，金州都能把攻势阻挡回去。

在休斯敦的第三战，金州反而打得更加轻松愉快，110比85的大胜背后是库里19次出手拿到40分。靠三分吃饭的火箭队这一晚就死在了自己的成名绝技上，25次出手丢了20个。在防守端，他们也没办法施加任何压力，勇士队上半场仅仅出现1次失误，这也是2012年12月以来他们第一次半场失误少于或等于1次。拿下这场比赛以后，明眼人都能确定勇士队已经踏入NBA总决赛了，在七场四胜的系列赛中，一共有116支球队曾以0比3落后，没有一个能够实现翻盘。而13场系列赛只输了2场的勇士队，季后赛胜率（84.6%）已然超过了常规赛（81.7%）。

勇士队输掉第四场也算是情理之中，火箭队打出了与他们淘汰快船时同级别的表现，赢球也就是自然而然的事情了。哪怕是库里、汤普森和格林都拿到并列全队最高的20分，但也抵挡不住哈登22次出手就取下45分。阿里扎和史密斯联手拿下37分，火箭队终于看到了他们急需的额外火力支持，并最终以128比115取胜。

让勇士队更担心的其实是库里在第二节时重重跌落在地上，当时火箭队领先19分。这位MVP球员被阿里扎的假动作晃起后飞到了空中，随后下落时不幸头和脖子先着地。经过一段时间的处理和休息，他还是回到场上并打了第二节的大部分时间，但那一刻总归是让人心惊肉跳。中场休息过后，库里仍然和医疗团队、总经理鲍勃·迈尔斯还有急忙从看台走下来的父亲戴尔·库里待在更衣室中。尽管库里中途回到场上，并且打完了比赛剩余的18分钟，火箭队的势头已经难以阻挡了。赛后，库里坦承这是他职业生涯经历过的最恐怖的一次跌落，但他也确实没事："这种情况下，你所要想的就是调整自我，重新出发，然后相信过程。"①

现在，系列赛将回到奥克兰，并且充满了加冕仪式的意味。

已满两岁的莱莉·库里离开甲骨文中心的篮球场后没过五分钟，便回到了勇士主场极其稀少的家庭套间之中。大多数的亲朋好友仍旧留在场地上庆祝、自拍，挥舞着黄色发带，但莱莉的爷爷戴尔·库里，那个曾经在NBA征战16年的老江湖，知道如何安然离开一个喧嚣的球场，正是他把莱莉带到了没有吵闹的地方。

戴尔抱起自己孙女的时候，笑着在她的脸颊上亲了一下。②他的脸上不仅写满了一位祖父的爱，还有看着大儿子正带领球队前往与冠军咫尺之遥之处的那种骄傲。

没错，如往常一样，又是史蒂芬帮助勇士队确保了一场稳稳当当的关键胜利，比分为104比90。库里对于勇士队来说是无所不能的，24分8篮板6助攻5抢断的成绩单满足了球队所有的需求——这样激励人心的表现还是在第四战那骇人的一摔后打出来的。那次意外瞬间就成了过眼云烟，此时此刻，勇士队正朝着NBA总决赛进发。

离总冠军只有四场胜利了。

"我总是会想起帕特·莱利的一句名言：当你执教NBA的时候，会有胜利，也会有不幸，"斯蒂夫·科尔在取得比赛胜利后说道。"他说的没错。大多数时间里，胜利更多地是一种宽慰。但是勇士队40年以来第一次进入总决赛，可不只是一种宽慰，而更是一种喜悦。我的球员们正在感受这种喜悦。"

科尔的判断十分准确。更衣室里的确情绪高涨，但没过多久，球队就回归专注。一开始还有人放音乐，后来便停了；大家聚在一起开怀大笑，但是没有人有过度的表现。当一位记者把技术统计表递给库里的时候，后者对于哈登的12次失误表示震惊，而格林则在一旁刷自己的Snapchat。每个人都从容地更换着衣服。弥漫在整个更衣室中的成就感到了肉眼可见的地步，但毫无疑问，他们的终极目标还未完成。"我为我们今晚的表现感到自豪和喜悦，"库里说道。

---

① 出自2015年5月25日库里的赛后采访，由ASAP体育转录成文字。
② 我在从甲骨文中心的媒体室走向赛后采访厅时目睹了这一幕。

第八章 弑君者
2014—15赛季季后赛

"我们有一周的时间，做好总决赛的准备，调整我们的心态，部署我们的作战计划。"

第五战中勇士队全方位碾压了火箭队。德怀特·霍华德在中锋的位置打了42分钟，但篮板球方面却是勇士队以59比39远远胜出。勇士队的快攻得分（26比20）、油漆区得分（50比34）、二次进攻得分（18比8）都占据优势。安德鲁·博古特打出了几年来最诡异的数据：出场19分钟，1投0中得0分，但是抢到了14个篮板，送出了2次盖帽。哪怕是季后赛场均得分只有10分的哈里森·巴恩斯，都打出了两个月以来最好的表现，得到24分。

唯一让人心头一紧的是克莱·汤普森，上半场得到两队最高的15分的他在第四节的时候被对手的膝盖顶到了脑袋，当时这位勇士队的双能卫做了个投篮假动作，而特雷沃·阿里扎重重地撞了上去。尽管赛后出现了脑震荡的征兆，但他还是能够在总决赛前及时恢复。金州现在有数天时间来养伤休息，准备迎接他们竞技体育生涯最大的挑战。

像第一战赛后一样抱着莱莉出席新闻发布会的库里，给出了一番关于球队从马克·杰克逊治下转变到史蒂夫·科尔领军的最深刻的评论。

"那是一个艰难的夏天，"库里说道。"在与快船恶战七场的系列赛中，我们已经证明了自己、看到了未来，突然换教练是一个巨大的冲击，但我觉得要把这件事情考虑成两个完全不相关的决定。对于炒掉杰克逊我并不认同，但我也认为管理层在雇佣正确的教练方面做得很好。很明显，在挑选接任者上管理层慧眼识人。我们在季前训练营期间开始积极准备，以了解和适应科尔'让球和人动起来'的篮球哲学。同时也保留了前两个赛季由杰克逊建立起来的防守体系，并把它带入了一个全新的层次。科尔是个很谦虚的家伙，他知道自己接手了一支充满天赋的队伍，他也为我们已经积攒了一些信心和经验感到庆幸，我们并不是一支重建中的队伍，所以我们已经为打出一个伟大的赛季做好了准备。而且我觉得我们已经超出了绝大多数人的预期。"

"不过作为球员，不管他人对我们期待如何，冠军肯定是我们望眼欲穿的。能走到这一步实在是太好了：距离冠军只差四场胜利。"

接下来，他们需要做的，就是击败世界上最好的篮球运动员。

2015年6月4日的克里夫兰骑士对于任何球队来说都是块硬骨头，不管他们的对手自认为有多出色。勒布朗·詹姆斯连续第五年进入NBA总决赛，并且在已经进行了6周的季后赛中大放异彩、全面开花，14场比赛场均27.6分10.6篮板8.3助攻1.8抢断1.3盖帽。

但这样高产的数据是有代价的，詹姆斯每场季后赛要出手25次，比常规赛多了6次，而命中率却只有42.8%，比常规赛低了6个百分点。他的三分球也同样跌入谷底，从35.4%下降到了17.6%。他肩负着巨大的压力，但是季后赛能打到这个地步，依靠的就是不惜一切代价赢下比赛。如果出手40次只拼到35分但是能赢球，那你就得这么做。

整个赛季中，詹姆斯身边的两位火枪手凯里·欧文和凯文·乐福——都是三届全明星球员，一直以詹姆斯为榜样。除了因为突发的膝盖炎症而缺席两场东部决赛，欧文前三轮季后赛的表现还是很突出的，场均18.7分，三分命中率高达48.1%。但与此同时，乐福在首轮对阵波士顿的比赛中为了争抢一个球而和凯尔特人中锋凯利·奥利尼克纠缠在了一起，随即胳膊便被后者拽脱臼了。三天后，乐福不得不接受手术，并且至少要老老实实地在场边呆上四个月。诚然，他在克利夫兰的第一个赛季是有些挣扎，常规赛数据的下降幅度令人震惊。但乐福在对阵波士顿的前三场比赛中看上去已经在逐渐找回状态了，场均18分9篮板47%的三分命中率，而骑士队也三战全胜。

现如今，少了首发大前锋，骑士队依然淘汰了一个又一个自认为是冠军有力争夺者的对手。横扫波士顿之后，他们通过6场比赛淘汰了芝加哥，然后又以极具统治力的方式4场横扫常规赛拿到60胜的东部头号种子亚特兰大老鹰。这四场比赛中，詹姆斯只差零点几次助攻就能实现场均三双的壮举（30.3分11篮板9.3助攻）。这也是克利夫兰这座城市51年来第一次拿到职业体育的冠军（哪怕只是东部冠军），而詹姆斯表现出来的水准会让你觉得：一切皆有可能。

七战四胜拿下金州？看起来并非易事，尤其是他们还少了乐福，但可能性肯定存在。另一边，勇士队充分利用西区决赛后的休息日从积攒的疲劳与伤病中恢复。从库里第四战头部着地到汤普森第五战被膝盖撞头——都和休斯敦的特雷沃·阿里扎有关——金州对于伤病是有一些恐慌与担忧的，但随着总决赛的临近，这些也就根本不是事儿了。作为能把一只手戴满总冠军戒指的老江湖，科尔知道如何帮助球队集中注意力并且做好准备。没有什么办法能缓解他们心中的紧张情绪，也无法阻止他们对于一段全新体验的疯狂期待，但让他们

第八章 弑君者
2014—15赛季季后赛

在此时此刻脚踏实地的秘诀，就是让所有人不要想得过多，也不要超前行动。只有拿下了第一场，你才会去想第二场，以此类推。科尔给全队讲述了他在芝加哥和圣安东尼奥赢得总冠军的故事，他也让卢克·沃顿分享了两年多以前跟随湖人队拿下总冠军的经历。"一旦你走上球场，一切就会回归正常，"科尔在第一战赛前说道。"这仍旧不过是一场篮球比赛，但你们已经走到了这一步，最好的方式就是尽可能地忽略周围的一切干扰。"正如比赛跳球前他在更衣室里所说："当我们走出去，我们就会放松下来，我们会打得很开心。我们通过努力赢得了总决赛之旅的门票，我们应该享受每一秒钟。"[1]

对阵克利夫兰的第一战是一场充满肾上腺素的篮球比赛。骑士队八年来第一次进入总决赛，而勇士队离上一次总决赛之旅已经好几十年了，两支球队都想要先声夺人。

骑士队开场便取得14分的领先，但勇士队在半场结束之前顽强地把分差缩小到3分。第三节最后时刻，伊戈达拉抢断了詹姆斯手中的球，然后马不停蹄地转换快攻得分，把比赛改写成73平，双方以同一起跑线进入第四节。"他没有勒布朗壮，"科尔赛后说道，"但他也足够强壮了。他也许和勒布朗体重有差距，轻50磅（22.7千克）甚至可能更多——但安德烈很明白自己在干吗。"伊戈达拉后来提到，防守詹姆斯的那种激烈与兴奋会让你充满压力，而这种压力是完全无法消化掉的。这让他想起小时候无忧无虑打球的感觉。"当你进入了玩耍的状态，作为一个孩子，你肯定会全身心投入的，"他说。"你在家里的时候，玩起来总会是不管不顾的。当你找回当年那种感觉，你只会安心打球。"

当全场拿下26分的库里在常规时间还剩53秒时于20英尺（6米）处完成干拔跳投，金州以98比96领先，看上去一切基本上稳了。但是季莫费·莫兹戈夫在还剩32秒时的两罚两中再次把比分扳平。回到进攻端，库里的突破上篮被身后追上来的凯里·欧文盖掉。最后6秒，詹姆斯和伊曼·香珀特都有机会帮助骑士队拿下比赛，但他们的尝试最终没有转化成得分。

加时赛还剩2分20秒的时候，克利夫兰突然遭遇不可挽回的损失，整晚让库

---

[1] 出自NBAYouTube频道上的一段更衣室视频，标题为"总决赛全记录：新秀教头科尔和布拉特的较量"，上传于2015年6月4日。

里束手无策、拿到23分6助攻的欧文在突向篮筐时滑倒，并且严重地扭到了逼迫他缺席两场对阵亚特兰大的东部决赛的左膝。已经领先4分的勇士队回到球场以后，由巴恩斯投入一记左侧底角三分，把分差进一步扩大到7分。欧文则一瘸一拐地走回了更衣室，骑士队直到加时赛还剩10秒的时候，都一直未能再得分，而勇士队则以108比100取得了胜利。

第二天一早的核磁共振检查确诊欧文膝盖骨折，他的季后赛之旅也随即画上了句号。他和乐福都无法出场，克利夫兰只能在缺少二当家和三当家的情况下打完总决赛。顶替欧文出任首发的是澳大利亚的NBA二年级生马修·戴拉维多瓦，他大学时期曾效力过距离奥克兰只有10英里（16千米）的湾区的圣玛丽学院。这也就意味着，相较于欧文的高产，骑士队将遭受数据统计上的大幅度缺失——这位替补后卫在常规赛场均只有5分3助攻——但骑士队别无选择。而且戴拉维多瓦还一直有着"动作很脏"的坏名声，东部决赛两次备受瞩目的大动作都来自于他，这也是布拉特不得不忍受的。哪怕骑士队在第一战有欧文的时候，勇士队也能大体上执行他们的比赛计划。骑士队在季后赛可以把对手的三分命中率控制到仅仅28.1%，但是科尔的球队在外线27投10中（命中率37%）。他们的篮板以48比45胜出，并且只交出了12次失误。他们的进攻并不算爆炸——53分钟只有24次助攻命中39球——但是一场总决赛胜利就是一场总决赛胜利。詹姆斯虽然拿到44分，但也出手了38次；这样的结果是金州非常乐意接受的。

有加时赛的比赛往往是难解难分的，但是在第二战，情况和上一场完全不同。这一次，骑士队在比赛末期取得了主动权，常规时间还剩3分15秒时领先11分，直到勇士队开始奋力反扑。还剩10秒，当时18投丢掉14球的库里从弧顶处切断了勒布朗·詹姆斯和特里斯坦·汤普森的防守连线，在毫无压力的情况下小抛投得分，比赛来到87平，再次进入加时赛。

但库里谜一样的夜晚还在延续，加时赛中4投全失，其中还有一球是在最后7秒钟勇士队落后1分的情况下出手的。原本可能杀死比赛的19英尺（5.8米）跳投被戴拉维多瓦挥舞的双手干扰，一记三不沾，球直接落入篮筐下方詹姆斯的怀中。

骑士队以95比93胜出，勒布朗·詹姆斯39分16篮板11助攻的三双——骑士队其他人只贡献了3次助攻——真的是够多了。"我们的打法一点都不惹人喜爱，"詹姆斯提到克利夫兰的慢节奏时说道。"如果你期望我们打出性感而可爱的篮球，那就不是我们了，至少不是处于当下的我们。一切都必须要强硬……对于我们来说，以32%的命中率赢下一场总决赛的比赛，是对我们有多么顽强的最佳测试。"

得分领跑勇士队的克莱·汤普森拿到34分，但也占据了28次出手，十分低效。库里三分球15投丢掉13个，超过了约翰·斯塔克斯在1994年总决赛第七战投丢的11球，打破了NBA总决赛历史上单场投丢三分的纪录。"有时候球就是不向着你，"科尔谈到他的超级巨星时说。"球就是不进，没关系，你继续像往常一样打球就好。所有人都会遇到这种情况，我见过迈克尔·乔丹这样，也见过蒂姆·邓肯这样。这并不会影响你是何种水准的球员，没人能完全免疫这样的难熬夜晚。"其实科尔只需要回想起他1988年NCAA最终四强的比赛就够了，他在对阵俄克拉荷马大学时投丢了10个三分。他坚信库里的手感一定会回来。

真正的问题出在没有其他勇士队员能够站出来；整支球队都注意力不集中，也缺乏活力。在克利夫兰的第三战，乔·拉科布带着整个勇士队制服组倾巢而出，但金州在前三节的比赛中只得到了55分，落后17分进入第四节。库里在最后一节中狂砍17分，让比赛差距看上去没有实际上那么大。"我从来没有见过有人能像他一样运球后急停跳投，从来没有，"詹姆斯赛后说道。①

与库里的末节大爆发一样关键，詹姆斯从比赛开始到比赛结束都持续闪耀。40分12篮板8助攻的成绩单代表着绝对的统治力，而且他还有在最后一分钟对库里的连续两次抢断，帮助球队以96比91锁定胜局。

分区半决赛，勇士队就曾以1比2总比分落后于孟菲斯，但如今的情况远比当时危急。骑士队掌控了比赛的节奏，而詹姆斯的表现完全和其他人不在一个层次之上。尽管他的命中率只略高于40%，但三场总决赛他场均41分12篮板8助攻。他的三分命中率35%也还不错，而且能够随心所欲地制造杀伤，场均罚球13.3次。（对阵骑士队，勇士队全队场均罚球只有19.7次。）没错，勇士队糟糕的手感也没有得到改善——哈里森·巴恩斯在第三战8投全失只是一个极端的缩影，如果他们不能限制住詹姆斯，那就只有死路一条。

---

① 出自2015年6月9日詹姆斯的赛后采访，由ASAP体育转录成文字。

当被要求用1到10对球队承受的压力进行评级。科尔笑了。"压力大概在5.13吧，"他说。"其实我也不知道。我们正在打的可是NBA总决赛，每个人身上都会有压力。"①

"你们要写出最顶级的报道，"他补充道，"而我们则要想办法给骑士队减减速。"

第四战开打前夜，尼克·尤雷恩在克利夫兰市中心的旅馆房间里翻来覆去地看那些老录像带，直到他发现了一个也许能拯救金州整个赛季的方法。②

勒布朗·詹姆斯前三场超越人类认知的表现不只是数据上令人印象深刻，更关键的是，骑士队的进攻让勇士队的防守完全丧失了自己的节奏。当大卫·布拉特的球队一次又一次地给詹姆斯喂低位单打球或者创造出一对一机会时，比赛就戛然而止了。勇士队很少有机会能逼迫对手失误，更别说迅速攻防转换然后快攻得分了。

不是说谁篮板抢得多、助攻总数高就能赢下系列赛的，最重要的是有人能拦住勒布朗·詹姆斯。

这也就是为什么尤雷恩要去看那些录像带。他2009年从圣迭戈大学毕业以后，就一直担任学校男子篮球队的总经理，并且以实习生的身份受雇于当时在菲尼克斯出任太阳队总经理的科尔。那个时候，尤雷恩的NBA生活就紧紧地和录像带绑定在一起了。③那时视频自动识别系统SportVU还没有席卷NBA，给录像打标注的过程是非常辛苦的，而且要求工作非常细致。尤雷恩必须要花很大功夫去把比赛的各个片段划分出来——这里的进攻，那儿的防守——然后手动给发生在录像里的所有相关动作打上标签，之后才能得到制服组或者教练组可以使用的东西。

在离开总经理职位去担任解说员之前，科尔确保了尤雷恩能在菲尼克斯制服组得到一份全职工作。四年后，尤雷恩还在太阳队呆着。科尔最终前往奥

---

① 出自2015年6月9日科尔的赛后采访，由ASAP体育转录成文字。
② 李·詹金斯，《走进尼克·尤雷恩：将伊戈达拉提上首发的幕后推动者》，《体育画报》，2015.6.12。
③ 斯蒂凡·斯威特，《NBA视频协调专员的生活》，Suns.com，2010.8.19。

克兰成为新任主教练的时候,便邀请尤雷恩出任他的特别助教。当然了,他还是负责处理分析录像,但同时像安排科尔的日程、制作训练时播放的歌单这种琐事,也是由他来做。他甚至还会和布鲁斯·弗雷泽一起帮助库里进行每天最后的特别训练。科尔喜欢团队里有那种努力工作、积极向上但同时也能开怀大笑、不会对任何事情都过于严肃的人。科尔半开玩笑地称尤雷恩是他的"参谋长",并且鼓励他在觉得自己能有所贡献的时候就大胆献策。①

如今,尤雷恩正在回顾2014年总决赛的视频,当时科尔的导师、圣安东尼奥的主教练格雷格·波波维奇通过一个首发变更改写了球队的命运。双方各下一城的时候,波波维奇感觉自己的球队应该回归篮球的本质:多传球、好好防守然后打得更聪明一点。于是他便拿掉了常规赛首发50场、季后赛20场中18场首发的蒂亚戈·斯普利特,取而代之的是32岁的老江湖鲍里斯·迪奥,后者常规赛只首发24场,季后赛甚至无一首发。马刺队最终以19、21、17的大分差连赢三场,拿到了又一个总冠军。面对这样的调整,詹姆斯的数据大幅下降,而迪奥则在第四战中拿到准三双,成为了系列赛中的伟大英雄。波波维奇戏称自己的战术为"中球"。②斯普利特要比6英尺8英寸(2.03米)的迪奥高3英寸(7.6厘米),但是马刺的传球和防守却提升到了另外一个层次。詹姆斯事后称,当时简直就是在和"同时有四个控球后卫在场"的球队对抗。③

但是勇士队的情况——落后一局而非打平——更糟糕,而且尤雷恩深夜打给助理教练卢克·沃顿的电话中提到的方案更加激进,远远不止撤下一位大个子然后换上另一个那么简单。④他觉得科尔应该考虑用6英尺6英寸(1.98米)的安德烈·伊戈达拉顶替7英尺(2.13米)的安德鲁·博古特进入首发名单。把博

---

① 蒂姆·川上,《史蒂夫·科尔谈教练组:勇士智囊团的组建过程及工作模式》,湾区新闻集团,2015.5.12。

② 杰夫·泽尔吉特,《鲍里斯·迪奥:从濒临失业到NBA总决赛的耀眼明星》,今日美国,2014.6.13。

③ 同上。

④ 詹金斯,《走进尼克·尤雷恩》,2015。在第三场失利后,把伊戈达拉提上首发的想法就出现在了尤雷恩的脑中,但在当晚的球队晚宴上,他的这一建议并未得到重视(马克·斯皮尔斯,《在总决赛第四场帮助勇士获胜的神秘男人》,雅虎体育,2015.6.12)。于是尤雷恩拿出之前对阵马刺时的视频作为佐证,成功说服教练组采取这一战略。

古特放到第二阵容有点在抢篮板和保护篮筐方面自废武功的意思，但是伊戈达拉是唯一一个能像影子一样跟住詹姆斯每一个动作的精英防守者。这也就意味着6英尺7英寸（2米）的德雷蒙德·格林会出任实际上的中锋，与季莫费·莫兹戈夫对位，与此同时，6英尺8英寸（2.03米）的哈里森·巴恩斯则和大前锋特里斯坦·汤普森进行对抗。沃顿对这个方案表示赞同，他希望科尔能够一醒来就认真考虑一下，于是便在凌晨三点给他发了短信。

第二天一早，用完早餐，该战术被反复讨论。当然，对于勇士队来说，这也不是一套完全陌生的阵容。常规赛期间，库里、汤普森、巴恩斯、伊戈达拉、格林的组合一共在37场比赛里打了102分钟。这是整个赛季里科尔使用得第五多的阵容，每100次球权能比对手多得21.8分，虽然不管怎么看都已经非常出色了，但离金州最高效的五人组还是有一定的距离。要想这套阵容起到作用，伊戈达拉对于詹姆斯的防守必须要是史诗级的。

科尔祈求上苍这样的调整能够奏效。除了期望伊戈达拉可以控制住詹姆斯，这位主教练还期待球队能够借此在进攻端拉开空间，创造出更多的传球线路，从而点燃球队内部有时候看上去已经奄奄一息的火花。科尔不会在赛前就承认自己准备对首发阵容换血。直到跳球前几分钟，联盟规定要提交首发名单的最后时刻，这个改变才被公之于众。金州的整个赛季就取决于这一刻了。"如果它没能奏效，那就全是你的错，"科尔赛前和尤雷恩开玩笑说。"如果它真的有用，那功劳就都是我的。"[1]

骑士队以16比9先声夺人。特里斯坦·汤普森在不到5分钟内抢到4个篮板。尤雷恩紧张地坐在勇士队的板凳席，他倒不是有多担心自己的名声，更让他忧虑的是球队表现并不乐观。也就是这时助教克里斯·德马科向他靠过来，跟他说不要担心。[2]勇士队得到的出手机会其实不错，只不过没有投进，但该进的总会进的。

他的感觉没错。第一节结束，金州反超了7分，半场时领先优势又扩大到12

---

[1] 出自2015年6月13日科尔在训练日接受媒体采访时的讲话。

[2] 蒂姆·川上，《尼克·尤雷恩谈"死亡五小"：这个战术一定能够成功，因为我们这支球队的阵容是独一无二的》，湾区新闻集团，2016.6.3。

分。詹姆斯上半场只得到10分并且12投仅4中。第三节他状态有所复苏，8中3拿下10分，但是伊戈达拉把他防得第四节一分不得。他最终全场拿下20分，而伊戈达拉得到了赛季新高22分，博古特当晚才打了不到3分钟，勇士以103比82送给对手一场溃败。

尽管当晚尤雷恩的"小球"配置没有打出极其凶残的数据——从高阶数据来看，勇士队和骑士队在很长一段比赛时间里基本打平——但这套阵容带来的好处可是实打实的。金州整体的防守质量提高了很多——克利夫兰被逼出了季后赛的最低得分，系列赛的走向也逐渐进入勇士队的节奏。勇士队全场只有7次失误，创造了整个赛季（包括常规赛和季后赛）的新低。而且，见证伊戈达拉得分超过詹姆斯，把整支球队都从集体的消沉情绪中拽了出来，产生了很积极的心理作用。"这就像是一场街头对决，"德雷蒙德·格林说道。[①]"没有人使阴招，我们在拼尽全力战斗，他们也是如此，这也就是为什么这个系列赛这么激动人心。"

勇士队现在可以回家迎接第五战了。他们要做的，就是把在甲骨文中心的剩余比赛赢下来，这样总冠军就到手了。

赛后，科尔为赛前对媒体假装会使用博古特首发的行为发表了一番类似道歉的言论。"我不认为他们会因为道德高尚就发给你奖杯，只有你赢球，他们才会给你颁奖，"他说道。[②]"所以抱歉啦，各位。"同时，他还把变阵的功劳全部推给了尤雷恩。"他是我们团队中重要的组成部分，我不在乎好点子是从哪里来的，"科尔第五战赛前说，就像在宣读乔·拉科布亲笔所写的员工手册一样。"不管计出何处，只要是好主意，我们都会使用。"

斯蒂夫·科尔依旧使用安德烈·伊戈达拉出任首发前锋，因为你不会去修一些还没有坏的东西。詹姆斯在第四战的崩溃式表现之后找回了状态，第五战40分14篮板11助攻拿到本次季后赛的第三次三双。当晚，克利夫兰1/3的触球都经过了詹姆斯巨大的双手，但他仅仅有两次失误。

遗憾的是，勇士队的运转达到了巅峰状态。库里打出了分区决赛以来最

---

① 出自2015年6月11日格林的赛后采访，由ASAP体育转录成文字。
② 出自2015年6月11日科尔的赛后采访，由ASAP体育转录成文字。

好的一场比赛，23次出手得到37分。第三节锁死克利夫兰只让他们得到17分之后，金州以104比91取得胜利，系列赛也以3比2领先。伊戈达拉得到14分8篮板7助攻。博古特呢？他甚至根本没有上场。克利夫兰对于系列赛的主动权——一周之前看上去还那么牢不可破——就这样溜走了。

比赛的致命一刀来自于库里在还剩2分46秒时一次风骚又惊人的三分球，让勇士队的领先达到了10分。被戴拉维多瓦紧紧缠住的库里做了一系列的运球和交叉步，那充满压迫性的节奏只可能是用磁铁把球吸在手上才能做到。这一次恶作剧般的出手，这个代表着本次总决赛高超篮球水准的动作，在这最美妙的时刻，发生了。库里后来坦承，这个别具一格的出手是他生涯最喜欢的一次投篮命中。[①]

赛后，库里被问到那个三分是不是为系列赛带来决定性转变的标志性时刻。他并没有上钩。如库里所说："也许到我们真正赢下总冠军的时候，我会有一个更好的答案。"

除非勇士拿下冠军，否则一切毫无意义。

系列赛第六战回到克利夫兰进行，而这一次金州早早就取得了领先。库里第一节独得9分帮助球队领先13分，但是随后詹姆斯的11分拉了骑士队一把，半场结束之前，金州的领先优势只剩2分。勇士队以28比18的比分赢下了第三节，而这多亏了这么多名球员里面……呃……来自费斯图斯·埃泽利贡献的8分。这出人意料的收获在比赛还剩12分钟时把勇士队的领先优势扩大到了12分。

克利夫兰命悬一线，只能在第四节殊死一搏，拼尽全力。詹姆斯12次出手拿到10分，但是4次三分全部投丢。J.R.史密斯从板凳席站了出来，第四节拿到15分，他的第四记也是全场最后一记三分命中把比分差距缩小到4分，此时比赛还剩33秒。但随后库里和伊戈达拉的罚球让比赛再次失去悬念。时间一秒一秒地流走，骑士队在最后时刻连续投丢了3次三分球。库里抓下全场最后一个篮板，然后把球高高抛向空中。斯蒂夫·科尔和卢克·沃顿在球场的中心和大卫·布拉特还有泰伦·卢握手致意，而此时，勇士队的球员们抱在一起，又蹦又跳地高声庆祝。

---

① 罗比·卡兰德，《史蒂芬·库里畅谈他的篮球偶像、勇士的"非凡"赛季，以及轮休》，《Dime杂志》，2017.3.22。

第八章 弑君者
2014—15赛季季后赛

40年之后，金州勇士再一次成为了NBA总冠军。

因为对詹姆斯的成功防守，以及时不时爆发一下的进攻表现，安德烈·伊戈达拉获得了FMVP奖杯。骑士队第六战的策略就是围堵库里和汤普森，然后逼迫像伊戈达拉这样的球员来打败他们。好吧，他还真就拿到了25分送出5次助攻。系列赛结束的时候，伊戈达拉场均16.3的总决赛得分位列全队第三。对于这位之前职业生涯近乎场场首发而到了勇士队以后开始接受替补角色的球员来说，这个奖项是一种终极认可。"我还什么都没有想过。我的大脑一片空白，"他说。"这真是一个漫长的旅程。"①

对于克雷·汤普森来说，作为多次拿下总冠军的前状元的儿子，一位带着牛仔风格酷劲儿的神射手，这一刻也意味着太多东西了。"能够说我们现在是世界上最好的球队，这种感觉实在是太棒了，"他说道。"这是团队共同努力的结果，我们要好好享受这一夜晚。我们配得上这一切。"②

对于比赛风格中有着很多传统NBA特征的二轮秀德雷蒙德·格林来说，这一晚意味着从密歇根萨吉诺开启的梦幻旅程终于有了个完美结局。当勇士队需要他做出贡献的时候，格林就送出了16分11篮板和10次助攻的生涯首次季后赛三双。"很多人都说我永远不可能在这个联盟中立足。我太慢、太矮，投篮也不够出色，而且没办法防住任何人。他有什么能做好的？他一无所长，"他说道。③"但是我有一颗心，而这就是我突出的地方。我的一生都在质疑声中度过，这些只是其中的一部分时刻……他们还是能说，哦，他身材太小，他太这样，他太那样。但是他们永远没办法带走我的这颗心。"

对于毁于伤病的肖恩·利文斯顿来说，一个总冠军意味着职业生涯终于圆满了。从高中横空出世时开始的那些有关他伟大前景的预测永远都不会实现了，但现在他作为总冠军队的一员被永久载入史册。"站在这里，和我的兄弟们一起成为冠军，我跟你说，真的是路漫漫啊。真的，我拥有两个职业生涯，我感觉我就像是活了两次。现在，站在这里举起冠军奖杯，是世界上最美妙的体

---

① 出自2015年6月16日伊戈达拉的赛后采访，由ASAP体育转录成文字。
② 出自2015年6月16日汤普森的赛后采访，由ASAP体育转录成文字。
③ 出自2015年6月16日格林的赛后采访，由ASAP体育转录成文字。

验，不枉我走这一遭。"

对于莱昂德罗·巴博萨、马利斯·斯贝茨、安德鲁·博古特和大卫·李这些职业生涯已经开始走下坡路的老兵来说，夺冠后的疯狂庆祝就是人生的一种释放，毕竟他们花了这么多年追逐一个如此难以实现的目标。而对于哈里森·巴恩斯、费斯图斯·埃泽利——都和格林一样，出自于2012届选秀——这种年轻人来说，总决赛获胜意味着他们整个生涯都不用面对没有戒指在手的压力了。

对于总经理鲍勃·迈尔斯而言，这个夜晚为他进入制服组的决策正了名，这个任命曾经让整个篮球界都为之瞩目。他带着完全不同的工作经验来到这个职位，而且还有很多需要学习的东西，但他的一系列操作打造了一支创造新时代的强大篮球团队。季后赛期间，迈尔斯被评选为2015年最佳总经理，这一点都不出人意料。勇士队在数据分析方面的投资以及对于训练和体能的额外关注也获得了回报。后来ESPN的研究结果表明，那个赛季里勇士队员因伤缺阵的总时间是联盟最少的。[1]

对于主教练史蒂夫·科尔，这场胜利是他撒满伟大成就和低潮失败的人生的顶点，他成为了1982年帕特·莱利以来第一个首赛季执教就赢得总冠军的教练。[2]他教出了第一个在比赛节奏方面领跑全联盟的总冠军，这也是勇士队与其他总冠军球队最显著的不同。

多年以来，科尔一直没有尝试教练的工作，直到他的三个孩子都长大了，直到他做好了准备，直到对的人带着完美的机会来到他面前。距离他上一次在季后赛中走这么远，已经有12年了，当他谈起他的经验和体会时，依旧有危机四伏、如芒在背的感觉，时时刻刻提醒着他麻烦就要来了。"我几乎忘记了整个过程有多么的激烈，"他说道。[3]"我的意思是，两个月精神紧绷，身体也承受着无比的压力，就像是坐在过山车上一样。在有些日子里，你难免会犯嘀咕，我不知道这一切是否真的会发生。"

在夺冠的时刻，科尔庆幸于勇士队在季后赛中的"好运气"，卫冕冠军马刺

---

[1] 汤姆·海伯斯托，《总决赛的最大赢家？休息！》ESPN.com，2015.6.17。
[2] 约翰·舒曼，《勇士成为NBA历史上最强的冠军球队之一》，NBA.com，2015.6.17。
[3] 出自2015年6月16日科尔的赛后采访。

第八章　弑君者
2014—15赛季季后赛

队在首轮就早早被淘汰，接下来还接连面对都是伤兵满营的休斯敦和克利夫兰。

"事情总是朝着对我们有利的方向发展，但我们也确实抓住了机会，"科尔补充说。"每年都会发生这种事情：一支球队倒下，一支球队飞升，会有伤病，会有球弹筐而出。管他呢，到了最后，这些都无关紧要。唯一有意义的事情，就是我们把该做的事情做好，然后达成目标。"科尔和妻子还有三个孩子——他跟随圣安东尼奥拿下上一个冠军的时候，他们还太小了——在这一刻一同庆祝，对他来说，这就是全世界。①

对于斯蒂芬·库里来说，他的职业生涯一直笼罩在父亲的阴影之下，最终，那些关于他的期待实现了。21场比赛投进98个三分，库里打破了单赛季季后赛投入三分最多的历史纪录，远远超出了由印第安纳步行者的雷吉·米勒在2000年创造的58个。库里作为新科MVP，被视为NBA历史上最具毁灭性的射手，现在还成了一个能流传千古的总冠军。作为阵容里效力勇士时间最长的球员，他是前球队老板克里斯·科恩治下唯一的幸存者。终场哨响后的几分钟，他亲吻并拥抱了走上球场的妻子艾莎和女儿莱莉，终于回过神来的他开始慢慢流露出喜悦之情。

"我觉得我们真的要好好感谢这一年我们能够有始有终，"库里说。②"在这样的时刻，真的很难去理解常规赛67胜在NBA的历史长河中意味着什么，很难去想象它到底有多难实现，更别说随后在季后赛中以总冠军为它画上句号了。所以我们必须要心存感激，我觉得整个旅程走到现在，才真正能反映出一些东西。我认为我们绝对是一支伟大的球队，能够彻头彻尾地成为历史最佳之一。这个赛季，值得我骄傲的事情实在是太多了。"

"兄弟，我真是太高兴了。上帝真是伟大！"

他们凌晨3点回到了大本营。③

从帕奇菲卡到佩特卢马，从圣何塞到索诺马，来自遍布湾区的每一个地方，据警方提供的数据，将近50万人在周五一早涌向了奥克兰市中心，去参加

---

① 出自2017年3月我对科尔的专访。
② 出自2015年6月16日库里的赛后采访，由ASAP体育转录成文字。
③ 美联社，2015.6.19。

那个阔别了40年的庆典。他们向勇士队打出了NBA史上最具统治力的赛季之一致敬。他们终于一次性地驱除了前老板带来的梦魇。他们开始回忆那些备受爱戴但从未能走到这一步的勇士名宿：克里斯·穆林、米奇·里奇蒙德、杰森·理查德森、蒂姆·哈达威、巴郎·戴维斯，不一而足。他们还感谢史蒂芬·库里的坚守。他们最要感谢的是乔·拉科布和他的管理团队，他们实现了诺言，用不到五年的时间，彻底改变了这支球队。

的确，他们只花了五年——更准确地说是4年7个月零1天，拉科布这样提醒球迷们——就实现了一个曾经看起来完全不现实的事情，获得总冠军。

在奥克兰耀眼的阳光下，每个人都获得了登台发言的机会。最吸引目光的明星当属科尔，他再次承担了他曾在1997年完美出演的谐星角色，当时他因为一记"解救"迈克尔·乔丹的制胜三分而广受赞扬。这一次，科尔详细讲述了他在仅仅九个月前如何接手了这份工作，以及对于在如此短时间内改进这么多事情有多么忧虑："没多少天赋、投篮也不行、防守还烂、无才无艺，球队里什么都没有，只有一群靠不住的家伙。我的意思是，你们看看这帮家伙吧。"他把勇士队做得无比出色的事情挨个数落了一遍，他那摇头晃脑、挤眉弄眼的表演甚至从美国斜对角的康科德都能看见。而他的最后一句话激起了一阵大笑："所以说，在九个月之内，我把这么多问题都解决了，感谢大家！"

在梦想成真的三天后，所有在那个下午发言的人中，这一刻对于乔·拉科布的意义最为重大。不远处的梅里特湖水光闪闪，勇士队的球迷们期待着他的每一句发言，而他从席位上起身，一共讲了10分钟。他真正成为老板前的几个月，2012年3月19日爆发的那场球迷针对球队的嘘声仿佛已经是几十年前一般。他感谢了全队上下的每个人。他感谢了球迷——"我们最宝贵的财富！"——能够在这艰难的时期对球队不离不弃，还感谢了代表球队表现出色的球员们。他最后感谢了他的未婚妻尼科尔·柯伦，感谢她忍受经营一支职业球队带来的"疯狂"。

最后，为了突出最重要的事情，拉科布以一次宣告也是一个承诺作为总结陈词。

"没有任何意外，我们能够夺冠绝对不是意外。"在说出最激动人心的那句话之前，他停顿了一下，看了看手卡上的笔记。

"而且，当我们再次夺冠，一切就更不是意外了！"

第九章

全面提升
2015—16赛季

正常情况下，勇士队的休赛期会充斥着夸张的剧情、无休止的争论或者不断侵扰的伤病，这些东西会让球迷们（以及一些球队官员）整个夏天和秋天都神经紧绷。

但是金州终于赢下了一座长久以来躲着球队走的总冠军奖杯。40年来，他们第一次登上篮球世界的顶峰。

现在要如何呢？

一般来说，一支刚刚赢下冠军的球队总是会以某种奇怪的方式突然间崩塌——这条规律对于所有主流竞技体育项目都适用，不管是美国的棒球联赛，还是英格兰的足球。主要原因不是夺冠以后的自大（虽然这有可能发生），而是一些简单的经济学原理。当你获胜以后，你阵容中最佳球员的身价就会像坐了火箭一样。如果刚好你的明星球员又即将进入自由球员市场，你便只好无能为力地和他说再见了。

但勇士队在这方面可以说是运气爆棚。所有核心球员都有合同在身，至少能代表球队打满2015—16赛季。拉科布的管理团队在2010年7月提供给大卫·李的合同还有一年到期，球队把他交易到波士顿换来了克里斯·巴布和杰拉德·华莱士，后者在三个星期之后又被送走，换来了替补球员杰森·汤普森。他们在选秀大会上用首轮签拿下了有一定天赋但还未经雕琢的UCLA大前锋凯文·卢尼。然后他们和莱昂德罗·巴博萨续约，并且引进了三年级得分后卫伊安·克拉克，两人的合同都只有一年。再之后，他们给了前芝加哥公牛球星本·戈登一次试训的机会，但在还有两周就要进入训练营的时候又把他裁掉了。除了几个饮水机位置上的变更，这支勇士队会和刚刚赢得一切的那支勇士队几乎完全一样。

不过，还是有一件事情很引人关注。德雷蒙德·格林的四年基础新秀合同即将进入最后一年，勇士队想要在下个夏天他以受限制自由球员身份进入自由球员市场之前和他重新签订合同。球队向阵容中所有与格林同为2012届新秀的球员都提供了一份合同，但哈里森·巴恩斯和费斯图斯·埃泽利选择了拒绝。工资帽即将迎来大幅度提升的情况下，两位球员都有试水自由球员市场的想法（到那时，勇士队依然会有7天时间决定是否匹配合同）。

然而，对于勇士队来说，续约格林是优先级更高的事情。从一开始，双方就都想要敲定一份能让大家都获益的合同。因为是二轮秀，格林前三年拿到的薪水远远配不上他的出色表现，每一年，他都只能拿到100万美元。勇士队夺冠的那一天，格林仅仅是球队名单上薪水排在第12的球员。哪怕是布兰登·拉什的年薪都要比他多23万。

现如今，迈尔斯能够让他成为联盟里工资最高的大前锋之一。在劳资协议的规定之下，金州能够提供给他的顶薪是5年9300万，而从其他球队，他顶多能拿到4年6900万。格林最终能拿到多少钱一直是球队指挥部内部经常讨论的话题，特别是在他们夺冠以后。他们倒不担心无法达成协议；但一个公开的问题是，到底要给多少？

最终，两边在一份对双方都好的合同上签了字。5年8200万，格林能在第一年拿到1430万的薪水，成为队内的第二高薪。而节省出来的大约1100万给予了勇士队未来在财政上一定程度的灵活性，让他们不会超出奢侈税线太多，也让他们有一些空间去继续提升阵容。

合同年之后，金州这位善于调动情绪的领袖终于拿到了与他的才华相称的薪水。在接下来的夏天，当工资帽达到预计的8900万，勇士队也有更多的操作空间。格林通过视频通话把这个消息告诉母亲的时候，后者用手捂住了面庞，喜极而泣。[1]

现在，勇士队的大名单完整了。其中大部分球员还是来自那支在前一年从

---

[1] 瓦尔，《库里的下一步》，2008。

头至尾痛击联盟上下的球队，只不过他们又积攒了一年的经验，在史蒂夫·科尔的进攻体系下打得更如鱼得水了。事实上，为了把球队的风格打造得更加极致，他们还引进了一个熟悉的面孔。史蒂夫·纳什，在科尔治下的菲尼克斯获得过两次MVP的传奇控球后卫，受雇成为勇士队的球员发展顾问。库里还在戴维斯学院打球的时候，就曾经参加过纳什举办的夏季训练营，学习到了一些关于如何像NBA级别的控球后卫一样打球的经验。那时他才刚刚适应一号位的位置。与此同时，纳什对于湾区的篮球文化并不陌生，他曾是坐落于硅谷正中央的圣克拉拉大学的明星球员。那时候，导航者浏览器正在科技世界掀起一场变革，而纳什则用在课间边运球边穿梭于各个教室之间来提高控球能力的方式，引领着圣克拉拉大学。[①]（一年之后，他开始练习运网球；运篮球对他来说太不具有挑战性了。）10年之后，库里在戴维斯学院大放异彩。纳什自己也是一个身材相对瘦小的控球后卫——和库里一样身高6英尺3英尺（1.9米），致命武器同样是传球和三分，但是没有办法获得精英联赛的认可。尽管住在洛杉矶，纳什会定期前往北边的奥克兰参加勇士队的训练，向他们提供一些只有过去20年的最佳球员之一才能给出的深度建议。

　　库里这边呢，他再一次没有利用假期好好调养休息。即将第四年出任库里私人训练师的布兰登·佩恩在夏天搬到了爱莫利维尔（费用是库里自掏腰包的），这样这位新科MVP就可以利用一切时间训练了。[②]他开始使用一个闪光灯装置，当执行运球训练的时候，他需要用手拍打随机亮起的指定传感器，就像古老的西蒙掌上游戏机一样。在佩恩的极力推荐下，库里还戴着Eclipse护目镜进行训练，会有不断变换位置的东西遮挡他的视线，遮挡幅度从无比狭小到仿佛乌云密布，并在这之间不断来回变换。这种训练方式叫做"频闪训练"。[③]你可以把它视作一种针对视觉和反应的抗阻力训练，类似于橄榄球运动员拉弹力莱卡带，或者棒球运动员在击球准备区戴着有重量的臂带挥舞球棒。它们都是

[①]　蒂姆·克洛瑟，《小魔术师》，《体育画报》，1995.12.11。
[②]　戴蒙德·梁，《他帮助史蒂芬·库里达到新高度》，2015。
[③]　汤姆·海伯斯托，《科怀·伦纳德和史蒂芬·库里训练大脑的方法：频闪灯（没错）》，ESPN.com，2016.11.9。

第九章　全面提升
2015—16赛季

为了让运动员在极度糟糕且复杂的环境下训练常用的动作，这样当你移除这些阻碍时，你做动作就会变得更加容易，肌肉记忆也会更强，受到外部刺激的影响也会更少。它们会让常用的动作做起来感觉更加轻松自如。

另外，随着具有创造精神的澳大利亚体育科学专家拉克兰·彭福尔德的到来——用来取代离开球队的身体表现团队负责人科科·莱尔斯，勇士队比以往更加投入地一头扎进了使用新科技的洪流之中。一些勇士队员开始在注入盐水的浴池中进行一些训练，它能够模拟失重状态，帮助球员更好地放松、恢复，甚至展开想象。[1]库里对ESPN的记者说："一个小时里，我的世界里只有我自己和我的想法，在我的脑海中玩俄罗斯轮盘的游戏。"球队还和圣安东尼奥一家名为神经光晕的科技公司建立了合作，后者制造了一款能够向佩戴者头部传送轻微电流的耳机，据这家公司官网上的说法，电流能"刺激大脑运动皮质进入维持一小时的超级学习状态"。理论上，从灵活性、下肢力量到爆发力，这种状态能从方方面面帮助到球员。勇士队几乎尝试了所有能尝试的东西。[2]

看起来，至少根据预测市场的结论，他们需要利用好一切优势，才能再次拿下冠军。赛季即将开打的时候，FiveThirtyEight网站给出的概率显示，四个月前在总决赛失利的克利夫兰被认为是最有希望赢得一切的球队——28%。而金州夺冠的概率要低很多，以18%位居第二。

但这不过是有关数月之后才会发生的事情的预测罢了。此时此刻，赛季首战面对来访的新奥尔良鹈鹕，勇士队似乎已经拥有了一切成功卫冕的条件。

真的是一切条件，除了他们的主教练。

漫长的NBA赛季是极其残酷的，任何人都有可能付出代价。当球员遭受伤病的时候——想想总决赛第一战凯里·欧文的膝盖骨折——一切都显得再正常

---

[1] 萨姆·阿历普尔，《史蒂芬·库里统治了NBA和它的未来》，《ESPN杂志》，2015.12.11。
[2] 尽管当时的勇士队兴致勃勃，但他们的合作关系很快就结束了。如球队首席训练师切尔西·莱恩在2017年5月时所说，"光晕设备在球队内激发的热情只是昙花一现，几名球员只戴了一两次，就再也不用了。"（本尼·艾凡格利斯塔，《旧金山巨人队使用大脑训练设备来帮助球员取得进步》，《旧金山纪事报》，2017.5.30）

不过了，但其实这种折磨也会影响到其他业内人士，包括主教练。问题是斯蒂夫·科尔的腰椎间盘突出，他挺过了对阵克利夫兰的系列赛，最终选择在7月末接受手术。疼痛已经发展到难以忍受的地步了。他不能做瑜伽，也打不了高尔夫。手术意味着他夏天大部分的计划都会泡汤，但当时预计他可以在新赛季训练营开始之前及时恢复健康。

5周之后，科尔的健康迅速恶化。①手术导致他脊髓液泄露，这使得他痛苦难耐。头疼、眩晕、易怒——作为主教练拿到第一个冠军之后，这些东西本不在他的计划之中。9月初的一次手术帮助他修复了脊髓液泄露的问题，但疼痛依然在继续，到了让他完全没办法思考的地步。训练营开始前几天，科尔知道他没有办法在篮球上集中足够的注意力了。

10月初，科尔第二次手术的一个月后，勇士队官方宣布他无限期缺席。"我们估计恢复过程不会是长期性的，但现在而言，我们没办法知道一个准确的时间。我们会每天评估他的健康状况，"鲍勃·迈尔斯说道。

科尔说只要身体允许，他依然会参与到球队工作之中——参加训练和观看录像之类的——但是直到疼痛真正被驱散掉或者可以有效地进行管控，他才会回到场边。"在这个时间点，"他对媒体说。"我只想要恢复健康，不管场上场下都能回归正常的生活节奏。"

科尔在奥克兰第一个赛季的首席助教埃尔文·金特里接受了新奥尔良鹈鹕的招揽，前往南方出任球队主教练。科尔没有选择在夏天雇佣一个替代者，所以只有35岁、仅仅有一年NBA执教履历的卢克·沃顿临危受命，在科尔远离赛场的时候，被提拔为临时主教练。在场边，沃顿依然会得到罗恩·亚当斯、贾隆·科林斯以及布鲁斯·弗雷泽的合作协助，而科尔比赛之前和中场休息的时候仍旧会出现在甲骨文中心。

但只要比赛哨响，刚刚退役才没几年的沃顿就开始接管球队。

沃顿身上那种年轻人的朝气与热情让他没几个星期就进入了角色。和科尔一样，他会亲力亲为地在训练中跑战术，只不过那种投入程度仿佛他依旧是现

---

① 拉蒙娜·谢尔本，《史蒂夫·科尔不为人知的痛苦》，ESPN杂志，2016.4.11。

役球员一般。他享受在练习中和德雷蒙德·格林互喷垃圾话，他知道这能让格林在比赛中表现出最好的一面。①沃顿的执教风格和科尔相差并不大，但是他的进攻体系更加自由，给了球员更多自主发挥的空间。除了偶尔会有一阵焦虑感，随着赛季的进行，沃顿越来越自信，在让球员保持投入方面也愈发娴熟。②

勇士队是否大放异彩了呢？他们开局就取得24连胜，没有任何NBA球队做到过这一壮举。加上前一赛季最后的四场胜利，他们的连胜纪录达到了28场之多，是联盟历史上第二长的，仅仅落后于1971—72赛季湖人队创造的连胜纪录。1971年万圣节，尽管盖尔·古德里奇独得38分，但球队还是以4分之差输给了金州。随后，他们赢下了接下来的33场比赛，其中包括对于勇士队的三连杀。那支湖人队有65天未尝败绩，而借助两个常规赛之间的季后赛和漫长休赛期，2015年的勇士队长达249天常规赛不败。

而且，哪怕是在密尔沃基遭遇赛季首败之后——七个连续客场比赛的尾声他们已经精疲力竭，在前一天晚上还和波士顿打了双加时才艰难取胜——勇士队还是保持了赢球的节奏。他们的战绩从29胜1负，到36胜2负，再到连续面对中西部球队（其中包括34分大胜克利夫兰，然后紧接着回到主场以31分分差拿下芝加哥）之后的39胜4负。金州在甲骨文中心的19场主场比赛全部取胜，每一场比赛最后都转变成了20000人的狂欢。乔·拉科布的未婚妻尼科尔·柯伦，还会带着球员们的太太团和女友团，在赛后到布里奇俱乐部享用龙舌兰子弹杯。③人们甚至感觉，勇士队是有机会赢下全部41场主场比赛的，而NBA历史上还没有球队能做到这一点。

接近三个月的时间里，金州打出了由巅峰期迈克尔·乔丹领衔的芝加哥公牛之后最具统治力的团队篮球，后者当时在1995—96赛季赢下了72场比赛，

---

① 出自2015年10月2日沃顿在训练馆接受采访时的讲话。
② 凯文·丁，《NBA最年轻教练卢克·沃顿正和年轻的湖人队一同成长》，露天看台，2016.9.23。
③ 凯利·卡特，《顶级机密：尼科尔·柯伦带你走进旧金山湾区》，《高级生活杂志》，2015.12.18。

仅输10次。20年以来，那支公牛队（拥有当时还是替补控球后卫的史蒂夫·科尔）一直被视为NBA历史上最好的球队。

勇士队正在全力冲击这个王座。

真正的主教练没办法在场边叫战术、做换人调整并且随机应变想出妙计，勇士队就是在这种情况下创造着历史的。这也说明了科尔在仅仅一个赛季的时间里，完成了多么庞大的工作量，也显示出他手下教练组的能力，能够替他管理好球队，让他们持续打出如此出色的表现，还证明了球员们已经把科尔教给他们的东西牢记在心中，能够靠着本能执行战术。

库里的前半赛季表现令人着迷，他从未打出过这样的数据。30场比赛以后，他已经投入了140记三分球，接近他单赛季286球纪录的一半。①他场均能拿到30分6.5次助攻和2次抢断。前41场比赛，他有7次至少得到40分。他仅仅在12月末因为大腿挫伤缺席了两场比赛，库里带着健康的状态和无比的自信进入了赛季下半程。②

德雷蒙德·格林也打出了轰轰烈烈的赛季开局。很多球员在拿到第一份大合同之后，会表现得没有拿到高薪之前那么动力十足。但格林不是这样的，沃顿执教期间，他场均得到14.5分9.5篮板7.4助攻。他的防守也是精英级别的，场均1.3次抢断和1.3次盖帽，所有金州的对手在面对他时，各项数据统计都会下跌。他在三分线外命中率41.4%，因此也能够帮助球队在进攻端拉开空间。此外，格林和库里的挡拆配合成为了NBA中最要人命的战术，如果执行得再完美一些，基本可以说是不可阻挡的。

在总决赛中立过奇功的"小球"阵容现在有了一个绰号——"死亡五小"，

---

① 只有密尔沃基时期的雷·阿伦曾在赛季初的前30场比赛里命中过超过100记三分球——14年前，阿伦在雄鹿的前30场球里投进了103记三分。而2015—16赛季的库里仅用了20场比赛就投进了103记三分。

② 有些人认为库里对三分的偏爱与这项运动的本质相悖。在勇士和骑士的圣诞大战上，马克·杰克逊以ABC电视评论员的身份强调了这一观点："在某种程度上，他给这项运动带来了伤害。"杰克逊在电视直播中陈述了这一观点，为此他引用了一个并不普遍的例证：他说现在的高中生们只专注于出手三分球（他认为这是受库里的影响），而忽视了其他技巧的训练。金州本场比赛以89比83战胜骑士，他们的战绩也来到了28胜1负。

第九章　全面提升
2015—16赛季

是由奥克兰当地媒体在11月末创造的。①而随着赛程的进行，比赛结果让这个绰号显得越来越贴切。尽管因为脚踝扭伤哈里森·巴恩斯在勇士队赛季前43场比赛中缺席了16场，"死亡五小"阵容还是建立起名声，成为了联盟中最令人闻风丧胆的五人组。那段时间里，他们一共在20场比赛中打了95分钟，创造了那个赛季NBA所有阵容中最高的每百回合净胜分。每100次球权，"死亡五小"能比对手多得到60.2分，这样的差距简直是天壤之别。那个时间点，联盟最高效的四套阵容里面，勇士队占据三席。

再之后，10月中旬，43场比赛赢下39场的时候，科尔在一次训练前观看录像结束后，轻描淡写地向球队宣布了自己的回归，他将再次站到场边。他尝试了一切办法去减轻疼痛——甚至包括医用大麻——但是只有休养时间足够了，他才最终能够回到场边。②对于球队来说，这并非是一件出乎意料的事情，因为科尔最近已经跟随球队完成了一次客场之旅，但球员们还是受到了这个消息的鼓舞，情绪高涨。③看着他们的教练处于那种不得不向病痛妥协的状态是十分难受的，这也是他们一部分持续动力的源泉，不只是要赢球，还要为科尔而赢。

现在，科尔回来了。勇士队再次变得完整起来。

那一晚，金州以22分的优势击败印第安纳，两天之后又以30分的分差把圣安东尼奥打得落花流水。库里在两场比赛中场均得到38分，并且一共投入了14记三分球。科尔再次执掌教鞭，勇士队成为了一只更庞大也更强壮的狂暴巨兽，正准备在整个联盟中肆虐。

接下来的一个多月里，勇士队在科尔回归板凳席以后14战13胜，把战绩带到了令联盟其他球队都看得牙痒痒的52胜5负。2月初的5天，勇士队获得了参观白宫接受总统奥巴马接见的荣誉，然后回到主场击败了俄克拉荷马，凯文·杜兰特拿到40分14篮板也无力回天。第二天，他们参加了在圣克拉拉附近举行的

---

① 关于"死亡五小"，我找到了两个最早的出处。一是《今日快攻》栏目的迈克尔·厄勒在2015年11月20日发表的博文，其中写道："'小球阵容'或'微球阵容'（Microball）并不能正确地概括这一阵容组合，它更像是'死亡阵容'。"三天之后，内特·邓肯和丹尼·勒鲁用了一整集播客节目来讨论这一话题，当期节目的标题为"死亡五小"。

② 出自科尔在勇士队播客上与蒙特·普尔的对话，上传于2016年12月2日。

③ 谢尔本，《史蒂夫·科尔不为人知的痛苦》，2016。

第50届超级碗。再过一周，库里、汤普森和格林在位于多伦多的全明星赛上出场亮相。

再之后，就是一场能够定义金州这个闪耀赛季的比赛。

2月末，勇士队长途跋涉前往寒冷的俄克拉荷马城，准备迎接一场周六夜晚全国直播的比赛。这也是劳累而又折磨人的七连客的最后一场，球员们的脾气都有点大，尤其是德雷蒙德·格林。所有需要适应科尔回归的球员之中，也许格林面对着最困难的转变。像库里、汤普森和马利斯·斯贝茨，他们都从科尔的回归中受益了。反观格林，他的助攻、使用率（用于衡量一位特定球员参与进攻程度的数据）以及得分都明显下滑，而失误和犯规却有所上升。最惹人注意的是格林突然枯竭的三分。沃顿治下格林33.1%的出手来自于三分线外，而科尔回归之后，这项数据直线下落到22%。

对阵俄克拉荷马的比赛开始之前，格林就很不满意自己近期的表现了，面对雷霆队的上半场，他依然打得不好。三次出手全部投丢，还有两次传球被断掉，其中包括一次半场还有1分钟结束时他想要找到左侧底角的布兰登·拉什的传球。安德烈·罗伯森半路杀出切断了传球，然后把球交给了拉塞尔·威斯布鲁克，后者大步流星杀向前场完成上篮得分。

勇士队落后11分回到更衣室，随后格林便向科尔发了脾气。"我不是一个机器人！"他对着教练大喊。[①]ESPN在赛后报道，当时科尔只是告诉格林坐下来冷静一下，但格林却变得无比激动："狗娘养的，你过来让我坐下试试！"格林说如果科尔希望如此，他便不会在下半场出手投篮。关于自己在球队战术体系中的重要程度降低，过去一个月积攒起来的沮丧在这一刻终于一股脑地倾泻而出。由于更衣室的门也不是密不透风的，门外的场边记者丽萨·索尔特斯听到了格林最大声的咆哮，她在下半场开始播报的时候在ABC电视广播上报道了其中的部分内容。科尔时代以来，这种事情是前所未见的，但对于勇士队制服组来说，它并不陌生。之前其他教练执教的时候，这种级别的大爆发屡见不鲜。而这样的事件在

---

① 伊桑·舍伍德·斯特劳斯，《金州的格林问题》，《ESPN杂志》，2016.10.31。

过去往往会让球队偏离轨道，2015—16赛季的勇士队是否也会遭遇同样的命运成了人们关心的问题——奥克兰数百万球迷都眼巴巴地等待着答案。

第三节一开始，金州就打出6比0的小高潮。随后便是即将降临的大灾难：库里杀入禁区后分球给巴恩斯，助攻后者完成上篮，但跳起的拉塞尔·威斯布鲁克落地的时候以一个极其吓人的角度踩在了库里的左脚脚踝上。勇士队的MVP只能在首席队医切尔西·雷恩和安保人员拉夫·沃克的陪同下一瘸一拐地回到更衣室。勇士全队上下都紧张地等待着他的回归，虽然他们根本不知道他到底能不能回来。

库里错过了5分钟的比赛时间，但他重新上场时，金州还是只落后7分。接下来4分钟里，他的连续三个三分球帮助勇士队在进入第四节前仅仅落后5分。

比赛还剩几分钟的时候，勇士队采取了行动。威斯布鲁克在比赛还剩4分51秒时完成了一记漂亮的上篮——尽管他下半场谜一样地12投仅2中——让俄克拉荷马领先11分，随后科尔便派出了"死亡五小"。从那一刻起直到常规时间结束，勇士队得分超过了雷霆队，18比7。杜兰特在比赛还剩15秒时的三分仿佛已经帮助雷霆队锁定胜局了，但是汤普森在还剩12秒时的挑篮让分差缩小到2分。

接下来，威斯布鲁克把球快发给杜兰特，后者立马被冲上来的哈里森·巴恩斯和安德烈·伊戈达拉包夹。两位勇士队员试图不犯规把球断下来，压力之下，杜兰特把球抛向前场篮下，汤普森碰了一下球改变了球的路线，随后格林在球快出界的边缘把它救了回来。比赛还剩3.4秒，汤普森控制住球然后传给了伊戈达拉，后者在20英尺（6米）处干拔跳投想要一锤定音，但在比赛还剩不到1秒的时候被杜兰特犯规了。

伊戈达拉冷静地两罚全中，比赛进入加时。

加时赛仅仅过去33秒，雷霆队就迅速得到5分，但是库里在还有4分13秒时的突破迫使杜兰特交出了第六次犯规，只能坐在场边观看比赛。随后库里天神下凡，先投入一记三分——打平了自己单赛季286球的纪录——然后又在比赛还剩2分29秒的时候三分入网刷新了纪录，比分也来到110平。

双方一直有来有回，直到俄克拉荷马有机会打入比赛的制胜球。还剩10秒打成118平，威斯布鲁克强突汤普森然后在14英尺（4.3米）处试图通过急停跳投打板得分，但是球投偏了，直接扎入了伊戈达拉的怀里。他第一时间把球甩给早已等候反击的库里。科尔选择不使用手中的最后一次暂停，而是让库里和勇士队自己掌握命运。

比赛还剩3.5秒，库里运球过中线。2.5秒，库里在距离篮筐37英尺（11.2米）处就干拔出手。

0.8秒，库里的投篮空心入网。"库里，离三分线还有十万八千里的地方，砰！砰！砰！"迈克·布林在直播中大声喊道。"我的天呐，来自库里的神奇绝杀！"

这位MVP第一时间跑向板凳席，然后漫无目的地望向球场远端，一边咆哮着一边挥动手臂，然后还耸了耸肩。库里仅仅出手24次就得到46分。16次三分尝试命中12球也打平了科比·布莱恩特和唐耶尔·马绍尔的单场三分纪录，就此加入这受人尊敬的荣誉俱乐部。在夏洛特家中观看比赛的布兰登·佩恩内心的骄傲感油然而生，他在训练中无数次看过库里投这种球。"他刚出手的时候，"佩恩说。"我就知道有了。"①

加时赛结束，比分最终定格在：金州勇士121，俄克拉荷马雷霆118。

这是库里职业生涯中最大胆的表演，与此同时，这样的说法可能听上去有点傻：正是这一球拯救了一支战绩52胜5负的球队的整个赛季。但它也并非完全的无稽之谈。格林中场时的崩溃表现、库里吓人的脚踝受伤再加上雷霆（41胜17负）也不是什么软柿子，你真的不知道可能会发生些什么。毫无疑问，这是金州自2015年总决赛第四战以来最重大的胜利。他们再一次在杜兰特的恐怖表现下活了下来，这位雷霆队球星全场37分12篮板但是也6犯离场。赛后，ESPN的伊桑·舍伍德·斯特劳斯发的推特仿佛开了天眼一般，预示了下一个休赛期不可能被提前预知的惊天密谋，"我甚至都不敢想象凯文·杜兰特和库里在一支球队打球的样子。"②

格林全场8投全失，但是交出了14篮板和14助攻的成绩单。这场比赛之后，直到赛季结束，他的数据一直在回升。接下来的几周中，他的态度也有明显的好转。那大幅下降的三分出手呢？中场事件爆发之后的剩余比赛里，他投出的三分球占全部出手的33.6%，甚至比沃顿担任临时主教练时还要高。

球队渡过了难关，科尔在两天之后对记者们说："这就是NBA。每支球队都

---

① 佩恩专访，2017.3。

② 出自他的推特，网址为：twitter.com/SherwoodStrauss/status/703782023094075392。

第九章　全面提升
2015—16赛季

会遇上这样的事情,每支球队。不管你是不是冠军队,它都有可能发生。"[1]

那一晚,除了各种额外的剧情,一场胜利还意味着勇士队确保了季后赛的名额,这也是1987—88赛季的湖人队以来,第一支早早在3月份就确定进入季后赛的球队。(更准确地说,在库里加时赛投入三分前的一小时,勇士队就已经确保名额了,因为圣安东尼奥在450英里[724千米]外的休斯敦击败了对手,但是这和金州又有什么关系呢?)

更加重要的是,勇士队还在不断赢球,包括3月份的17战15胜。他们以68胜7负的战绩进入4月份,只要最后七场比赛赢下五场,他们就能掩盖住芝加哥那曾经让人觉得不可能打破的常规赛72胜纪录。更令人难以置信的是,勇士队仍然还没有在甲骨文中心输过球,36场主场比赛全部取胜。总的来说,自从2015年1月份败于芝加哥以来,他们就没在奥克兰输过常规赛了。从那场失利开始,NBA连续54场常规赛主场胜利的纪录就悄然进入节奏了。

也许当科尔试图在愚人节捉弄一下德雷蒙德·格林的时候,勇士队就应该意识到事情即将不妙,科尔想要让格林误以为自己当晚不会出场。"我表现得比较严肃,德雷蒙德当时盯着我,"科尔说道。"我告诉他我要让他今晚放假,因为他需要休息。他直勾勾地盯着我,然后我说'愚人节快乐',可是后来完全没人笑。"

"……他们一般会表现得更活跃一些的,但这一次有点无动于衷。"

玩笑没能产生好的效果,波士顿也在当晚于甲骨文中心以109比106取胜,库里和巴恩斯在比赛的最后10秒接连错失可能打平比赛的三分。勇士队交出了22次失误,与输球同样让人沮丧的是,波士顿通过这场胜利成为了一支能够在任何一天在任何客场赢球的季后赛球队。"这感觉很奇怪,"库里谈到这么长时间以来第一次在主场输球时说。"我们要做的就是摆脱阴影,继续前进。"

四天之后,金州迎来反弹,轻松拿下波特兰,然后又在主场输给了战绩倒数的明尼苏达,后者赛前的战绩仅为25胜52负。森林狼队拥有一些不可否认的天才——像安德鲁·维金斯和卡尔·安东尼·唐斯这样的状元郎——但这是一支勇

---

[1] 出自2016年2月29日科尔在训练馆接受媒体采访时的讲话。

士队本该轻松击败的球队。不过事与愿违，他们在加时赛以117比124落败。

这场失利也让勇士队的战绩来到69胜9负。还有四场比赛没打，如果想要创造新的纪录，他们已经没有任何的犯错空间了。这条路并不容易走。主场迎战圣安东尼奥以后，他们要前往孟菲斯，然后再次面对圣安东尼奥。最终，他们有可能在赛季最后一场常规赛主场面对孟菲斯时拿到第73胜。灰熊队当时惨遭伤病打击，远远不是去年季后赛在分区半决赛中以2比1领先勇士队的那支球队了。已经失去季后赛机会的孟菲斯，这一次将为了荣誉而战。

与此同时，马刺队会是一个更难缠的对手。3月19日，在安德鲁·博古特缺阵的情况下，勇士队在圣安东尼奥艰难地挨过了一场令人沮丧的87比79失利。那是一场典型的马刺式胜利——硬碰硬、低得分以及让对手找不到北。库里打出了赛季最差的一场比赛，18次出手仅仅得到14分，其中三分12投丢掉11个。克莱·汤普森也用了20次出手才得到15分，三分球7投6失。那是一年中勇士队的单场最低得分，投篮表现也是倒数第二差的。当他们从客场回家的时候，马刺队一年之中已经在主场39胜0负了，并且在AT&T中心取得了48连胜。从1997年开始，勇士队就再也没有在圣安东尼奥赢过常规赛。要想获得达成73胜的机会，他们必须要终止这项持续19年的尴尬纪录。

但事情总要一件一件来。在甲骨文中心，勇士队以112比101相对容易地解决掉了马刺队，完成了他们的第70场胜利。库里拿到全场最高的27分，获胜之后，他提到了勇士队会放弃休息的机会并且可能牺牲季后赛的健康来追求73胜的观点。"历史上有两支球队走到过我们今天这一步，"他说道。"这是我们自己的旅程。我们的目标永远是赢得总冠军，没有人应该为了追求常规赛战绩而做出牺牲，但是如果你能够打球，并且感觉继续出战能够为季后赛打下良好的势头，那我们就会这样做。"

金州的第71场胜利来得比想象中要困难得多，他们需要在最后5分钟之内完成9分的逆转。但是库里、巴恩斯和伊戈达拉的三分在比赛末期瞬间填平了鸿沟，而格林在还有1分钟时库里错失上篮以后的补篮成为了决定性的得分。格林第四节三投三中，全场拿下全队最高的23分。尽管经历了18次领先交换，而且孟菲斯只被逼出了出奇少的6次失误，金州最终还是活了下来。

第72胜则是又一场经典的勇士大战马刺，库里的表现可以说是超额完成任务。与3月份那场令人沮丧的失利不同，这位MVP全场拿到37分，而随着比赛进

第九章　全面提升
2015—16赛季

行，勇士队每一节的得分都在增长——从14到21再到27最后到30——他们以92比86拿下了自比尔·克林顿进入第二次任期以来在圣安东尼奥的首场胜利。（这场获胜也让金州的客场战绩来到34胜7负。创造了NBA的新历史纪录。）赛后，科尔致敬上古时期的职业网球运动员维塔斯·格鲁莱蒂斯，套用了他的一句名言："没有人——我的意思是任何人都不可能——能够在他们的主场连续击败金州勇士34次。没有人！"

到了2016年4月13号，金州以125比104碾压了孟菲斯，用前无古人的73胜仅9负为他们史诗般的常规赛季画上了句号。库里复刻了2月末在俄克拉荷马城的那场迷人表现，再一次24次出手就得到46分，同时还只打了不到30分钟。三分球19中10的库里最终一年常规赛总共投进402个三分球，将他自己单赛季286球的纪录提升了令人头皮发麻的41%。

五年前，当有消息透露鲍勃·迈尔斯会被任命为新的总经理助理几小时之前，我正站在甲骨文中心顶部的小屋子里，想要看一眼那些承诺能支持更好的篮球分析的动作捕捉摄像头，现如今，勇士队已经提升到了前所未有的高度。"我的说法会和20年前一样：我不认为这个纪录会被打破，"史蒂夫·科尔说道，他曾经在1995—96赛季拿到72胜的芝加哥公牛出任替补后卫。"我们想要创造这个纪录，球员们的意愿十分强烈。"

科尔发现了一些勇士队为什么会在常规赛接近尾声时表现下滑的原因，他们过于依赖三分球，虽然他们的成功率仍旧处于一个极高的水平。主场输给明尼苏达和波士顿也显示出在一些情况下，球队的失误总数达到了一个不可接受的级别。但是在球队连续赢球的状态下，你很难去指出这些小瑕疵。有时候教练要去决定什么时候该点明问题而什么时候又最好不要说破，把注意力放在这些小问题上反而有可能会产生负面作用。所以科尔选择让一切顺其自然地发展。[1]

是啊，为什么不呢？勇士队稳固了自己NBA历史上最伟大的传球球队之一

---

[1]　出自2016年6月24日科尔在《TK秀》播客上与蒂姆·川上的访谈对话：我们势如破竹，以极高的胜率前进着。当你在冲着NBA历史第一常规赛战绩努力时，你很难向队员们说"我们不能犯这些错误"。我想所有这些问题一直积攒了下来，在我们对阵雷霆和骑士的系列赛时集中爆发了。等到下赛季训练营时，我再把这些问题指出来会轻松很多。我们要打得更稳定，留心这些小细节。

的地位。他们常规赛结束时一共送出了2373次助攻（排在史上第16）并且是过去20年中第二支进入单赛季助攻数总榜前100的球队。① 他们有43场比赛送出了超过30次助攻，是31年以来的最高。②（同赛季与他们最接近的是亚特兰大，仅有18次。）助攻超过35次的比赛他们有13场，比过去28年的任何一支球队都要多。③（当赛季紧随其后的呢？是明尼苏达，只有3次。）科尔靠情绪带动的进攻体系在进入第二年以后变得更加强势，把勇士队变成了一支颇具上世纪80年代风格的球队，让人想起那个单场拿个125分极其常见的年代。（金州有18场得到了至少125分，比1990—91赛季以来的任何一支球队都要多。④）

史诗级别的助攻数只是勇士队极度高效的进攻的副产品，另一方面是他们对于投篮命中率的把控。他们的防守没有之前那个赛季那么坚固了——勇士队从联盟防守第一滑落到了与三支球队并列第四——但是他们历史上第一次防守篮板领先全联盟，这也就意味着能得到更多攻防转换得分的机会。⑤ 在过去，当勇士队总篮板数领先的时候，往往伴随着他们在进攻篮板上的优势，这也侧面说明他们投丢了很多球。这一次，勇士队的进攻篮板只排在联盟第21，从某个角度证明了他们超高的投篮命中率。

受到赛季初期巴恩斯伤势的影响，"死亡五小"阵容的使用也受到了限制，在37场常规赛中一共打了172分钟。这个赛季联盟所有至少打了这么多时间的五人组中，"死亡五小"是百回合净胜分最高的，达到了44.4。它也是自2000—01赛季以来百回合净胜分最高的五人组。

勇士队场均能投入13.1个三分球，创造了NBA的历史。总共1077记三分让他们成为了第一支单赛季三分过千的球队。而相较于之前曾经达成过场均10个三分

---

① 另一支球队是2014—15赛季的金州勇士（2248）。

② 上一支完成这项壮举的球队是1984—85赛季的洛杉矶湖人，当时他们正处在"表演时间"的巅峰。

③ 湖人和圣安东尼奥马刺队在1987—88赛季打出了13场这样的比赛。

④ 上次打出这种表现的球队是1990—91赛季的波特兰开拓者队。拥有威尔特·张伯伦的1966—67赛季的费城76人保有着这项数据的纪录（46），而且看起来他们将一直保持下去。

⑤ 尽管事实如此，但这项成绩仍有误导之嫌。联盟在1973—74赛季才开始区分进攻篮板和防守篮板。在那之前，拥有克莱德·李和内特·瑟蒙德的勇士曾一度连续四年领跑联盟的篮板榜。我们可以肯定，在那段时间，勇士至少有某个赛季是联盟防守篮板榜的第一位。

球的17支球队来说，勇士队的命中率是最高的（41.6%）。不论从总数上还是从效率上，金州都展现了一种耀眼的市场效益，他们重新定义了三分投篮的杀伤力。

库里是勇士队达成这项成就的最大原因。NBA之前还没有球员能够单赛季投入300个三分，而现在，库里以荒谬的402球结束了常规赛。（YouTube上囊括了他整个赛季所有投进三分的集锦可以播放长达9分半钟。①）这也是他七年中第三次刷新单赛季投入三分的纪录。库里和克莱·汤普森（单赛季276个三分）的远投组合占据了他们同时出战时勇士队20%的进攻。NBA还没有见过能够整个赛季里都如此持续稳定地在三分线外输出的二人组。

然而，库里的赛季表现还远不止三分投篮那么简单。他打出了史上单赛季场均得分超过25的球员中最高的真实命中率。②场均得到30分的球员里，他也是有效命中率最高的——比卡里姆·阿卜杜勒·贾巴尔、迈克尔·乔丹还有威尔特·张伯伦在任何一个赛季的该项数据都要高。③由于还没有人能够在场均出战少于35分钟的情况下得到超过30分，库里的球员效率值（PER，最能够衡量一个球员整体贡献的参数）位居历史第八位。只有张伯伦、乔丹和勒布朗·詹姆斯完成过更高的赛季平均PER值。他也是阿伦·艾弗森之后第一个同时领跑得分榜和抢断榜的球员，他还成为了继两届MVP史蒂夫·纳什（金州勇士的顾问）之后，第二个达成单赛季50%投篮命中率、45%三分命中率以及90%罚球命中率的球员。④

---

① 确实令人赞叹，网址：www.youtube.com/watch?v=ZQl2qdHl_vw。

② 库里的真实命中率停留在了66.9%，第二高的真实命中率来自1987—88赛季的查尔斯·巴克利（66.5%）。（真实命中率将球员的三分命中率和罚球命中率涵盖在内。）

③ 库里的有效命中率是63%，轻松超过阿德里安·丹特利在1982—83赛季投出的58%。（在有效命中率的计算过程当中，三分球所占的比值比两分球高，所以库里的这项数据高得吓人。）

④ 只要你把单赛季命中数少于300个的球员排除在外，库里（命中率50.4%，三分命中率45.4%，罚球命中率90.8%）和纳什（2007—08赛季的命中率数据分别为50.4%、51.5%、92.9%）是唯二符合标准的球员。但如果你将标准改为"个人出场时间超过球队总比赛时间的70%"，另一位名叫史蒂夫·科尔的球员就加入了他们的行列。科尔在1995—96赛季投出了50.6%、51.5%和92.9%的命中率。在纳什创造这项神迹的时候，科尔恰好是太阳队的总经理。（如果科尔当赛季能多命中56球，他就能正式超过库里和纳什，成为这个"185俱乐部"里的第一人。）

"我们常说，我们能够每晚一起打球真是受到了上天的眷顾，"库里在第73胜后说道。"只要我们把注意力集中在那些让我们变得更好、帮助我们走到这一步的事情上，谁知道我们还能继续取得什么样的成就呢？"

克莱·汤普森则表示，勇士队知道季后赛会有多艰难，尤其是在前一年刚刚夺冠的情况下："我们知道想要赢球，我们得做些什么。"

相较其他球员，言语上更明确表示出对于73胜渴求的德拉蒙德·格林，在赛后喜气洋洋的。终场哨响，他把球牢牢抱在怀里，不让任何人拿走。当被问到这一夜对于他的意义时，格林用与往常一样朴素直接的方式进行了回答。"这意味着我成为了历史最佳球队的一员，"他一边说一边咧着嘴大笑。"而且并没有几个人有资格说这句话。"

这样的回答彻彻底底显示出了勇士队那时的自信程度。他们觉得自己绝对是不可战胜的。他们能够相对轻松地处理掉联盟中任何一个顶级竞争对手。再一次拿到冠军也就是在所难免的事情了。

由于对《纽约时报》吹嘘说勇士队"领先其他任何一支球队好几光年"而被声讨了数周的乔·拉科布迅速冲上球场、跑进更衣室里，加入球队的庆祝。[①]当时，他手中拿着第二天《旧金山纪事报》的样稿，狂欢中的库里占据了一整个版面，而标题则写着——"史上最佳"。[②]

[①] 斯科恩菲尔德，《风险投资人接手勇士，球队发生了哪些变化？》，2016。

[②] 出自勇士队YouTube频道上的一段视频，标题为《勇士基地：赛季回顾》，上传于2016年9月12日。

第十章

回归
2015—16赛季西部季后赛

跟着勇士队一路走到73胜的巨大关注度突然在季后赛首轮冷淡了下来。在常规赛最后一天对阵孟菲斯灰熊的收官之战，勇士的公关部发出了350多张媒体证件——你通常只有在分区决赛才能看到这么大的数额。然而仅仅过了三天，在他们主场迎战休斯敦火箭的季后赛揭幕战，这个数字回归到了正常的水平，也就是100张左右。

对勇士球员来说，从常规赛到季后赛的转变意味着他们要重新出发，认真审视这条通向冠军的道路。再拿到16场胜利，这支球队就能成为不朽的神话。一个打破胜场纪录的常规赛只有以冠军收尾，才能不负其名。当史蒂夫·科尔所在的那支公牛队在1995—96赛季拿下72场胜利之后，他们在训练中穿上了印有"不夺冠，无意义"的主题T恤（由罗恩·哈珀和斯科蒂·皮蓬设计）。[1]现在，勇士队感觉到了同等的压力。

虽然火箭在和勇士的三场常规赛碰面中均以失败收场，但他们每晚都给勇士制造了不小的麻烦。这支火箭有些混乱，但又足够天才。他们可能在今晚表现得像是世界冠军，也有可能就在第二天沦为渣滓。比起一年前在西部决赛狙击勇士的那支球队，现在的火箭的确更为羸弱。火箭的领袖依旧是詹姆斯·哈登，他在常规赛得分榜上屈居库里身后，排名第二。休斯敦的另一位领袖是德怀特·霍华德，他预计将在赛季结束之后放弃价值2320万美元的球员选项，跳

---

[1] 弗雷德·米切尔，《公牛的小教堂成了热门，但并不是周日才礼拜》，《芝加哥论坛报》，1996.4.29。

出合同，加盟另一支球队。休斯敦的混乱始于本赛季开始三周之后，当时，总经理达雷尔·莫雷炒掉了主帅凯文·麦克海尔，扶正了36岁的J.B.比克斯塔夫。火箭队从4胜7负的开局里逐渐回暖，最终以41胜41负的战绩结束常规赛，以一场之差压过犹他爵士，惊险抢到西部的八号种子席位。他们的奖励？没错，是和勇士再打一仗。

这边火箭正奉献着一出出好戏，而悠闲的勇士队正轻松地等待着季后赛的来到。史蒂夫·科尔对他们面临的挑战再熟悉不过了，他曾在1995—96赛季的公牛亲历过与现在一模一样的场景，而那支球队，已经被历史戴上了最伟大的桂冠。科尔知道他要确保这个团队冷静地面对接下来的一切。化学反应应当是他们最大的优势，这支球队中球员们相熟相知的程度不亚于职业体育中的任何一支队伍。科尔最主要的任务，还是要保证大家的健康与专注。

单论球场上的对决，休斯敦大概是金州最喜欢的对手了。这支火箭场均让对手送出联盟第二多的助攻，扔进第二多的三分球，他们每场丢掉的前场篮板排在联盟第一，场均失分高居第六。尽管如此，汇聚一群虎狼之士的火箭队每场制造对手的失误数无出其右。这支队伍一年前还是西部决赛的嘉宾，丰富的季后赛经验让金州不敢再觊觎一个像去年击溃鹈鹕队那样的横扫。

上赛季，库里在对阵火箭队的西决阶段场均砍下31分。他在面对老对手的首场比赛的上半场就用13记出手砍下24分，其中包括5记致命的三分球。那个下午，他似乎还在轻松写意地延续着常规赛的传奇。

在距中场休息还剩几分钟时，勇士队领先火箭24分。库里在篮筐12英尺（3.6米）外尝试了一记单手抛投，但没能打进。就在他转身回防的一瞬，他的右脚踝轻微地向外扭了出去，库里觉察到了这次扭伤，跛着脚回到半场。科尔在下次暂停中将库里撤到板凳席。虽然他在第三节开始时又回到场上，但仅过了三分钟就又被科尔拽了下来。库里不断恳求主帅派他上场，他甚至说服了助教卢克·沃顿和布鲁斯·弗雷泽去替他游说。但直到比赛结束，科尔都没有答应任何人的要求。"只要有伤病恶化的可能，我们就不会让他留在场上，"科尔在这场104比78的大胜之后说，"很明显，我们希望在未来的两个月里都留在季后赛中，所以我们不会去冒任何的风险。"库里本以为两天后第二战的出场机会势在必得，但科尔又无情地剥夺了他穿上球衣的机会。勇士在以115比106轻取火箭后辗转到了休斯敦的主场，库里再次作壁上观，无力地目睹哈登在终场前3秒用一记罚球线跳投绝杀了比赛。肖恩·利文斯顿在这场比赛顶替库里首发出战。他曾在常规赛三次填补库里的首发位置，并且每场球都能拿到16分的高分。但由他主控的勇士队会变得完全不同——在利文斯顿首发的这三场比赛中，他没有出手过一记三分，要知道他整个赛季的三分球也不过12投2中。虽然利文斯顿的中距离跳投足够优秀，但库里的射程为勇士创造的空间是他无法企及的。正如科尔所说，他的轮换"出了问题"。勇士目前大比分以2比1领先，库里也确定将在第四场迎来复出。金州的未来依旧满是光明。

但是在篮球场上，很多当时看上去无足轻重的时刻往往会成为巨大遗憾的前奏。首轮第三战的最后一个回合就是最好的例证。在哈登命中关键球之后，勇士其实还有一些时间去出手绝杀，但接到界外球的格林很快把球运到了脚上，痛失良机。这是格林今晚的第七次失误，接下来，他需要防好火箭队的界外球，虽然只剩1秒的比赛时间已经宣告了他们的败北。当火箭将球发出，蜂鸣器最终响起的时候，格林用双手罩住面前的迈克尔·比斯利并将他拽倒在地。

现场的裁判们忽视了这次抱摔，但联盟不会放过这个危险的动作。第二天，格林被追罚了一次恶意犯规。"我觉得这样的身体接触不算过火，但我会接受这个结果。"格林在联盟宣布判罚之后这样说，"我的比赛风格不会改变，我不会因此而束手束脚。"

根据季后赛的规则，这类情节严重的犯规会累积成球员的纪律罚分。格林的这次一级恶意犯规意味着他的罚分涨到了1。如果在勇士今年的整个季后赛旅程中，他累计到了4个罚分，那么联盟就会对格林实施停赛一场的惩罚。"现在看起来，这不是什么大问题，"CBS体育的詹姆斯·赫伯特这样写道，"但勇士想在季后赛走到最后，所以这会在后期成为隐患。"①

迎回库里的勇士在第四战一开局就找回了之前的状态。虽然库里在上半场9次出手仅收获6分，但勇士全队三分球20投9中——即便算上了库里7中1的三分球——半场砍下了56分。眼看球队的进攻和科尔的轮换全都走上了正轨，灾祸

---

① 詹姆斯·赫伯特，《勇士队德拉蒙德·格林赛后被追加恶意犯规》，CBS体育，2016.4.22。

又叩响了勇士的门。

只剩4秒，两队球员们就可以回更衣室稍作休息了。两队目前达成56平，火箭队正规划着中场前的最后一攻。特雷沃·阿里扎带球推进，通常来说，负责盯防他的应该是马利斯·斯佩茨，但就在阿里扎通过中线，和哈登错身而过的瞬间，发生了两件要紧的事。其一是紧随哈登的库里换防到了持球人阿里扎这边——这对金州有利，因为库里明显比斯佩茨更适合一对一单防；其二是休斯敦的多纳塔斯·莫泰尤纳斯笨拙地绊倒了自己，背贴着地面从三分弧顶处滑了进去——也就是正在紧跟持球人的库里即将撤步踩到的这片区域。库里歪斜着身子扑向阿里扎的压哨球，而他的左脚恰好踏在了莫泰尤纳斯留下的汗液上。不慎滑倒的库里本能地用右膝撑地，然后表情痛苦地滚了一圈。他在半场结束后一瘸一拐地走出更衣室，去接受横向移动的测试。但没过多久他就摇头放弃了。眼含泪珠的库里对队友们，他今晚没机会回到场上了。库里走向更衣室，他谨慎地迈着步子，用双手诧异地抱着自己的脑袋。鲍勃·迈尔斯就跟在他的后面。那一刻，即使连MRI（磁共振成像）检查的时间还没确定，球队就已经知道这件事的严重性了。但就在库里走下场之前，格林对他说："交给我们吧，我们会替你拿下这场比赛。"①

又一次失去了头号球星的勇士队突然全民皆兵，在下半场的战争中完全湮没了休斯敦的大军。他们创造了季后赛单场最多三分球的纪录（21个），最终以27分的巨大优势让火箭队痛苦地度过了最后的垃圾时间。②第二天早晨，库里接受了MRI检查，并最终被诊断为右膝内侧副韧带一级拉伤。这类副韧带的损伤通常意味着至少两周的休息时间，而且在那之后还要重新检查和评估。没人能保证库里会在次轮回归赛场，甚至没人能保证他能赶在季后赛结束之前回到赛场——无论金州在季后赛里走到多远。

突然要失去库里很长时间，勇士队将必须在季后赛进程中调整球队的规

---

① 马库斯·汤普森二世，《斯蒂芬·库里受伤，勇士众志成城在第四场击溃火箭……现在勇士众将只有等待》，湾区新闻集团，2016.4.24。

② 这一纪录保持了10天，接下来在骑士对阵老鹰的比赛中，骑士全队投进25记三分球，13名骑士队员中10人有三分球入账，这是NBA历史上常规赛和季后赛单队三分球命中最高纪录。（目前常规赛三分球命中最高纪录保持者为火箭队。——译者注）

划。是的，他们要带着库里不会复出的期望继续前进。克莱·汤普森和德拉蒙德·格林需要分摊更多的三分火力；替补后卫莱昂德罗·巴博萨和伊安·克拉克将承担更多的出场时间；肖恩·利文斯顿必须把勇士的进攻延续下去，即便他的进攻效率和库里相差甚远；如果他们能在哈里森·巴恩斯，这个最近弄丢了准星的小前锋身上找到半点灵光，那就足够欣慰了。另外，这支球队需要打出更高水准的防守，内线球员们在篮板和护筐能力上也要有所提高。

第四战的狂暴发挥延续到了第五场比赛。勇士队以114比81风卷残云般带走了比赛，砍下27分的克莱·汤普森居功至伟。首发出战的利文斯顿又一次拿到了16分，这和他在第二战、第三战中的表现别无二致。格林拿到15分9个篮板8次助攻，没有出现一次失误。反观休斯敦，哈登虽然砍下35分，但他交出了全场最高的7次失误。德怀特·霍华德全场拿到8分和21个篮板，但打满第四节的他却没有一分进账。而那边的布兰登·拉什和莱昂德罗·巴博萨在第四节合砍了整整16分。

没有库里的勇士队各显神通，将火箭队送回了老家。他们一边祈祷着常规赛MVP的膝盖及时康复，一边为季后赛的第二轮做着准备。

在次轮等待他们的是异军突起的波特兰开拓者队，他们在赛季初被视作西部最烂的几支球队之一。虽然年纪稚嫩、缺乏经验，波特兰依然以44胜的成绩打到了西部第五。他们在首轮的对手是洛杉矶快船。这支不幸的洛杉矶球队被伤病毁去了大半战力，到系列赛结束的时候，他们的两位明星克里斯·保罗和布雷克·格里芬甚至全都不在球队阵容当中。开拓者最终用六场比赛淘汰了快船。

在后场双枪达米安·利拉德和C. J. 麦科勒姆的率领下，这支开拓者自由奔放的球风让人不禁想起马克·杰克逊时代的金州勇士。他们正在寻找自身定位的过程中，一点一点地摸索着胜利的规律。开拓者的防守差强人意，虽然他们能将对手三分球的场均出手数限制到23次（联盟第8），但他们却无法阻止对手将这些球送进篮筐（37.1%的命中率，联盟第3）。即便头号三分手库里无法出战，科尔也知道要在这支开拓者头上尽量多地出手三分远射。也许勇士的得分效率会有所下降，但他们总能用大量的出手数弥补回来。

库里错过的系列赛前三战均以主场球队的大胜收场：金州在甲骨文中心分别以12分和11分的分差赢下了前两场比赛。汤普森和格林合砍60分收获首胜，然后勇士在第二战的第四节用34比12的冲击波锁定胜局。格林拿到17分14篮板7

助攻4盖帽的全面数据，成为了第二场比赛的头号功臣，而汤普森拿到了全场最高的27分。第三战，利拉德带着他的开拓者回到波特兰，他在主场球迷面前砍下了40+10的华丽数据，开拓者也以120比108拿到关键的胜场。现在，熟悉的舞台又为库里搭建完毕。大家脑中的问题和上一轮一样，库里会在第四场比赛迎来复出吗？

这一次，勇士变得谨慎多了。距离库里的MRI检查正好过去了两周的时间。第四战一直都是一个棘手的时间点，如果你以2比1领先，再取一胜就能将大比分变为3比1，也就意味着90%的系列赛胜率。如果你以1比2落后，拿下这场就能将对手拉回同一起跑线。

尽管库里还未恢复到100%的健康，但在这场比赛中出战还是没有问题的。科尔决定将他的出场时间限制到25分钟以内，再根据他在比赛中的感觉做临场调整。库里不在首发名单当中——勇士队将利文斯顿保留在了首发阵容，至少在跳球时是这样的——但只要球队需要，他们会马上将库里替换上场。接下来发生的，便是NBA近代史里最引人入胜的故事之一了。

库里的上半场打得相当糟糕。他和利文斯顿在一号位上交替出场，出手13次，仅仅得到11分。虽然金州凭借第三节29比18的强势表现带着1分的优势进入第四节，但9次三分出手全部投失的库里在这个夜晚倍感煎熬。他连续152场有三分球进账的NBA纪录眼看就要在波特兰画上句号，更重要的是，他的球队也没有赢得胜利的把握。一场失利，再加上不复健康的库里，就能让金州彻底感受到被波特兰淘汰的恐惧。

然后，库里苏醒了。

他在比赛还剩4分35秒时命中了全场比赛的第一记三分，帮助金州以103比100重夺领先优势。利拉德接下来命中了一个超远三分，库里用他的第二记三分球予以回应，在计时器走到两分钟时把分差缩小到1分。比赛还剩1分钟，勇士落后3分。库里从篮下兜出，将球传给了已经等候多时的哈里森·巴恩斯。后者冷静地撤步跳投，在26英尺（7.9米）外一击中的。在两队打成111平时，库里本有一次终结比赛的良机，但他在11英尺（3.3米）外的抛投弹筐而出。随着格林最后一秒补篮不进，比赛进入加时。

即便用库里的标准衡量，接下来的这5分钟也堪称神迹。加时赛开始仅仅33秒，库里从11英尺（3.4米）外的单手抛投就打板命中。一分钟之后，他在弧顶的干拔跳投将比分扳成116平。又过了30秒，库里抢到巴恩斯投失后的前场篮板，一记补篮再次扳平比分。2分21秒时，格林妙手抢断助攻库里上篮得手，勇士终于取得了领先，并且这个领先优势再也没能被人拿走。库里随后又利用格林的掩护绕出来，在26英尺（7.9米）外张弓搭箭命中三分。落后5分的开拓者队无奈地叫了暂停。库里带着胜利的神色走下场，他拿出牙套，轻轻抖了抖肩，大声喊道："我在这里，我回来了！"这句话不像是对谁说的，又像是对所有人说的。

暂停回来，库里又一次利用高位挡拆摆脱了防守人，在右侧25英尺（7.6米）外直接开火。咻，篮球空心入网。勇士队突然在比赛只剩不到1分钟时领先了8分之多。库里已经在加时赛砍下了15分，开拓者老板保罗·阿伦只能在摩达中心的最前排目瞪口呆地看着眼前发生的一切。库里两记无关痛痒的罚球将比分锁定在了132比125，这位勇士队的替补控卫用不到37分钟砍下了40分9篮板和8次助攻。

他在5分钟加时赛里拿到的17分创造了历史纪录。从未有人在加时赛中拿到这么高的分数。

从未有过。

像所有的冠军球队一样，当家球星的回归唤起了所有人的斗志。格林全场拿到21分9篮板5助攻和7次盖帽，汤普森得到23分，就连不在状态的巴恩斯也在常规时间结束前命中了一记关键的三分。加时赛开始阶段，科尔为了巩固球队的护筐能力而派上了中锋费斯图斯·艾泽利，然后在3分06秒时将安德烈·伊戈达拉替换上场。迎回库里的死亡五小没给开拓者任何机会，这套阵容以16比9的小高潮迅速终结了比赛。

第二天，库里不出意料地卫冕了常规赛MVP。我们在记者的首轮选择上没见到其他球员的名字，这意味着库里成为了NBA历史上的第一个全票MVP。[①]今年的颁奖仪式从勇士训练馆下面的舞厅换到了甲骨文中心里特意搭建的台子上，库里的领奖词也不再像去年那样动情。在几句简单的介绍之后，库里手拿麦克风感谢了老板乔·拉科布和彼得·古伯。他感谢他们创造了这样一个充满欢乐

[①] 当詹姆斯被问及对库里获得MVP的看法（詹姆斯2013年首轮票选仅仅只得到一票），他表示"最有价值球员"和"年度最佳球员"这两者之间是有差别的。总决赛来临之际，詹姆斯为自己之前的言论道歉，同时也批评媒体夸大曲解了他的说法来博眼球。

第十章　回归
2015—16赛季西部季后赛

和认真态度的工作环境。库里感谢史蒂夫·科尔和教练组们赋予他足够的自由，感谢鲍勃·迈尔斯把每名球员当成亲切的朋友，而非只是手下的运动员。

库里并没有把每个勇士人都拎出来感谢一遍（像他在2015年做的那样），但他的确表达了自己对他们工作态度、紧密友情和无私牺牲的敬意。听者们不禁觉察到，在经历这几场伤病的折磨之后，他不再把这得来的一切视作理所当然了。命运是变化无常的，而这些花团锦簇又是稍纵即逝的。在整整缺席四场比赛之后，他又在第四战里多打了那加时的5分钟。从波特兰返程后的库里一边做着演讲，一边感受着膝盖的疼痛。

"我们每个人都有不同的性格，在球队中都有着不同的角色。我们组合到了一起，并且很明显，我们的组合是成功的，"库里这样说，"但我们需要珍惜眼前的所有，我们要保持淡定。我们当然想走到最后，去完成我们的最终目标。然而我希望我们每天都能留出一点时间，比如刚走进训练馆或者刚开始比赛的时候，去感恩彼此能够相识相交，去珍惜每天在一起时获得的快乐。"

接下来，他向队友们提出了期许。他希望这个前无古人的常规赛纪录能有一个完美的结局。"无论在本赛季结束时候都发生了些什么，我们都将因这个赛季的功绩而被世人铭记。台上的这15个人完成了历史上从未有人做到过的事情……所以让我们把它继续下去吧，让我们去赢得冠军，去把我们的名字刻在历史的纪念碑上。"次日夜里，勇士队以125比121淘汰了开拓者。首发的库里将出场时间控制在了37分钟以内，全场拿到29分和11次助攻。他第四节的14分帮助球队锁定了胜局。汤普森在三分线外9投6中，包揽了全场最高的33分。在本场比赛弄伤脚踝的格林依旧交出了13分11板6助攻的全能数据。这是一场经典的勇士式胜利，他们主场拖垮了一个强敌。虽然开拓者的希望直到比赛末尾才一点点破灭，但在很多人看来，勇士已经早早宣判了他们的死刑。C.J.麦科勒姆在末节独砍16分，但达米安·利拉德，这个奥克兰的本地人，在最后一节错失了7记投篮中的6球，让球队损失惨重。想要击败勇士，你在大多数情况下需要阵容中多点开花，而单单一个爆发的得分点是远远不够的。

夹杂着深重的不确定性，伴随着堆积起来的伤病信息——这一场比赛就伤了格林（脚踝扭伤）和博古特（腿筋拉伤）两员大将——这支勇士还是闯了出来，他们现在距离篮球史上最伟大的单赛季表演还差8个胜场。

然而，要拿到这8场胜利，勇士们必须要面对比之前困难百倍的挑战。

整个2015—16赛季，人们都期待着篮球之神能安排这不可一世的勇士队在西决和马刺来一场毁天灭地的碰撞。自赛季伊始，金州和圣安东尼奥就坐稳了西部的一二号交椅。两队碰面的三场比赛——节奏缓慢的马刺3月在主场赢了一局，而勇士在最后四场球里赢了马刺两次——只会让球迷们对两方在季后赛的碰面愈发期待。

但篮球之神们都是一些善变的家伙。勇士队借着东风连下休斯敦和波特兰两城，有惊无险地赶来赴约。而马刺队却在次轮被西部的三号种子俄克拉荷马城雷霆队用6场比赛拦了下来。雷霆双子星凯文·杜兰特和拉塞尔·威斯布鲁克场均都能拿到25分和6个篮板，他们的内线大闸史蒂文·亚当斯则每晚能够贡献11分和11个篮板。

其实，俄城在这轮系列赛里没有和马刺拉开多少差距。圣安东尼奥在首场比赛的32分大胜让他们到第六场结束时还拥有着总分差的优势。不只是分差，他们在6场比赛里失误更少、三分更准，他们的抢断、盖帽、和助攻数都要高过雷霆。但怎奈俄城多抢了足足45个篮板，而且他们的罚球比马刺强得不是一星半点。正是这些方面的差距酿就了最终的结局。雷霆队在最后三场比赛中全都笑到了最后，其中前两场的分差仅有4分，而最后一场杜兰特和威少联手砍了65分，帮助球队以113比99的比分彻底摧毁了马刺，他们也就不用再回到圣安东尼奥那个在常规赛40胜1负的魔鬼主场参加抢七。

对勇士来说，雷霆着实是个棘手的敌人。杜兰特和威斯布鲁克都能排进联盟最强的五六个球星之中，他们基本填补上了多诺万的进攻体系里的每个缺口。杜兰特可能是联盟中最为攻守全能的巨星，他是一个不需要过多球权也能创造价值的篮球大师。杜兰特能命中三分，能单打矮个子的防守人，他在进攻中能帮队友拉开空间，在防守端还是个经常切断传球线路的老狐狸。持球在手的杜兰特有着联盟第二的急停跳投能力（有效命中率51.1%），而他在无球时的威胁同样致命，他接球跳投的场均得分排在NBA的前20位。[1]

与他相比，威斯布鲁克更矮，速度更快。威少的投篮虽不那么高效，但

---

[1] 有效命中率第一的人是谁呢？斯蒂芬·库里（58.9%）。

第十章　回归
2015—16赛季西部季后赛

他激进并极富创新性的打法让无数对手叫苦不迭，不少篮球专家也更偏爱他身上的这种骁勇和任性。威斯布鲁克的天马行空，加上杜兰特的稳扎稳打，让雷霆队成为了一个难以在战术上做出针对的对手。但科尔有他自己的计划：在杜兰特和威少稳定发挥的前提下，如果金州能限制住雷霆的角色球员们（塞尔吉·伊巴卡、迪昂·韦特斯、安德烈·罗伯森和史蒂文·亚当斯），并将篮板差距保持在可控的范围内，他们就能禁受住雷霆的攻势。逼迫雷霆队的出手向外移动，是一个降低命中率和保护后场篮板的好法子。如果这样的战术安排导致外线的韦特斯和罗伯森多了几个空位出手的机会，或者让亚当斯在低位多拿到了两次球权，科尔也觉得可以接受，为了大局，他愿意承担这样的风险。

雷霆的另一个X因素是他们的身高优势。金州的内线虽然有安德鲁·博古特和费斯图斯·艾泽利坐镇，但俄城有7英尺（2.13米）的亚当斯、6英尺10英寸（2.08米）的伊巴卡和6英尺11英寸（2.1米）的埃内斯·坎特可以应对，更别说官方数据6英尺9英寸（2.05米）的杜兰特其实是个6英尺11英寸的巨人了。两队身高上的差距会直观地体现在篮板数上。两队曾在2月末有过交手——库里正是那场比赛里进了12个三分，包括加时赛最后那记仿佛从塔尔萨投出的超远绝杀——雷霆在篮板球上占据了62比32的恐怖优势。

数据显示，勇士需要利用好杜兰特不在场时的每分每秒。当威少坐在板凳席上时，勇士整体的投篮命中率和三分命中率都呈下降趋势，而当杜兰特休息时，金州的投篮命中率会提升13个百分点，而三分命中率的提升更是达到了29%。由此来看，在和曾率领佛罗里达大学两夺全国冠军的NBA新人比利·多诺万斗法时，科尔需要安排好球员的出场时间，尽量在每一分钟都排出最优的阵容组合。

要赢下这次的西决，勇士队务必要投进那些关键的投篮，然而他们在首战就没做好这一点。库里在中场前用一记压哨三分帮助勇士取得了60比47的领先，但上半场仅拿到3分的威斯布鲁克在第三节完成了19分的大爆发。克莱·汤普森前三节的25分帮助勇士带着3分的优势进入第四节，而从这个时间节点开始，勇士就失去了三分线外的所有准头。他们在第四节三分10投1中，库里投丢了5个，汤普森的4次出手全部打铁。

科尔不担心球队的投篮问题，他将这归因于今晚不顺的手感。但真正让他生气的是球队居高不下的失误数。金州全场犯下了14次失误，其中一半都来自库里。反观雷霆，他们全队在下半场仅出现了1次失误。雷霆不负众望地取得了52比44的篮板优势，而15比2的二次进攻得分更是完全摧毁了勇士队逆转的希望。杜兰特全场出战45分钟，他在最后31秒时的17英尺（5.2米）跳投帮助球队锁定了胜局。102比108，这是本赛季金州48场主场比赛里的第3次失利。

库里的数据还算不错（26分10篮板7助攻），但他的7次失误和第四节的突然哑火实属意外。"现在我们有了去逆袭、去证明球队意志力的机会，我觉得这还挺有趣的。"库里后来说，"这将会是个漫长的系列赛。"

勇士在第二战找回了状态，这大部分都要归功于刚刚卫冕MVP的史蒂芬·库里。他在比赛里展现出了惊人的韧性。库里首节砍下11分，但他在一次救球时头部向前扎到了观众席里。他从一片狼藉中走出来的时候，右肘上肿起了一个垒球大小的包。

首轮的诡异受伤让库里坚强了不少。他带着伤肘在第三节掀起了一波得分浪潮，让人不禁想起次轮第四战时的那个不可阻挡的最有价值先生。勇士在第四节中段保有7分的领先优势，库里随后在两分钟的时间里连拿15分，让雷霆的希望渐行渐远。在这段时间里，杜兰特的数据单上只多了两次失误和一个技术犯规。金州的领先优势来到了20分，雷霆也再没追到过18分以内。勇士最终以118比91追平了大比分，令人咋舌的是，金州本场竟然抢到了比雷霆更多的篮板球（45比39）。

杜兰特本场只打了35分钟，贡献了29分和8次失误——其中的4次都是在传球时犯的错误。[①]杜兰特的沮丧之情溢于言表："他们派三个人过来防我，我何尝不想传出好球。我在面对包夹时不断失误，所以或许我以后再面对三个防守人时，直接出手是更好的选择。"

库里仅用15次出手就高效地砍下了28分，这种MVP级别的表现正是勇士所需要的。"关键是我们在转移球上做得很好，"他说，"在面对他们那种防守方式

[①] 杜兰特当时很恼火，因为科尔一直让格林作为灵活防守球员，放他的对位（罗伯森）随便投篮，然后进行补位防守（一般都是上前包夹威斯布鲁克或者杜兰特）。俄克拉荷马的巴里·特拉梅尔把这个称为"防守花招"（《雷霆一定会让勇士因"防守花招"付出代价》，2016.5.19），但是前一年在对阵灰熊的第四场这招很好用，而且这一年也一定会奏效。

时，如果你不能很好地转移球，不能展现出果断和凶狠的一面，你就会很难找到节奏。我认为我们完成得很棒。我们的掩护堪称完美，也能流畅地转移球。当我如战术安排的那样得到了空位出手的机会，我一定会努力投进这些球。"

但如果勇士以为他们已经起势，那可就大错特错了。他们随后在客场挑战俄城的两场比赛均以失败收场，比分分别是耻辱的105比133和94比118。科尔手下的这些球员在两场比赛里投出了41.3%的投篮命中率。第三战中，雷霆队早早在第二节就以一波38比19的攻势锁定了胜局。而在下一场比赛中，他们在第四节打出了24比14的比分优势，把即将回到奥克兰的勇士队逼到了濒临淘汰的境地。金州整个赛季以来的第一次连败来得太不是时候了。

勇士队的战术计划全都不管用了。雷霆在这两场比赛中抢到的篮板分别比勇士多了14和16个，威少两场球合计得到66分和23次助攻。埃内斯·坎特在第三战中砍下两双，而第四战的罗伯森更是拿到了生涯最高的17分。杜兰特一边砍分（两场得到59分），一边替队友拉扯着空间。蜘蛛似的长臂让杜兰特在防守端堵住了勇士的所有传球路线，科尔的进攻套路也就随即乱了节奏。这可能是杜兰特在9年职业生涯里防守表现最好的两场比赛。在第四战的第二节，他好似脚踩弹簧般飞起盖掉了肖恩·利文斯顿势在必得的灌篮。这一幕仿佛成了勇士不幸命运的缩影。"我们面对的可能是全联盟最身高臂长的一支球队，"科尔说，"而我们还在试着让传球穿过他们遮天蔽日的手臂，这可能不是个好主意。"

除了难解的杜兰特谜题以外，勇士还要处理德拉蒙德·格林再次惹上的一个麻烦。在第三战的第二节，格林突入禁区，失去了对球的掌控。他随后诡异地跳起，右腿径直踢向了雷霆中锋史蒂文·亚当斯的裆部。新西兰人痛苦倒地，而格林吃到了一次一级恶意犯规。第二天，联盟办公室将这次不当行为升级成了二级恶意犯规。NBA没有选择直接给格林禁赛——他们是有这个权力去惩罚影响联盟风纪的球员——但格林名下已经有了三个纪律罚分。这意味着再吃到一次恶意犯规，他就要自动停赛一场。

"拉塞尔说我是故意的，但他才是在NBA里最先干出这种事的球星之一。"格林在联盟判罚公布之前这样说，"拉塞尔·威斯布鲁克在半场结束的时候踢了我一下，只是他踢我的位置和我踢亚当斯的位置不一样罢了。"但格林的行为毫无疑问让勇士陷入了窘境。他在第二场比赛中就曾在上篮时用膝盖顶撞过亚当斯的私处，这让他口中"无意踢到"的辩解变得苍白无力。虽然格林安全出现在第四战的赛场上，但勇士队绝对再承担不起半点差池了。

勇士队带着1比3的大比分回到奥克兰。现在，他们眼前的胜利变成了最陌生的样子。它再也不是一个奢侈品，它变成了勇士必须拿到的一样东西。"这支球队完全盖过了我们，我们必须找到解决之道，"科尔在第四战后这样说，"就这么简单。"

但面前所要完成的这个任务可没有一点简单的地方。杜兰特正统治着球场的攻防两端，威斯布鲁克虽然效率不高，但大量的出手和一心求胜的劲头弥补上了他所有的弱点。金州现在最大的优势就只剩下他们的甲骨文中心了。

科尔不得不寻求改变。他选择抛弃死亡五小，回到了大个子镇守内线的传统打法。他们必须要削弱俄城在篮板上的恐怖优势，因此科尔对主力阵容做了微调，在保留安德鲁·博古特的同时，用安德烈·伊戈达拉替换掉哈里森·巴恩斯（他的季后赛场均得分比常规赛低了20%）。

勇士队的变阵产生了立竿见影的效果。博古特打了将近30分钟，这是他近6周以来登场的最长时间。他全场拿到15分和14个篮板。缺少巴恩斯的"死亡四小"同台登场14分钟，投出了61%（21投13中）的命中率。虽然库里和汤普森用41记出手才拿到58分，但这已经足够了。勇士甚至抓下了和雷霆相当的篮板球数（45个）。替补出场的伊戈达拉拿到8次助攻，马利斯·斯佩茨也贡献了14分。

死亡五小1.0版本去哪里了？直到第四节的2分28秒，这套阵容才重新回到了场上。雷霆在节末采取了疯狂犯规的战术，但勇士队这段时间里稳稳地罚进了11次罚球，锁定了120比111的胜利。科尔的搏命实验成功了，金州赢得了一场比赛的喘息之机。"我打了四场的烂球，我只想在第五场好好表现。我不想今晚被淘汰回家。"博古特在更衣室里这样说，"我们有机会赢下系列赛。俄城虽然难打，但我们会在那里拿出和今天一样的表现。"

杜兰特和威少攻下了71分，但这是用59次出手才换来的成绩，况且他们全场送出的10次失误也是失利的祸根之一。赛后，二人一同出现在了赛后的新闻发布会上。一位ESPN记者问他们，在过去两个赛季领跑抢断榜，并且在今晚贡献5次抢断的库里，是否是一位被低估的防守者。这是一个平淡无奇的问题，几句循规蹈矩的回答就能让人们忘记有过这段对话。就在杜兰特刚要开口时，威斯布鲁克揉了揉脸,仿佛在极力抑制自己不要笑出声来。

"抢断嘛,我都不确定那算不算在防守能力里面。但他确实挺不错的。"杜兰特大胆地给出了这样的答案,然后话锋一转:"但他不负责盯防我们的最强控卫。我觉得他们在围堵拉塞尔这点上做得不错,从汤普森到伊戈达拉,还有库里,他们偶尔也让他来防一防。他的脚下移动够出色,手上技术也不错。但是,怎么说,我还是挺喜欢让威少和他对位的。"几分钟后,威斯布鲁克和杜兰特离开了采访间,走的时候,威少还瞪了一眼那个ESPN的记者。[1]

这个问题与其说是在针对库里,倒不如说是在拷问威少。没过多久,有人把杜兰特的一番言论转述给了库里。他回应说:"我不会频繁陷入一对一的单防回合。我的工作是听从教练的安排,而且我在过去的四年生涯里一直是这么做的。我在努力提高我的防守能力,做好我该做的事。"毕竟,正是库里在最后1分25秒时对杜兰特的抢断让俄城彻底失去了翻盘的希望。当时雷霆落后8分,杜兰特试图顶着库里冲到勇士的油漆区。没想到,库里的防守压力让他丢掉了手中的篮球,而偷到球权的史蒂芬一路跑到球场的另一端,将领先优势扩大到了10分。从杜兰特启动到雷霆彻底陷入绝望,计时器才走了20秒钟。

多诺万请求暂停,库里走向勇士的板凳席。他忽然停下脚步,转身冲着人群:"我们不会被淘汰!我们不会被淘汰!"库里激动地叫喊着。

蜂鸣器响起,甲骨文中心齐声唱起了庆祝的颂歌。周一再见!周一再见!周一正是第七战开始的日子,他们觉得勇士会从俄城凯旋。

勇士队真正的可怕之处——也是他们能创下前无古人的73胜的深层原因——是他们拥有一众有能力统治比赛的球员。虽然这不意味着每场比赛他们都能多点开花,但当你阵中不止一个库里、一个格林、一个伊戈达拉或一个汤普森的时候,总会有一个家伙跳出来接管比赛。当这群全明星球员凝聚到一处,金州的胜率自然也水涨船高。就像《细细的红线》里的群星哪怕包揽奥斯卡的全部奖项也一样有人会被遗漏,勇士队的天赋是满溢的。他们在任何时候

---

[1] 当时我就在媒体室,看着他从采访区走出来,看了一眼ESPN的米切尔·斯蒂尔,然后就从她身边走过去了。

都不能被忽视，无论哪一个人的爆发都能让比赛失去悬念。

到了第六战，扮演这个角色的人变成了汤普森，一个来自南加州的随性男孩。他的父亲迈克尔·汤普森曾随湖人队两次夺冠。据勇士公关部的人说，克莱是个不愿在采访中多说一句话的球员。这态度并非是轻蔑，而是纯粹的处世淡泊。运动员们常说，他们想让场上的表现替他们讲话，而汤普森的人生，大概就是这句话的印证。虽然这样的表现会被误认成冷漠，但当汤普森投篮出手时，他的确是最快乐的。相比之下，其余的一切——包括几次敷衍的运球——都不重要。

勇士队在第六战的策略基本与上场相同，博古特还会与首发阵容搭档很长时间，伊戈达拉也将代替巴恩斯出现在博古特身边。金州需要缩小篮板上的差距，提高水花兄弟的三分准度。除此以外，他们还要挨过雷霆主场的山呼海啸，这群俄城的球迷们仿佛已经嗅到了重回总决赛的味道。而且。如果让杜兰特和威斯布鲁克打出第三战和第四战时的几成统治力，勇士们可能就要提早说再见了。

库里在首节颗粒无收，但在打完12分钟后，雷霆队的领先优势也不过3分。雷霆在第二节掀起了疯狂的攻势，眼里只有篮筐的他们在禁区里得到了22分，相比之下，勇士在油漆区内只拿到了6分。在中场休息前5分钟，雷霆已经将分差拉到了13分。看起来，比赛又一次早早失去了悬念。

然后，汤普森发难了。接到库里传球的他向左运了下球，在左侧三分线外命中了一记远射，将分差缩小到10分。这是自他打进本场开局一球以来的第一记三分。不到一分钟之后，汤普森再中一球。这次是在右边翼侧，一次经典的接球跳投。在次节还剩2分10秒时，库里再次在快攻中找到了汤普森的位置，后者不做停留，张手再中，分差也只剩下4分。雷霆最终带着5分的优势结束了上半场的比赛。沉溺于个人单打的杜兰特和威少让雷霆的进攻陷入停滞。他们二人上半场合计31次出手拿下27分。虽然库里和汤普森的数据也没好到哪儿去（23投拿下27分），但至少他们在三分线外13中6的数据已经足以令雷霆忌惮。反观雷霆二少，他们的远射8投全失，可谓尴尬。中场休息时，科尔在更衣室里展露了十足的自信。

库里在第三节找回自己，单节砍下14分，而汤普森则再次贡献两记三分。这两粒三分球全都来自第三节的最后一分钟。命中之后，汤普森隐约看到了一个创造伟大夜晚的机会。他只用了两次运球，就命中了迄今为止的6记三分。他的后4记三分球都是纯粹的接球跳投。有些球员喜欢在出手前通过运球找找节奏，但汤普森不是这样，他不想给自己留半点犹豫的时间。

调整后的雷霆在下半场也重获新生，他们在第三节节末将领先优势再度扩大到8分。金州还有12分钟的时间去拯救这个理应伟大的赛季。主场观众如白色的海洋般聚集着汹涌的浪潮，系列赛就此终结的希望让他们无法冷静下来。

就在汤普森穿戴整齐准备开始第四节的比赛时，库里给他送上了一句鼓励。[①]这是属于你的时刻，库里说，去尽情表演吧，希望你享受比赛！

仅仅过了34秒，汤普森就摆脱安东尼·莫罗的防守，绕到右侧外线命中了当晚的第7个三分。此时，马尔弗·阿尔伯特正在TNT解说席上思考着，"这将会是常规赛霸主金州勇士本赛季的最后12分钟吗？"汤普森的三分球顿时让他的论断多了几分犹豫，现在在想想，阿尔伯特用的将来时也一定是不少雷霆球迷的噩梦。

不到两分钟后，汤普森的第8记三分也来了。伊戈达拉的掩护挡住了盯防克莱的兰迪·弗耶，赶来协防的杜兰特迟到一步，眼睁睁看着从右侧底角延伸出一道彩虹般的弧线。90秒钟后，博古特从威斯布鲁克的手中夺下一个前场篮板。他在左侧站定，用高位掩护挡住迪昂·韦特斯的去路，然后传给了汤普森。汤普森就像站在一把旋转椅上似的向右转了半圈，将这记三分投中。比赛还剩8分30秒，汤普森将分差追到了5分。

计时器走进5分钟时，汤普森创造了NBA的历史纪录。只见克莱在弧顶28英尺（8.5米）外接到格林的传球，没有战术，没有掩护，汤普森需要迅速做出决断。左侧巴恩斯和伊戈达拉所在的区域拥挤不堪，强侧站着库里，但杜兰特就在他面前。刚刚给他传球的格林就在右手边看着他，回传一定不是个明智的选择。所以，汤普森做了一个射手该做的事：投篮。他出手的时候，双脚甚至还没站稳。几英尺外的威斯布鲁克也没来得及做出干扰。篮球应声入网，比分来到96比92。现在，季后赛单场命中最多三分的纪录（10个）交到了汤普森的

---

① 出自库里的赛后采访，由ASAP体育转录，2016.5.28。

手里。

　　水花兄弟里的另一个家伙也不甘示弱。库里在4分钟时用一记25英尺（7.6米）外的三分球将分差追近到1分，又在2分48秒时再进三分将比分扳平。但当安德烈·罗伯森抢到杜兰特投失后的前场篮板，轻松补篮得手时，时间仅剩下2分25秒。尽管汤普森如天神下凡，但比赛的结果仍未可知。接下来，伊戈达拉的一攻一防大概成为了他三年勇士生涯里最重要的一段表演。他先是杀入禁区，在距终场两分钟时用一记左手挑篮将比分扳平。

　　威斯布鲁克带球来到前场，又是伊戈达拉换防到了他的眼前。这位雷霆后卫试图在行进间来个左转身跳投出手，但看出其中破绽的伊戈达拉将他手中篮球打落。上个赛季的总决赛MVP——这个荣誉很大程度上要归功于他对勒布朗·詹姆斯的严防死守——此时完成抢断，冷静地将球传给在前场右侧三分线外等候多时的汤普森。汤普森对他现在所处的位置再熟悉不过了。面对杜兰特扑面而来的长臂，他反应了不到一秒，抬手将球掷出。皮球与篮网清脆的摩擦声标志着他投进了今晚的第11个三分球。勇士反超三分。

　　伊戈达拉随后又一次抢断威少。时间兜兜转转来到了36秒，刚拿回球权的勇士队领先着三分。库里晃过伊巴卡，闯进了长人如林的内线，用一记右手打板抛射将分差扩大到5分。雷霆只剩下了14秒的时间，慌乱中，威斯布鲁克的界外发球被库里抢断。眼见反抢无望，雷霆只能对库里犯规。库里抬头与全场球迷对视，高举双臂，他的左手伸出了两根手指，而右手则全部张开。切萨皮克能源球馆里的18000名观众不需要翻译就能明白，第七战已成定局。

　　库里贡献31分10篮板和9次助攻的准三双。但本场比赛毋庸置疑的功臣是他的后场搭档克莱·汤普森。汤普森此役在三分线外18投11中，砍下41分。除了开头的两个三分运了球以外，其余的9记三分都是接球后直接出手。和两年前在萨克拉门托的单节37分神迹一样，今晚这种水准的表现可能也只有他才做得到。就连球员时期以大心脏闻名的科尔，也称汤普森的表演为"你所见过的最不可思议的投射表现之一"。

　　汤普森在最要紧的时刻从科尔最得力的五人阵容中脱颖而出，挽狂澜于既倒，救了金州一命。勇士的死亡五小出现在比赛的最后6分33秒，并且在这段时间打了雷霆一波21比10，而汤普森自己得到的分数就与雷霆全队相当。当他走下场准备返回客队更衣室时，陷入狂喜之中的乔·拉科布跪下来向他致意，然后熊抱了这位他第一个亲手选中的球员。

"如果我们最终夺冠，这一定是我们最想记住的一场比赛，"几天后，巴恩斯在接受《体育画报》采访时说，"这将会成为我们所有人心中的生涯最佳比赛。"①

这是史蒂夫·科尔时代的首个抢七，勇士队上一次遭遇抢七，还是在2014年被洛杉矶快船队在首轮淘汰出局，那也是马克·杰克逊执掌教鞭的最后一场比赛。勇士球员们在开战前几个小时来到了甲骨文中心。尽管情势危急，但你从他们脸上看不到半点紧张的神色。费斯图斯·艾泽利自顾自地练着罚球，伊安·克拉克在和助教克里斯·德马科打着一对一。两位重量级人物此时正在场边闲逛，他们分别是球队总裁里克·威尔茨和合作伙伴托德·盖奇。二人有说有笑，绕球场的外沿迈着步子，时而停下来与宾客们寒暄，或者与球迷合影。大部分的勇士高管都是如此，他们的言谈并未因抢七的压力而变得沉重。这支曾站到悬崖边的球队已经两次击溃雷霆，再来一次有什么难的呢？

科尔做事滴水不漏。就在抢七开始前几分钟，勇士宣布用安德烈·伊戈达拉代替哈里森·巴恩斯首发出战。就在第六战的下半场，科尔曾让伊戈达拉进入了第三节的首发阵容，而今天他从一开始就故技重施，目的只有一个，那就是让这位经验老到的防守专家把凯文·杜兰特死死缠住。

雷霆在上半场打得还算不错，他们在前两节的得分都高于勇士，带着48比42的比分回到了更衣室。其实在第二节剩下两分钟时，雷霆的领先优势有13分之多，但金州在节末一波9比3的小高潮让他们找回了颜面。尽管比分处于劣势，但金州成功限制住了杜兰特。在伊戈达拉的纠缠下，杜兰特上半场仅仅得到9分，并且他的五次出手均为高难度的中距离跳投。杜兰特没办法靠近篮筐，他的零次罚球就是最好的证明。这匹猛兽被牢牢缚住了四脚，在进攻端失魂落魄。这是伊戈达拉的第12个赛季，这是他自去年在克利夫兰夺冠以来的第二次首发。廉颇老矣，但他在今晚对杜兰特的防守质量的确鲜有人及。

---

① 李·詹金斯，《我们见过的最棒一场比赛：拯救勇士整个赛季的那一夜》，《体育画报》，2016.6.15。

金州好似一个等候时机的猎人，在第三节的时候才发出了关键的一枪。库里连进三记三分，带着勇士完成了一节29比12的逆袭。威斯布鲁克打满了这节，但三次外线出手无一命中，而杜兰特五次出手堪堪得到6分。

勇士带着11分的优势挺进第四节。不甘示弱的雷霆开始反扑，在比赛只剩1分40秒时凭借杜兰特在14英尺（4.2米）外的打板入筐，将分差缩小到了4分。但在下一个回合中，伊巴卡在勇士的进攻时间只剩3秒时扑向了三分线外仓促出手的库里。哨响犯规。库里将这三记罚球悉数命中，并在27秒时以一记右侧外线的华丽三分抹除掉了本场比赛的所有悬念。伊戈达拉全场出战43分钟，将杜兰特的得分限制到了可以接受的27分。随着逃出生天的喜悦弥漫在整个甲骨文球馆，伊戈达拉在中圈紧紧抱住了库里。

96比88，金州淘汰了俄城。他们完成了逆袭。

他们是NBA季后赛历史上第237支以1比3落后的球队，同时也是这237支球队里第10支连扳三局成功晋级的球队。这样的故事平均七年才会发生一次。没错，主场球队的抢七胜率高达81%，但你要想想勇士是带着着多么低的翻盘概率博得了抢七的机会。他们做出了及时的调整，让雷霆队丧失了连胜的节奏，也让克莱·汤普森找到了最真实的自己。汤普森在七场球里合计投进30个三分，成为了历史上单轮系列赛三分命中数第二多的球员。

唯一比他多的人是？本轮系列赛的史蒂芬·库里。他整整射进了32粒三分球。"大家都在场上竭尽所能，"杜兰特说，"我们没有遗憾了。"当时的人们并不知道，这是杜兰特为雷霆效力的第732场比赛，也是他身披蓝白战袍的最后一场比赛。他下一次回到甲骨文中心的时候，气氛与环境将和现在迥然不同。对金州来说，这场抢七的胜利意味着他们重获新生，也拿到了卫冕总冠军的机会——即便在五天前，这个机会看起来是那么的渺茫。这群球员聚在一处，合力挺过了最黑暗的时光。他们现在来到了通道的另一端，虽满身是伤但初心未改，虽精疲力竭仍眺望远方。"对我们而言，"库里说，"现在最重要的就是做好准备去达成下一个目标，那是一个必须实现的梦想。"

骑士队已在总决赛的席位上等候多时。库里知道他们只有两天时间去备战这个熟悉又陌生的对手。"我已经想好了从第一场到第七场的一切可能性，"他说，"我们准备好了。"

第十一章

"因为这是上帝的安排"
2015—16赛季 NBA 总决赛

这次看似不可能完成的绝地反击对勇士来说是个小小的奇迹,但站在总决赛对面的克利夫兰骑士一路上也遭遇了不少致命的危险。这些危险与他们关键球员的伤病无关,也并非源于他们重新统治季后赛的渴望。早在几个月之前,骑士的问题就埋下了祸根。一次人员上的变动,让整支球队的结构发生了改变。

1月18日,勇士造访速贷中心,这是他们自七个月之前的总决赛第六战之后首次重游故地。勇士以132比98收获了一场大胜,库里18次出手得到35分,替补登场的伊戈达拉砍下20分,格林拿到16分7篮板和10次助攻。那勒布朗·詹姆斯呢?他出手16次,仅得到16分。这是一场他再也不愿提起的比赛,这也是他职业生涯里最糟糕的一次主场落败。勒布朗打出了生涯最低的单场正负值——当他在场时,克利夫兰净负35分。在第四节的开始阶段,骑士一度落后了43分之多,这是詹姆斯经历过的最大分差。"这是一场老式的'吊打',"詹姆斯在更衣室接受采访时表示,"今晚证明了我们离总冠军的水准还有多远的距离。"

这场屠杀发生在周一,而骑士主帅大卫·布拉特的工作仅仅保留到了周末。虽然他在这一年半里率领骑士打出83胜40负的战绩,虽然骑士队在本赛季过半时已经拿下31场胜利——排名东部榜首——但黄粱一梦,布拉特依然被克利夫兰扫地出门。布拉特与骑士各方面人员的不和实在太过强烈(举例来说,布拉特总喜欢对工作人员和记者们吹嘘自己的真诚和在欧洲执教的丰富经历[①]),而且总经理大卫·格里芬是在詹姆斯宣布回归之前签下的布拉特,所以

[①] 我记得当时是在他2015年总决赛期间的一次媒体发布会上亲耳听到的。

第十一章 "因为这是上帝的安排"
2015—16赛季 NBA 总决赛

这师徒二人本来就不是个般配的组合。

炒掉布拉特后,骑士队扶正了助理教练泰伦·卢。卢是个在联盟兢兢业业打了12年球的替补控卫,在加入布拉特的教练组之前,他一直跟随道格·里弗斯在波士顿和洛杉矶执教。在卢上位的过程中,詹姆斯的认可起到了重要的作用。他们二人有着天生的默契,如果一位教练想要赢得詹姆斯的尊重,那么这一点是必不可少的。有报道称,在卢作为主帅执教的首场比赛中,他在一次暂停中对喜欢发号施令的詹姆斯说了句这样的话,"闭上你的臭嘴,我自己能搞定。"①

换帅之后的骑士在进攻端变得有效率多了。凯文·乐福在进攻战术中的戏份有所增加,这支骑士也在节奏没有加快的前提下砍下了更高的分数——每百回合多得5分。克利夫兰的净效率值(百回合得分减百回合失分)还与之前相同,这意味着他们在改善进攻的同时也牺牲掉了部分防守质量。但不得不承认的是,现在这种比赛风格的确更适合勒布朗。

在詹姆斯的出手更靠近篮下的同时——全明星周末之后,他几乎70%的出手都在距篮筐5英尺(1.5米)的范围内,比之前提高了3个百分点——骑士队的三分球也突然开了张。在布拉特任教的41场比赛中,克利夫兰场均出手28.2个三分,命中率为35.9%。而在卢上任后,骑士每场要投31个三分球,命中率也上涨到了36.6%。赛季结束时,骑士队的三分命中率排在联盟第七。虽然他们和榜单第一、三分命中率高达41.6%的勇士队,还有不小的距离,但他们平均每场的三分出手数仅比勇士少了两个。在季后赛中,你倚仗的必定是你的看家本事,对卢和他的骑士队来说,这意味着尽可能地在三分线外完成开火。

在横扫活塞队的首轮系列赛中,骑士队用41.3%的命中率每场出手了35记三分。他们的三分出手数在次轮横扫老鹰时又上升到了38次,命中率更是达到了恐怖的50.7%。在系列赛的第二场,骑士队创造了季后赛单场命中三分数的历史新纪录(25),而被他们超越的正是在前几天投进21个三分球的金州勇士队。

克利夫兰火热的三分手感在东决时稍稍降了温,他们场均出手29次,三分命中率回落到了38.9%。不过考虑到猛龙队是全联盟防三分第二差的球队,骑

---

① 肯·伯格,《在执教勒布朗的过程中,泰伦·卢在克利夫兰制造了一头怪兽》,CBS体育,2016.5.18。

士在三分线外的退步多少有些意外。詹姆斯仍在恣意轰炸着多伦多的篮筐，他在常规赛57.4%的两分命中率在这轮系列赛中飙升到了70.1%。面对詹姆斯的内线冲击和J.R.史密斯、钱宁·弗莱、复苏的凯文·乐福等人在外线的连连发难，猛龙队实在无力抵抗。

克利夫兰用六场比赛解决掉东部的最强敌人，他们还在系列赛的最后两场完成了两次屠杀。所有人期待的骑勇大战第二季终于成真。东边的血径里冲出了一只渴望复仇的巨兽，而西边持剑的勇士企图把碑文上自己的名姓刻得更深。

成王败寇。

系列赛开始之前，ESPN将勇士队的预测胜率设置在了75%，但这轮系列赛的激烈程度是无可否认的。这是一支健康的骑士，他们在之前几轮用放肆的三分轰炸击退了所有敌人。勇士坐拥史上第一位全票MVP，而且刚刚从1比3的逆境中翻盘的他们裹挟着凶猛的胜势。我们无法任意读取一位运动员的心思，我们无从知晓勇士队在总决赛之前的两天里展示出的勇敢与自信是真是假。"我们了解这个舞台，"克莱·汤普森说，"我觉得没有人能比去年的我们更紧张了。"库里看上去也比去年从容得多。"第一次的总决赛之旅呼啸而过，"他说，"我们基本已经为所有情况做好了准备。"

带着这种精气神，勇士队在甲骨文中心连下两城，早早确立了总决赛的优势。虽然在揭幕战上，库里和汤普森一共才得到20分，但勇士的替补席替他们完成了得分的任务。肖恩·利文斯顿、安德烈·伊戈达拉和莱昂德罗·巴博萨三人拿到43分，帮助金州以104比89拿下开门红。三天后，骑士以77比110铩羽而归。史蒂夫·科尔的弟子们虽然交出了20次失误，虽然44个进球里仅有26个来自助攻，虽然他们全场只罚了10个球，但这支勇士依然不可阻挡。三分线外依然是金州的天下（33投15中），就连油漆区里勇士也占了上风（内线得分50比40）。德拉蒙德·格林与库里互换了角色，前者砍下了全场最高的28分，而后者的9个篮板则冠绝全队。就连安德鲁·博古特都在这场比赛里贡献了5次封盖。勇士队无疑是一支里里外外、前前后后都无懈可击的联盟巨擘。

勒布朗·詹姆斯在两场比赛里沉默无声，场均仅有22分。凭借一记又一记的三分球杀进总决赛的骑士队突然哑了火，在甲骨文中心的三分线外44投12中，命中率仅为27%。金州前两场比赛净胜的48分是总决赛历史上两场比赛

第十一章 "因为这是上帝的安排"
2015—16赛季 NBA 总决赛

打完之后的最大分差。并且，之前曾有31支球队在总决赛取得2比0的大比分领先，其中只有3支没能最终夺冠。

勇士队在接受采访时仍然谦逊，即便他们已经连续七次击败了詹姆斯的球队。"我们还没有赢下任何东西，"库里在第二场的大胜后这样说，"我们守住了主场优势，这是我们应该做的，而剩下要做的还很多……我唯一担心的就是下一场比赛。"

库里的焦虑理所应当，第三战无疑是勇士队最想拿下的一场比赛。骑士队势必会调动起回到主场后的所有情绪——尽管他们在前两场比赛里糟糕透顶——而且众所周知，喧闹的速贷中心是NBA里最具威慑力的魔鬼主场之一。所有迹象都指向了一场克利夫兰的反扑，而骑士也果真没有背离这个剧本。勇士队犯下了他们可能犯的所有错误：他们的三分球33中9（命中率27.3%），犯下了18次失误；他们的篮板少了骑士20个；他们在第一节就落后了17分，并且全队没有一人的得分超过20。

凭借詹姆斯的32分和凯里·欧文的30分，骑士顽强地以120比90扳回一城。科尔本以为球队能带着更高涨的情绪来到克利夫兰，但在吞下苦果之后，他意识到球员们并未做好充分的准备。"我们打得太软了，"科尔说，"我们今晚打得太软了。如果你打成这样，你就会抢不到篮板，你就会疯狂失误。这些表现都是最好的证明。所以如果我们想赢下第四场球，我们就不能这样软下去了。"

凯文·乐福的伤情成了骑士队悬而未决的问题。在第二战的次节，哈里森·巴恩斯在争抢进攻篮板时用左肘击中了乐福的后脑。为保护这位全明星大前锋，他无法在第三战中出场，这尽管是骑士队的损失，但也同时意味着勇士无法用娴熟的挡拆来针对乐福薄弱的外线防守能力了。卢机敏地将理查德·杰弗森安插进首发阵容。虽然这是杰弗森在2016年季后赛中的首次首发，但他在职业生涯里已经积累了121场季后赛的经验。全场9分8篮板的数据不足以说明杰弗森在这场胜利中的价值，他要换防格林、巴恩斯和利文斯顿，还要拉开空间，冲抢篮板。这位前勇士球员打出了一场十分"勇士"的比赛。

第三节节末，一个不起眼的场景标志着系列赛的走向起了变化。人们开始意识到，克利夫兰也许不想再这样沉默下去。在该节还剩不到12秒的时候，勇士落后19分。利文斯顿制造了伊曼·香珀特的犯规，而库里在哨响之后来了一记低手上篮。正站在篮下的詹姆斯高高跃起，把库里的出手死死钉在了篮板上。对大部分人来说，这只是勒布朗的无心之举，但詹姆斯却认为这会给他的球队带来精神上的支持。"当世界上最强的射手想要轻松地上个篮，找找节奏，我们必然要阻止他。"詹姆斯说，"如果你是一位顶级的球员，无论在常规时间还是暂停时间，当你看到篮球滚进篮筐，你自然会找到一些感觉。虽然不是说进一个球就能让你对自己的能力发生改观，但这肯定是有帮助的。所以我不能让他看到自己把球上进。"

库里的确发现自己在投篮上不再像之前那样予取予求。实际上，他正在经历一个极为糟糕的总决赛。他在前三场比赛中的得分均未超过20分，他在三个夜晚的失误数（15）甚至比助攻数（13）还要多。他只有过两次抢断和四记罚球。首轮对阵休斯敦时留下的腿伤，加上西决与雷霆的七场鏖战，让库里在突破时的威胁大打折扣。虽然库里自己不愿承认被伤病限制了发挥，但他的爆发力的确不见踪影。"我没事，"他在第三战之后说，"我们球队的状态很好……我们在周五很有机会把系列赛的主导权夺回来，那才是我们现在最大的挑战。"

勇士在第四场打得更干脆利落，也更谨慎从容。骑士本场迎回了乐福，但他们的首发阵容依旧与上场一样，由杰弗森与詹姆斯搭档锋线。科尔早早派上死亡五小（开局没过5分钟时），并且让他们合作了很长时间（17分钟），第三战所缺失的防守压力，全在这一场找了回来。库里打出了MVP级别的表现：他用25次出手砍下38分，全场三分球13投7中，罚球10中9，在送出6次助攻的同时仅仅犯下3次失误。他拿出了几周里最活跃、最稳重、最健康的样子。库里给整支球队灌注了活力，他们接到传球后出手的命中率达到69.69%（33投23中）。今晚的他们打出了一场最具"勇士风格"的比赛，他们的三分球命中数（36中17）甚至超过了他们的两分球（45中16）。

詹姆斯和欧文的出场时间都超过43分钟，二人合力砍下59分，但这根本不够。克利夫兰在2016年季后赛的首次主场失利来得太不是时候，他们现在已经以1比3落后，夺冠几乎成了个无法完成的梦想。因为他们需要在金州本赛季50胜3负的甲骨文主场拿下两场胜利，他们需要在第六战抵御住本赛季创下客场胜场纪录的勇士的冲击。是的，他们只有连续击败勇士三次才能捧起奥布莱恩杯，而自从2013年11月以来，这支勇士就从未经历过三连败。在NBA总决赛的历史上，没有一支球队曾错失过3比1领先的机会，之前32支创造过3比1大比分的球队，全都拿到了当年的总冠军。

第十一章　"因为这是上帝的安排"
2015—16赛季 NBA 总决赛

算上常规赛和季后赛，勇士本赛季已经拿下了88场胜利——这是从未有任何一支球队达到过的单季胜场。再赢一场，他们就将成为篮球历史上最伟大的球队。

历史曾经戏弄过无数球队的命运，个体的一念之差就能左右他们的结局。那些起初看上去无伤大雅的小事会荡起层层涟漪，一圈圈地向外拍打，最后幻化成毁灭一切的巨浪。

勇士队的涟漪诞生于第四战终场前不到3分钟的时候。那时一场胜利已经十拿九稳，而一次不甚理智的行为打破了这个系列赛的平静。当时勇士领先10分，史蒂芬·库里在靠近中场的位置运着球。德拉蒙德·格林提上来给库里掩护，挡住了盯防后者的勒布朗·詹姆斯。詹姆斯想要挤过格林，二人的手臂交缠在了一起，活像两个正在攻防线上扭打的橄榄球前锋。就在库里把球传给右侧底角的哈里森·巴恩斯的同时，詹姆斯左前臂一挥，推倒了格林。没等格林站起身来，急着追击库里的詹姆斯直接从他的头顶跨了过去。格林怒不可遏，一臂打在詹姆斯的大腿内侧。这位骑士巨星迅速回身和格林理论，两人近距离盯着对方的双眼，喋喋不休。几秒钟后，安德烈·伊戈达拉的跳投弹框而出，格林和勒布朗又在争抢篮板时扭成一团，裁判各吹了一个犯规。死球之后，詹姆斯彻底点燃了怒火，冲着格林凶狠地吼叫。一位篮下的安保人员警惕地走到场上，勇士安防总监拉尔夫·沃克也从球场另一端来到格林身边。格林没有做半点回应，只是淡定地向外走开，而几英尺外的泰伦·卢更是默不作声，他在等着他的招牌球员把自己的不满宣泄完毕。詹姆斯依然对格林侵犯他下体一事怒不可遏，但在一旁目睹了全部过程的裁判丹·克劳福德没有对此做出任何判罚。

赛后，有人向詹姆斯提起了格林目前的罚分情况——再多一次恶意犯规格林就要被停赛一场——他向詹姆斯询问，这样的动作是否应当被算作恶犯。"决定权不在我手里，"詹姆斯不仅没有上钩，还顺便抛出了自己的鱼饵，他说："这事儿归联盟管，他们会认真查看的。我们在更衣室里都看过了这个动作。像我之前说的，作为一个斗士，我喜欢和格林这样的选手对抗，我也会在赛场上竭尽全力。但是如果局势发展到过火的程度，我就会像今天一样，和他在场上吵起来。"

联盟用了将近两天才做出最终的判罚。打算在奥克兰终结系列赛的勇士队清楚,哪怕格林只缺席一场比赛,他们也会遭到毁灭性的打击。前四战中,格林在80%的时间里都在场上为勇士穿针引线。当他在场时,勇士每百回合可以净胜骑士13.6分,他们的助攻和篮板率也会出现大幅的提高。而当格林回到板凳席后,金州每百回合则要输掉9.6分。我们不难看出,格林在这四场总决赛中起着无可替代的作用。

第五战开始前一天,就在勇士队刚刚开始训练的时候,鲍勃·迈尔斯接到联盟办公室从纽约打来的电话。挂下听筒之后,他马上拨通了史蒂夫·科尔的号码,将事情一五一十地转述给这位正在奥克兰率队集训的少帅。训练接近尾声时,科尔把格林叫到一旁,然后向全队公布了他的禁赛消息。联盟篮球运营副总裁、特派纪律负责人基基·范德维奇代表联盟发表声明,尽管第四战中出现的动作没有严重到禁赛的程度,但因格林在整个季后赛过程中累计了过多的纪律罚分,他需要被停赛一场。这样一来,他在首轮对迈克尔·比斯利的那次毫无意义的抱摔,就变成了NBA季后赛历史上最得不偿失的动作。如果勇士想要在第二天主场夺冠,他们首先要面对这个全能战士缺席的现实。

"那些在首轮被淘汰出局,已经度了七周假的球员,和一个现在还在总决赛里征战的球员,接受的是同一套处罚标准,我真的觉得很奇怪。"科尔在听到这一消息后几分钟说,"我不清楚为什么会这样,这个规则是不合情理的。我们不会和联盟讨论这个问题,也许这些事应该留到休赛期去解决。但这个规则真的很奇怪,不是吗?"

勇士队内部对此事颇为愤怒。[①]他们认为联盟在没有充分理由的前提下,对这项运动最大的舞台强加干涉,因为当时这个动作甚至配不上一次普通犯规。无论如何,勇士认为联盟通过判罚直接插手了这场恶战,而他们需要带着轮换的一个空缺去继续接下来的征程。

谈及此事时,克莱·汤普森丝毫没有保留:"人都是有感情的,可能一句脏话就能给某些人带来伤害。"很明显,他指的是詹姆斯赛后的发言。"我猜他觉

---

① 我当时跟好几个队员聊了聊,他们都特别不高兴。

第十一章 "因为这是上帝的安排"
2015—16赛季 NBA 总决赛

得自己受伤了,我们之前在球场上都挺过无数的脏话,只是有些人的反应和别人不同罢了。"向来善于言辞的詹姆斯对汤普森的论断给出了这样的回应:"我不会给出任何评论,因为我知道这种抗议最后会向什么方向发展。我知道保持高姿态是件很困难的事,我已经这样做了整整13年。虽然说将这种态度保持下去依然很难,但我会继续这样做的。"

格林的禁赛很快成了总决赛的热门话题,但勇士依然对终结系列赛抱着势在必得的态度。至少在今晚,他们的板凳席需要调整到最佳的状态。科尔决定将伊戈达拉移上首发,以保持对位骑士詹姆斯和欧文两位球星时的防守强度,而利文斯顿也就顺理成章地成为了板凳席上的领袖。如果勇士的三分球能保持不错的命中率,冠军自然是手到擒来。尽管联盟下了一纸禁令(并且还来得这么晚),勇士队依然对这场比赛充满信心。格林今晚不得出现在现场,所以勇士在隔壁——奥克兰·阿拉米达郡体育馆——给他和鲍勃·迈尔斯准备了一个看球的豪华包厢,只要勇士一夺冠,他们就能很快穿过甲骨文球馆的通道,冲到勇士队员的身边。[①]"在第五战开始之前,我觉得骑士队已经死定了,"几月之后,勇士助教罗恩·亚当斯这样说,"接下来,事情出现了变化。"[②]

关于勇士在2016年总决赛的失败从何而起,不同的人可能给出不同的答案。有人说是当史蒂夫·库里首轮第三场在休斯敦踩上那片汗渍,有人说是当德拉蒙德·格林在首轮第四战的尾声放倒了迈克尔·比斯利,还有人说是源自俄克拉荷马在西部决赛的3比1大比分领先,因为这让勇士队耗费了大量的心血和精力。也有些人后知后觉,他们认为勇士的失利就是因为格林那次迟来的判罚。

但谁都不能否认,在第五战第三节进行到10分30秒时,他们隐约听到了为金州而鸣的半声丧钟。那时,骑士有着3分的领先优势,无人拦阻的J.R.史密斯冲到篮下,试图从篮筐左侧上篮得分。安德鲁·博古特前来协防,他在半空中

[①] 当时好几个消息源都报道了这一消息,奥克兰人(后来是突袭者队的跑卫)马绍恩·林奇当时也跟他们在一起。

[②] 出自亚当斯在接受KNBR电台的雷·伍德森和雷·拉托采访时的讲话,2016.7.7。

撞上飞到顶点的史密斯，盖掉了他的出手。史密斯受力弯腰，使得这位下落的七尺巨人先是砸在他身上，然后扭曲地摔了出去。博古特的左膝在这一过程中被牢牢锁在原地，而史密斯又恰巧撞上了澳洲人这个脆弱的关节。博古特躺在界外痛苦地抱着自己的左腿，足足过了两个回合才等来裁判的暂停。他在两名工作人员的搀扶下，一瘸一拐地走回更衣室。

从博古特离场到比赛结束的这22分钟里，勇士全队只得到了33分，与詹姆斯（13分）和欧文（20分）在这段时间的得分相当。他们投丢了20次三分出手中的18个，而克利夫兰在外线是稳定的9投4中。尽管骑士队后来没抢到过一个前场篮板，但勇士也不能占到半点便宜。詹姆斯全场拿下41分16篮板和7次助攻，但同样得到41分的欧文比他更为亮眼。欧文就像是一个知道自己不会犯错的完美英雄，用膨胀的自信一次次命中高难度的三分和打板上篮。他们将在关键时刻保持高效的能力铺展在世人面前，让板凳席仅得到12分的骑士队受益匪浅。

克利夫兰以112比97轻取勇士，欧文的24投17中，让他成了总决赛历史上第二位带着70%以上的命中率砍下40+的球员（另一位就是1970年的威尔特·张伯伦）。他和詹姆斯是总决赛历史上第一对双双砍下40+的队友，詹姆斯给欧文的表现送上了由衷的赞美——"我所见过最伟大的表演之一。"

即便勇士的阵容已经千疮百孔，但面对一支携收官之势凶狠冲来的球队，克利夫兰需要这样的组合拳来送上迎头一击。对欧文来说，这是对去年他因伤缺席总决赛的最佳复仇。"这样的表演很难复制，"欧文说，"但我一定会为了胜利尽我所能。"事实上，他在这轮系列赛中的统治力还远远没到消失的时候。

勇士依然以3比2领先，理论上来讲，他们的命运还掌握在自己手中。但他们永远地失去了博古特，就算迎回德拉蒙德·格林，他们也不再有一个巨人给他们填补时间、掩护、分球、（最重要的一点）保护篮筐。从博古特在第五战倒下的那一刻起，骑士队就开始更凶狠地向篮筐发起冲击，打出了50%的两分命中率。下半场，科尔在中锋位置上将手上可用的大个子都试了个遍——詹姆斯·迈克尔·麦卡杜、费斯图斯·艾泽利、安德森、瓦莱乔和马利斯·斯佩茨，但没有一个让他称心如意。"总的来说，我们只能让最优秀的球员们在场上尽量多打些时间，"科尔说，"但我们今晚打得确实不好，一直没有进入状态。

第十一章　"因为这是上帝的安排"
2015—16赛季NBA总决赛

我们没找到合适的阵容组合。"勇士队只能寄希望于在第六场复出的格林,能给球队带来些许生机。

6月16日的清晨,从伊利湖飘来的水汽在克利夫兰凝成了淅淅沥沥的小雨,一辆电车穿过雨滴的幕帘,停在了塔城中心。一位满嘴俏皮话的售票员在上面祝福他的乘客们好运。"骑士队加油!我们今晚需要奇迹!"[①]他的声音由高转低,最后变成了一句深沉但清晰可闻的感叹:"别让希望熄灭。"

希望是个好东西,但拥有勒布朗·詹姆斯更胜一筹。比赛拉开帷幕之后,不负盛名的速贷中心拿出了最高的音浪,而来访的勇士队则显得困惑且无助。他们丢掉了前七次出手,骑士队开局打出了8比0的领先。12分钟后,骑士队将领先优势扩大到31比11。勇士队成为了总决赛历史上首节得分最低的球队,11分也是金州季后赛历史上的最低首节得分。半场结束时,勇士还落后16分。虽然这个差距在第四节开始时被缩小到了9分,但勇士始终没能将分差迫近到7分以内。骑士队把他们的灵魂封印在了湾区,而他们在速贷中心受折磨的每一分钟,都被饥渴的克利夫兰球迷们幸福地吮吸着。

博古特赋予的存在感不见了,失去博古特的科尔选择让伊戈达拉进入首发,从一开始就把死亡五小搬到了台面上。但这并不是这套阵容存在的初衷,这个秘密武器是用来将5分优势在几分钟内扩大到两位数,而非摆在场上当作长久之计。它无法帮助勇士挽回巨大的劣势,更别提作为首发出现在第一节比赛了。其实,熟悉科尔的人都知道,这不是他的做事风格,但实在是形势所迫。科尔的变阵适得其反,勇士迅速变成了第五战下半场那支迷失节奏的球队。比这更严重的问题是伊戈达拉的背伤,上半场打了20分钟的他因为背痛在下半场只出现了10分钟,这极度削减了勇士队逆转的可能性——虽然这件事一直都是不切实际的幻想。保持高度专注的骑士队在今晚发挥出了他们最大的能量,以115比101将迷失的勇士队再次击败。

詹姆斯再度砍下41分,另外送出11次助攻。欧文不如上一场神勇,用18次出手拿到23分,倒是特里斯坦·汤普森被博古特的缺席解放出来,6投全中

[①] 当时我在车上,亲耳听到了这样的话。我能想象到那个售票员多享受第六场比赛。

砍下15分和16个篮板。尽管史蒂芬·库里（30分）和克莱·汤普森（25分）依然高效，但勇士队实在缺少其他的强点。德拉蒙德·格林的数据还算全面（8分10板6助攻），但哈里森·巴恩斯8投全失，在16分钟内颗粒无收。肖恩·利文斯顿得到3分，上赛季FMVP安德烈·伊戈达拉仅有5分进账。卫冕冠军在压力下失去了魔力，他们现在和骑士回到同一起跑线。骑士队也成了历史上第三支在1比3落后的情况下将总决赛拖到抢七的球队（上一支还是1966年的洛杉矶湖人）。

当比赛还剩4分22秒时，骑士队领先着12分。克莱·汤普森罚球不进，骑士队保护下篮板，将球传导到了詹姆斯的手中。压抑了整场的库里向詹姆斯猛扑过去，试图完成抢断，但他的手打到了詹姆斯的前臂，给了裁判吹罚他第六次犯规的机会。库里被哨声惹怒了，他意外地将口中的牙套摔向场边的观众。裁判当机立断将他驱逐出场。回过神的库里马上与那几位"受伤"的骑士球迷握手致歉，此时的泰伦·卢正站在一旁，脸上堆满了笑容。这位常规赛MVP在拉尔夫·沃克的陪同下离开了这片充满敌意的赛场，走向球员通道时，速贷中心的球迷们给他送上了最喧闹的嘲讽。这是库里自2013年12月以来首次犯满离场，也是他职业生涯第一次被驱逐出场。

"情绪让我变得不理智了，但我下一场会没事的，"库里说，"今晚的比赛让我胸中压抑了很多负面的情绪，我只是想宣泄出来，仅此而已。"科尔对此事的理解和分析则更为直接，"我需要说清楚，我们不是因为判罚输掉的比赛，"他这样说，"他们完全盖过了我们，克利夫兰配得上这场胜利。但库里六次犯规里的三次都是我不能理解的判罚，放在任何球员身上都是这样，更别提他是联盟的MVP。"

当被问到库里在比赛最后的举止是否得体时，科尔回答道："是的，我很高兴看到他扔了牙套。他理应沮丧，想想看，现在是总决赛，赛场上的每一个家伙都在努力打球。每个回合都能听到哨响，这是一场肉搏战。包括斯蒂芬·库里和克莱·汤普森在内，我们都在认真打着我们的进攻，我们推进、内切，我们的进攻本来很有节奏，但如果他们总是允许骑士球员粗暴地拦截我们的切入，却在联盟MVP身上吹了这些烂哨，我就很有意见了。"

勇士队将赛点挥霍殆尽，但格林的禁赛和第六场的彻底萎靡并没有摧毁他们的夺冠希望。值得庆幸的是，他们将再也不用回到速贷中心。这座克利夫

第十一章 "因为这是上帝的安排"
2015—16赛季 NBA 总决赛

兰的主场球馆在第六战结束的几小时后，就投入到下一个活动（2016共和党全国代表大会）的准备中了。代表共和党的红色已经铺满了球场内的每一块显示屏。①

本赛季的最后一场比赛将在甲骨文球馆进行。勇士队本赛季在这里的战绩是50胜4负，目标只有冠军的他们想在这片球场上撷取最终的胜利。这是NBA总决赛历史上的第19次抢七大战，其中只有3支客场球队夺下了当年的总冠军。

"在主场拿到NBA总冠军，"科尔说，"这再好不过了。"

"好的！让我们恭喜总决赛MVP，现在是给MVP提的第一个问题……"

距离抢七开始还有四个多小时，甲骨文中心里的NBA工作人员已经忙作一团。电视台和有线网的人堆在球场周围，仔细调试着灯光和音频设备。一队制作组占据了中场的所有空地，为赛后颁奖和宣布MVP做着彩排。②他们需要有两手准备，首先彩排的是可能性更大的那个：勇士队夺冠，勒布朗·詹姆斯当选总决赛MVP。到了这时候，无论哪支球队获胜，詹姆斯都会拿到FMVP，这已经成了所有人公认的剧情。历史上唯一以输家身份当选总决赛MVP的球员正是勇士队的执行董事，杰里·韦斯特。他的湖人队在1969年和凯尔特人大战七场，败下阵来。韦斯特在这七场比赛里场均砍下近38分，每场还能送出7次助攻。而詹姆斯在前六场比赛的数据是30.2分11.3个篮板8.5次助攻，另有2.7次抢断和2.2个盖帽。他在这轮系列赛中的价值甚至是无法量化的，勇士只能尽力将他对球队的影响降到最低。

因此，NBA和ABC电视台需要为这种五十年一遇的场合做好准备。但冠军也有可能落到骑士手里，而总决赛MVP就站在冠军球队当中。这是他们每年都演练过的场景，所以看起来他们只是敷衍地走了遍台，几个制片在上面玩着角色扮演。

"第一个问题，我们很开心。""第二个问题，你依然很开心吗？"

"第二个问题，我们依然很开心，因为我们是冠军。"

---

① 当时大约早上两点，我刚要从速贷中心球馆走出来。
② 当时我亲眼看着他们彩排的。

"等一下,最后一个问题。这是给总决赛MVP的第三个问题。"

"第三个问题,我们依然是总冠军。"

"很好,我想我们还有一位球员要采访。还有人来扮演另一位球员吗?"一个制片助理不知道从哪里冒了出来。"再采访一个,开始。一号角色球员,第一个问题……"

几乎每个人的脑子此时都带着点儿昏沉的倦意。6月19日,这是一个父亲节的下午,总决赛已经延长到了它的极限,整个篮球世界的目光现在聚焦到了甲骨文中心的地板上,等待着一场万众瞩目的战争。

无论怎样,今晚即是尽头。

随着开球前的倒计时从小时过渡到了分钟,甲骨文中心里紧绷了大半个季后赛的神经爆发成了集体的狂热,但科尔仍然需要让自己和球队保持冷静。和往常一样,他与助教卢克·沃顿一起完成了比赛日早晨的瑜伽练习,然后他收到了总训练师切尔茜·雷恩的短信,切尔茜说准备复出的伊戈达拉状态良好,一切指标都显示他可以出战很长时间。[①]科尔默念了几句今天的"真言":放松,再放松。

科尔不再打算用死亡五小开局。他让伊戈达拉回到替补席,派中锋费斯图斯·艾泽利顶替博古特的首发位置。这着实是场豪赌,因为艾泽利在总决赛中的表现平平无奇,六场比赛合计只拿到14分和12个篮板。但也没有办法,在科尔所剩的牌中,他的确是最好的篮板手了。而伊戈达拉还将在比赛末段承担起盯防詹姆斯的任务。科尔全新的首发阵容——库里、汤普森、格林、巴恩斯、艾泽利——全部是金州在2009至2012年间挑选的新秀,但其中最高顺位的球员不过是2012年第七个被选中的哈里森·巴恩斯。如果他们希望卫冕,这些从自家球队培养起来的年轻人需要在这场比赛里挺身而出。

勇士队在抢七战一开始就活力十足,首节战罢,他们仅仅以22比23落后一分。金州5中4的三分球让他们始终紧咬着比分。第二节中段,格林连得12分,

---

[①] 出自科尔的赛前采访,2016.6.19。

第十一章　"因为这是上帝的安排"
2015—16赛季 NBA 总决赛

将2分的劣势扭转成了4分的领先。到半场休息时，勇士将分差继续扩大，以49比42挺进第三节。比赛的节奏拖沓缓慢——这是骑士喜欢的节奏——但格林用22分6板5助攻的数据把勇士扛在了肩上。他的5记三分球全部命中，金州距离下一座冠军奖杯可能只有24分钟了。

J.R.史密斯带着火热的手感杀进了第三节，他在不到3分钟的时间里连拿8分。该节还剩8分53秒时，科尔决定让巴恩斯和艾泽利去板凳席休息一下，换上了伊戈达拉和——在所有人里偏偏挑中了他——安德森·瓦莱乔。这次换人很快让勇士吃到恶果，在接下来的4分半时间里，勇士仅抢得1个篮板，而骑士摘下了5个。期间，勇士累计犯下3次失误和4次犯规，他们没有得到一次站上罚球线的机会，还投丢了5次三分出手中的4个。比赛迅速从平局变成了骑士的6分领先。虽然勇士凭借变种版的死亡五小（由利文斯顿替下汤普森）在第三节结束时追到以1分领先骑士，但他们每张不复光彩的脸上都写满了疲惫。

距全场比赛结束不到7分钟，弧顶处的库里在特里斯坦·汤普森头顶投中了一记27英尺（8.2米）外的三分球，将比分扳成83平。这是他在第四节首次得分，但这一球确实价值千金。下一回合中，汤普森在左侧底角命中了一记远射。这球看上去像个三分，但仔细查看后，裁判发现汤普森在用假动作欺骗伊曼·香珀特时，右脚向前踩在了线上。这个两分球，加上接下来库里投丢后来自格林的补篮得手，使金州在5分37秒时取得了4分的领先。

但艾泽利灾难般的夜晚才刚刚进入它最黑暗的时刻。詹姆斯利用掩护形成一打一的错位，他假意在翼侧三分出手，骗起艾泽利，然后身子往上一顶，果真博得了裁判的哨声。勒布朗稳稳地三罚全中。接着，库里在进攻中一记送给汤普森的背后传球径直飞出了界外。"糟糕的回合，他自己也清楚，"马克·杰克逊在ESPN上评述着比赛："这是一个糟糕的选择，这种错误是他最应该避免的，尤其是在这种比赛的关键阶段。"紧接着下一回合，格林正在盯防持球的詹姆斯。特里斯坦·汤普森来到高位掩护，因此艾泽利自然而然地再度换防到了詹姆斯面前。后者毫不犹豫，出手并命中了一记超远三分，帮助克利夫兰重夺两分的领先优势。这是詹姆斯今晚的第一个三分，但也可能是他职业生涯最重要的一个。

克莱·汤普森机敏地从弧顶突到篮下，迅速回敬了一球。比赛在第四节的4

分39秒回到了平局。

在接下来的3分46秒，两队再没得到任何分数。伴随着两队各自的6次打铁声，整个甲骨文中心都绷紧了神经。这段时间没有人抢到前场篮板，比赛因此变成了没有停歇的折返跑。你可以把它想象成游戏厅里一局欢乐的桌上冰球，只不过双方下的赌注要高了千万倍。

第四节还剩1分56秒，欧文的高抛上篮弹筐而出。当伊戈达拉摘下后场篮板，决心带球向前场篮筐奔袭时，勇士似乎很快就能率先打破僵局。但紧随不舍的詹姆斯就像一只饥肠辘辘的掠食者，一步也不放松。伊戈达拉将球分给库里，冲向了油漆区，而从弱侧赶来的勒布朗始终在盯着这个一年前与他对位的死敌。随着库里回传给伊戈达拉，詹姆斯从油漆区上方高高飞过，送给他一记钉板大帽。伊戈达拉在上篮时为了躲过J.R.史密斯的封阻，还特意做了拉杆的动作，但就这几毫秒的时间，勒布朗已经追到了跟前。詹姆斯今晚的首次封盖来得有些晚，但你一定能感知到，这将会成为他生涯的标志性一幕。

仿佛没有哪支球队再能将球放进篮筐，在橄榄球中，这应该叫做"拖延时间"，但严格来说，今天的场景又并非由于消极比赛或者特别的战术安排。勇士在这段时间投出了4个三分，他们哪怕命中了其中的任意一个，比赛的走势都会出现巨大的转折。但事与愿违，库里在1分14秒时的出手甚至没能碰到篮筐。

卢请求暂停，他想布置骑士队下回合的进攻战术。没错，就是那个将会改写篮球历史的回合。

卢希望欧文去完成一次突破上篮。[1]在计时器还剩69秒的当口，两支球队都用尽了投篮的气力。他们想给欧文创造杀向篮筐的空间，以方便他打进一记更有把握的两分球。这样一来，不仅骑士一方会士气大涨，勇士也会因为急于追分而承担压力。卢还期望移动能力明显受限的库里来盯防欧文，但在界外球发出后，克莱·汤普森站到了欧文的对面。J.R.史密斯连忙过来给欧文掩护，

---

[1] 本·科恩，《NBA历史上最伟大的一球》，《华尔街日报》，2016.12.25。

第十一章　"因为这是上帝的安排"
2015—16赛季NBA总决赛

迫使库里换防到欧文面前。在得到球队想要的对位人选之后，欧文可以稳稳节奏，再挑一个恰当的时机突破这位力不从心的MVP。无论是上篮得分还是制造犯规，命运应该会站在欧文这边。

然而，当库里向后退了两步，给欧文留出足够做动作的空间时，欧文——这位五年前还在选秀夜和乔·拉科布紧张对话的骑士控卫——从右侧拔地而起，投出了一记三分。不知是由于欧文出手太快，还是库里本身的健康问题，又或是这一幕实在太过震撼，库里几乎没有跳起，他只是将一只无助的手高举在空中。库里站在原地，身子随着皮球的轨迹扭了过去，目送这粒三分空心入网。如果说按夺冠概率的增加程度来算——《华尔街日报》随后刊登的一篇文章给出了这样的分析——这是NBA历史上意义最大的一球。[①]

时间只剩下53秒，骑士领先3分。但在勇士煎熬的心中，这和领先30分没什么差别。

库里将球带到前场，这一次，勇士想找骑士的一次错位。格林的掩护挡住了欧文，迫使凯文·乐福换到库里跟前。现在，联盟中最伟大的远投射手得到了他理想的防守人——但乐福竟跟上了他的每一步动作。库里先是将球运到右边，然后回到左侧。乐福始终保持着安全的防守距离，不急不躁。

无可奈何的库里将球回传给格林，准备重新组织进攻。比赛只剩下37秒，这个进攻回合只有7秒，格林再度把球分到库里手中，他这次必须快速做出决断。甲骨文球馆里的观众急吸了一口长气，只见库里向左运了两下球，交叉步向右变向，从26英尺（7.9米）外远投出手。

6英寸（15.2厘米）有多长？

不长，但这区区半英尺的距离能给你的人生带来多大的影响呢？

对史蒂芬·库里来说，短短的6英寸，让他从抢七大战上扳平比分的英雄变成了伤心欲绝的输家。

当他的投篮向右偏了6英寸，击中篮筐，弹到勒布朗·詹姆斯的怀中时，勇

[①] 本·科恩，《NBA历史上最伟大的一球》，《华尔街日报》，2016.12.25。

士的命运就已经写定了。格林在比赛还剩11秒时给了勒布朗一个势大力沉的犯规，后者走上罚球线，两罚中一。随着几记垂死挣扎的无力出手，时钟上的数字渐渐归零。93比89，冠军属于克利夫兰。金州把自己写进历史的憧憬最终功亏一篑。联盟里最能得分的进攻阵容在这场比赛的最后4分39秒里不幸哑火。曾在2012年3月随着现场齐嘘的两万观众一起看乔·拉科布笑话的凯文·乐福，竟然笑到了最后。

在亚当·萧华向甲骨文中心错愕的球迷们致意的同时——他恭喜他们见证了"NBA历史上最伟大的比赛之一"——科尔在更衣室里开始了他的讲话。"我们一起度过了那么多美好的时光，而现在的感觉就是，我们正一起体验着悲伤。"他来到更衣室后，这样对他的球员们说，"首先，这提醒了我们，夺冠不是一件容易的事情。但就像我说的一样，这就是人生，难免会有意外。你们要继续向前。"

格林和伊戈达拉分别在屋里说了些振奋人心的话，但这支球队实在是很难从失利中回过神来。本场三分球10中2的克莱·汤普森在回答前四个提问时，分别用四种句式表达了"我不知道"的意思。出场11分钟没有一分进账的艾泽利将这句话重复了两遍："我们的时机未到。"

伊戈达拉认为金州输球是因为克利夫兰注定要夺冠。记者让他详细陈述一下原因，伊戈达拉只说了一句："因为这是上帝的安排。"

勒布朗·詹姆斯总爱用"排除万难"来形容他的球队。这支骑士也真正冲破重重阻碍，给克利夫兰这座城市赢回了52年的首个职业体育冠军。他们是自1978年的华盛顿子弹队以来，第一个赢下总决赛抢七战的客场球队。第三次拿下总决赛MVP的勒布朗成为了历史上首个在单轮系列赛中领跑两支球队所有数据的球员（208分、79篮板、62助攻、18抢断和16个盖帽）。詹姆斯当晚砍下27分11篮板11助攻，这是历史上第三次有人在抢七战砍下三双。不久前，在西决掀翻俄城的勇士刚刚成为第十支从1比3的劣势翻盘成功的球队，现在，骑士成了第十一支。

"除了我对这支球队有多骄傲以外，实在没什么别的可说。这也是为什么当你夺冠之后，你会如此疯狂地庆祝。因为这个过程太艰难了。"科尔说，"我

第十一章 "因为这是上帝的安排"
2015—16赛季NBA总决赛

们也撑到了最后一分钟,但人生就是如此。"①

格林在抢七战上的表现(32分15篮板9次助攻)堪称生涯最佳,但勇士再没有人打出如此水准的比赛。尽管库里的32记三分不仅打破了总决赛的历史纪录,还追平了他的单轮系列赛三分纪录,但他在关键的抢七局里仅仅收获17分。同样,在四轮季后赛中投进98记三分球(追平库里上赛季纪录)的克莱·汤普森,今晚只有14分进账。哈里森·巴恩斯用10分将他今年存在感极低的季后赛草草收场。全场89分的总得分是金州在整个季后赛里的单场最低。这是勇士在季后赛输掉的第9场比赛,要知道,他们在本赛季漫长的82场常规赛中也只输了9场。

库里一直将头埋在掌心,直到从更衣室里走回场上,以败者身份恭喜刚刚称王的克里夫兰骑士。他将自己的感受浓缩在了语句当中:"在下面看他们庆祝,这感觉不能更糟了。我多希望站在台上的是我们啊。但我们终归还是要祝贺骑士队完成了他们的目标,这一幕也会激励我们在夏天、在下个赛季加倍努力,以更强的实力回到这里。我们能做的只有这些。"②

"我都怪我自己,"当被问到第五战的禁赛时,格林如是回答,"那就是我。我认为作为领袖,承担责任是很重要的。我不怕承担罪责,我也的确认为那是系列赛的拐点。但事实已经无法改变了。我们要继续前进……我会从这个教训中学习,变得更优秀。但我不怕承认这是我的错,因为事实就是如此。我可以保证,我们绝不会在这里谢幕。"③

在媒体提问环节结束之后,我希望能有机会瞧一眼勇士更衣室里的状况。我路过球馆里的亲友包间时,一队安保人员推着几箱香槟从我身旁经过,里面有不少酒瓶还满溢着泡沫。

正当我拐到通向勇士更衣室的走廊,一名警卫用手戳向了我的前胸:"喂,喂,你这是想去哪儿啊?"

我能看见更衣室蓝色的大门已经紧锁上了,也没有多少人在附近聚集。通

---

① 出自科尔的采访,2017.3。
② 出自库里赛后接受媒体采访时的表述,2016.6.19。
③ 出自格林赛后接受媒体采访时的表述,2016.6.19。

常来讲，这里会出现一群祝福好运的人，一群经纪人、儿时好友，抑或是几个家人。但今晚却寂静得可怕，几天前还笃定会上演的庆祝戏码已然化作泡影。

"里面不会再出来人了，"警卫补充道，"他们已经走了。"

第十二章

独立日
2016年夏

第七场比赛结束几小时后，球迷们早已散去；我缓缓走出甲骨文球场，思绪却飘到了1988年的NCAA四强赛，想起了史蒂夫·科尔在输给俄克拉荷马大学之后说的话。[①]想当年，正是因为他13投2中的糟糕表现，断送了亚利桑那大学夺得首座NCAA冠军奖杯的机会。

我永远会为那场失利而自责。

我没有窒息也没怎么样。我只是那天投篮手风不顺。我是一个射手，而我的投篮在最糟糕的时候没了准星。

我曾一次次从比那场比赛惨得多的失败中振作起来。

我以为，无论这支勇士队的未来如何，没有哪位教练比科尔更适合帮助他们渡过这一关了——这是美国职业运动史上最不可思议也是最令人震惊的第七场失利之一。从来没有哪支NBA球队曾在总决赛中白白浪费掉3比1的大好优势，而这支坐拥史上首位全票最有价值球员的73胜勇士就是头一遭。

因为最后的分差实在小得令人着急，所以人们很难不怪罪库里，毕竟那天晚上的他就算只在进攻端拿出平庸的发挥，也足以为这支球队带回一座具有历史意义的总冠军奖杯。这位最有价值球员一反常态地效率低下，19次出手仅得到17分；但第七场之前的库里也和他常规赛期间的表现差得远了。高居联盟抢断榜榜首的他，因于伤病腿部力量大减，因此在外线防守时一筹莫展。至少，这个夏天还能让他稍作休息；举办完他那一年一度的儿童夏令营后，他就回到

---

① 费因斯坦，《赛季观察：大学篮球的一年》，第460页。

第十二章 独立日
2016年夏

球场和布兰登·佩恩一起训练了。过不了多久,下个赛季就将拉开帷幕,夺取冠军的征途又要重新开始。

对于他本可能完成的伟业,科尔原本的想法全然不同。[①]和他前一年面对的大卫·布拉特一样,今年遭遇的泰伦·卢也是个狡猾的教练,这两人都是处处都想要胜过对手一筹。总决赛中,两支球队各有一名重要轮换球员基本毫无贡献——勇士队的马利斯·斯贝茨,骑士队的钱宁·弗莱——但在第五场失去博古特后,勇士队就撑不住了。科尔寄望安德森·瓦莱乔的传球和费斯图斯·埃泽利的篮板能填补上澳大利亚人的空缺,但这一想法却未能成真。总决赛结束四天后,科尔终于观看了第七场的录像带,并被他所看到的扰得心神不宁。[②]比赛末段,他们根本无法攻进油漆区;每次投篮都是在外线出手的。勇士队难负重压,在比赛悬而未决之际却只能依靠他们最不擅长的打法。在这个震古烁今的常规赛期间科尔没能辨明的种种错误判断终于反噬了他们;到了训练营里,他们才有了时间来补救这些缺陷。

到那时勇士会是怎样一番模样?赢得总冠军后,他们的人员流动小得惊人,可这个休赛期就截然不同了。在赛季初就拒绝了续约的埃泽利和哈里森·巴恩斯将双双成为受限制自由球员,这意味着勇士得要匹配任何报价。莱昂德罗·巴博萨等板凳球员将成为完全自由球员。安德鲁·博古特将进入他合同的最后一年。斯蒂芬·库里也一样。在选秀大会上,他们选中了来自范德堡大学的7英尺(2.13米)中锋达米安·琼斯;他们还花240万美元从密尔沃基雄鹿手上得到了次轮第38顺位的选秀权,选择了来自内华达大学拉斯维加斯分校、身高2.01米的后卫帕特里克·麦考。在某种程度上,通过选秀补充血液是个好方法,但勇士队需要的远不止这些。

他们在自由球员市场上如何试水,取决于球队在工资帽下还有多少空间。在任何其他年份,金州勇士的回旋余地都微乎其微;但幸运的是,那年夏天的工资帽从7000万美元飞涨到了9410万美元。这都要归功于从电视台涌入联盟金库的大量金钱。2016年2月,ESPN和TNT两家电视台签下了一份9年240亿美元

[①] 科尔在TK秀播客上说的话,2016.6.24。

[②] 同上。

的转播合同，这就意味着篮球相关收入（简称BRI）大幅增长。而根据联盟劳资协议（简称CBA），球员应得到BRI总数的一半。

有了这些额外的收入，联盟方面就要提高工资帽，以确保BRI中的适当数额流入球员的工资池；但球员工会必须做出决定，他们是否希望工资帽"平稳"增长。换句话说，是在几年之内逐渐提高工资帽，还是更立竿见影地一次性提高一大截？就这一选择而言，任何工会必然都希望其成员尽快获得薪酬，所以平缓增长就不在讨论范围之内了。①于是乎，从2015—16赛季到2016—17赛季，联盟工资帽暴涨34%。

这意味着，2016年的夏天每个人的口袋里都突然多了一大笔钱。又因为每支球队都必须达到最低工资标准——等同于工资帽的90%，即8470万美元——新赛季的薪资水平将史无前例地突破天际。

拉科布已经准备好付出一切必要的代价，力求让勇士队保持在联盟顶尖的行列，并决心将第七场的惨痛失败转化为积极的事情。"失败真的很重要。"那年秋天，拉科布如是说，"你需要在某个时刻经历失败。你需要知道它是什么感觉，它有多糟糕，遭受失败，遭受不成功，遭受各种批评。然后下一次你才能克服它。"②总决赛的失利让他崩溃了……不过只有一个小时。③紧接着，他就开始思考即将到来的选秀，以及（最重要的）如何追求他们讨论已久的休赛期大奖，所有自由球员中的最大牌：凯文·杜兰特。

将职业生涯的前九年全都献给同一支球队之后，俄克拉荷马城这位能力拔群（且天赋异禀）的超级前锋将冲击自由球员市场，勇士相信他们拥有中等偏上的机会可以将其招致麾下。在过去两年中的大部分时间里，勇士内部都在讨论招募杜兰特一事，因为金州的高管们认为无论季后赛的结果如何，他们都有机会坐上谈判桌。④

到赛季中期，"杜兰特去金州"的故事越炒越热，以至于2月初雷霆做客甲

---

① 美联社，2015.3.11。
② 拉科布，《走进体育管理》，2016。
③ 出自拉科布在蒂姆·川上的TK秀播客上的采访，这期节目发布于2016年7月7日。
④ 勇士队内部人士告诉我的消息。

第十二章 独立日
2016年夏

骨文球馆时，杜兰特不得不直接澄清这一猜测。① "你很难不去想这事儿。"他在客队更衣室中说道，"眼下的情况有许多的不确定性，因为我真的还没有想那么远。我只想努力专注于打比赛。当我专注当下，我就会努力每天变得更好，努力每天帮助我的队友。我认为那就是我的思绪一直专注的东西。等那个时机到来了，我就会做出决定。"②

几个月之后，形势扶摇直上。虽然杜兰特和勇士队都在季后赛中遭遇了惨痛失利，但就经济层面而言，金州人简直撞了大运。克莱·汤普森在2014年签了一份顶薪合同，但库里2012年的那次续约为球队带来了极大利好。德拉蒙德·格林在2015年签的合同也算不上顶薪；他少拿了1100万美元。所有这些省下的钱累积在一起——再加上新赛季的工资帽如此飙升——汇聚成了自由球员市场上的一股完美风暴。（ESPN的凯文·佩尔顿称其为"一次历史性的侥幸"。③）

杜兰特加盟勇士——从而创造一支当代超级球队——不仅十分可行，而且看起来理应如此。在科尔掌权的这两年中，勇士队的进攻如同摧枯拉朽，而杜兰特（代替离队的哈里森·巴恩斯）只会让他们的火力更上一层楼。让库里和格林打挡拆的"死亡五小"阵容？把挡拆者格林换成杜兰特，现在防守者就得思考如何同时防守两位NBA现役最佳纯得分手了。是防库里的定点跳投，还是杜兰特的无敌单打？克莱·汤普森的接球投篮，安德烈·伊戈达拉的底角三分，以及格林的无球空切又该怎么办？集齐四名30岁以下的全明星和一位总决赛最有价值球员，火力全开的勇士将无法阻挡。这就意味着要放走费斯图斯·埃泽利和哈里森·巴恩斯（通过离队面谈，后者很清楚自己将要走人了）④，而且要寻找一个愿意接手安德鲁·博古特及其1200万美元合同的交

---

① 阿德里安·沃杰纳罗斯基，《内部消息：勇士队极有可能签下凯文·杜兰特》，雅虎体育，2016.2.2。

② 出自杜兰特赛前在更衣室接受的媒体采访（当时我也在），2016.2.6。

③ NBA Insider，《5对5：勇士会拿下几个总冠军？雷霆未来在何方？》ESPN.com，2016.6.4。

④ 蒂姆·麦克马洪，《哈里森·巴恩斯：我对于离开勇士并不感到惊讶》，ESPN.com，2016.11.9。

易伙伴，但ESPN的一篇预测总结称（有了杜兰特的）勇士队可以赢下76场比赛。①而杜兰特和经纪人里奇·克莱曼一同在家观看总决赛第七场的时候，他也在暗自憧憬着同样的事情。

勇士队明白未来的夺冠机会危如累卵，他们并没有把任何事情当作理所当然。史蒂夫·科尔准备了好几段视频剪辑，用于演示杜兰特可以如何融入他的进攻体系。球队与NextVR合作——一家位于加利福尼亚南部的虚拟现实公司，勇士老板彼得·古伯就是董事会成员之一——打造了一场情景模拟，②准备向杜兰特展示作为勇士的一员是怎样的感觉：从球员通道冲出来，踏上甲骨文球场，在科尔讲解战术时和队友们围成一团，等等；与此同时，背景音乐响起，歌手德雷克唱起关于勇士的歌词："因为我有一支强大的球队/他们需要一些硕大的戒指……我们在说球队吗？噢，你要改换门庭？想和我一起来吗？"③

勇士一行八人——乔·拉科布、柯克·拉科布、鲍勃·迈尔斯、史蒂夫·科尔和"死亡五小"中的四位全明星——造访了杜兰特在长岛汉普顿的住所，然后在纽约逗留了一晚。杜兰特这边，到场的有经纪人克莱曼、多年至交查理·贝尔和父亲韦恩·普拉特。④

他们聊了两个小时，而金州勇士的未来依然充满了不确定性。

鲍勃·迈尔斯认为，勇士队把这次机会搞砸了。⑤当然，他们已经在会面中打出了他们所有的牌，但是凯文·杜兰特——那可是凯文·杜兰特！——绝不会和他们签约。这事儿压根不可能成。

---

① 凯文·佩尔顿，《六支能让凯文·杜兰特赢下总冠军的球队》，ESPN.com，2016.6.28。

② 戴蒙德·梁，《NextVR是如何用虚拟现实技术来帮助金州勇士签下凯文·杜兰特的》，SportTechie.com，2016.12.8。

③ 萨姆·艾米克，《凯文·杜兰特：化学反应、球队文化是我选择勇士的重要因素》，今日美国，2016.7.7。

④ 马克·J·斯皮尔斯，《杜兰特的父亲：是时候该"自私"一点了》，ESPN，2016.7.8。

⑤ 斯科特·霍华德·库珀，《杜兰特的签约问题依旧让勇士队总经理迈尔斯头疼》，NBA官网，2016.7.13，后面出现的几幕关于迈尔斯在太浩湖的场景，都来源于这篇文章。

第十二章 独立日
2016年夏

7月4日的早上,迈尔斯回到了亲家在南太浩湖的家中。他在屋里踱来踱去,满头的思绪让他焦虑不已。那次会面持续了近两个小时,然而并没有完全按照计划的来。让杜兰特体验勇士生活的虚拟现实头戴设备?从一开始就发生了故障。①接着,克莱曼站了出来,占据了主导权:"你们到底为什么想要凯文?"②

接下来,每个人轮番发言。库里说,他们将得到更轻松的投篮机会,且不会关心谁将得到全部的关注。同样于2012年和杜兰特在伦敦携手摘得一枚金牌的伊戈达拉强调,加盟勇士还意味着他这辈子从未拥有过的快乐。乔·拉科布坐在杜兰特父亲的旁边,而科尔则给杜兰特看了几段视频,讲解他将如何在勇士的进攻体系中发挥作用。③格林告诉他,无须在意公众的反应,因为无论发生什么,在座的人都会为他辩护。④"你只要知道,你不是孤身一人。"他说道,"如果你遭到了抵触,我们会和你一起分担。"汤普森开始絮叨,说杜兰特的存在将创造出他从没见过的、最轻松的投篮机会,然后突然顿了一顿,转过话锋,称杜兰特也将因此而获益,大家都笑了起来。⑤杜兰特一方问起了硅谷的商业机会。勇士一方展示了旧金山新球馆的效果图。友善地来回切磋持续了近一个小时,接着球员们自己聊了一个小时。杜兰特后来说,当时的情景看起来就像球员们是握着手走进房间的一样。他们之间的友情就是如此真挚。

那个下午的大部分时间,杜兰特的话都并不多。与杜兰特及其代表分别后,迈尔斯登上了球队专机,心乱如麻。迈尔斯告诉笔者,若满分为10分,他的信心大概只有3分而已:"他是一个非常安静的家伙。他们没有亮出任

---

① 史蒂夫·科尔在扎克·洛维的播客上这么说的,这期节目播出于2016.9.28。
② 艾米克,《凯文·杜兰特:化学反应,球队文化》,2016。
③ 拉科布格外喜欢格林的论调。他当时和企业家泰德·施莱恩在参加KPCB CEO孵化计划(《把金州勇士队变成伟大的球队:硅谷中自由球员模式与天赋的战争》,2016年10月4日上传KPCB官方Youtube频道)的时候这么说过:"格林的论调是任何一个人以前没有过的,除了我,因为我几乎就是商业界的德拉蒙德·格林。"施莱恩当时回答他说:"你凌晨2点半会在酒吧里面打谁?"
④ 出自格林在阿德里安·沃杰纳罗斯基的播客上的言论,播出于2016年11月21日。
⑤ 出自拉科布在KPCB的发言(《把金州勇士队变成伟大的球队:硅谷中自由球员模式与天赋的战争》)。

何牌。"①

那次会面安排在周五的下午,接下来的周末杜兰特还要会见几支球队。(6月30日俄克拉荷马城已经和杜兰特会谈了五个小时,并将于周日下午和他进行最后的沟通。②)勇士一行人飞回了西部——乔·拉科布去了他在蒙大拿州的夏日居所,库里和伊戈达拉去了芝加哥,迈尔斯去了太浩湖——但游说计划从未真正停止。迈尔斯确认了勇士队将竭尽所有可能派上用场的方法积极跟进。③

那个周五的深夜时分,库里向杜兰特发送了一条迈尔斯所说"我所见过的最好的短信之一"④,他由衷地承诺,杜兰特一定会融入他们,他们是真的想要他,没有人在意外界的关注或数据的牺牲,真正重要的是赢得总冠军。杜兰特还接到了来自史蒂夫·纳什(多年好友)和杰里·韦斯特打来的电话,⑤后者苦口婆心地劝导了半个小时,提起他多次总决赛失利的悔痛之情——杜兰特输过一次,那是2012年败给了勒布朗·詹姆斯和迈阿密热火——还告诉杜兰特要想想自己的身后之名,要想着被公认为一名伟大的全能型球员,言下之意则是:金州勇士能为他提供一个更好的环境,助他施展这一身全方位的球技。

在球队内部,韦斯特也在极力推动招募杜兰特一事,因为他深信,杜兰特的加盟将解决勇士最显著的问题之一,那就是他们最好的得分手们并不能得到足够的罚球机会。⑥在外线,他们无疑是致命的,但若是身处季后赛的白热化时刻——或许你已疲惫不堪,身体上的或精神上的或两者皆有——韦斯特知道,你永远可以指望冲击篮筐、制造身体碰撞,然后走上罚球线,完成两次罚球。数据证明他是对的:上个赛季库里平均每场仅有4.6次罚球,在NBA历史上

---

① 出自我对迈尔斯的采访,2016.7.7。
② 罗伊斯·杨,《导致凯文·杜兰特与雷霆分道扬镳的变化》,ESPN.com,2016.7.5。
③ 李·詹金斯,《那些促使凯文·杜兰特加盟勇士队的意外因素》,《体育画报》,2016.7.8。
④ 出自迈尔斯的采访,2016.7.7。
⑤ 詹金斯,《促使凯文·杜兰特加盟勇士队的意外因素》,2016。
⑥ 出自韦斯特在蒂姆·川上的TK秀播客上的言论,播出于2016年9月16日。

第十二章 独立日
2016年夏

场均至少30分的得分手中排在倒数第二。[1]在总决赛第七场的那些乏力时刻，韦斯特看到勇士队变得完全依赖于并不稳定的远距离三分球。一位像杜兰特这样的球员能够成为一道屏障，避免勇士队再次求助于如此冒险的策略。

最重要的是，韦斯特力劝杜兰特屏蔽外界的声音。"凯文，只要跟随你的心就好。"[2]他说道。在勇士担任顾问的五年中，韦斯特的忠告带来了无可计量的回报，但那天晚上他打给杜兰特的那通电话才是拉科布当初聘请他时所期望的一切。"你是在招募一个重要的人物，无论这是在一家硅谷的科技公司还是在篮球界。"[3]谈起让韦斯特出山游说杜兰特，拉科布如此说道。"你要竭尽所能、倾尽所有，去做有望说服对方加盟的事情。"拉科布还请来了一小群曾效力于勇士的球员致电杜兰特，为球队担保。[4]

迈尔斯得到的第一个勇士也许要走运的线索是在7月3日，星期天的下午，杜兰特给他打了一通电话。[5]迈尔斯让他不要挂断，然后打给了拉科布，把他转接了进来。勇士老板当时正乘船在蒙大拿州边境的湖上度假，他并不确定能否顺畅接听电话。那通电话中迈尔斯能记起的唯一重要部分就是，杜兰特说了些类似于"那么等我来了……"的话。迈尔斯又打给拉科布，以证实自己没有发疯，大家都听到了同样的话。两人都不敢完全确定，而在那个节骨眼上，希望是一件危险的东西。他们已经开始执行后备计划了。尽管周日晚上有传言称杜兰特倾向于加盟勇士，迈尔斯还是决定静静等候正式的通知；那通电话将在第二天早上姗姗而至。

终于，7月4日太平洋时间早上8点刚过一小会儿，迈尔斯正在亲家的房子外徘徊——距离2013年接到敲定伊戈达拉交易的那笔电话时他所在的地方不到50英尺（15米）——他的手机响了起来。[6]

---

[1] 场均得分30分以上，同时每场比赛获得罚球次数最多的球员是谁呢？是杰里·韦斯特，1965—66赛季他场均罚中10.6次。
[2] 出自韦斯特在阿德里安·沃杰纳罗斯基的播客上的言论，播出于2016年10月9日。
[3] 出自拉科布在蒂姆·川上的TK秀播客上的言论，播出于2016年7月7日。
[4] 出自拉科布接受媒体采访时的言论，2016.7.7。
[5] 斯莱特，《凯文·杜兰特和乔·拉科布透露签约背后的更多细节》，2016。
[6] 霍华德·库珀，《杜兰特的签约仍然是个问题》，2016。

电话的那头是杜兰特的经纪人里奇·克莱曼。"你能和凯文谈谈吗？"

"当然。"迈尔斯已经做好了听到坏消息的思想准备。

杜兰特接过了电话："我只想对你说，你们是一个出色的组织，我很感谢你们所做的一切以及你们的为人，但是……"这个"但是"让迈尔斯脑子里乱成了一团。

哦，天啊，该来的还是来了！他心想。

"但是我决定加盟勇士。"

迈尔斯大喜过望。他感谢了杜兰特，挂断电话，然后如释重负地大喊了一声以示庆祝，惊得一位邻居连忙过来问他是否一切还好。在这件事公之于众之前，迈尔斯来得及做的唯一一件事就是打给拉科布，后者此时正坐在他位于蒙大拿州的湖边露台上。①当地时间上午9点20分，他接到了这位总经理的来电，得知勇士已经拿下了今年最大牌的自由球员。拉科布本已收拾好行囊，如果杜兰特迟迟不能决定，他就准备飞去汉普顿。一直严阵以待的飞行员可以歇下来了。

"我是在这里长大的。"迈尔斯说，"我根本无法理解一位他这个水准的球员竟然选择了我们。我们是一支主要依靠培养自家新秀的球队。斯蒂芬是选秀加盟的。克莱是选秀加盟的。德拉蒙德和哈里森都是选秀加盟的，然后我们得到了凯文。安德烈是自由球员签约。在我的心里，我们根本就没有什么优势能够吸引他这样的球员，我们很难再在自由球员市场上签下任何人。说句实话，我当时最大的感受或许就是难以置信。"②回想2011年，他们签下一位德安德烈·乔丹这样的受限制自由球员都会欣喜若狂。而如今的勇士队是球员的首选下家，能够吸引联盟中最大牌的超级巨星。

和迈尔斯通话后，杜兰特打给了雷霆总经理萨姆·普雷斯蒂，告知后者这一新闻。这通电话很短，但两人都流下了眼泪。差不多与此同时，查理·贝尔给德拉蒙德·格林发了短信，后者正躺在密歇根州一家酒店客房的床上。短信

---

① 出自拉科布的媒体采访，2016.7.7。
② 出自迈尔斯的媒体采访，2016.7.7。

的内容十分含蓄:"让我们好好干吧。"①此时的克莱·汤普森正在睡觉,得知这一消息后他看了一眼手机,然后回到床上接着睡了。②但全美各地的球迷们(和各大媒体)都在疯狂地刷新着"球星看台",杜兰特将在这家网站上宣布自己的决定。

接着,他的亲笔长文如约出现了。

文章的标题是:"我的下一章"。③这篇文章甚至还有点儿原创艺术的意味,背景是一位摄影师在汉普顿现场拍摄的照片。在这篇351个单词的第一人称长文中,这13个单词改变了现代NBA的进程:"I have decided that I am going to join the Golden State Warriors."(我已经决定,我将要加盟金州勇士。)太平洋时间早上8点40分,勇士球员们的手机遭到了祝福短信的轰炸。联盟各支球队的球员们纷纷开始在推特上发布自己的反应。此时夏威夷的太阳还未升起,先看到消息的玛戈特·科尔踢醒了自己的丈夫。④

第二天,迈尔斯飞去了汉普顿找杜兰特,以进一步了解他和他的亲密圈子。妻子克里斯汀问他要去哪儿。"这个人相当重要。"迈尔斯说,"我认为我应该去一趟。"⑤因为要到7月7日球员们才能签合同,所以眼下还存在一些风险,而且直到事后迈尔斯才意识到有些事情差点儿就出了差池;但是他和杜兰特相处得很不错。几顿饭下来,他们谈论了篮球,谈论了各自的职业生涯,还聊了聊人生。

在飞回奥克兰签约、第一次会见媒体的途中,迈尔斯问杜兰特,当时那一个改变了命运的"但是"是不是在和他闹着玩儿。⑥这位勇士队的新成员表示,虽然他有点儿想这么闹一闹,但是他意识到他还有一个更艰难的电话要打(给普雷斯蒂),转念一想决定作罢。

---

① 亚历克斯·肯尼迪,《德拉蒙德·格林谈杜兰特:他如何招募杜兰特及幕后故事》,《体育画报》,2016.7.4。
② 沙姆斯·查拉尼亚,《凯文·杜兰特的到来对克莱·汤普森意味着什么》,雅虎体育,2016.8.1。
③ 凯文·杜兰特,球星看台,2016.7.4。
④ 詹金斯,《那些促使凯文·杜兰特加盟勇士队的意外因素》,2016。
⑤ 出自迈尔斯在蒂姆·川上的TK秀播客上的言论,播出于2016年10月8日。
⑥ 出自我对迈尔斯的采访,2016.7.7。

在勇士队的训练馆里,杜兰特见到了几百个人,他表示能加盟一支如此前途无限的球队他深感幸运。科尔和迈尔斯也走上了发言台,而杜兰特在俄克拉荷马城头两年时的防守教练罗恩·亚当斯坐在前排,满面笑容。⑦离开雷霆队后,亚当斯先去了芝加哥,又来到了勇士,这些年里两人一直保持着密切联系。(半决赛第七场结束后,亚当斯将杜兰特拉到一边,说自己深深为他感到骄傲,因为他必将成为了不起的球员。⑧)就在杜兰特第一次来到勇士队总部的那个早上,亚当斯也在那里,像往常一样坦然而镇定,等着给他一个大大的熊抱。

"重要的——永恒不变的——是比赛,篮球比赛。"杜兰特说,"他们在以正确的方式打比赛。"上午渐渐过去,杜兰特准备换上训练服,到封闭式球场的远端练练跳投;乔·拉科布站到一旁,开始回答一小群记者的提问。笔者问道,有杰里·韦斯特这样的"终结者"帮忙搞定交易是怎样的优势。拉科布对笔者的措辞感到很生气。"那不是真的。他只是游说过程的一部分。"拉科布说,"最重要的人是鲍勃·迈尔斯。他才是那个打头阵的人,在我们的队史上,这次招募也会被记为他的功劳,本应如此。那是他的工作。球员们是我们最重要的资产,而杰里当然也为我们带来了帮助。"⑨归根到底,最重要的是杜兰特已身在奥克兰了。新闻发布会上,双方正式签订了合约,而勇士队在这短短的两个小时内就通过官方网站卖出了1000多件杜兰特的球衣。

在接下来的几天里,对杜兰特投诚的批评源源不断且愈演愈烈。已退役的(雷吉·米勒[10]和查尔斯·巴克利[11])和现役的(保罗·皮尔斯[12])球员们都对杜兰特表现出来的不忠提出了非议。俄克拉荷马城当地的媒体对杜兰特丝毫不留情面,[13]就连联盟总裁亚当·萧华也谈及了这场动乱。[14]"就凯文·杜兰特的

---

⑦ 当时我就在那里亲眼所见。(他真的笑了!)
⑧ 出自亚当斯接受KNBR的雷·伍德森和雷·拉托的采访,2016.7.7。
⑨ 出自拉科布的媒体采访,2016.7.7。
⑩ 雷吉·米勒,《凯文·杜兰特捡了芝麻丢了西瓜》,露天看台,2016.7.5。
⑪ 出自巴克利接受ESPN电台的采访,2016.7.6。
⑫ 出自皮尔斯接受天狼星XM NBA电台的采访,2016.10.12。
⑬ 杨,《那个改变》,2016。
⑭ 出自萧华在拉斯维加斯夏季联赛上的发言,由ASAP体育转录,2016.7.12。

第十二章 独立日
2016年夏

案例而言，我绝对尊重他的决定，在他成为一名自由球员后他做出了一个可行的选择。在这样的情况下，他是百分之百在体系之内操作的，金州勇士队也一样。"萧华如是说，"话虽如此，我的确认为，为了坚持我谈到的那些原则，为了创造一个每支球队都有机会竞争的联盟，我的确认为我们需要重新审视我们体系中的某些元素。"（次日，乔·拉科布在出席拉斯维加斯夏季联赛时简练地回应道："让他们说吧。"[1]）

遍数联盟历史上最丰厚的七份合同，有六份都是在这一年自由球员市场开启后不到一天的时间里达成的口头协议，人们对联盟最新经济现实的关注也随之激增，一时之间众说纷纭。[2]"杜兰特来到加利福尼亚就像是某种清算。"《纽约时报》写道，"硅谷已经重塑或正在重塑你能说出的每一个行业，所以为什么NBA就应该有所不同呢？"[3]

SB国度网站（SB Nation）的一位写手指出，杜兰特在某种程度上巩固了勒布朗·詹姆斯的伟岸形象："如今金州勇士——或者至少它那支完美无缺的超级球队——被公认为联盟中的终极反派，在下个赛季披荆斩棘的重任就落到了勒布朗·詹姆斯的肩上——唯一一个能够阻止他们的男人——他又有了一个远不止于当季冠军的艰巨目标。除非下赛季人们对勇士队的看法发生重大反转（不太可能），詹姆斯将肩负起对抗这支球队所代表的一切、为捍卫篮球而战的使命。唯利是图的球员，令人恼火的科技资金，肮脏的动作，撩阴手……现在这些不仅仅是我们不共戴天的敌人，也是勒布朗的。"[4]

各大媒体都热衷于解剖杜兰特的形象，这已不是什么新鲜事。多年以来，他被打造成了詹姆斯的陪衬——后者是更狂热、更让人心潮澎湃的体育偶

---

[1] 伊森·谢伍德·施特劳斯，《勇士队老板拉科布回击萧华关于竞争性的担忧》，ESPN.com，2016.7.13。

[2] 具体排行是，迈克·康利（1.53亿美元），达米安·利拉德（1.399亿美元），德玛尔·德罗赞（1.39亿美元），布拉德利·比尔（1.272亿美元），安德烈·德拉蒙德（1.272亿美元），这些人都是跟自己的球队签顶薪合同。前七位的另外两个人是安东尼·戴维斯（2015年签约，1.272亿美元）以及科比·布莱恩特（2004年签约，1.364亿美元）。

[3] 萨姆·多尼克，《凯文·杜兰特重启，走向数字化》，《纽约时报》，2016.7.8。

[4] 贝瑟莱海姆·肖尔斯，《凯文·杜兰特让勒布朗·詹姆斯又成为了人民英雄》，SB Nation，2016.7.6。

像——而杜兰特（虽然他深深痴迷于DC超级英雄漫画）则是来自中西部的谦逊的替代者。

但正如2010年汤米·克拉格斯在《Slate》上所写的，大部分那种关于杜兰特的描述都纯粹是胡说八道："如同我们所见的一样，他是一名纯粹的得分手，你可以拿他和NBA历史上所有其他自成一派的伟大得分型前锋相提并论——阿德里安·丹特利，伯纳德·金，阿历克斯·英格利，甚至是乔治·格文——只不过年仅21岁的他或许已经比那些人更优秀了。毫无疑问，他的篮球直觉优于几乎所有的同时代球员。就拿卡梅隆·安东尼来说，他在进攻时总是没完没了地做试探步，就仿佛他一个回合内要打好几个不同的草稿一样。而杜兰特会先观察，再思考，然后发起进攻。那无关谦卑，无关拙劣，也无关优雅。"[1]

不出所料，最激昂的辩护声来自新队友德拉蒙德·格林，他总是热切地想要表达自己的观点，但在剖析现代运动员的角色时他倒也精明之极。"人们从苹果公司离职加盟谷歌时可没有人抱怨。"格林说道，"这两家公司不也是竞争对手吗？可没有人对离开苹果加盟谷歌的CEO说垃圾话。作为一名篮球运动员，你就是一家企业的CEO。你就是一家企业。凯文·杜兰特是一家大企业。他是那家企业的CEO。所以他为一支不同的球队打篮球，无非就是CEO决定离开原来的地方，到另一个地方去。"[2]

"但我们的联盟中有很多人太蠢了，不懂得这样思考。他们不会从商业的角度思考。世界上每天都有这样的事情发生。但在篮球界，这就成了一个问题。如果你为苹果工作，你的正职不也是在竞争吗？你难道不想超越谷歌吗？在篮球场上又有什么两样呢？这是你的正职。你想要做对你更有好处的事情。"

除了追求自己的最大利益，杜兰特还想要赢球，想要知道站上一座他从未完全征服的山峰之巅是什么样的感觉。"我这一生都在当第二名。"2013年，杜兰特对《体育画报》如是说，"我是高中里第二好的球员。我是选秀大会上的第二顺位。我在最有价值球员投票中三次屈居次席。我在总决赛中以亚军收场。

---

[1] 汤米·克雷格，《无勒布朗》，《Slate杂志》，2010.9.1。
[2] 出自格林的媒体采访，2016.11.13。

第十二章 独立日
2016年夏

我已经厌倦当第二名了。"①

"我不会就此满足。我已经受够了。"

随着里约奥运会日渐逼近,杜兰特并不能在湾区逗留很久,不过在巴西的三个星期他能和德拉蒙德·格林、克莱·汤普森两位未来的队友并肩作战,而后者已经对外界分享了他对于杜兰特加盟所引起的变化的看法。("我们都想看到彼此发挥良好,但我并不用做什么狗屁牺牲。"他对雅虎体育说道,"因为我的比赛方式并不会改变。我仍然会努力得分,命中投篮,利用掩护跑出空位。我想要赢球,并好好享受我们一起打的每一场比赛。"②)

由于数月之前的偶然安排,美国男篮将于6月底在甲骨文球场进行一场热身表演赛。此时总决赛第七场的惨痛失利刚过去五个星期,而距离杜兰特在湾区亮相才过了三个星期。比赛当晚,球迷们蜂拥而至,来欢迎他们的新球星,同时期望借此走出6月份的伤痛。比赛前一周,球队总裁里克·威尔茨在评论总决赛第七场失利时,曾将杜兰特的签约称为"NBA历史上最好的安慰奖"。③

下午5点24分,在助理教练罗恩·亚当斯的陪伴下,杜兰特第一次以勇士队球员的身份走进甲骨文球馆,尽管此时他还没有穿上那身黄蓝相间的球衣。④斯蒂芬·库里、安德烈·伊戈达拉和鲍勃·迈尔斯作为观众坐在场边,时不时爆发出一阵阵欢笑。开场短短6秒钟后杜兰特命中了全场比赛的第一记投篮,那是在弧顶左翼的一粒三分,而给他传球的不是别人,恰恰是凯里·欧文。杜兰特在第一节独得10分,全场得到13分,而美国队则以50分的分差轻松击败了中国队。比赛结束后,2000多名球迷聚集在球场外,就为了一睹痛失总冠军后库里在公众场合的首次露面。

"我不想说谎,这些球迷那样为我欢呼,感觉有点儿不可思议。"杜兰特在赛后说,"很显然这是因为在一个地方待得太久了,然后发生了改变,但这种感

---

① 李·詹金斯,《苹果怎么样?》,《体育画报》,2013.4.29。
② 查拉尼亚,《凯文·杜兰特带来了什么》,2016。
③ 出自维尔茨在KNBR上的专访,2016.7.19。
④ 我当时在场,记下了时间。

觉很棒。我很感谢所有到场欣赏我们比赛的篮球迷。但这很酷,伙计。这很不一样。"

在勇士队训练营开始前两个月看到活生生的杜兰特,这让当时的情形有了一些真实感,而他该如何融入科尔的体系,这是所有篮球战术专家的炽热之梦。在2015—16赛季真实投篮命中率和球员效率值排行榜上,库里和杜兰特高居前两位。纵观过去的四个赛季,库里、克莱·汤普森和杜兰特在三分榜上分别位列第1、第2和第12。在2015—16赛季低位单打至少30个回合的球员中,杜兰特的每回合得分(1.23分)无人能及。就定点投篮而言,库里的每回合得分排在第2,汤普森第22,杜兰特第39。再加上德拉蒙德·格林在中锋位置上的传导球,以及安德烈·伊戈达拉的全面身手,"死亡五小"阵容将成为一股无坚不摧的强大力量,他们的无球跑动、空切反跑和挡拆将让对手的防守教练在比赛前夜冒出浑身冷汗。他们可以不停地传球,直到有人——任何人!——找到了空位,内线或外线,放空的或跑动中的。在防守端,他们可以无限换防,无论形成怎样的对位都可以充满信心。就科尔所知,那套阵容每晚或许只能用上12到15分钟,因为它对体力的消耗相当严重(尤其是让格林出任中锋),但这套史上最令人闻风丧胆的五星阵容仅占到了这些球员每晚出场时间的1/3。难怪勇士队上下都等不及想要开始新赛季了。

训练营开始两周后,勇士队获得了斯坦福大学商学院校友会颁发的年度最佳企业奖(Entrepreneurial Company of the Year,简称安可奖)。颁奖典礼当晚,拉科布表示对他来说这个奖项的意义等同于前一年赢得的总冠军:"事实上,我们并不完全是一支篮球队。在如今这个时代,我们远不只是如此。我们是一家体育、媒体和科技公司。"[①]两周后,勇士队发布了新赛季媒体指南,只需要翻到第五页你就能看到一张拉科布接受安可奖的照片。

这座奖杯是这一年来荣誉与成就的典范,很少有球队曾历经如此的辉煌。除了库里以全票当选最有价值球员、科尔当选年度最佳教练之外,勇士队还在3月的斯隆大会上被评为年度最佳分析机构;柯克·拉科布和萨米·盖尔芬德到

[①] 康纳尔·拉度诺,《勇士的安可奖证明他们的成功超越了体育的范畴》,《旧金山纪事报》,2016.10.11。

场领奖。①（如《体育画报》所述："所有的峰会和演讲都曾提及这支球队，他们赢得人们的敬畏就如同在比赛中得分一样轻松。"②）勇士队是最受NBA联盟通票订阅用户欢迎的球队，而库里的球衣在48个州都高居销量榜的榜首——可想而知，只有俄亥俄州和俄克拉荷马州是例外。③3月，《财富》杂志发布了"全球最杰出的50大领袖"榜单，库里和科尔携手入选，位列第15，他们（以及亚拉巴马大学橄榄球队的主帅尼克·萨班）是榜单上仅有的体育界人士，而排在他们前一位的是U2乐队主唱博诺。

2016年5月，《体育商业周刊》报道，根据一次股权转让交易推算，勇士队的市值为16亿美元，这意味着在不到六年的时间里，拉科布和古伯让球队的市值增加了256%。④此外，球队独家出资在旧金山修建、拥有18000个座位的新球馆大通中心按计划将于2017年初破土动工，2019年秋天正式开业。同样在那个5月，因为球场上的卓越成绩，也因为出色的商业表现，该杂志还将勇士队评为"年度最佳体育团队"，这是他们在三年内第二次获此殊荣。⑤勇士队的季票续订率高达99%，其比赛在当地电视台的收视率稳居市场第一；短短一年内，球队在社交媒体平台上的影响力翻了不止一番。不出所料，拉科布也当选了年度最佳体育界管理人士。

在许多方面，勇士队已经成为所有其他职业体育球队效仿的榜样。凭借着一股拉科布不断宣言、彼得·古伯极力推崇的精神，勇士队功成名就，扭亏为盈，广受喜爱，而且可持续发展。他们能走到这一步，靠的是精明的决策以及

---

① 鲍勃·迈尔斯那个周末正在斯隆体育分析大会上，在他个人的专题演讲《管理层的未来》中，他援引了戴维森大学主教练鲍勃·麦金利洛普的名言："数据分析就像比基尼：它可以展示得非常多，但是它无法给你全貌。"

② 马特·都灵格，《2016年斯隆峰会：50个NBA相关的要点、引言和趣事》，《体育画报》，2016.3.14。

③ 《总决赛之前，库里的球衣销量在50个州里有48个州位列第一》，WeAreFanatics.com，2016.6.2。

④ 丹尼尔·凯普兰，《勇士队市值16亿美元》，《体育商业日报》，2016.5.9。2017年2月，《福布斯》评估勇士队市值26亿美元，仅次于纽约尼克斯队和洛杉矶湖人队。

⑤ 勇士官网，《勇士荣获年度球队奖，乔·拉科布获得NBA年度球队老板称号》，2016.5.18。

永远不畏创新的态度。正如2016年3月古伯本人在斯坦福大学的一场会议上所说的:"我们始终保持在一种'测试(beta)'状态之中。"①只要能坚持秉承这种态度,金州勇士队一定能稳居于精英团队之列——不仅仅是冠绝体育界,而是(正如安可奖所表明的)在整个商业世界引领风潮。

随着2016—17赛季渐渐临近,有人向鲍勃·迈尔斯问起勇士队成功的长期可持续性。他们能否成为一支新时代的圣安东尼奥马刺,在不断地补充弹药的同时,对可能遇到的任何奇艰异险保持免疫?"我认为我们在朝着正确的方向前进,但你得小心谨慎,因为在体育的世界里一切都变得很快。"他说道,"一次受伤,一个决策——现在人们看到一切都在变得膨胀,但这是会改变的,所以你得保持谦逊,坚持做自己的事情,并期望人们因此而认可你。这可是职业体育。你以为你把一切都弄明白了,接下来不管你说它是什么,命运也好,不幸也好,它都会提醒你,在低迷的大环境下我们都如履薄冰。"②

"我们想要享受篮球,然后看看我们能走多远。"

上午11点整,奥克兰下着毛毛雨。③勇士队终于要给这个没完没了的休赛季画上句号了。那是10月25日,勇士队将在这一天开始新一年的征程,而这一年他们有望赢得超乎预想的莫大荣耀。为了这一目标,所有人都要保持正常的状态,坚持执行比赛日投篮训练结束后的那一套切实可靠的惯例程序。球场远端,德拉蒙德·格林和新来的助理教练迈克·布朗练习着中距离跳投,远离疯狂涌进球馆报道的记者、电视台工作人员和媒体人士。随着卢克·沃顿离队接任洛杉矶湖人主帅,布朗和一些新面孔加入进来,但他可不是所有人赶着来看的那个人。

那个人自然是凯文·杜兰特,他在练习远距离三分,另一位新来的助教——刚退役的NBA后卫威利·格林在一旁替他喂球。在他们右侧的另一个篮筐下,肖恩·利文斯顿在练习底角三分,勇士队的分析奇才萨米·盖尔芬德面

---

① 彼得·古伯在斯坦福商学院体育创新峰会上的演讲,2016.3.2。
② 出自迈尔斯在蒂姆·川上的TK秀播客上的讲话,播出于2016年10月8日。
③ 我当时在训练馆以及甲骨文球场,亲眼见证了接下来发生的一切。

第十二章 独立日
2016年夏

带热情的笑容帮他捡球。距离记者们更近一点的地方，斯蒂芬·库里在弧顶附近重复着他一贯的三分训练，助理教练布鲁斯·弗雷泽（库里身边最受信任的良师益友）和尼克·尤雷恩（在2015年总决赛中他主张派出"死亡五小"阵容）在一旁记录命中情况。罗恩·亚当斯在帮安德烈·伊戈达拉练习防守，替补阵容中的队友凯文·卢尼、帕特里克·麦考和伊恩·克拉克像一群雏鸭一样跟着他走向另一个篮架。和往常一样，克莱·汤普森在助理教练克里斯·德马科的陪同下打磨着他的接球投篮绝技。

这就是勇士队百试不爽的加练程序，其实他们并不愿意练得太多，尤其是在赛季之初。熟悉的感觉有助于消除一连串新的比赛可能带来的不确定性。由于前一个赛季的结局并不尽如人意，眼下他们要尽可能地寻获任何安慰；但是队中的一些新面孔必须先学习这支球队是怎么打球的。安德鲁·博古特和哈里森·巴恩斯去了达拉斯，莱昂德罗·巴博萨回了菲尼克斯，马利斯·斯贝茨南下转投洛杉矶快船，布兰登·拉什北上明尼苏达，而费斯图斯·埃泽利则加盟了波特兰。这些人的替代者——大卫·韦斯特、扎扎·帕楚里亚和贾维尔·麦基——还在到处跟人打招呼，努力适应他们的新家。

最后他们分散开来，无精打采地朝健身房走去，汗水在他们的背上留下了一道道痕迹；几个小时后，他们将再次出现在甲骨文球馆。此时的克里夫兰骑士队正在往东2500英里（4023千米）的地方接受他们的总冠军戒指，而勇士队则在聚精会神。一个接一个地，他们慢慢走上球场，开始轻度的赛前投篮练习。他们全都清楚地知道，这个赛季唯一的目标就是总冠军——他们当初辛苦斩获却又在过去的16个月里被挥霍掉的至高荣誉。如今他们已重整旗鼓，但有人批评他们的存在破坏了竞争平衡，伤害了让篮球充满乐趣的比赛格局。他们将成为篮球史上被报道最多、被审视最多的球队——这是又一个他们无法控制和改变的冰冷现实。

他们可以影响的，是他们打好每一场比赛的方式：积极跑快攻，不间断地传导球以压迫对方防守者，等等。过不了多久，这些动作就将成为本能的反应，但在此之前还要经历一个调整阶段。不可能从一开始就十全十美，但就目前而言勇士队已经足够好了。25年以来，没有任何一支球队的场均得分曾接近116分，但看起来这个数字对于这支勇士队来说是完全有可能的。

除了无与伦比的天赋之外，勇士队还引进了一些可能会发挥重要作用的科技力量。如今他们的训练场已配备了两家创业公司提供的科技产品，这两家公司承诺将为他们带来前所未有的比赛分析。位于阿拉巴马州的Noahlytics公司通过一枚装置在篮筐上方13英尺（3.96米）处的传感器，以每秒30帧的频率来分析球员在弧顶附近投出的每一个球，并将结果映射在几英尺外墙壁上的显示屏上。①五年前，SportVU系统被视作一场篮球革命，因为其运动跟踪技术可以记录下球员在球场上的所有动作。而Noahlytics能够反映出任何投篮的角度，以及篮球穿过篮筐和落在地面时的精确落点。②勇士队是在2015—16赛季收官阶段试用该技术的四支球队之一，他们还是第一支装配以色列创业公司PlaySight的智慧球场（SmartCourt）系统的NBA球队。③智慧球场系统让勇士队得以录制训练情况，向不在现场的人进行在线直播；还可以将标记的战术片段储存至云端，以供立即观看或日后回顾。迈尔斯非常喜欢智慧球场，以至于在位于圣克鲁兹的下属发展联盟球队也安装了该系统。

虽然科技能带来帮助，勇士队也用尽了他们所能用到的一切优势，但如果他们不能赢球，一切都毫无意义。总决赛的失利以最痛苦的方式教给他们这个道理。一名球员投进400多粒三分球？73胜纪录？史上首位全票最有价值球员？还有现在凯文·杜兰特的加盟？没有总冠军戒指，就毫无意义。迈克尔·乔丹和乔·拉科布在夏天共进午餐时就说过这样的话。尊贵的空中飞人陛下如是说："73胜算个屁。"④

对阵圣安东尼奥马刺的揭幕战越来越近了，甲骨文球馆内弥漫着焦虑的期许。连续第190场将球票抢光的球迷们涌入球场，他们其实也并不知道该期待什么。球员们有条不紊地练习着跳投、小勾手和上篮，头顶响起了戴夫·伊斯特

---

① 出自一场新闻发布会（会上柯克·拉科布的话被引用），2016年6月9日发布于NoahBasketball。

② 艾拉·鲍德威，《机器会比库里投篮更准吗？》，《彭博社商业周刊》，2016.6.8。

③ 戴蒙德·梁，《PlaySight的智能球场向篮球界的拓展从与勇士队合作开始》，SportTechie.com，2016.12.9。

④ 出自拉科布与格雷格·帕帕和邦塔·希尔的专访，2017.2.7。虽然这么说，但这一里程碑仍对拉科布意义非凡，他在打高尔夫的时候会带着标有"73"的球帽。

重新混音的肥仔乔和雷米·玛名曲《一路向上》（All the Way Up）。[①]副歌是这样唱的："我一路向上/一路向上/没有什么能阻止我/我一路向上。"听起来宛如预言。

无论如何，勇士队高居美国职业篮球联赛的顶端，虎视眈眈的其他29支球队都迫切想将他们击垮。五年前的这个时候，金州勇士没有自家培养的全明星，没有奥运会金牌得主，常年没有季后赛可打，更没有什么历史纪录。短短几年过去，他们已经走了很远，而且原本还有更多可做的事情；但这个赛季——这个他们希望能巩固在篮球史上地位的赛季——已经到来了。

扎扎·帕楚里亚和保罗·加索尔准备跳球了，执哨的正是总决赛第七场的当值主裁丹·克劳福德；乔·拉科布站在几尺之外，在他的场边座席前面紧张地来回踢动几颗篮球。左边的彼得·古伯和他隔了三个座位，同样也满怀期待地站着。斯蒂芬·库里站在后场，一边咬着嘴里的牙套，一边绑着球裤的松紧带；而凯文·杜兰特则双手指天，走过勇士队的标志，站到了他的新地盘，引得球迷们爆发出又一阵欢呼。

所有人都准备好了，篮球被克劳福德高高抛起，然后开始下坠。

一个新的赛季开始了。

[①] 我当时就在现场，亲耳听到。

后　记
2016—2017赛季NBA总决赛

50英尺（15米）外溅过来的香槟射得我眼睛都睁不开了。①

正前方，越过一群缓慢挪动的媒体人士，穿过那条陈列着深褐色勇士名宿照片的走廊——威尔特·张伯伦、汤姆·梅切里、艾尔·阿尔特斯、克里斯·穆林、里克·巴里和内特·瑟蒙德——金州将士们在更衣室里欢呼雀跃，庆祝队史第五次赢得总冠军。光是这里的酩悦香槟就足以堆出一张六位数的账单，球队员工们还分发着一瓶瓶时代、蓝月和科罗娜的啤酒。球员们和他们的妻子、孩子及父母待在一起。球队高管和教练们紧紧地拥抱彼此，就好像永远不会放手一样。只有那些知道内情的人才真正明白，为了完成这次在联盟中大部分人看来毫无悬念的冠军征程，他们耗费了多少心血。

对于勇士队而言，要真那么轻松就好了。当然，他们打出了67胜15负的常规赛战绩——和2015年一样，那一年他们同样夺得了冠军——但这一路上他们遭遇了无数坎坷。赛季揭幕战，圣安东尼奥马刺就以29分之差大败勇士。在克利夫兰的圣诞大战，他们在第四节白白浪费了13分的领先优势。2月末凯文·杜兰特因膝盖韧带拉伤倒下后，他们输掉了接下来7场比赛中的5场，这是史蒂夫·科尔执教勇士三年来最糟糕的持续表现。在赛季还剩一个月的时候，他们在战绩榜上掉到了西部第二。到了4月，他们于13天内在8个不同的城市打了8场比赛，旅途横跨美国东西两岸。他们伤兵满营、精疲力竭，这个赛季突然就陷入了地狱的边缘。

---

① 所有第五场比赛及赛后的事情全部都是我亲眼见到的。

但魔鬼赛程结束后，勇士队打出了新世纪以来最令人叹为观止的赛季末连胜之一，赢下了此后的14场比赛，而杜兰特直到这波连胜的最后一场才伤愈复出。到了该赛季倒数第二场比赛，克莱·汤普森作壁上观，科尔在第四节轮休斯蒂芬·库里和德拉蒙德·格林——勇士队终于输了一场，败给了犹他爵士。但他们已经锁定了季后赛中的主场优势，所以那场比赛基本上已没有意义。如今杜兰特已然康复，联盟第一的战绩已在囊中，勇士队距离最终的救赎只剩区区16场胜利了，他们要开始夺回前一年被偷走的东西。

这一次，他们的态度不一样了。没有追逐73胜的重负压在球员们的肩头，科尔更注意听从制服组的建议了，他和助教齐心协力，管理球员们的上场时间，并为大名单上的所有球员制定了轮休计划。"每个赛季本身就是不一样的。"3月10日，科尔在输给犹他爵士的那场比赛之前说道，"这个赛季经常让我想起我们的第一年，当时打到最后几场比赛我们已经锁定了一号种子的席位……今年在管理上场时间方面我们努力做着同样的事情，以确保我们健康无恙、休息得当。和两年前类似，但和去年很不一样。"

只要这个赛季的结果也和2016年的不一样就可以了。

随着蓝色和黄色的纸屑如雨般从甲骨文球馆的天花板上缓缓落下，科尔眼含热泪地拥抱了鲍勃·迈尔斯，心中荡漾着无尽的喜悦。这一年的季后赛是他整个NBA职业生涯中最痛苦的一次。由于脊髓渗漏导致慢性疼痛和日常偏头痛，科尔缺席了2015—16赛季的前43场比赛，他将比赛中的临场指挥权交托给了卢克·沃顿。但如今这位自命不凡的年轻助教成了洛杉矶湖人的主帅，科尔极度想要安然无恙地挺过全部的82场常规赛。

他不仅指挥了每一场比赛，就连一堂训练课都未曾缺席。

但时运总是有起有伏。有人注意到，有时候他坐在场边时没有打领带。被人问及健康状况时，他总是顾左右而言他。尤其是在客场征战时，科尔总是会被热心人士逼到一角，他们总想看看他状况如何：你还好吗？你感觉怎么样？[①]他总是面带微笑地平息他们的担忧。是的，病情更加可控了，但也一直

[①] 这是2017年3月10日勇士队前往明尼苏达的时候我亲眼看到的。

潜伏着。结束3月中那段折磨人的客场之旅后,科尔回到了金州,他原本应与笔者在球队训练馆里交谈一番,但他未能久留。他预约了一名医生,这件事情就连球队的媒体关系部都不曾知晓。十天之后,笔者问科尔身边的一个消息源,他为何看起来总是那么快乐而无忧无虑?对方的回答让笔者深感震惊:"我认为快乐这个词并不适合史蒂夫。"①

为什么这么说?"好吧,现在他的健康状况非常糟糕。"

三周之后,科尔的背伤再次发作。勇士在对阵波特兰开拓者的首轮系列赛中以2比0领先,科尔宣布他将暂离球场。拥有多年执教经验、曾于2007年引领勒布朗·詹姆斯职业生涯首次杀入总决赛的助理教练迈克·布朗将成为代理主教练。在某种程度上,勇士之所以聘请布朗,就是为了防范科尔的病情复发,然而这次教鞭的交替恰恰发生在赛季中最关键的节点。他们和总冠军仍有14场胜利的距离,而且由此以后竞争的激烈程度将会以指数方式增长。

但勇士仍然赢了下来,四场横扫波特兰开拓者,然后又把同样的命运施加给了犹他爵士。尽管坐拥戈登·海沃德和鲁迪·戈贝尔(虽然在第一轮中遭遇伤病,略有些蹒跚),爵士队还是从头到尾没能占得半点便宜。如今勇士队在季后赛中连胜8场,夺冠之路已走过一半,但他们在西部决赛中遭遇了圣安东尼奥马刺。虽然马刺队也是伤兵满营——托尼·帕克因股四头肌腱断裂而告别季后赛,最有价值球员候选人科怀·伦纳德在数天前左脚踝严重扭伤,缺席了对阵火箭的第六场生死战——但马刺队毕竟有科尔的导师格雷格·波波维奇坐镇军中。波波维奇被公认为联盟历史上的最佳教练,而他将要面对的是他一年前的助理教练迈克·布朗。

于是乎,篮球之神终于为球迷们奉上了一轮酝酿了多年的季后赛,但伦纳德的脚踝伤情终于复发,运气全然转向勇士队这一边。第一场第三节,马刺已手握多达25分的领先优势,伦纳德不慎踩在了前勇士球员、刚刚离场坐上马刺替补席的队友大卫·李脚上。伦纳德显得十分痛苦,但带着蹒跚的脚步坚持没有下场。几分钟后,他再次落地不慎,这次是踩在了扎扎·帕楚里亚的脚上,

---

① 这次采访是在3月末,科尔在4月23号宣布他将暂离帅位。

后者当时正凶狠地扑向完成一记跳投的伦纳德。无论帕楚里亚是否有意，伦纳德那本已负伤的脚踝再也支撑不住了。勇士队如狂风骤雨般卷土重来，夺回了第一场的胜利，又拿下了接下来的三场比赛，而伦纳德只能穿着便装坐在马刺的替补席上旁观。

12场季后赛，12场胜利。只剩4场要赢了，他们将有机会击退以12胜1负的战绩轻取前三轮的克利夫兰骑士（还能是谁呢？），完成夺冠征程。

三年来第三次狭路相逢。这轮巅峰对决将决定NBA的霸权归属。两支球队都健康无恙、休养充分——这几轮横扫均意味着系列赛之间大量的休息时间，包括勇士队在总决赛前的九天"长假"——谁是NBA最强？这个问题终将得到最后的解答。

勇士队不仅杀伤力十足，而且治军严谨、纪律严明，总决赛第一场全队仅失误4次。31次助攻更证明了他们可以随心所欲地转移球并得分，破解骑士漏洞百出的防守。勇士队以113比91轻松取胜，领跑系列赛。只需再赢三场，他们就能以16胜0负的战绩创造联盟历史上的第一次全胜季后赛征程。

但第二场开打前1小时45分钟，突然传出一条新闻，惹得聚在新闻区的数十位媒体人士纷纷低声抱怨起来。采访室的后门缓缓打开，信步走出的不是连赢了11场的布朗，而是史蒂夫·科尔。几乎没有任何预先通知，勇士队主帅回到了板凳席。就连他的球员们都不知晓详情。

"大伙儿，你们好呀。"科尔咧着嘴笑道，"有什么问题吗？"

2017年总决赛第五场的终场哨声响起后，凯文·杜兰特一时间不知道要做什么，但这时勒布朗·詹姆斯走了过来，于是他们拥抱了几秒钟。詹姆斯刚刚成为了史上首位在总决赛中获得场均三双的球员，但现在这一彪炳战绩却成为一个注定将被遗忘的注脚。面对克利夫兰骑士，杜兰特展现出了绝对的统治力，场均贡献35分、8个篮板和5次助攻。第一场和第二场，他屡屡长驱直入，轻松扣篮得手。在克利夫兰的第三场，比赛还剩45秒时正是杜兰特迎着詹姆斯投出的一记干拔三分，为勇士队的11连胜一锤定音，并在系列赛中确保了3比0的巨大优势。第四场，骑士队扳回了一城，而杜兰特独得35分，为这场21分的大败稍稍挽回了一些颜面。

回到甲骨文球馆的第五场，杜兰特的杀伤力被完全释放出来。他肩负着全世界所有的压力，打出了令人震撼的表现，20次出手砍下39分，在白热化的第四节中压制着骑士，直到最后一分钟比赛见出分晓。

还剩约45秒时，库里在弧顶左侧持球行进，凯里·欧文对他步步紧逼。一年前，正是欧文投进了那记绝命三分，让金州人遭受了一整个夏天的批评。这一次，全场独得34分的库里完成了他的复仇。他来回晃动，突向左侧，转向右侧，向左，向右，再向左，寻找着微乎其微的出手空间。进攻时间还剩6秒，库里终于完成了最后一个假动作，找好角度，从篮筐外25英尺（7.6米）处将球高高投出。

"嗖"。

库里奔回后场，高高跃起，然后在半空中用臀部碰撞了德拉蒙德·格林。安德烈·伊戈达拉——他当晚的表现令全队备受鼓舞，出场了38分钟，还贡献了近三个月来的最高得分（20分）——望向右边的杜兰特，后者欣喜若狂，高高举起他那7英尺4英寸（2.23米）的长臂。在联盟中征战十年，又历经一整年的批评与奚落，杜兰特终于在这最受瞩目的舞台上证明了他加盟勇士的决定是正确的。

他拥抱了詹姆斯，然后找到母亲旺达，也拥抱了她。接着，他找到了库里，这支球队不容争议的明星，那个承诺将撇开一切，放下全部的自我与虚荣来适应杜兰特，帮助后者完成夺冠使命的男人。

对杜兰特来说，这一切并不简单。他的性格和勇士更衣室里的所有人都不一样。他的幽默感时常让人难以理解，有的时候他还会表现得出人意料地敏感。某场比赛结束后，大家不经意地讨论起昂贵的西装，一位记者毫无恶意地说了句玩笑话："我们这些穷苦的体育写手可买不起那玩意儿。"杜兰特马上反驳道："老兄，你根本就不知道什么是贫穷。"①他还经常反问那些在新闻发布会上提了蠢问题的媒体人士。（虽然这么干无可厚非。）杜兰特身上并没有被科尔烙印在球队里的那种乐天派气质，但随着赛季的行进他也愈发如鱼得水了。就连在赛季末因膝伤缺阵五个多星期，在他看来也不失为一件好事。"我觉得那

---

① 当时发生这段对话的时候，我就在杜兰特和记者身边不远的地方站着看。

样挺好的。"杜兰特在回归的第一场比赛后说,"只不过是离开球场,有点像是度过了一个精神上的假期。"

到勇士队杀入总决赛之时,杜兰特已经成为了一把异乎寻常的利刃,他不仅能以一己之力得分,还能为库里、汤普森和其他人拉开空间。虽然花费了整个赛季,但如今杜兰特已完全融入了科尔的动态进攻体系中,这在很大程度上要归功于他的适应能力和职业精神。"你想怎么说都可以,但是没有人像我一样在乎篮球、热爱篮球,也没有人像我一样拼命为篮球付出。"杜兰特在赛后如是说,他的总决赛最有价值球员奖杯在一旁闪闪发光,"在我人生中的某个时刻,我知道命运终将眷顾我。所以我努力坚持着那些原则,不断地磨砺自己。"

我缓慢地朝更衣室走去,每走近一步,我的眼睛就被酩悦香槟弄得更湿一些。杜兰特出现了,他给了他的经纪人兼商业合伙人里克·克莱曼一个大大的熊抱,脸上洋溢着纯粹的喜悦。他身后更衣室里因狂喜而留下的眼泪,地板上漫成水坑的香槟酒,不绝于耳的击掌声和欢笑声——在很大程度上,这一切都是因为杜兰特,当然也要归功于科尔、库里、迈尔斯——他举着一瓶大得有些滑稽的香槟开怀畅饮,身上的礼服衬衫已经湿到透明了——球队的分析专家萨米·盖尔芬德——他在更衣室内到处走动,和他见到的每一个人握手——以及不胜枚举的另外几十个人。

乔·拉科布高高坐在勇士队金字塔的顶端,他在场边目睹勇士队成为43年来第一支在自家门前夺冠的奥克兰竞技团队。拉科布和彼得·古伯共同举起了人生中的第二座奥布莱恩杯,随后ESPN的记者多丽丝·伯克提问,这次的冠军梦成真他想要感谢谁。

"毫无疑问——"他语气平和地开始演讲,"我们最要感谢的就是这里的伙计们!"拉科布高举双手,夸张地打着手势,人们都如疯了一般,五年前那些刻薄的嘘声在这一刻都无影无踪了。"了不起的球队!队里的每一个人!我们爱他们!他们是了不起的球员,斯蒂芬、德拉蒙德以及其他所有人。还有凯文,感谢你的加入!"

台下的杜兰特回应道:"是的,先生!"接着,他人生中第一次亲吻了早已被他搂在长臂之中的总冠军奖杯。

致　谢

本书的成功出版，离不开无数贤才的热心帮助。

2016年初我把撰写这部书的想法发到大卫·福格特的邮箱之前，我根本不知道我的这位经纪人竟然是个勇士的老球迷。他从一开始就投入了巨大的热情，他帮我将脑子里朦胧的想法落到了实处。

托德·亨特是心房图书的一名优秀编辑。在我动笔之前，他就对这本书的计划赞不绝口。亨特一直在努力帮助维持着这一项目，直到本书正式完成。我在每一个环节都能感受到他的自信与优秀，他源源不绝的耐心让我感觉（抄袭一句凯文·加内特的话）"一切皆而有可能"。

在过去的四年间，勇士的媒体公关部已经三次拿到由职业篮球作家协会颁发的布莱恩·麦金泰尔奖。该奖旨在表彰"最能体现职业精神和工作能力"的球队部门。我可以保证，他们绝对是实至名归。丹·马丁内兹、布雷特·温克勒、马特·德内斯内拉、达雷尔·阿拉塔、丽萨·古德温，以及其余的朋友们都是业界一流的公关人员。他们都会向一个面临截稿日时无助的记者伸出援手。他们受人尊敬的负责人，雷蒙德·里德尔，是这个行业内的翘楚。我知道，当我对他说我要对他的员工们进行大规模的深度调查时，他可能会感到担心害怕。但雷蒙德的回复——"我们不会为难你的"——瞬间让处于记者生涯最关键时刻的我放松下来。他是个相当专业的人，在他和所有工作人员的帮助下，我的工作变得无比轻松。

同样，我要感谢勇士教练组和所有助理教练，感谢在这几年在湾区有过停留的NBA球员，感谢球队经理，感谢为我们这些勇士记者们创造了梦幻般工作环境的无数工作人员。我要特别向主教练史蒂夫·科尔致谢，他绝对是最友善、最和蔼的体育人之一。我相信人人都希望与他会面。

致谢

多年来，在湾区报道勇士队的记者和专栏作家们已经形成一个极为优秀的新闻团体。没有他们之前的努力，这本书也不会成行。我要向以下同仁致谢：蒂姆·卡瓦卡米、克里斯·巴拉德、伊桑·谢伍德·斯特劳斯、拉斯蒂·西蒙斯、马库斯·汤普森二世、约翰·布兰奇、雷·拉托、安·基里安、蒙蒂·普尔、萨姆·艾米克、戴蒙德·郎、安东尼·斯莱特、康纳·莱图尔诺、马克·普蒂、琼·维尔纳、丹尼尔·布朗、卡尔·斯图尔特、杰尼·麦考利、菲尔·巴伯、马克·斯皮尔斯、埃里克·弗里曼、雅克布·帕尔默、史蒂夫·贝尔曼、丹尼·勒鲁、内特·邓肯、考特尼·克洛宁、卡尔·布什切克、卡维尔·华莱士、埃泽基耶尔·科威库、凯文·琼斯、安迪·刘等。同时，我还要感谢那些曾经把他们妙笔生花的文章贡献给勇士国内作者们，我先列出其中的一些：杰克·麦卡鲁姆、扎克·洛维、乔纳森·艾布拉姆斯、凯文·佩尔顿、帕布洛·托雷、凯文·阿尔诺维茨、拉蒙娜·谢尔本、蒂姆·邦唐斯、斯科特·卡西奥拉、李·詹金斯、本·科恩、阿德里安·沃伊纳罗夫斯基、哈维·艾拉顿、贾森·盖伊、汤姆·海伯斯托、霍华德·贝克、凯文·丁、内森尼尔·弗里德曼、迈克尔·李、本·格列弗、保罗·弗莱内里、巴克斯特·霍姆斯、亨利·阿伯特、扎克·哈珀、马特·摩尔、詹姆斯·赫伯特、克里斯·海灵、比尔·西蒙斯和凯蒂·贝克。

本书中的很多数据评估是在其他时代根本无法想象的。越来越多的网站正带着丰富的数据闯进我们的视线，作为享受着数据红利的篮球记者，我们真的对它们亏欠很多。就我而言，我要感谢Basketball Reference、Synergy Sports、nbawowy!、Nylon Calculus、StatMuse、PopcornMachine.net、NBA Miner和Stats.NBA.com等诸多网站。

就像手感火热的射手需要队友的扶持一样，这本书能够最终完成，在很多时候只是依赖各位给予的鼓励与信心。不少朋友在我低落时送来支持。我要感谢：林赛·艾德勒、比尔·巴恩维尔、格兰特·布利斯比、贾森·法戈、凯特·弗格森、皮特·盖恩斯、艾隆·格林、梅根·格林威尔、帕特里克·肯尼迪、乔纳·科里、莫莉·奈特、威尔·雷奇、艾利克西斯·马德里盖尔、萨姆·米勒、马特·米斯凯里、马特·诺兰德、布莱恩·菲利普斯、马丁·里克曼、尤金·罗齐奥、比约利、沙、戴夫·肖、阿兰·谢格尔、罗伯特·西尔弗曼、琼·泰勒、温蒂·瑟姆、小唐·范·纳塔、查利·瓦泽尔和凯蒂·泽齐玛。对你们的谢意无以言表，下次喝酒我请客吧。

我非常荣幸能和许多细心周到、聪明能干的编辑们合作。他们将我粗陋的文字转化成美言佳句。感谢汤米·克拉格斯、汤姆·斯科卡、杰克·摩尔、本·马西斯·利莱、史蒂夫·坎戴尔、詹姆斯·蒙哥马利、杰瑞米·斯塔尔、菲利普·迈克尔斯、加比·瓜伦蒂、克里斯·特伦查德和马特·苏利文，感谢你们的辛勤工作。

我1998年进入波士顿大学学习。当时我的志向是做一名体育写手，但却不知道从何做起。许多教授给了我鼓励和指点——包括杰克·法拉、大卫·布鲁诺伊，尤其是马克·莱赛斯教授，他的幽默和深度一直陪伴着我走到现在。在四年大学生涯中，我为《自由日报》——这个独立的学生报纸——奉献了无数个兢兢业业的夜晚。他们允许我犯错、学习，逐渐地，我开始觉得那个梦想离我越来越近。

我搬到湾区时才只有21岁。当时的我刚刚毕业不久，工作也没有着落。在我的第一笔学生贷款还有两周到期的时候，我回复了旧金山《连线》杂志在Craigslist登出的招聘广告。我当时根本不知道，当我接受那个研究实习生的岗位时——时薪是10美元！——我的职业道路已经发生了天翻地覆的变化。在我为《连线》杂志工作的八年时间里（其中担任了七年的事实调查员），我的同事们向我展示了什么是高质量的新闻工作。在外行人看来，他们每天的工作甚至有些不可思议。与此同时，我也与他们建立了深厚的友谊，我要感谢他们给我带来了无穷的智慧与牢固的友情，尤其是乔安娜·珀尔斯坦、马克·迈克克拉斯基、亚当·罗杰斯、瑞贝卡·史密斯·德拉米雷斯、瑞秋·斯瓦比、安琪拉·沃特卡特、琼·艾伦博格、萨拉·费伦、艾瑞卡·杰威尔、贾森·坦兹、比尔·瓦西克、凯特琳·罗珀、马克·罗宾逊、鲍勃·科恩、彼得·鲁宾、罗伯特·凯普斯、迈克·艾萨克、迪伦·特维尼、南希·米勒、贝西·梅森、乔丹·克鲁奇奥拉、迈克尔·卡洛尔和斯科特·丹迪奇。

对所有作家来说，在家里专门用于写作的房间工作当然是一件幸事。但有时候你不免想去一个免于打扰的安静地方，享受空调的滋润。感谢圣马蒂奥和伯灵格姆公共图书馆。

感谢我的父母，迈克尔和朱蒂，以及家中的另外两个兄弟姐妹——克里斯汀和詹姆斯。感谢你们让我成为了今天的自己，是你们让我对这个世界充满好奇，是你们帮助我理解了体育给予我们每个人的力量。

  我要把最诚挚的感谢献给我的妻子贝卡和儿子托马斯。感谢你们在最关键的时刻，把无条件的爱与奉献送给了我。只要有你们在，就没有什么过不去的难关。感谢你们一直以来对我的信任。